グローバル社会における
日本の大学教育

― 全国大学調査からみえてきた現状と課題―

河合塾 編著

東信堂

はじめに

　河合塾大学教育調査プロジェクトでは、これまで、偏差値以外の大学をみる視点を開発すべく、大学の教育力について、継続的かつ発展的に調査に取り組んできました。当プロジェクトが手がけた調査には、「2007 年度 国立大学教養教育調査」、「2009 年度 全国大学初年次教育調査」、2010 〜 2015 年度「大学のアクティブラーニング調査」があります。私たちは、これらの調査結果をセミナー、シンポジウム、書籍発行等により大学教育関係者、高校教育関係者、弊塾塾生および社会全体へと公表してきました。おかげをもち、こうした取り組みは、現在進行している大学教育へのアクティブラーニング型授業の導入を通じた教育改革を加速する上で、一定の役割を果たしてきたものとして、大学教育関係者からも評価をいただいてきました。

　大学教育において、アクティブラーニングを通じて期待される効果には、専門知識の定着とそれに関する"深い学び[1]"を促すことと共に、ジェネリックスキル（汎用的能力）を育成するということがあります。こうした効果は、専門的知識・技能を修得すること、問題解決力を身につけること、他者と協働できる素養やコミュニケーション能力を身につけることなどといったディプロマポリシーや教育目標の達成に資するものです。そうした意味において、当プロジェクトが調査し、その重要性を主張してきた大学でのアクティブラーニングとは、学生に教育目標を達成させるための有力なアプローチという側面も有していたといえます。

　しかし、学生の中でアクティブラーニングがなされるようになれば、大学がディプロマポリシーや教育目標で掲げていることのすべてを達成できるようになるというわけではありません。例えば、地域社会やグローバル社会への対応や貢献といった視点から、獲得させるべき能力や素養が示されているディプロマポリシーや教育目標も多くあります。つまり、いかに、そうした社会への理解とそれとの対話や協働が可能になる素養も身につけさせるのかという観点からも、教育を設計しそれを実行する必要があるということです。

特にグローバル社会への対応や貢献といった視点から示されているディプロマポリシーの項目は、地方や都市といった大学の立地にかかわらず広く使われています。具体例としては、人類社会への貢献、国際的な貢献、地球社会への貢献、人類が直面する課題の解決、異文化理解、異文化間の対話、世界的視野などの表現によって示されています。

　一方、国境を越えた人や物の移動手段の発達、資本、財・サービスの移動など経済活動における自由化の進展、そして ICT の革新的な発展のもと、社会のグローバル化は日本においても近年、加速度的に進んできました。こうした環境変化を背景に、大学教育においてもグローバル社会にも対応できる人間を育成しようとする動きは、近年特に活発化しています。文部科学省は、2012 年度に「グローバル人材育成推進事業」、2014 年度にはさらにこれを強化した「スーパーグローバル大学等事業」を創設しました。また大学個別では、"国際"あるいは"グローバル"などのキーワードを冠した新しい国際系学部を設置する動きも 2000 年代半ば以来、多くみられます。

　当プロジェクトが今回初めて取り組んだ「グローバル社会に対応した大学教育調査」は、「大学のアクティブラーニング調査」が到達したカリキュラムマネジメントを重視する視座を踏まえつつ、グローバル社会への対応や貢献といった視点で語られるディプロマポリシーや教育目標を、大学ではどのように実現しようとしているのかということを明らかにしてみようとする試みです。

　本書の構成は以下のようになっています。

第 1 部　グローバル社会に対応した大学教育の現状と課題
　第 1 章　グローバル社会の中で日本の大学教育はどこに向かうのか
　第 2 章　進んだ取り組みを行う 6 大学からの報告　紙上ライブ
　第 3 章　グローバル社会に対応する世界の大学と日本の大学の動向と、
　　　　　河合塾の調査に寄せて
第 2 部　20 大学訪問調査　詳細レポート

　初めての調査ということもあり、まずは現状を詳しく知るため、私たちの

視点から取組みが優れていると評価した 20 大学・学部の事例を詳述し、実態を把握することに力を注ぎました。そして、これらの事例を紹介している「第 2 部　20 大学訪問調査　詳細レポート」が本書の最大の特徴をなす部分となっています。さまざまな文脈にある大学・学部の事例を取り上げておりますので、お読みいただく多くの大学関係者の方々にとりましては、すべてではなくても、いくつかの参考になる事例に出会うことができるものと期待しております。

　「大学のアクティブラーニング」と同様に、本書を皮切りに、今後もさらに「グローバル社会に対応した大学教育」のありようについての調査研究を深め、大学教育のグローバル化への対応に少しでも寄与することができればと願っております。そして、未来を切り開く若者たちにとって意義ある教育を実現するために、大学教員や教育関係者の方々に、本書をご活用いただければ幸いです。

　※　本書に掲載された各大学の学部名称、科目名称、発表者の肩書きは、特に注記のない限り、調査当時のものです。
　※　本書に掲載された図表において出典が明記されていないものは、発表者（報告者）作成のものです。

注

1 "深い学び"とは、新たに得た知識を既有の知識と結びつけ、新たな全体像を構築することであり、こうして獲得された知識こそ、忘れることのない活用できる知識である（Entwistle, 2009）。

参考文献

Entwistle, N. (2009). *Teaching for understanding at university: Deep approaches and distinctive ways of thinking.* New York: Palgrave MacMillan.（山口栄一訳（2010）『学生の理解を重視する大学授業（高等教育シリーズ）』, 玉川大学出版部）

大目次

第1部　グローバル社会に対応した大学教育の現状と課題……………… 3

第1章　グローバル社会の中で日本の大学教育はどこに向かうのか ………………………… 5

第2章　進んだ取り組みを行う6大学からの報告 ── 紙上ライブ 81

1. 進んだ英語カリキュラム設計の事例報告
　　甲南大学　マネジメント創造学部　Brent A. Jones 81
2. 留学を学士課程教育に効果的に埋め込んだカリキュラムデザインの事例報告
　　法政大学　国際文化学部長　栩木　玲子 96
　　青山学院大学　地球社会共生学部長　平澤　典男 111
3. グローバル化に対応した能力の育成をアセスメントしている事例報告
　　京都工芸繊維大学　総合教育センター長　森迫　清貴 128
　　共愛学園前橋国際大学　国際社会学部長　村山　賢哉 148
　　山口大学　国際総合科学部　川﨑　勝 164

第3章　グローバル社会に対応する世界と日本の大学の動向と、河合塾の調査に寄せて …………181
　　文部科学省　国立教育政策研究所　高等教育研究部長　深堀　聰子

第2部　20大学訪問調査　詳細レポート ……………………… 205

1. 小樽商科大学　商学部 207
2. 国際教養大学　国際教養学部 215
3. 宇都宮大学　国際学部 228
4. 共愛学園前橋国際大学　国際社会学部 240
5. 首都大学東京　国際副専攻コース 255
6. 青山学院大学　地球社会共生学部 263
7. 上智大学　法学部 272
8. 昭和女子大学　グローバルビジネス学部 279
9. 創価大学　経営学部 287
10. 東京薬科大学　薬学部 297
11. 法政大学　国際文化学部 304
12. 明治大学　経営学部 316
13. 豊橋技術科学大学　工学部 324
14. 京都工芸繊維大学　工芸科学部 333
15. 京都ノートルダム女子大学　人間文化学部 343
16. 甲南大学　マネジメント創造学部 354
17. 山口大学　国際総合科学部 364
18. 梅光学院大学　文学部 375
19. 九州工業大学　工学部 383
20. 長崎県立大学　経営学部 392

第3部　資料編 ………………………………………… 401

詳細目次

はじめに i

　図表一覧 xiii

第1部　グローバル社会に対応した大学教育の現状と課題 …… 3

第1章　グローバル社会の中で日本の大学教育はどこに向かうのか………………………………… 5

1．グローバル化の意味することと、日本の大学教育に問いたいこと 5
　(1) 大学で起こっているグローバル化に対応した動き 5
　(2) 何を調べようとするのか 6
　(3) どのように調べるのか、その枠組み 9
2．調査結果から見えてきたこと 15
　(1) 実地調査を行った20大学と調査の視点 15
　(2) 視点Ⅰ：教育活動、教育支援、アセスメントと対応した教育目標設定 22
　(3) 視点Ⅱ：教育活動 25
　(4) 視点Ⅲ．教育支援、組織体制 67
　(5) 視点Ⅳ．個々の学生の達成度測定とカリキュラムマネジメントに資する
　　アセスメント 71
　(6) 視点Ⅴ．英語以外の外国語について 74
3．河合塾からの提言 76

第2章　進んだ取り組みを行う6大学からの報告 ──紙上ライブ …………………………………… 81

1. 進んだ英語カリキュラム設計の事例報告

甲南大学　マネジメント創造学部　Brent A. Jones
　CUBE English Program 81
　Ⅰ．学部創設の背景 81
　Ⅱ．必修科目について 84
　Ⅲ．カリキュラムデザイン 88

目次　vii

Ⅳ．意義ある学習経験のために　90

2．留学を学士課程教育に効果的に埋め込んだカリキュラムデザインの事例報告

（1）法政大学　国際文化学部長　栩木　玲子

全員留学と留学前・留学後教育を組み込んだカリキュラム　96

Ⅰ．学部の教育目標とプログラム概要、カリキュラム上の位置づけ　96

Ⅱ．SA の位置づけ、SA 前の学びとサポート　97

Ⅲ．SA 期間中の学びとサポート　100

Ⅳ．評価と SA 後の学び　102

Ⅴ．全学的な取り組みとスーパーグローバル大学創成支援事業　107

（2）青山学院大学　地球社会共生学部長　平澤　典男

全員留学と留学前・留学後教育を組み込んだカリキュラム　111

Ⅰ．学部創設の背景・学部の特徴　111

Ⅱ．徹底した英語教育　119

Ⅲ．学部独自の全員留学制度　121

Ⅳ．まとめ　127

3．グローバル化に対応した能力の育成をアセスメントしている事例報告

（1）京都工芸繊維大学　総合教育センター長（理事・副学長）　森迫　清貴

本学の教育について　128

Ⅰ．京都工芸繊維大学の概要　128

Ⅱ．英語教育について　139

Ⅲ．教育制度改革　141

Ⅳ．グローバルアクセス　143

Ⅴ．評　価　144

Ⅵ．成　果　145

Ⅶ．最後に　146

（2）共愛学園前橋国際大学　国際社会学部長　村山　賢哉

教育目標・アセスメント・教育実践の一貫したカリキュラムデザイン　………　148

Ⅰ．本学におけるグローバル社会への対応　148

Ⅱ．Kyoai Glocal Project　154

viii

Ⅲ．正課の海外留学・海外プログラム　157

Ⅳ．学修成果の評価　161

（3）山口大学　国際総合科学部　川﨑　勝
教育目標・アセスメント・教育実践の一貫したカリキュラムデザイン　………　164

Ⅰ．学部創設の背景・学部の特徴　164

Ⅱ．ディプロマポリシー　172

Ⅲ．スコアと評価　177

第3章　グローバル社会に対応する世界と日本の大学の動向と、河合塾の調査に寄せて ……………………………………　181

文部科学省　国立教育政策研究所　高等教育研究部長　深堀　聰子

1　グローバル社会に対応するための大学教育の世界の現状について　181

2　グローバル社会に対応するための大学教育の日本の特殊性と共通点について　190

3　河合塾調査の結果を見て感じること　194

第2部　20大学訪問調査　詳細レポート ……………………………　205

1．小樽商科大学　商学部 ……………………………………………207

Ⅰ．グローバル化への対応に関する教育目標　207

Ⅱ．教育活動（正課の科目、正課外のプログラム）　208

Ⅲ．グローバル化に対応するための支援制度、組織体制　213

Ⅳ．アセスメント　214

Ⅴ．英語以外の外国語教育　214

2．国際教養大学　国際教養学部 ……………………………………215

Ⅰ．グローバル社会への対応に関する教育目標　215

Ⅱ．教育活動（正課の科目、正課外のプログラム）　217

Ⅲ．グローバル化に対応するための支援制度、組織体制　224

Ⅳ．アセスメント　226

Ⅴ．英語以外の外国語教育　226

3．宇都宮大学　国際学部 ……………………………………………228

目次　ix

Ⅰ．グローバル化への対応に関する教育目標　229

Ⅱ．教育活動（正課の科目、正課外のプログラム）　231

Ⅲ．グローバル化に対応するための支援制度、組織体制　236

Ⅳ．アセスメント　238

Ⅴ．英語以外の外国語教育　239

4．共愛学園前橋国際大学　国際社会学部 ……………………240

Ⅰ．グローバル社会への対応に関する教育目標　241

Ⅱ．教育活動（正課の科目、正課外のプログラム）　242

Ⅲ．グローバル化に対応するための支援制度、組織体制　250

Ⅳ．アセスメント　252

Ⅴ．英語以外の外国語教育　253

5．首都大学東京　国際副専攻コース ………………………… 255

Ⅰ．グローバル社会への対応に関する教育目標　255

Ⅱ．教育活動（正課の科目、正課外のプログラム）　256

Ⅲ．グローバル化に対応するための支援制度、組織体制　259

Ⅳ．アセスメント　261

Ⅴ．英語以外の外国語教育　262

6．青山学院大学　地球社会共生学部 ……………………… 263

Ⅰ．グローバル化への対応に関する教育目標　263

Ⅱ．教育活動（正課の科目、正課外のプログラム）　264

Ⅲ．グローバル化に対応するための支援制度、組織体制　268

Ⅳ．アセスメント　271

Ⅴ．英語以外の外国語教育　271

7．上智大学　法学部 ……………………………………………272

Ⅰ．グローバル化への対応に関する教育目標　272

Ⅱ．教育活動（正課の科目、正課外のプログラム）　273

Ⅲ．グローバル化に対応するための支援制度、組織体制　276

Ⅳ．アセスメント　278

Ⅴ．英語以外の外国語教育　278

8．昭和女子大学　グローバルビジネス学部 …………………… 279

Ⅰ．グローバル社会への対応に関する教育目標　279

Ⅱ．教育活動（正課の科目、正課外のプログラム）　281

Ⅲ．グローバル化に対応するための支援制度、組織体制　285

Ⅳ．アセスメント　286

Ⅴ．英語以外の外国語教育　286

9．創価大学　経営学部 287

Ⅰ．グローバル社会への対応に関する教育目標　287

Ⅱ．教育活動（正課の科目、正課外のプログラム）　289

Ⅲ．グローバル化に対応するための支援制度、組織体制　293

Ⅳ．アセスメント　294

Ⅴ．英語以外の外国語教育　296

10．東京薬科大学　薬学部 297

Ⅰ．グローバル社会への対応に関する教育目標　297

Ⅱ．教育活動（正課の科目、正課外のプログラム）　298

Ⅲ．グローバル化に対応するための支援制度、組織体制　302

Ⅳ．アセスメント　303

Ⅴ．英語以外の外国語教育　303

11．法政大学　国際文化学部 304

Ⅰ．グローバル社会への対応に関する教育目標　304

Ⅱ．教育活動（正課の科目、正課外のプログラム）　305

Ⅲ．グローバル化に対応するための支援制度、組織体制　311

Ⅳ．アセスメント　314

Ⅴ．英語以外の外国語教育　315

12．明治大学　経営学部 316

Ⅰ．グローバル社会への対応に関する教育目標　316

Ⅱ．教育活動（正課の科目、正課外のプログラム）　317

Ⅲ．グローバル化に対応するための支援制度、組織体制　321

Ⅳ．アセスメント　323

Ⅴ．英語以外の外国語教育　323

13．豊橋技術科学大学　工学部 324

Ⅰ．グローバル社会への対応に関する教育目標　324

Ⅱ．教育活動（正課の科目、正課外のプログラム）　325

Ⅲ．グローバル化に対応するための支援制度、組織体制　329

Ⅳ．アセスメント　331

Ⅴ．英語以外の外国語教育　332

14. 京都工芸繊維大学　工芸科学部 ･････････････････333
Ⅰ．グローバル社会への対応に関する教育目標　333
Ⅱ．教育活動（正課の科目、正課外のプログラム）　335
Ⅲ．グローバル化に対応するための支援制度、組織体制　338
Ⅳ．アセスメント　340
Ⅴ．英語以外の外国語教育　342

15. 京都ノートルダム女子大学　人間文化学部 ･･･････････343
Ⅰ．グローバル社会への対応に関する教育目標　343
Ⅱ．教育活動（正課の科目、正課外のプログラム）　344
Ⅲ．グローバル化に対応するための支援制度、組織体制　350
Ⅳ．アセスメント　352
Ⅴ．英語以外の外国語教育　353

16. 甲南大学　マネジメント創造学部 ･･････････････････354
Ⅰ．グローバル化への対応に関する教育目標　354
Ⅱ．教育活動（正課の科目、正課外のプログラム）　355
Ⅲ．グローバル化に対応するための支援制度、組織体制　361
Ⅳ．アセスメント　362
Ⅴ．英語以外の外国語教育　363

17. 山口大学　国際総合科学部 ･･･････････････････････364
Ⅰ．グローバル社会への対応に関する教育目標　365
Ⅱ．教育活動（正課の科目、正課外のプログラム）　366
Ⅲ．グローバル化に対応するための支援制度、組織体制　371
Ⅳ．アセスメント　372
Ⅴ．英語以外の外国語教育　374

18. 梅光学院大学　文学部 ･･････････････････････････375
Ⅰ．グローバル社会への対応に関する教育目標　375
Ⅱ．教育活動（正課の科目、正課外のプログラム）　376
Ⅲ．グローバル化に対応するための支援制度、組織体制　380
Ⅳ．アセスメント　382
Ⅴ．英語以外の外国語教育　382

19. 九州工業大学　工学部 ･･････････････････････････383
Ⅰ．グローバル社会への対応に関する教育目標　383

Ⅱ．教育活動（正課の科目、正課外のプログラム）　385

Ⅲ．グローバル化に対応するための支援制度、組織体制　389

Ⅳ．アセスメント　390

Ⅴ．英語以外の外国語教育　391

20．長崎県立大学　経営学部　‥‥‥‥‥‥‥‥‥‥‥‥‥‥‥392

Ⅰ．グローバル化への対応に関する教育目標　392

Ⅱ．教育活動（正課の科目、正課外のプログラム）　394

Ⅲ．グローバル化に対応するための支援制度、組織体制　397

Ⅳ．アセスメント──グローバル化への対応に関する学修到達度のアセスメント　399

Ⅴ．英語以外の外国語教育　399

第3部　資料編　‥‥‥‥‥‥‥‥‥‥‥‥‥‥‥　401

1．質問紙調査の概要‥‥‥‥‥‥‥‥‥‥‥‥‥‥‥403

■調査対象　403

■調査時期　403

■回答方法　403

■回答状況　403

■質問の構成　404

2．質問紙調査集計　‥‥‥‥‥‥‥‥‥‥‥‥‥‥‥405

Ⅰ　グローバル社会への対応に関する教育目標　405

Ⅱ　グローバル社会への対応に関する教育活動　409

Ⅲ　グローバル社会への対応に関する教育支援　418

謝　辞　449

講演者紹介　451

■図表一覧

図表 1-1-1　国際化のための大学でのプログラムと組織戦略 ……………………10
図表 1-1-2　カリキュラムマネジメントの概念図 ……………………………………11
図表 1-1-3　グローバル社会に対応した大学教育調査の枠組み ………………12
図表 1-1-4　教育活動における科目・プログラムの分類 …………………………13
図表 1-1-5　教育目標の質問結果 ………………………………………………………23
図表 1-1-6　各類型の大学・学部コース一覧 ………………………………………26
図表 1-1-7　単一の海外プログラム …………………………………………………27
図表 1-1-8　工学系　多様な海外プログラム ………………………………………29
図表 1-1-9　文系　多様な海外プログラム …………………………………………31
図表 1-1-10　英語科目の卒業単位数 …………………………………………………35
図表 1-1-11　甲南大学 3 科目の関連 …………………………………………………37
図表 1-1-12　異文化理解・対応力育成科目数 ……………………………………40
図表 1-1-13　異文化理解・対応力育成科目の設置 ………………………………42
図表 1-1-14　専門を英語で学ぶ科目数の比率 ……………………………………43
図表 1-1-15　正課の海外プログラムにおける関連科目の有無 ………………49
図表 1-1-16　正課外のプログラムでの実施地（国内／海外）比率 …………64
図表 1-1-17　クォーター制の導入率 …………………………………………………68
図表 1-1-18　外国人正規入学者数の比率 …………………………………………69
図表 1-2-1　Starting with why ………………………………………………………82
図表 1-2-2　英語プログラムのカリキュラム ………………………………………85
図表 1-2-3　ステップアップの仕組み …………………………………………………89
図表 1-2-4　L.Dee.Fink の分類……………………………………………………………90
図表 1-2-5　学習の循環 …………………………………………………………………92
図表 1-2-6　e ポートフォリオのイメージ ……………………………………………94
図表 1-2-7　言語関係科目履修（SA 英語圏 1 〜 2 年次配当表）………………98
図表 1-2-8　Sample Intermediate English Program Schedule (UC Davis) ……… 101
図表 1-2-9　国際文化学部 E-Portfolio ……………………………………………… 102
図表 1-2-10　SA 自己評価シートと体験記 ………………………………………… 103
図表 1-2-11　異文化理解バリュールーブリック …………………………………… 105
図表 1-2-12　学生アンケート ………………………………………………………… 106
図表 1-2-13　法政大学グローバルポリシー ……………………………………… 108
図表 1-2-14　国際文化学部　派遣留学生数 ……………………………………… 108
図表 1-2-15　グローバルイシューズに対応したカリキュラム構築 …………… 115
図表 1-2-16　派遣先決定までの流れ ……………………………………………… 124
図表 1-2-17　留学準備と計画 ………………………………………………………… 125
図表 1-2-18　学部課程と大学院の専攻（平成 27 年度から）………………… 129
図表 1-2-19　KYOTO　Desgin　Lab 事業実績等 ………………………………… 134
図表 1-2-20　養成する人材像・TECH　LEADER ………………………………… 135
図表 1-2-21　卒業時の質保証のイメージ ………………………………………… 138
図表 1-2-22　TOEIC 分析管理システム①…………………………………………… 141
図表 1-2-23　TOEIC 分析管理システム②…………………………………………… 142
図表 1-2-24　トビタテ！留学 JAPAN　日本代表プログラム……………………… 145

xiv

図表 1-2-25	本学の特長 ……………………………………………………………	150
図表 1-2-26	DP と成果指標 ………………………………………………………	152
図表 1-2-27	共愛学園前橋国際大学コモンルーブリック ………………………	153
図表 1-2-28	協定・MOU 締結を行っている大学・機関一覧………………………	159
図表 1-2-29	4 年間の総体としての一人ひとりの学生の成長を可視化するサイクルを作る ………	161
図表 1-2-30	自己評価の妥当性：評価値の伸び ……………………………………	163
図表 1-2-31	国際総合科学部カリキュラム ………………………………………	170
図表 1-2-32	YU CoBCuS のマトリックス…………………………………………	176
図表 1-2-33	山口大学能力基盤型カリキュラムシステム YU CoBCuS…………	178
図表 1-2-34	国際総合科学部　YU CoBCuS1 年生②クォーター ………………	179
図表 2-1	国際教養大学の英語集中プログラム（EAP）の仕組み …………	219
図表 2-2	国際教養大学の EAP プログラムの各クラスの科目別の単位数とコマ数 …………	220
図表 2-3	共愛 12 の力 …………………………………………………………	241
図表 2-4	共愛学園前橋国際大学の海外プログラム …………………………	247
図表 2-5	首都大学東京の 2016 年度海外英語研修の実施状況 ……………	259
図表 2-6	創価大学経営学部変容プロセス・シート …………………………	295
図表 2-7	法政大学国際文化学部　異文化理解バリュールーブリック ……	314
図表 2-8	京都工芸繊維大学の学士力の経年変化を示すレーダーチャート …	340
図表 2-9	京都工芸繊維大学の"①多文化・異文化に関する知識の理解"に関する能力の伸長例	341
図表 2-10	京都ノートルダム女子大学人間文化学部英語英文学科の 4 年間で育てたい力 "ND 6" とディプロマポリシー………………………………………………………	344
図表 2-11	京都ノートルダム女子大学人間文化学部　Global English 科目群を構成する領域と科目	347
図表 2-12	京都ノートルダム女子大学人間文化学部 a 領域：Japanese Culture & Global Awareness を構成する科目の授業概要 ………………………………	348
図表 2-13	甲南大学マネジメント創造学部　正課科目を通した学生の学び ………………	356
図表 2-14	山口大学国際総合科学部 2015 年度及び 2016 年度入学者の 1 年次 TOEIC 平均スコアの推移（同学部の資料により作成）……………………………	368
図表 2-15	山口大学国際総合科学部の科目ごとのディプロマポリシーへの寄与率の表 ………	373
図表 2-16	山口大学国際総合科学部の YU CoB CuS におけるディプロマポリシー修得状況を示すレーダーチャート ………………………………………………	374
図表 2-17	九州工業大学工学部の英語科目の履修モデル ……………………	386

グローバル社会における日本の大学教育
──全国大学調査からみえてきた現状と課題──

第1部

グローバル社会に対応した大学教育の現状と課題

第1章　グローバル社会の中で日本の大学教育はどこに向かうのか

1. グローバル化の意味することと、日本の大学教育に問いたいこと

(1) 大学で起こっているグローバル化に対応した動き

　日本を含む世界的なグローバル化の進展に対応する動きは、大学でも文部科学省でも近年活発である。

　大学個別では、"国際"あるいは"グローバル"などのキーワードを冠した新しい国際系学部を設置する動きが多くみられる。例えば、2004年度の国際教養大学の開学と、早稲田大学の国際教養学部設置に始まり、2006年度には上智大学国際教養学部、駒澤大学グローバルメディアスタディーズ学部、2008年度には立教大学異文化コミュニケーション学部、明治大学国際日本学部、法政大学グローバル教養学部、2009年度には関西大学外国語学部、2010年度には関西学院大学国際学部、2011年度には同志社大学グローバル・コミュニケーション学部、2013年度には同志社大学グローバル地域文化学部、2014年度には上智大学総合グローバル学部、2015年度には山口大学国際総合科学部、青山学院大学地球社会共生学部、2016年度には千葉大学国際教養学部、学習院大学国際社会科学部、近畿大学国際学部などが、それぞれ設置されてきた。

　文部科学省では、日本の大学の国際化を促進するための計画を打ち出したり、事業を創設したりし、大学のグローバル化への対応を支援している。2008年に同省は、「留学生30万人計画」を打ち出した。この計画は、日本を世界により開かれた国とし、アジア、世界との間のヒト・モノ・カネ・情報の流れを拡大する「グローバル戦略」展開の一環として位置づけ、受け入れ

る留学生を当時の 14 万人から、2020 年を目途に 30 万人を目指すというものである。

2012 年には「グローバル人材育成推進事業」を創設した。その目的は、若い世代の「内向き志向」を克服し、国際的な産業競争力の向上や国と国の絆の強化の基盤として、グローバルな舞台に積極的に挑戦し活躍できる人材の育成を図るべく、大学教育のグローバル化を目的とした体制整備を推進する事業に対して重点的に財政支援することであった。

2014 年には、「スーパーグローバル大学創成支援」と「経済社会の発展を牽引するグローバル人材育成支援」の 2 つの事業からなる「スーパーグローバル大学等事業」を創設した。前者は、大学改革と国際化を進め、国際通用性および国際競争力の強化に取り組む大学の教育環境の整備支援を目的とし、後者は、2012 年の「グローバル人材育成推進事業」での目的を引き継ぎつつ、大学教育のグローバル化を推進する取り組みを行う事業に対して、重点的に財政支援することを目的としている。

また 2013 年より同省では、留学促進キャンペーン「トビタテ！留学 JAPAN」を開始した。意欲と能力あるすべての日本の若者が、海外留学に自ら一歩を踏み出す気運を醸成することを目的とし、2020 年までに大学生の海外留学を 12 万人（2012 年：6 万人）に、高校生の海外留学を 6 万人（2012 年：3 万人）に、それぞれ倍増させることを目標としている。政府だけでなく、各分野で活躍する人々や民間企業からの支援や寄附を受け、官民協働でグローバル人材育成コミュニティを形成し、将来世界で活躍できるグローバル人材の育成を目指している。

このように、大学も国家もグローバル化に対応するための施策を近年活発に行なっているが、大学でのそうしたグローバル化に対応するための教育は、現状どのように行われているのだろうか、ということが本調査における問題意識である。

(2) 何を調べようとするのか

グローバル社会で活躍できる人材像として、“グローバル人材”という言葉が一般に流通している。グローバル人材の定義には、次のようなものがある。

グローバル化が進展している世界の中で、主体的に物事を考え、多様なバックグラウンドをもつ同僚、取引先、顧客等に自分の考えを分かりやすく伝え、文化的・歴史的なバックグラウンドに由来する価値観や特性の差異を乗り越えて、相手の立場に立って互いを理解し、更にはそうした差異からそれぞれの強みを引き出して活用し、相乗効果を生み出して、新しい価値を生み出すことができる人材 (産学人材育成パートナーシップグローバル人材育成委員会, 2010)。

　　世界的な競争と共生が進む現代社会において、日本人としてのアイデンティティを持ちながら、広い視野に立って培われる教養と専門性、異なる言語、文化、価値を乗り越えて関係を構築するためのコミュニケーション能力と協調性、新しい価値を創造する能力、次世代までも視野に入れた社会貢献の意識などを持った人間 (産学連携によるグローバル人材育成推進会議, 2011)。

　グローバル人材についてのこれらの定義からは、明言こそされていないが、日本国外でさまざまな国々を出身とする人々と協働し、その中でリーダーシップを発揮して、事業開発や運営に取り組める、万能ともいうべき人材が想起される。また、グローバル人材という言葉から想起される一般的なイメージも、これに近いものであろう。

　では、こうしたグローバル人材という象徴的な人材の育成によって、産学官が対応しようとしているグローバル化 (Globalization) とは、そもそもどのように定義されるのだろうか。教育学者 Knight は、グローバル化と高等教育の国際化 (Internationalization) の関係を念頭に次のように定義している。グローバル化とは、技術、経済、知識、人々、価値、アイデアなどの国境を越えた流れのことであり、高等教育の国際化に影響を与える現象のことであると定義している。そして、高等教育の国際化とは、国家間、異文化間、あるいはグローバルな次元を、高等教育の目的、機能、あるいは提供するものに統合するプロセスのことである (Knight, 2003)。

8　第1章　グローバル社会の中で日本の大学教育はどこに向かうのか

　"技術、経済、知識、人々、価値、アイデアなどの国境を越えた流れ"という Knight (2005) によるグローバル化の定義を踏まえれば、グローバル社会に対応した教育が包含する範囲は、海外に出て活躍するようなグローバル人材の育成だけにはとどまらない。地域社会のグローバル化、さらには半径3メートルの身近な空間のグローバル化といった、実際に日本国内で進行しているグローバル社会に対応できる人材の育成も含むのである。この考えに基づき、本調査では、下記の3つのいずれかの人材を、「グローバル社会に対応した大学教育」を通じて育成を目指す人材として設定し調査した。

　　①世界のどこでも活躍できる人材
　　②旧来から続けられてきた日本企業の海外進出を担うような人材
　　③地域社会のグローバル化や半径3メートルのグローバル化に対応できる人材

　一方、大学がグローバル化に対応した教育、研究体制、制度、あるいは施設を整えることは、大学設置基準などにおいて必要不可欠な条件とされているわけではない。したがって、個々の大学が、グローバル社会への対応を目指した教育を行うのか、あるいは行わないのか、そして行う場合には、どのような教育目標を設定して、どのような教育を提供するのかということは、各大学の自由裁量である。

　これらを踏まえ、グローバル社会への対応を明示した学士課程教育を施している大学では、どのような教育目標のもと、どのようなカリキュラムデザインを構築しているのか、そこにはどのような課題を抱えているのかということを明らかにすることが本調査の目的である。

　なお本調査が対象とする教育は、日本の大学に入学した日本人学生に提供される「グローバル社会に対応した大学教育」とした。「グローバル社会に対応した大学教育」と表現した場合には、外国からの留学生が日本の大学で受ける教育も含まれるが、まずは日本人学生が受ける大学教育に絞って調査した。

　また対象とする語学教育については、英語教育に限定することにした。グローバル化に対応して求められる語学力が英語力だけではないこと、また各

言語には等価値性があることは言を俟たない。しかし、現在進行するグローバル社会においては、英語の世界共通語としての性格は否定しがたい現状がある。実際に、大学でグローバル社会に対応して英語以外の言語を学ぶ場合でも、「英語と他の言語」の組み合わせであることが一般的である。このため、本調査では英語圏特有の文化とは一定程度切り離し、コミュニケーションツールとしての英語教育に絞った。

(3) どのように調べるのか、その枠組み

調査の枠組みは、グローバル社会に対応した学士課程教育の構築に必要だとされる項目と、河合塾編著 (2016) で示したカリキュラムマネジメントの観点とを参考にして構築した。

Knight (2005) は、高等教育機関の国際化のためのプログラムと大学組織としての戦略とを、具体的な取り組み項目例とともに体系的に示した (**図表 1-1-1**)。

高等教育機関の国際化のために必要な項目を体系的に示した研究は他にはなく、本調査では、ここでの項目立てとそれらの体系から、学士課程教育にかかわり、かつ日本の大学の状況に合う部分を抽出して調査の枠組みに反映させることにした。具体的には、国際化のための大学のプログラムでは、アカデミック・プログラムを正課のカリキュラムを見る視点、カリキュラム外の活動を正課外のカリキュラムを見る視点とし、これら2つを基盤に教育活動を見る視点とした。また、国際化のための大学の組織戦略では、ガバナンス、運営、サービスでそれぞれ挙げられている取り組み例を、支援制度、組織体制、教育環境というカテゴリーで再整理し、これら3つを教育支援を見る視点とした。ヒューマン・リソースについては、組織体制づくりに資する観点であるが、学士課程教育には直接的にはつながらないものなので、本調査では調査対象外とした。

カリキュラムマネジメントの観点については、教育目標、アセスメント、そしてそれらのための教育活動の繋がりの重要性を主張した Fink (2003) やWiggins & McTighe (2005) の研究を基に、河合塾編著 (2016) で提示した枠組み (**図表 1-1-2**) を基本にして検討することにした。

特にグローバル社会に対応した教育を見る上においては、どのような教育

国際化のための大学でのプログラム	
活動タイプ プログラム・活動	取り組み例
アカデミック・ プログラム	・交換学生プログラム ・外国語学習 ・国際化されたカリキュラム ・地域の学習あるいはテーマ別の学習 ・海外での活動／学習 ・国際的な学生 ・教授／学習プロセス ・ジョイント／ダブル・デグリー・プログラム ・異文化トレーニング ・教員／スタッフ移動性プログラム ・講義者や学者への訪問 ・アカデミック・プログラムと他の戦略のリンク
研究的・学術的協働	・地域とテーマ別のセンター ・共同研究プロジェクトと出版 ・国際会議やセミナー ・国際研究協定 ・交換研究プログラム ・学術および他分野での国際研究

国内・海外活動	国内	・NGOや公的／民間分野のグループとのコミュニティ基盤でのパートナーシップ ・コミュニティ・サービスや異文化間プロジェクトの取り組み ・国際パートナーやクライアントのためのカスタマイズされた教育やトレーニング
	国外	・国際開発支援プロジェクト ・教育プログラム（営利・非営利含む）の海外へのデリバリ ・国際的な連携、パートナーシップ、ネットワーク ・契約に基づいたトレーニングや研究プログラムおよびサービス ・卒業生海外プログラム

カリキュラム外の 活動	・学生クラブや連合 ・国際的・異文化間のキャンパス・イベント ・コミュニティ基盤の文化的・民族的グループとのリエゾン ・ピアサポートのグループやプログラム

国際化のための大学での組織戦略	
活動タイプ プログラム・活動	取り組み例
ガバナンス	・上席リーダーによるコミットメント ・教員とスタッフの活動への巻き込み ・国際化のための明確な理論的根拠とゴール ・制度的ミッション／任務の声明と、計画・マネジメント・評価のポリシーを示した文書とにおける国際 　面における認識
運営	・全学的に統合されていること、学部／大学レベルでの計画・予算・質のレビューの仕組み ・適切な組織の構造 ・コミュニケーション・連絡・調和のための仕組み（公式・非公式） ・集中・分散のプロモーションと国際化のマネジメントとのバランス ・十分な財務サポートと資源配分の仕組み
サービス	・全学的サービスユニットからのサポート（学生寮、学籍係、募金、卒業生、IT） ・学事サポートユニットを巻き込むこと（図書館、教授・学習、カリキュラム開発、教員・スタッフの 　トレーニング、研究サービス） ・新入生と卒業生のサポートサービス 　（オリエンテーション・プログラム、相談、異文化トレーニング、ビザに関するアドバイス）
ヒューマン・ リソース	・国際の専門家のリクルートと選別 ・教員とスタッフの貢献の引き出しを強化するための報酬とプロモーションの考え方 ・教員とスタッフの専門技能開発の活動 ・国際的な研究課題と研究休暇のサポート

Knight（2005）の "Institutional-Level Programs and Organizational Strategies for Internationalization" の図をもとに作成

図表 1-1-1　国際化のための大学でのプログラムと組織戦略

当プロジェクトはカリキュラムマネジメントを以下のように整理して定義する。
　ⅰ) 教育目標、アセスメント、カリキュラム設計を一体的にデザインし(カリキュラムデザイン)、実施し、検証して PDCA を機能させる
　ⅱ) カリキュラム設計においては各科目の教育内容を相互に関連付ける
　ⅲ) PDCA を機能させるために、人、組織・制度、ファシリティ、資金等の条件を整備する

　これを図式化して示せば**図表 1-1-2** になる。図中のカリキュラム設計、カリキュラムデザイン、カリキュラムマネジメントには、いずれも"カリキュラム"という語が使われているが、階層が異なる。

　カリキュラム設計は、科目のつながりを意識したカリキュラムそのものをつくることである。これに対してカリキュラムデザインは、教育目標の設定とカリキュラム設計とアセスメント・フィードバックを一体的にデザインすることである。

　そしてこのカリキュラムデザイン(Plan)を実践(Do)し、その結果を検証(Check)し、次の改善されたカリキュラムデザイン(Action=Plan')につながるように機能させていくこと、しかもこのプロセスを組織的に行うことがカリキュラムマネジメントなのである(この図では、ファシリティや資金等の条件整備については割愛している)。

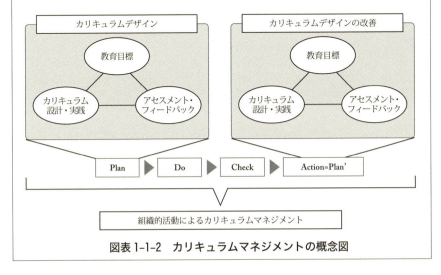

図表 1-1-2　カリキュラムマネジメントの概念図

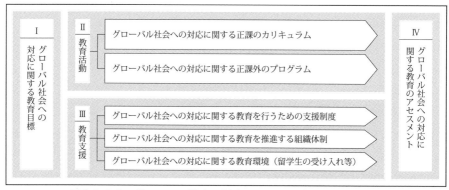

図表 1-1-3　グローバル社会に対応した大学教育調査の枠組み

　目標のもと、それをどのようにアセスメントし、そして教育目標を実現するためのカリキュラム設計はどのようになっているのかというカリキュラムデザインの整合性を重視するため、枠組みにはそれを反映することにした。また、カリキュラムデザインを効果的に運用するためのPDCAのやり方については、組織体制やアセスメントについての質問で問うことにした。

　こうして、Knight（2005）で示された国際化のための大学のプログラムと組織戦略と、カリキュラムマネジメントの観点を考慮し、本調査の枠組みを**図表 1-1-3**のように構築した。

　教育目標を起点とし、教育のアセスメントに向けて教育活動と教育支援が教育を推進するという構図になっている。各点線枠の右上に振られたⅠ〜Ⅳの番号は、質問紙調査の大項目の番号である。

　また教育活動については、図表1-1-1の国際化のための大学でのプログラムを参考に、**図表 1-1-4**のように分別して問うた。正課のプログラムについては、語学英語科目、異文化理解・異文化対応力育成科目、英語による専門科目の3種類の科目に分類してそれぞれ問い、また正課・正課外の両プログラムで、国内での学修と海外での学修を分別して問うた。

　正課プログラムの科目分類に、異文化理解・異文化対応力育成科目を設定したのは、グローバル社会に対応した人材育成では、コミュニケーションツールである英語の修得とともに、異文化理解と異文化対応力の育成も重要ではないかと考えたからである。異文化理解については、文化比較による自文化

学修内容別＼学修シチュエーション別		国内での学修	海外での学修
正課のプログラム	語学英語科目	Ⅱ-1	Ⅱ-4
	異文化理解・異文化対応力育成科目	Ⅱ-2	
	英語による専門科目	Ⅱ-3	
正課外のプログラム		Ⅱ-5	

注）各セルに記載されている番号（例えばⅡ-1など）は、質問紙調査での質問項目の番号である。

図表 1-1-4　教育活動における科目・プログラムの分類

の相対化や自文化の英語での発信など、英語文化圏に限らず、総体としての異文化対応力を培う科目を対象とした。

　第2部以降で解説する質問紙調査および実地調査では、図表 1-1-3. グローバル社会に対応した大学教育調査の枠組みおよび図表 1-1-4. 教育活動における科目・プログラムの分類で示した枠組みおよび分類に基づいて実施された。

参考文献

河合塾編著 (2016).『大学のアクティブラーニング 導入からカリキュラムマネジメントへ』，東信堂.

産学人材育成パートナーシップグローバル人材育成委員会 (2010).「報告書 ～産学官でグローバル人材の育成を～」，経済産業省ホームページ <http://www.meti.go.jp/policy/economy/jinzai/ san_gaku_ps/ 2010globalhoukokusho.pdf > 2017 年 3 月 3 日アクセス .

産学連携によるグローバル人材育成推進会議 (2011).「産学官によるグローバル人材育成のための戦略」，文部科学省ホームページ <http://www.mext.go.jp/component/a_menu/education/detail/__icsFiles/afieldfile/2011/06/01/1301460_1.pdf > 2017 年 3 月 3 日アクセス .

文部科学省 (2008).「「留学生 30 万人計画」骨子の策定について」，<http://www.mext.go.jp/b_menu/houdou/20/07/08080109.htm> 2017 年 3 月 3 日アクセス .

文部科学省 (2012).「グローバル人材育成推進事業」，<http://www.mext.go.jp/b_menu/houdou/24/09/attach/1326084.htm> 2017 年 3 月 3 日アクセス .

文部科学省 (2014).「トビタテ！留学 JAPAN」，< http://www.mext.go.jp/a_menu/kokusai/tobitate/> 2017 年 3 月 3 日アクセス .

日本学術振興会（発行年不明）.「スーパーグローバル大学創成支援」，< http://www.

jsps.go.jp/j-sgu/index.html> 2017 年 3 月 3 日アクセス.

日本学術振興会（発行年不明）.「経済社会の発展を牽引するグローバル人材育成支援」，< http://www.jsps.go.jp/j-gjinzai/index.html> 2017 年 3 月 3 日アクセス.

Fink, L. D. (2003). A self-directed guide to designing courses for significant learning. *University of Oklahoma,* 27.

Knight, J. (2003). Updated Internationalization Definition. *International Higher Education,* 33:2-3.

Knight, J. (2005). An internationalization model: Responding to new realities and challenges. *Higher education in Latin America: The international dimension,* 1-39.

Wiggins, G. P., & McTighe, J. (2005). *Understanding by design.* ASCD.

2. 調査結果から見えてきたこと

(1) 実地調査を行った 20 大学と調査の視点

　本節では、質問紙調査と実地調査から見えてきたことを概括的に述べる。

　本調査では、質問紙調査とともに、その回答をもとに抽出した 20 大学（19 学部・1 コース）に対する実地調査も併せて行った。以下に、20 大学のリストと、実地調査のヒアリングにおける視点を示しておく。

番号	所在地	設立区分	大学	学部・コース	文理区分
1	北海道	国立	小樽商科大学	商学部	文
2	秋田	公立	国際教養大学	国際教養学部	文
3	栃木	国立	宇都宮大学	国際学部	文
4	群馬	私立	共愛学園前橋国際大学	国際社会学部	文
5	東京	公立	首都大学東京	国際副専攻コース	―
6	東京	私立	青山学院大学	地球社会共生学部	文理
7	東京	私立	上智大学	法学部	文
8	東京	私立	昭和女子大学	グローバルビジネス学部	文
9	東京	私立	創価大学	経営学部	文
10	東京	私立	東京薬科大学	薬学部	理
11	東京	私立	法政大学	国際文化学部	文
12	東京	私立	明治大学	経営学部	文
13	愛知	国立	豊橋技術科学大学	工学部	理
14	京都	国立	京都工芸繊維大学	工芸科学部	理
15	京都	私立	京都ノートルダム女子大学	人間文化学部	文
16	兵庫	私立	甲南大学	マネジメント創造学部	文
17	山口	国立	山口大学	国際総合科学部	文理
18	山口	私立	梅光学院大学	文学部	文
19	福岡	国立	九州工業大学	工学部	理
20	長崎	公立	長崎県立大学	経営学部	文

視点Ⅰ. 教育活動、教育支援、アセスメントと対応した教育目標設定

教育活動と整合し、アセスメントを伴う教育目標が設定されているか

視点Ⅱ. 教育活動

1. 海外プログラムを含む全体的なカリキュラム設計
2. 英語コミュニケーション力育成科目のカリキュラム
   1) 英語科目間の連携かつ段階のつながりがどのように図られているか
   2) 英語コミュニケーション力を特に高めたい学生および英語コミュニケーション力が特に低い学生に対してどのようなオプションが用意されているか
3. 異文化理解・異文化対応力育成科目のカリキュラム
   1) 異文化理解・異文化対応力育成科目がどのように用意されているか。特に日本語以外を用いる科目がどの程度配置されているか
   2) 異文化理解・異文化対応力を高める科目が他のプログラムと、どのように連携しているか
4. 専門を英語で学ぶ科目のカリキュラム
   1) 英語による専門科目がどの程度用意されているか
   2) 英語科目との連携がどのように図られているか
   3) 日本語による専門科目との連携がどのように図られているか
5. 正課の海外プログラム（留学を含む）
   1) 参加・履修率
   2) 事前学習→海外プログラム→事後学習の関連が図られているか
6. グローバル化に対応する正課外の海外・国内プログラム
   グローバル化に対応する正課外の海外・国内プログラムはどのようなものが用意されているか

第1部　グローバル社会に対応した大学教育の現状と課題　17

視点Ⅲ．教育支援（支援制度・教育環境・組織体制）

1．グローバル化に対応した教育支援

　1）奨学金や授業料減額などの経済的サポート体制の充実度

　2）履修上、海外プログラムに参加しやすい仕組みが用意されているか

　3）リスク対策、セキュリティ対策の充実度

2．キャンパスのグローバル化を活用した教育支援・教育環境

　　ピアサポート、バディ制度やメンター制度、混住寮など、海外留学生との交流を異文化体験や英語コミュニケーション能力向上につなげるどのような仕組みがあるか

3．組織体制

　　グローバル化対応教育を推進する組織が設置され、学部等と連携してどのように機能しているか

視点Ⅳ．個々の学生の達成度測定とカリキュラムマネジメントに資するアセスメント

1．学生の達成度のアセスメント

　　個々の学生における教育目標の達成度を教育目標との関連でアセスメントする取り組みがどのように用意されているか（語学および語学以外について）

2．カリキュラムマネジメント

　　アセスメントをカリキュラムマネジメントにどのように活かしているか

視点Ⅴ．　英語以外の外国語について

　まず視点Ⅰの、教育活動、教育支援、アセスメントと対応した教育目標設定についてであるが、グローバル化に対応して大学ごとのさまざまな立ち位置があること、またそれらの立ち位置を反映した教育目標が設定されるべき

であることから、最初に設定した。ここを起点にして、それぞれの教育目標に整合したカリキュラムデザインが構築されているかが本調査の中心的な課題であり、この教育目標の視点は本実地調査の出発点という位置づけである。

ちなみに、当プロジェクトの教育目的と教育目標に関する考え方は、以下のとおりである。

目的と目標の関係は一般的には次のように整理される。「『目的』は、『目標』に比べ抽象的で長期にわたる目あてであり、内容に重点を置いて使う。『人生の目的を立身出世に置く』◇『目標』は、目指す地点・数値・数量などに重点があり、『目標は前方三〇〇〇メートルの丘の上』『今週の売り上げ目標』のようにより具体的である」（『大辞泉』）。この整理に従えば、意義や価値観などから導かれるものが目的であり、それは必然的に定性的になる。例えば、「世界に貢献できる人材を育成する」というのは目的に他ならない。その達成についてはアウトカムとして問われることになる。

他方、目標は数値などで設定され、定量的なものである。例えば上記の目的を実現するために「全学生に卒業までにTOEICスコア700点をクリアさせる」というようなことが目標であり、その達成については定量的なアウトプットとして問われることになる。

この両者の関係は明らかに、目的が上位であり、その上位にある目的を実現するために目標が設定されることになる。

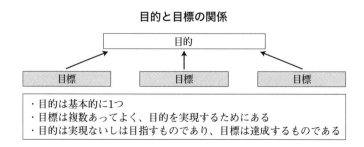

目的と目標の関係

・目的は基本的に1つ
・目標は複数あってよく、目的を実現するためにある
・目的は実現ないしは目指すものであり、目標は達成するものである

このように見た時に、医療系をはじめとした資格取得を目指す学部では、全員の、または〇〇％以上の学生の資格取得ということが明確に目標として設定されている。この目標は、必然的に教員集団に共有され、その共有された目標をクリアするためにこそ、教員集団は協働する関係に入る。

工学系では、そのような資格取得を目指す学系もあるが、そうでない学系においても概ね「このような技能を有して、こうした知識を用いてこのレベルのものが設計・製作できる」というような目標が共有され、そのレベル到達に向かって教員集団が協働しているという現状がある。

では、非資格系で社会科学系や人文系の場合はどうか。この目標が設定されていない学部・学科がほとんどなのである。もちろん、今ではほとんどの学部でディプロマポリシーが整備されているのだが、にも関わらず達成すべき教育目標として、そのディプロマポリシーが認識されているとはとても言い難い状況が存在している。あるいは、ディプロマポリシー自体が、具体性を欠いた抽象的なものに終始して、それが教員の日々の教育活動を規定しているとはとても言えない場合も多く見受けられる。

つまり、明確な学部・学科の組織的目標が存在しなかったり、存在しても教員間で共有されていなかったりすれば、その結果、教員個々がそれぞれに描いた目標に向かって学生を教育していくことにならざるを得ない。

出典：河合塾編著（2014）『「学び」の質を保証するアクティブラーニング』東信堂

視点Ⅱでは、教育活動について正課のカリキュラムと正課外のカリキュラムの両面から考察する。

視点Ⅱ-1の海外プログラムを含むカリキュラムの全体設計については、海外プログラムを必修や選択などの類型に分けて、それが英語教育科目や異文化理解・異文化対応力育成科目、英語で専門を学ぶ科目などと、どのよう

なつながりを持ってカリキュラムの中に埋め込まれているかを、実地調査で得られた情報を基に、当プロジェクト独自のカリキュラムマップを作成しつつ概観した。海外プログラムが他の科目やプログラムと切り離されて行われるのでは、教育効果が低いと思われるからである。

視点Ⅱ-2の正課の英語教育、とりわけ英語コミュニケーション能力を育成する科目については、複数クラス開講科目における内容の統一性の確保、英語科目間の連携、学年進行に伴う整合的な段階性などがどのように図られているかに着目している。学部系統における専門性や、教育目標が異なれば、英語教育に割くことができる単位数も自ずと異なり、教育目標に応じた英語コミュニケーション能力の育成の仕組みになっているかが課題となっている。旧来の大学の英語科目に見られたような、担当教員が英文学などの自己の専門を教えるといったあり方から、教育目標を達成するために、学部・学科等の組織としてどのような工夫が凝らされているのかという視点である。また、英語能力が上位にあり、それをさらに伸ばしたいと考える学生や、英語能力が下位にあって、追いつかせたい学生に対するオプションがどのように用意されているかも重視した。

視点Ⅱ-3の異文化理解・異文化対応力を育成する科目については、ある意味では多くの教養・リベラルアーツ系の科目が該当する。本調査では、異文化理解・異文化対応力を育成する取り組み全般に留意しつつ、それらの科目の中で特に日本語以外も用いて行われている授業に焦点を当てている。

視点Ⅱ-4の英語で行われる専門教育については、教育目標に対応してどの程度設けられているか、また日本語で学ぶ専門科目や英語科目との連携がどのように図られているのかに焦点を当てている。留学等の海外プログラムが必修等で用意されている場合には、そこでの専門教育とのつながりにも着目した。

視点Ⅱ-5の正課の海外プログラムについては、交換留学、認定留学、海外インターンシップ、語学研修、異文化体験研修などが含まれる。大きくは、それぞれの海外プログラムが、どのように4年間のカリキュラムの中に位置づけられているのかに焦点を当てているが、より具体的には孤立した単独のプログラムではなく事前学習や事後学習を通して、日本国内での学びと結び

つくような仕組みがいかに設けられているかに着目した。

　視点Ⅱ-6の正課外の海外プログラムについても、どのような取り組みがあるかとともに、参加人数や期間、事前事後学習などが取り組まれているかどうかに着目した。正課外の国内プログラムについては、次のような理由で注目した。正課の海外プログラムは効果的ではあるが、教育目標との関係で学生にとって費用が嵩みすぎる場合もある。今日の地域のグローバル化の進展を考慮するならば、このような環境を活用した国内プログラムによって、異文化体験を重ねて異文化対応力を高め、英語コミュニケーション能力を育成することも有効な選択肢の一つと考えられる。

　視点Ⅲは、教育支援 (支援制度・教育環境・組織体制) についてである。

　視点Ⅲ-1-1) では、奨学金などの充実度を見ている。できるだけ多くの海外プログラム参加者に支給される仕組みに着目した。視点Ⅲ-1-2) は、海外プログラムに参加しやすくするためのクォーター制やCAP制免除などの仕組みについて着目した。視点Ⅲ-1-3) では、海外プログラム参加時のセキュリティ対策について、独自の取り組みがあるか、あるとするといかなるものかについて着目した。

　視点Ⅲ-2は、キャンパスのグローバル化を活用した教育支援・教育環境についてである。今日、多くの大学では留学生等の受け入れを通じて、キャンパスのグローバル化がかなりの程度進展している。この環境を、日本人学生の異文化理解・異文化対応力の育成等に活用する取り組みに着目した。

　視点Ⅲ-3は、グローバル社会に対応する教育を推進する組織についてである。グローバル化に対応するために、大学によっては全学組織と学部・学科組織が設置され、さまざまな機能を分担している。また、教授会や学務課などの既存の大学組織と新たな目的別組織とが並立している現状もある。このような中で、どのような組織が設置され、機能分担し、協働しているのかに着目した。

　視点Ⅳは、学生の達成度測定とカリキュラムマネジメントに資するアセスメントについてである。

　視点Ⅳ-1は、学生が教育目標をどの程度達成しているかを、どのようにアセスメントしているのかという視点である。英語力についてはもちろん、

グローバル化に対応する能力が教育目標に掲げられている場合は、それらの能力の達成度がいかにアセスメントされているかについて着目した。

視点IV-2は、学生に対するアセスメントなどから得た情報を、いかにカリキュラムマネジメントに活用して教育改善につなげているのかに着目した視点である。教育目標－教育活動－アセスメントの一体的なデザインこそが重要であるとの認識によるものである。当プロジェクトのカリキュラムデザインおよびカリキュラムマネジメントに関する考え方については、第1章－1(2)で既述しているとおりである。

視点Vは、英語以外の外国語教育について各大学がどのように位置づけ、取り組んでいるかという視点である。本調査では、質問紙および実地調査のI～IVの内容では、国際的コミュニケーションツールとしての英語に限定しているが、英語以外の言語教育を通じてグローバル化に対応しようとしている大学も少なくないためである。

以下、この視点に沿いながら、質問紙調査と実地調査の両方の結果を併せて概要を報告する。

(2) 視点Ⅰ：教育活動、教育支援、アセスメントと対応した教育目標設定

まず、質問紙調査では以下のような教育目標に関する多肢選択の質問（複数回答可）を行い、「主たる想定人材」に◎を、「想定している人材」に○をつけてもらった。

A：日本国外で活動できる高度専門職・研究者
　　国際医療従事者、外国資格の公認会計士、外国資格の弁護士、国外で活動する企業所属の研究者、国外での学会発表や国外の研究機関との共同研究・開発を行う研究者など
B：日本国外で活動できるビジネスパーソン（エンジニアなども含む）
　　現地の人々との折衝、現地職員のマネジメントを伴う海外勤務者、プラントやインフラなどの構築物の建設およびメンテナンス、生産技術、システム開発などの技術者業務を海外で行うエンジニアなど
C：日本国内で外国人・海外法人に対応できる人材

第1部　グローバル社会に対応した大学教育の現状と課題　23

国内で活動し（都市部に限らず地域社会でも）、外国人・海外法人とのコミュニケーションを行う人材、地域のグローバル化を担う人材など

D：グローバル社会に対応する人材像は特に意識していない

これらの選択肢のうち、Cは地域のグローバル化・半径3メートルのグローバル化に対応した人材であり、Dについては国内の特定の資格取得などに特化した学部などを想定しての選択肢である。その結果、「◎：主たる想定人材」に関して、**図表1-1-5**のような学部系統別の回答が得られた。

注）上段：学部数、下段：有効回答学部数に占める割合（％）

人材イメージ		文・人文	社会・国際	法・政治	経済・経営・商	教育(教員養成)	教育(総合科学)	理	工	農	医・歯・薬・保健	生活科学	芸術・スポーツ科学	総合・環境・情報・人間	全体
有効回答学部数合計		115	70	46	114	46	5	32	87	28	111	18	25	40	737
A	日本国外で活動できる高度専門職・研究者	6	3	4	5	2	0	14	24	9	31	3	4	0	105
		5.2	4.3	8.7	4.4	4.3	0.0	43.8	27.6	32.1	27.9	16.7	16.0	0.0	14.2
B	日本国外で活動できるビジネスパーソン（エンジニアなども含む）	26	25	7	34	1	0	8	39	7	3	3	0	5	158
		22.6	35.7	15.2	29.8	2.2	0.0	25.0	44.8	25.0	2.7	16.7	0.0	12.5	21.4
C	日本国内で外国人・海外法人に対応できる人材	68	45	17	70	12	1	7	35	16	45	4	5	21	346
		59.1	64.3	37.0	61.4	26.1	20.0	21.9	40.2	57.1	40.5	22.2	20.0	52.5	46.9
D	グローバル社会に対応する人材は特に意識していない	7	3	3	3	7	1	0	5	0	11	2	3	4	49
		6.1	4.3	6.5	2.6	15.2	20.0	0.0	5.7	0.0	9.9	11.1	12.0	10.0	6.6

※　A～Dの各人材イメージの上段の値は、「主たる想定人材」と回答した学部数。下段の値は、その学部数の有効回答学部数合計に占める割合（％）である。

図表1-1-5　教育目標の質問結果

ここから見て取れることは、①理系学部での人材イメージの想定はA～Cに分散しているということである。理系学部出身者がグローバルな場で活躍している、あるいはそうした能力を強く求められていることを示唆する結果となっている。農学系学部がCの比率が高いのも学系の特徴を示すものと言えよう。

他方で、②文系学部での人材イメージの想定はB～Cに集まっている。特に、社会・国際学系学部や経済・経営・商学系学部では、Cの人材想定が60％を超えていることは注目される。

また、③教育学系学部（教員養成課程）や医・歯・薬・保健学系学部など、国内資格の取得が目標となる学系を中心にDという回答が多く見られる。

24　第1章　グローバル社会の中で日本の大学教育はどこに向かうのか

この回答では、資格取得においてはグローバル化に対応した教育は不要という立場が示されたと言えよう。ただ、これらの学系を卒業し、資格を取得して専門職として働くとしても、地域のグローバル化とは無縁ではいられないはずでる。例えば、従来はグローバル化と縁遠いと思われてきた小学校教員でも、近年はクラスの何割かが外国籍の児童であるというケースも増えているし、病院の患者についても然りである。したがって、教育学系学部出身者や、医・歯・薬・保健学系学部の出身者が、このような事態に対応しなくても済むとは考えにくい。この問題にどのように向き合っていくのかは、今後ますます重要になってくると思われる。

次に、実地調査において各大学・学部・コースがグローバル化に対応する教育目標をどのように設定していたか、である。

今回実地調査を行った20大学・学部・コースのすべてで、グローバル化に対応した教育目標を明確に打ち出していた。

ここでは、独自性のある特徴的な育成人材像および教育目標として、山口大学国際総合科学部、京都工芸繊維大学工芸科学部、共愛学園前橋国際大学国際社会学部を紹介する。

山口大学国際総合科学部のディプロマポリシーは4つの大項目の下に目指すべき具体的な能力として4〜5つの小項目にブレークダウンされている。この大項目そのものも、知識→コミュニケーション能力→デザイン思考→課題解決能力という形で、並列ではなく積み上げ的に構想されている点が特徴的である。さらに、同学部は固有のディシプリンを持つ学部と異なり、科学技術にフォーカスしたリベラルアーツ教育という性格の学部であるため、最初からアウトカム・ベースド(4年間の教育で何ができるようになったのかを重視する考え方)の学部として構想された。そのため、ディシプリンではなく目標とするアウトカムに基づいて、ディプロマポリシー→カリキュラムポリシー→アドミッションポリシーというデザインがなされている。既存のディシプリン(学問領域)にディプロマポリシーを後付けしたものではないため、整合性が極めて高いのが特徴である。また、後述するように、同学部ではディプロマポリシーに基づくアセスメントの仕組み(YU CoBCuS)が厳格に運用され、

一定以上の評価をクリアすることが卒業要件とされているのも、他に類を見ないような取り組みである。

京都工芸繊維大学工芸科学部では、2014年度のスーパーグローバル大学（SGU）創成支援事業採択を機に、ディプロマポリシーを整理し、"国際的に活躍できる理工系高度専門技術者（TECH LEADER）"の育成を図ることを目標に掲げた。その上で、このTECH LEADERに必要な素養を、専門性、リーダーシップ、外国語運用能力、文化的アイデンティティの4つからなる"工繊コンピテンシー"として明示している。

共愛学園前橋国際大学国際社会学部では、同大学の立地する群馬県が、経済的にも生活面においてもグローバル化の影響を受けている点を十分に吟味した上で、教育目的とディプロマポリシーを設定し、それに基づいて4つの軸・12の力で構成される"共愛12の力"を明示していることが特徴的である。同大学では、12の力をグローバル社会に対応するために必要とされるほぼすべての力であるとし、なかでも、"共生のための知識"は"文化、社会、地域、人間、自然、外国語に関する力"、"グローカルマインド"は"国際社会と地域社会の関わりを捉える視点"、そして"実践的スキル"は語学力も含むものとしてそれぞれ定義し、グローバル社会に対応するために必要な力として特に重要なものであると考えている。

(3) 視点 II：教育活動

[視点 II –1] 海外プログラムを含む全体的なカリキュラム設計には 4 つの類型がある

はじめに、英語教育、異文化理解・異文化対応力育成、英語による専門教育、海外プログラムを含むカリキュラム全体を、当プロジェクトが独自に作成したカリキュラムマップとともに概観しておく。

海外プログラムを含む全体的なカリキュラム設計は、大きく4つの類型に分けられた。

類型 I は、学部・学科や副専攻等の学生全員に単一の海外プログラムを履修させるというカリキュラム設計のものである。海外プログラムには専門や教養を学ぶためのもの、語学を学ぶためのもの、インターンシップなどが含まれる。

26 第1章 グローバル社会の中で日本の大学教育はどこに向かうのか

　類型Ⅱは、多様な海外プログラムを用意し学生に適切なものを選択して履修するように指導するというものである。工学系学部では専門教育に引き付けたカリキュラム設計となっており、学科や研究室主導で海外プログラムへの参加が行われている。

　類型Ⅲは、副専攻などの類型であり、この中にも事前に登録または募集時から別枠になっているものと、事後に要件を満たせば単位認定されるものとがある。

　類型Ⅳとして、ドメスティックと思われる学系における進んだ事例を紹介する。

　まず**図表 1-1-6**において、各類型の大学・学部・コース一覧を示しておく。

類型		該当大学・学部・コース
類型Ⅰ：全員履修の単一の海外プログラムが組み込まれたカリキュラム		・国際教養大学国際教養学部 ・山口大学国際総合科学部 ・昭和女子大学グローバルビジネス学部 ・京都ノートルダム女子大学人間文化学部 （英語英文学科グローバル英語コース）
類型Ⅱ：多様な海外プログラムを組み込まれたプログラム	工学系学部	・京都工芸繊維大学工芸科学部 ・九州工業大学工学部 ・豊橋技術科学大学工学部
	文系学部	・創価大学経営学部 ・梅光学院大学文学部
類型Ⅲ：副専攻などにより海外プログラムが組み込まれたカリキュラム	枠募集・事前登録等	・明治大学経営学部 GREAT ・首都大学東京国際副専攻コース ・小樽商科大学商学部グローカルマネジメント副専攻プログラム ・豊橋科学技術大学工学部グローバル科学技術アーキテクト養成コース
	単位をそろえると事後に修了認定	・宇都宮大学国際学部 ・共愛学園前橋国際大学国際社会学部
類型Ⅳ：ドメスティックな学系における進んだ事例		・上智大学法学部国際関係法学科 ・東京薬科大学薬学部

図表 1-1-6　各類型の大学・学部コース一覧

1）類型Ⅰ：全員履修の単一の海外プログラムが組み込まれたカリキュラム

この類型には、留学先での本科科目で専門・教養を学ぶというタイプ、留学生専用のプログラムを履修するタイプ、語学研修に特化したタイプ、インターンシップなどさまざまなタイプが含まれており、それぞれの大学・学部・学科・コースが教育目標に応じてプログラムを設定している。

図表1-1-7　単一の海外プログラム

山口大学国際総合科学部は2015年度に新設され、文理融合的な科学技術分野に比重を置いたリベラルアーツの学部という性格を持つ。学部の基軸となっているのは、唯一解のない問題に"デザイン科学"により最善解を導き出す能力の育成である。カリキュラムは、「基礎科目群」「科学技術リテラシー科目群」「コア科目群」「展開科目群」「コミュニケーション科目群」「課題解決科目群」に分かれており、各科目群の履修で身につけた知識・技能をデザイン科学で活用しつつ「課題解決科目群」で課題解決に取り組むという設計になっている。

同学部も2年次後期からの1年間の海外交換留学は基本的に全員参加とされている。ただし英語力の要件が設けられており、また経済的な制約もあって、実際には約85％程度が留学している。留学できない学生にも救済措置が取られ4年間での卒業が可能になっている。

留学するためには1年次12月の時点でTOEICにおいてスコア600点をクリアすることが必須とされ、また卒業要件として同730点をクリアすることが必須とされている。

このような英語力を育成するために、英語カリキュラムは、2年次後期からの留学を前提として、1年半で集中的に学ぶように設計されている。1年次前期はTOEICのスコアアップに特化したカリキュラム設計となっており、加えて1年次夏休み中の4週間のフィリピン・セブ島での語学研修が正課外で設けられ、任意だがほぼ全員が参加する。1年次後期と2年次前期で

28 第1章 グローバル社会の中で日本の大学教育はどこに向かうのか

TOEIC 対策を継続しつつ4技能のレベルアップや留学中の英語でのプレゼンテーション、レポート作成のための科目が配置され、留学に備える。

昭和女子大学グローバルビジネス学部では、2年次前期に全員が、同大学がアメリカボストンに開設した昭和ボストンに留学するため、これを軸に4年間のカリキュラム設計が行われている。英語力をこの留学に間に合わせて高め、また専門であるビジネスに関する理解も、1年次に日本語で学んだ内容を、昭和ボストンにおいて英語で学び直すとともに、さらに高度な内容へと高めていく。さらに留学後は、英語力を維持し高めながら、専門についてはゼミから卒業プロジェクトで深く学んでいく。

京都ノートルダム女子大学人間文化学部（英語英文学科　グローバル英語コース）では、2年次後期の海外留学が必修となっている。この留学を含めて、日常生活と研究のための英語コミュニケーション能力の涵養を目指した語学カリキュラムが構築されている。特に、留学に耐えられる英語力を培うために、1年次前期から2年次前期までには必修の英語科目が多数設置されている。2年次まで徹底した英語教育を受けた上で留学し、3年次より英語で専門分野（文学・文化、言語学・英語教育、コミュニケーション学）を学び、4年次には必修の「卒業研究」に取り組むというカリキュラム設計となっている。

国際教養大学国際教養学部では、3年次に1年間の「海外留学」が必修化され、留学先で30単位程度の単位を取得してこなければならない。そのため、海外大学の授業を受講できるだけの高い英語力を身につける必要がある。そこで同学部では1年次に英語集中プログラム EAP (English for Academic Purposes) を開設し、英語のレベル別コースを用意して、学修のツールとして使える英語教育に徹している。「海外留学」には3年次に行き、4年次は課程の専門教養科目を学修し卒業に至る。

また、すべての科目で英語による授業が行われているのも大きな特徴である。

2) 類型Ⅱ：多様な海外プログラムが組み込まれたカリキュラム

①工学系学部

今回、実地調査した京都工芸繊維大学工芸科学部、九州工業大学工学部、

豊橋技術科学大学工学部の3つの工学系学部では、4年または6年のカリキュラムの中に多様な海外プログラムが組み込まれていた。これらは、次のような背景が共通している。

現在のエンジニアは、どのようなところで働こうとも、直接海外とやり取りせざるを得ない環境におかれているケースが多いこと、すなわちグローバル化への対応が最も切実に求められる職業の一つであるということである。しかも、工学系は明確な積み上げ型の学問体系があり、専門教育に多くの単位数を割くため、伝統的には英語の単位数は多く取りにくいという事情がある。

さらに学科ごとに専門性が異なっているため、単一の海外プログラムを全学生が経験するのは、短期の語学研修を除いては難しい。したがって、これらの大学ではあくまでも主軸である専門教育を海外プログラムで強化するために、学科ごとの専門性にひきつけた海外プログラムを用意しており、学科や研究室主導で学生が参加できるような仕組みが作られている。ただし、今回の調査では工学系はいずれも国立大学であり、修士課程までのいわば6年一貫教育に力を入れている大学ばかりであったことも影響していると思われる。

ここでは、京都工芸繊維大学工芸科学部と九州工業大学工学部について紹介する。

京都工芸繊維大学工芸科学部では、あくまでも専門を中心にしつつ、その専門性をグローバルに展開できるようにというスタンスで編成されている。

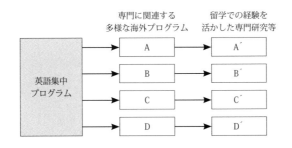

図表1-1-8　工学系　多様な海外プログラム

そのため、実験・実習が集中する3年次は英語科目が設定されておらず、4年次以降は大学院修士課程の英語科目を前倒しで多数履修できるように設計されている。海外プログラムは短期語学研修に加えて、専門にひきつけた「アカデミックインターンシップ」「グローバルインターンシップ」「国際設計プロジェクト」や留学などに、修士課程修了までに約半数の学生が参加している。

九州工業大学工学部では、正課科目の単位取得・単位付与が可能な海外派遣プログラムとして、語学研修、派遣プログラム、海外企業インターンシップ、交換留学、ダブルディグリー・プログラム、研究室派遣、教育目的や学生のニーズに応じて、多様なプログラムが用意されている。大学としては、早い段階で語学研修で海外プログラムに参加し、その後、国内で専門を学んでから専門に引き付けた海外プログラムやインターンシップなどへの参加を推奨している。

また、「Global Competency for Engineer (GCE)」教育改革の特徴的な取り組みの一つとして、2014年度入学生を対象とした学部と大学院の6年間一貫教育プログラムを開設した。グローバル・エンジニア養成コース (GE養成コース) と呼ばれるこのコースは、学部3年次にコース登録を希望し、所属学科の推薦を経て、学内審査機関において受講学生を決定する。GE養成コースに登録した学生は、卒業・修了要件単位の修得のほかに、グローバル教養科目、語学科目、GCE専門科目、プロジェクト研究、海外留学、TOEICスコア600以上、などがコース修了要件となっている。また後述する、GCEの4段階のレベルも、すべて最上位の"MASTERY"を目指すものとされている。学部卒業生の7割近くが大学院に進学しているが、2021年度までに、そのうちの6割以上の学生がGE養成コースを登録するという数値目標 (KPI) が掲げられている。

②文系学部

類型Ⅱにおける文系学部では、工学系のように細分化された専門と関連付けられた海外プログラムではなく、主として異文化理解を目的とした多様な海外プログラムが配置されており、全員参加ではないが多くの学生が自分に適したものを選択して参加している。

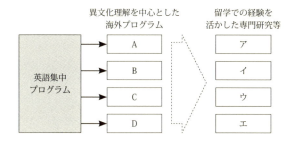

図表1-1-9　文系　多様な海外プログラム

　創価大学経営学部は、2009年から高い英語力と経営の専門能力を兼ね備えたビジネス・リーダーを養成する"グローバル・ビジネス・リーダー・コース"と、会計・金融のスペシャリストを養成する"プロフェッショナル・コース"の2コース体制で運営されている。当時から、海外研修を毎年実施している。学部定員の7割超にあたる約150人が、グローバル・ビジネス・リーダー・コースを選択している。

　配置されている科目を英語力のレベルアップ中心に、「基本学部英語科目」「導入学部英語科目」「架け橋強化＋推奨科目」「応用専門科目」の4つに整理し、英語力と経営の専門知識を身につけさせている。

　2～3週間の短期で実施される海外研修"GP Mission"を春期・夏期に設置し、その前後に"GP Workshop"科目を配置する設計がされている。"GP Workshop"では、訪問先の概要調べなどの事前学習や、海外体験を素材に、その後の学ぶ意欲の形成を指導する事後学習を実施している。

　梅光学院大学文学部では英語コミュニケーション専攻と国際ビジネスコミュニケーション専攻がグローバル化対応教育に特に注力している。

　英語コミュニケーション専攻については、カリキュラムとして全員留学等の制度化は行われていないが、小規模大学ゆえの教員と学生の距離の近さを活かして、できる限り多くの学生に海外体験を推奨している。その結果、卒業までにほぼ100％の学生が留学を経験している。

　両専攻とも1・2年次まで週4コマの英語コミュニケーション力育成のカリキュラムが組まれている。

　さらに、1・2年次の集中的な英語科目の履修や留学によって伸ばした英

32 第1章 グローバル社会の中で日本の大学教育はどこに向かうのか

語力の維持・向上を目的に、英語コミュニケーション専攻では4年次まで英語科目が配置されている（国際ビジネスコミュニケーション専攻は3年次まで）。

3) 類型Ⅲ：副専攻などにより海外プログラムが組み込まれたカリキュラム

①枠募集・事前登録等

　この類型3には、明治大学経営学部GREAT、首都大学東京国際副専攻コース、小樽商科大学商学部グローカルマネジメント副専攻プログラム、豊橋技術科学大学工学部グローバル科学技術アーキテクト（GAC）養成コースなどがあるが、ここでは明治大学経営学部GREATを紹介する。

　明治大学経営学部ではスーパーグローバル大学（SGU）創成支援事業の一環としてGREAT（Global Resources English Applied Track）が創設された。GREATは、入学時のTOEICスコア上位60名の学生を選抜して、特別なカリキュラムでグローバル人材を育成する取り組みである（2017年度からは100名に拡大）。辞退可能ではあるが、本人の希望による選択ではなく、TOEICスコア上位からの自動的な選抜である点が特徴的である。英語コミュニケーション科目がオールイングリッシュで行われ、加えてTOEFLの4技能に対応した科目として、1年次の半期で「TOEFL Reading」「TOEFL Listening」「TOEFL Writing」「TOEFL Speaking」がコース必修となっており、英語教育が経営学部の一般の学生と比べてかなり手厚くなっている。また英語で専門を学ぶ科目も、GREATは3年次以降に12単位が選択必修である。

②単位をそろえると事後に修了認定

　ここでは宇都宮大学国際学部と共愛学園前橋国際大学国際社会学部を紹介するが、前述した九州工業大学工学部のGE養成コースもここに含まれる。

　宇都宮大学国際学部では、グローバル社会における諸課題に対応するため、学生がそれぞれの学部の専門領域だけでなく、他の領域の知識や能力を身につける副専攻プログラムLearning+1"グローバル人材育成プログラム"を置いている。国際リテラシー科目として英語コミュニケーション、グローバル化とキャリア形成、文化理解、社会人基礎力の4分野からそれぞれ4単位以上、国際社会経済科目として国際社会・制度から6単位以上と国際経済・マ

ネジメントから 4 単位以上、国際フィールド実践科目としてフィールド実践から 4 単位以上を取得し、合計 30 単位以上かつ TOEIC スコア 650 点以上で副専攻の修了証書が授与される。

2017 年 4 月からは、現行の国際社会学科 / 国際文化学科の 2 学科を国際社会学科 1 学科に統合し、専門教育を 7 つのクラスターに分類し体系的に多文化共生を学ぶカリキュラムを構築するとともに、原則としてすべての学生が海外プログラムへ参加するなど、大幅に教育プログラムが強化される。

共愛学園前橋国際大学国際社会学部では、各学生が所属するコースの専攻に加えて、Global Career Training 副専攻という語学力やグローバル人材に必要な知識やスキルを修得することを目的とした副専攻のカリキュラムが開設され、そこには、異文化理解のための科目と英語で学ぶ専門科目が豊富に設置されている。

学部として、留学を含む海外プログラムを約 30 プログラム設けており、これらに参加する学生は年間約 160 人（2015 年度）にのぼる。また、4 年間の学生生活の間では、50 ～ 60% の学生が参加している。

これに向けて 1・2 年次では、英語の基礎力を定着させるよう 4 技能を総合的に育成する 1 年次「Unified English Ⅰ・Ⅱ」、英語運用力の涵養を目的とした 1 年次「Spoken English Ⅰ・Ⅱ」、英文を書く力を身につけさせることを目的にした 2 年次「Written English Ⅰ・Ⅱ」が必修で設置されている。

4) 類型Ⅳ：ドメスティックな学系における進んだ事例

今回の実地調査では、法学部や薬学部などの、従来はドメスティックなものと考えられてきた学系でも進んだ取り組みが見られた。上智大学法学部（国際関係法学科）と東京薬科大学薬学部のうちから前者を紹介する。

上智大学法学部（国際関係法学科）は法学系の学部でグローバル化への対応をしている数少ない大学の 1 つである。国際関係法学科は 1980 年に設立され、多くの卒業生が高い語学力を活かして諸外国とかかわるような職業に就いてきた歴史がある。全学的に英語教育を充実させており、学生は自身の英語力と興味関心・目的に合わせて、幅広く履修することができる。また、海外留学・プログラムも多数設置している。

34 第1章 グローバル社会の中で日本の大学教育はどこに向かうのか

　同学科では、登録制の特修コース AQUILA を 2014 年度に開設した。英語を用いて集中的に法学・政治学を学べるように用意されたコースである。高い専門性に裏打ちされた高度な語学力の習得を通じ、多文化共生社会を支える人材育成を目指している。2016 年度現在、同学科の約半数の学生が同コースに登録している。このコースで指定している英語による専門科目 21 科目のうち成績のよい 10 単位（5 科目）の科目について GPA が 3.0 以上の成績をおさめ、かつ、このコースで指定している演習を通年履修して単位を取得すれば修了認定される。コース開設当初は、学科の 2 割程度の学生を想定していたが、実際には約半数の学生が登録しており、想定よりも多かった。

［視点 II -2］英語コミュニケーション力育成科目のカリキュラム

　まず、英語科目の卒業単位数から見てみよう。**図表 1-1-10** にあるように、最も単位数が多いのは私立の文・人文系学部の 20.5 単位、二番目に多いのが私立大の社会・国際系学部の 15.0 単位である。これは、英語や英米文化を専攻する学科・コースを含むため、英語を学ぶ専門科目が多いことが反映されているからであろう。

　理学部・工学部・農学部などの理系学部では、英語科目の卒業必要単位数は法学部や経済学部などと同程度で 5.2 単位〜 9.4 単位の範囲におさまっている。

1）英語科目間の連携かつ段階のつながりがどのように図られているか

　段階のつながりについては、ほとんどの学部・学科・コース・専攻で、テキストの連続性、同一教員の担当等によって確保されていた。

　英語科目の横のつながりについては、特に図られていないところも多く見られた。つながりが確保されているケースでも、同一テキストや同一教員の担当によるものがほとんどであり、より高い教育効果をねらった科目間のつながりが設計事例はごく一部であった。

　同一科目複数クラス開講については、ほとんどで内容的な統一性が確保されていたが、ごく一部では目標共有のみで内容は教員裁量というところも見られた。

第1部 グローバル社会に対応した大学教育の現状と課題　35

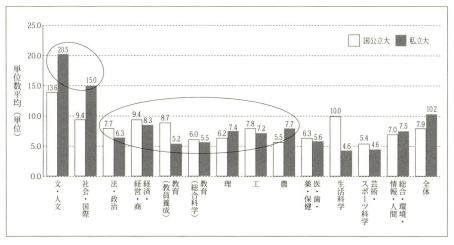

図表 1-1-10　英語科目の卒業単位数

①コンテンツベースの英語教育

こうした中で、特徴的だったのは甲南大学マネジメント創造学部（マネジメントコース）の英語カリキュラムの設計である。コンテンツベースの英語教育プログラムが設計されており、科目間のつながりも独特の方法で図られている。

甲南大学マネジメント創造学部　（マネジメントコース）では1年次から2年次前期までの必修科目で英語を集中的に学び、2年次後期からは選択になる。学生は入学後すぐに受検するGTECのスコアで習熟度別に3レベルに分かれ、語学力に合ったクラスで学ぶ。1年次にはネイティブスピーカー教員により少人数クラスで実施される英語の授業が毎日設置され、すべての英語の授業で日本語を使用することが禁じられている。

コンテンツベースで学ぶことが特徴であり、そうすることによって英語

36　第1章　グローバル社会の中で日本の大学教育はどこに向かうのか

のスキルアップに関心があまりない学生にも内容に興味を持たせ、授業に入り込みやすくしている。具体的には、1年次前期の「Global Challenge」では、Environment and Nature、Population、Peace and Conflict などの地球規模の課題に対して、映像を含む講義やディスカッションを経て、その課題解決に取り組み、発表を行うことにより、英語で学びながら、読み、書き、発表する力を育成する。割り当てられた1つの国の立場で調べた内容をもとにクラスで議論することで、実践的に知識を活用するなど、学生の興味関心を引き出す工夫がなされている。

　同時に開講されている「Speech and Discussion」では、日本語でも人前での発表が不得手な学生が大勢いることを勘案し、平易なレベルのペアワーク、グループワーク、出身地の簡単な紹介などから始め、最終的には英語で議論や発表ができるまで、英語でのコミュニケーション力を強化する。この授業の中で「Global Challenge」のテーマから選んでポスター発表をする機会があり、2科目の連携が取られている。

　さらに1年次の前期に設置されている「CUBE English Ⅰ」（CUBE：学部の建物の形状に由来したこの学部の愛称）は、上記2つの科目で学ぶ語彙をまとめて整理するなど、2つの科目をつないで下支えする役割を持つ。また、広く楽しく英語に親しむために多読を重視しており、大学構内のメディアセンターにあるテーマ毎にレベル分けされた書籍を読む。1年間でのべ6万語にあたる40冊の書籍を自ら選んで、内容について発表することを通して興味関心の幅を広げるともに、英語の語彙力を強化する。さらに、「CUBE English Ⅰ」での学びをどのように「Global Challenge」と「Speech and Discussion」につなげるか、何のために英語の学習をするかを、自ら Moodle のポートフォリオに英語で記入することで、英語の学びを自律的なものとする。3科目の関連を図示すると**図表1-1-11**のようになる。

　このコンテンツベースの3科目の関係は1年次後期にも継続される。1年次後期「American Studies」は1年次前期の「Global Challenge」から引き継がれる科目である。1つの国を深く学ぶことで社会・歴史・文化の理解が求められ、これらの科目は英語科目でもあり、異文化対応力育成科目でもあるといえる。

　1年次後期の「Discussion and Debate」は、やはり1年次前期の「Speech and

図表1-1-11　甲南大学3科目の関連

Discussion」から引き継がれる科目であり、これらの科目を結びつけているのが「CUBE English Ⅱ」である。

さらに2年次前期には、「American Studies」は「European Studies」「Japan studies」に引き継がれ、「Discussion and Debate」は「Business Communication」に引き継がれる。後者ではロールプレイも取り入れて、ビジネスプレゼンテーションについて学び、そこで学ぶ語彙をストーリーの中で活きた英語として理解することで、スキルベースの科目である「Introduction to TOEIC」とコンテンツベースで結び付けられている。

②必修の海外プログラムに合わせて英語力を高めるカリキュラム

語学研修のみが目的ではない海外留学・海外プログラムが必修の学部・学科・コースでは、それに間に合うように英語能力を高めるために集中した英語カリキュラムが編成されていた。

実地調査で該当するのは、国際教養大学国際教養学部、山口大学国際総合科学部、法政大学国際文化学部、青山学院大学地球社会共生学部、昭和女子大学グローバルビジネス学部（ビジネスデザイン学科）、長崎県立大学経営学部であるが、これらの中から国際教養大学国際教養学部のカリキュラムを紹介する。

国際教養大学国際教養学部の1年次では、まずEAP（English for Academic

Purposes）プログラムで徹底した英語教育を受ける。その時点での当面の目標は、英語の4技能をバランス良く学んで、英語だけで展開される基盤教育科目、専門教育科目を無理なく学べるようになること、そして3年次に「海外留学」に赴くために必要な要件である TOEFL ITP スコア550点をクリアすることである。

　新入生は、入学後すぐに TOEFL ITP を受検して EAP Ⅰ～Ⅲの習熟度別クラスに振り分けられる。多くの学生は EAP Ⅲに配属され（全6クラス）、1年次春学期で EAP を修了して、秋学期以降は基盤教育科目（英語で学ぶ教養科目）を中心とした学修へと移行していく。EAP Ⅱに配属された学生は春学期で同コースを履修し（全2クラス、ライティング科目のみ3クラス）、秋学期には EAP Ⅲを履修して EAP を修了する。EAP Ⅰに配属された学生は（全1クラス）、春学期に EAP Ⅰを、秋学期には EAP Ⅱを、そして2年次春学期に EAP Ⅲをそれぞれ履修し EAP を修了する。ただし、EAP の進級・修了にあたっては、TOEFL ITP のスコア、各クラスの出席や成績などの定められた要件を満たす必要がある（EAP Ⅱへの進級はスコア480以上、EAP Ⅲへの進級はスコア500以上）。また、EAP Ⅱ・Ⅲに所属する学生は、EAP ブリッジ・プログラムの3科目（「ブリッジ・コース」「英作文Ⅰ」「アカデミック・リーディング」）やその他の基盤教育科目から1～2科目を選んで履修することができ、EAP で学術的な英語力を修得しながら"英語で学ぶ"ステージに段階的に入ることができる。一方、EAP Ⅰの学生については、まずは TOEFL ITP スコアを向上させ、EAP Ⅱにステップアップできるよう英語学修に集中させている。

　帰国生や英語能力に卓越した学生（TOEIC ITP スコア550点以上）の場合は1年次前期に EAP ブリッジ・プログラムを履修する。

　特にライティング科目では、引用のルールなどのレポート作成の基礎についても指導し、レポートのテーマには学術的な要素と時事的トピックの要素とをそれぞれ取り入れている。学生は4年次に卒業論文に当たるものとして、A4用紙20枚程度でまとめるキャップ・ストーン・ペーパーを英語で執筆しなければならないが、そのために必要な論理展開力も身につけられるように指導している。

2) 英語コミュニケーション力を特に高めたい学生、および英語コミュニケーション力が低い学生に対してどのようなオプションが用意されているか

本実地調査では、ほぼすべての大学・学部・学科・コース・専攻で、習熟度別英語クラスが採用されていた。プレイスメントテストには、多くの場合TOEICが採用されている。

一定の英語力があり、さらに英語を学びたい学生に対して、この習熟度クラスの上位クラスへの移行で対応している例は、専門科目との関係で英語科目の単位数を増やしにくい工学系を中心に見られた。またいくつかの大学・学部・学科・コース・専攻には、正課の選択科目が用意されていたが、正課外の補習などで対応しているところも散見された。

例えば京都工芸繊維大学工芸科学部では、英語力上位で留学などに意欲的な学生に対して、それぞれのレベルでオプションが設けられている。ネイティブスピーカー講師による英会話を中心とした任意参加のレッスンが受けられる（英語以外の中国語等にも対応）。また、英語力の不足している学生をフォローするオプションも用意され、この他にTOEICやプレゼンテーション対策などの自主学習応援セミナー、大学生協が主催するカレッジTOEICの模擬試験なども行われている。

3) その他

①ネイティブスピーカーの採用

今回の実地調査対象では、ほぼすべてでネイティブスピーカー教員が英語コミュニケーション科目を担当していた。日本人教員がライティング、リーディングを、ネイティブスピーカー教員がリスニングとスピーキングをという分担しているところが多い。

梅光学院大学文学部では、リーディングとリスニングをReceptive skills、ライティングとスピーキングをProductive skillsとして位置づけ、カリキュラム設計や教員の分担を行っているのが特徴的である。

②英語教育のアウトソーシング

今回の実地調査対象では、青山学院大学地球社会共生学部と長崎県立大学

経営学部が英語教育を外部の民間企業にアウトソーシングしていた。
　教育目標は大学主導で設定して民間企業と共有し、民間企業の英会話教育におけるノウハウやテキストを活用して目標を達成しようという試みである。

[視点Ⅱ-3]　異文化理解・異文化対応力育成科目
　異文化対応力は自文化・異文化理解と異文化体験によって育成されると考えられるが、自文化・異文化理解については、リベラルアーツ教育・教養教育によって実現されるもので、必ずしも英語を用いた授業が必要であるわけではない。しかし、すべてのリベラルアーツ科目・教養科目が異文化対応力の育成であるとすれば、教養教育の充実度が問題だということになる。

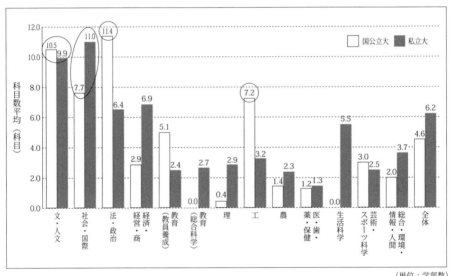

図表 1-1-12　異文化理解・対応力育成科目数

質問紙調査の結果をまとめると**図表 1-1-12** のようになった。

質問紙では、科目数と科目名、およびその内容について回答してもらっているが、未記入のものも多かった。科目が設置されていない場合とそれ以外の場合とが考えられるが、集計にあたっては未記入のものは無効回答として扱い、記入されたものだけを集計すると、国公立大学では文系学部でも特に文・人文学系学部、社会・国際学系学部、法・政治学系学部で設置科目が多く、理系では国公立大の工学部を除けば全体的に少ないという結果が出ている。

また実地調査では、あえて日本語以外を用いて自文化を発信したり、異文化を理解する正課の科目の状況を問うてみた。異文化理解・異文化対応力育成を目的にした正課の取り組みにおける大学独自の工夫やグッドプラクティスの発掘が目的の一つであるためだ。

その結果、いくつかの大学・学部・学科・コース・専攻で、正課科目として英語で異文化を理解する科目が置かれている状況が明らかになった。

対象が自文化か異文化か、使用言語が日本語か英語かを実地調査対象の20大学(学部・コース)別に一覧表にしたものが**図表 1-1-13** である。

ただしほぼすべての大学で、国内で行われる正課の科目のみで異文化理解・異文化対応力育成が完結するとは考えておらず、海外プログラムや地域、キャンパスのグローバル化を活用して、実際に異文化に触れること、異文化体験を行うことが重要と考え、そのような取り組みを用意していることも明らかとなった。

例えば、山口大学国際総合科学部、梅光学院大学文学部などはセブ島(フィリピン)での短期語学研修を行っているが、セブ島の小学校を訪問して交流するなどのボランティア活動が埋め込まれている。工学系では、九州工業大学工学部と豊橋技術科学大学工学部がマレーシアに海外教育拠点を開設し、インターンシップや海外プログラムに活用しているが、このようなプログラムには現地での交流が組み込まれている。もちろん、長期の留学などにおいては、さらにそのような異文化体験の効果が期待できるわけである。また、地域やキャンパスのグローバル化を活用したものとしては、海外からの留学生との混住寮の設置や、海外からの留学生をサポートするバディ制度、異文化体験的イベントなどが多様に行われている。これらについては、第2部で

42　第1章　グローバル社会の中で日本の大学教育はどこに向かうのか

大学・学部・学科・コース		自文化				異文化		
		日本文化	地域	社会	法政経	外国文化	社会	法政経
小樽商科大学	商学部		J			E		
国際教養大学	国際教養学部	E	E	E	E	E	E	E
宇都宮大学	国際学部	J	J	J, E	J, E	J, E	J, E	J, E
共愛学園前橋国際大学	国際社会学部	E	E	E		E	E	E
首都大学東京	国際副専攻コース	E		E		E	E	
青山学院大学	地球社会共生学部	E	E	E	E	J, E	J	J
上智大学	法学部　国際関係法学科				J, E			J, E
昭和女子大学	グローバルビジネス学部　ビジネスデザイン学科	J/E		J/E		J/E	J/E	
創価大学	経営学部						J/E	
東京薬科大学	薬学部							
法政大学	国際文化学部	J/E		J	J	J, E	J, E	
明治大学	経営学部　GREAT				J	J, E	E	J, E
豊橋技術科学大学	工学部	J, J/E				J		
京都工芸繊維大学	工芸科学部	J, E	J, E					
京都ノートルダム女子大学	人間文化学部　英語英文学科グローバル英語コース	J/E, E		J/E, E		J/E, E	J/E, E	
甲南大学	マネジメント創造学部					J/E	J/E	J/E
山口大学	国際総合科学部	J	J, J/E	J	J	J/E	J, E	J
梅光学院大学	文学部							
九州工業大学	工学部	J			J	J	J	J
長崎県立大学	経営学部				J	E	E	E

注) J：授業が日本語のみで行なわれる科目、E：授業が英語のみで行なわれる科目、
　　J/E：授業が日本語と英語両方を交えて行なわれる科目

図表1-1-13　異文化理解・対応力育成科目の設置

紹介する。

[視点Ⅱ-4] 専門を英語で学ぶ科目のカリキュラム

　まず、質問紙調査での専門を英語で学ぶ科目数の、全専門科目数に占める比率を紹介する。

　この設問でも未記入の回答が多く、それらは無効回答として扱い、記入されたものだけを集計した。私立大では文系の文・人文学系学部、社会・国際

第 1 部　グローバル社会に対応した大学教育の現状と課題　43

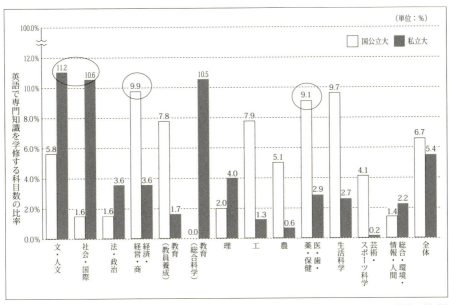

図表 1-1-14　専門を英語で学ぶ科目数の比率

学系学部、教育学系学部が高く、国公立大では経済・経営・商学系学部、工学系学部、医・歯・薬・保健学系学部が高い。

　ただ、学系ごとの差よりも同じ学系における国公立大と私立大との差が大きい。しかも、一様にどちらかが高いのではなく、学系ごとに異なっており、私立大・国公立大とも高い学系が見られないという結果が得られた。

　実地調査については、次の 3 点についてまとめて紹介する。
・英語による専門科目がどの程度用意されているか
・英語科目との連携がどのように図られているか

44　第1章　グローバル社会の中で日本の大学教育はどこに向かうのか

・日本語による専門科目との連携がどのように図られているか

　"『英語を学ぶ』から『英語で学ぶ』へ"は、ひとつの理想形である。実際、今回の実地調査でもいくつかの大学・学部・学科・コース・専攻から、そうした方針が語られていたし、またそれぞれ程度はあるにせよ、そのようにカリキュラムが設計されているところもいくつかあった。

　その中で、最も特徴的なのは国際教養大学国際教養学部であり、すべての授業が英語のみで行われている。

　しかし多くの大学では、英語で専門の授業を行う場合は、英語力にも規定されて専門の内容レベルが確保できないというジレンマを抱えている。これへの対応として、日本語で学び、同一内容を英語で学び直す、英語で学ぶ科目と日本語で学ぶ科目とを内容や難易度により区別する、専門科目において英語テキストを使用する、という工夫が見られた。

　これらを以下の4つの類型で示す。

　①ほぼすべての科目が英語で授業が行われる類型

　国際教養大学国際教養学部では、2年次に開始されるグローバル・ビジネス課程とグローバル・スタディズ課程に設置されたすべての専門教養科目は、英語で実施されている。これらの専門教養科目は一般の大学の学部専門科目に相当する。

　グローバル・ビジネス課程は経済学系と経営学系の科目で構成される。必修科目は、必修専門核科目として位置づけられる「経済学原理マクロ」と、ゼミに該当する「グローバル・ビジネス総合セミナー」である。また基盤教育科目にある「経済学原理ミクロ」も同課程を専攻する場合の必修科目である。その他の専門科目も含め同課程の多くの科目では、英語プレゼンテーションなどを取り入れ、学生に専門知識のともなった英語による発信力、説得力、コミュニケーション能力を培わせることを目指している。

　グローバル・スタディズ課程は、東アジアの地理、歴史、政治、そして社会などに焦点を置いた東アジア分野、歴史、法律、社会学、政治学、そして教育学など地域よりも学問分野に焦点を置いたトランスナショナル分野、北

米の歴史、産業、政治などに焦点を置いた北米分野の3分野に分かれている。必修はゼミに該当する「グローバル研究セミナー」のみである。同課程では、専門知識を身につけた上で異文化圏の人々とも意思疎通を図り、自らの意見や考えを相手に伝えられるような、英語によるコミュニケーション能力（意思疎通能力、発信力）の育成に注力している。

②日本語で学び、同一内容を英語で学び直す類型

昭和女子大学グローバルビジネス学部 (ビジネスデザイン学科) では2年次前期に全員が昭和ボストンに留学する。ボストンでの英語で授業が行われるビジネス系専門科目と、日本での1年次の専門科目が対応するように設計されている。1年次に必修で専門科目「マーケティング論」「組織とマネジメント」「ビジネスと法務」「ビジネスと会計」「世界の経済事情」「経済学の基礎」「日本経済論」が置かれ、ボストンでは英語で学ぶ専門科目「Principle of Marketing」「Principle of Management」「Principle of Accounting」「The World of Economic Situation and Prospects」「Introduction to Economics」等が内容的に対応している。これらの科目では、上位の学生はアメリカの大学の学生向けの教材を使用し、それ以外の学生はケーススタディ等でのディスカッションやフィールドワークとプレゼンテーションなどを中心とした内容に取り組む。

明治大学経営学部 GREAT (Global Resources English Applied Track) は、入学時の TOEIC スコア上位60名の学生を選抜して、特別なカリキュラムでグローバル人材を育成する取り組みであるが、1・2年次に「Introduction to Management」「Basic Accounting」「Japanese Economy」が必修となっている。これらの科目は日本語で授業する必修科目である「経営学A・B」等の科目と内容的に対応しており、日本語と英語で並行して学んだり、日本語で学んだ内容を英語で学び直したりできる配置になっている。

長崎県立大学経営学部 の2年次後期の選択科目「国際マーケティング論II」は、1年次の学部共通専門科目「マーケティング論」（必修）で学んだマーケティングの基礎理論をさらに発展させ、国際マーケティングに応用することを学

修する科目で、英語で開講される。2年次には、ほかに「国際コミュニケーション論」「企業文化論」が専任教員によって英語で開講される。「企業文化論」は経営学科の開講科目でもあるが、同じ教員が経営学科では日本語で、国際経営学科では英語で開講する。

③英語で学ぶ科目と日本語で学ぶ科目とを内容や難易度により区別する類型

宇都宮大学国際学部では、「学術英語講読」「International Communication Seminar」「International Career Seminar」などの専門外国語科目のほかに、「Comparative Study of Cultures」「Japan's International Relations」「Risk management」など合計19科目が英語で開講されている。専門外国語科目の英語科目はできる限りオールイングリッシュで開講する方針だが、それ以外の専門教育については、授業内容のレベルを担保するために、英語で開講する科目ばかりで構成されているわけではない。日本人教員が担当する科目で、かつ英語圏の文化論など基礎的で英語で学修することが学生にとって至当である分野については英語で開講し、さらに深く学ぶために日本語での演習科目を置く。一方で、導入部分が難しい国際関係や国際政治などの科目については日本語でしっかりと学んだうえで、「Japan's International Relations」などを英語で開講するように設計している。

上智大学法学部（国際関係法学科）では、英語で法学を学ぶ登録制の特修コース AQUILA を設置し、コース AQUILA 科目（英語で専門を学ぶ科目）を21科目用意している。これらの科目は、コース生でなくとも法学部生全員が履修できる。ビジネス法（英米法）や国際法、国際政治・比較政治の科目が多い。ただし、憲法や民法などの実定法は、もっぱら国内法を教授する講義が展開されているため、現段階ではコース科目を構成していない。なお、コース AQUILA の指定を受ける科目には、英／日科目（教材は英語、教授言語は日本語）、英／英科目（教材・教授言語ともに英語）の2種類があり、コース科目のほとんどが英／英科目である。

4年次の「演習」（ゼミ）は必修で、コース AQUILA 生は、コースで指定された英語を使用するゼミを優先的に履修することができる。

④専門において英語テキストを使用する類型

豊橋技術科学大学工学部では、3年次から専門科目の授業に英語のテキストを使用し、講義にも一部英語を取り入れている。同大学ではこれをバイリンガル授業と呼び、工学的な専門知識と同時にツールとしての英語力を実践を通じて身につけることを目的としている。エンジニアにとって必須の英語能力は、まず英語のマニュアル等を読解できる能力であり、これを育成することを目的に、科目の特質や進度と学生の理解度に応じて、日本語と英語の使用割合を調整しつつ授業を行う。授業では、①教科書や板書などは英語を使用、②教室での説明は日本語を主体に英語も織り交ぜながら実施、③質疑応答や試験の解答は日本語と英語いずれかを選択可能であり、さらに日本語の資料も適宜配布し、平易な英語で行うことを基本としている。レポート等の使用言語は教員裁量による。

バイリンガル形式の授業は、2016年度は全体の30%程度、2017年度には3年次の専門科目261科目中142科目で実施する予定である。

その他

英語でジェネリックスキルやアカデミックスキルを学ぶ科目が、いくつかのところで設置されていた。ここでは、共愛学園前橋国際大学について紹介する。

共愛学園前橋国際大学国際社会学部では GCT（Global Career Training）副専攻の GLI（Global Language Intensive）科目と GS（Global Skills）科目に設置され、授業での使用言語は英語のみである。

GLI 科目の一つ目は「Academic Writing」で、ここでは英語による学術的な文章の書き方を学ぶほか、調査研究のプロセスについても学ぶ。二つ目の「英語 Debate Ⅰ・Ⅱ」は、国内外で議論されている社会問題をテーマに、その知識を身につけた上で、英語で討論できる力を鍛えることを目的とし、Ⅰ（前期）からⅡ（後期）へと段階的にレベルを向上させられるよう授業が設計されている。

48　第1章　グローバル社会の中で日本の大学教育はどこに向かうのか

　GS科目には「Team Based Learning Ⅰ・Ⅱ（以下 TBL Ⅰ・Ⅱ）」「Problem Based Training Ⅰ・Ⅱ（以下 PBT Ⅰ・Ⅱ）」「Global Leadership Ⅰ・Ⅱ（以下 GL Ⅰ・Ⅱ）」「Global Business Training Ⅰ・Ⅱ（以下 GBT Ⅰ・Ⅱ）」の4つがある。いずれの科目でも、TOEIC スコアが400点以上600点未満のBクラスと600点以上のAクラスとの2クラスに分けて、それぞれのレベルに合わせた授業を行うため、クラスによって授業の内容は異なる。

　「TBL Ⅰ・Ⅱ」はチーム（グループ）内で英語を使って議論し、チームとしての意見をまとめるプロセスを実践を通して学ぶ科目、「PBT Ⅰ・Ⅱ」は問題解決力を英語のみのコミュニケーションの中で鍛えることを目的とした科目、「GL Ⅰ・Ⅱ」はリーダーシップを発揮した事例を英語で学び、将来、地域においてもグローバルな場においてもリーダーシップを発揮するための知識やスキルを学ぶ科目、「GBT Ⅰ・Ⅱ」はグローバル・ビジネスに必要な知識と技能、グローバル企業の事例とそこで働く人的資源の特徴、理解したり伝えたりできる実践的な英語の技能を、すべて英語で修得することを目的とした科目である。

［視点Ⅱ-5］正課の海外プログラム

1）参加・履修率

　質問紙調査では、正課の海外プログラムは圧倒的多数が選択であり、必修はごく少数にとどまった。国公立大では180学部中8学部、私立大では579学部中42学部、合計すると759学部中50学部で6.58％である。

　しかも、選択の場合の参加率も20％刻みで選択してもらったが、ほとんどが20％以下であった。

　実地調査の対象としたのは、正課の海外プログラムに力を入れていると考えられる20大学・学部・コースであったが、そのうち、正課の海外プログラムが必修または全員履修となっているのは8学部・学科・コース・専攻であった。選択参加の学部・学科・コースでも、卒業までに（工学系は修士課程修了までに）半数程度あるいはそれ以上の海外プログラム参加者があるところが多く見られた。この点で、平均的な全国の大学の現状と実地調査対象の20大学・学部・コースとの間には大きな差があることには注意が必要である。

2) 事前学習→海外プログラム→事後学習の関連が図られているか

　当プロジェクトが本調査で注目する点は、海外プログラムが4年間のカリキュラムの中にいかに位置づけられ、関連づけられているかという点である。あるいは、短期のプログラムの場合でも、事前学習→海外プログラム→事後学習という仕組みが設けられているかという点である。単独の、他のカリキュラムと孤立した海外プログラムは、成果を生むか否かが学生の個々の事情に委ねられてしまい、大学組織としての明確な教育的見通しを欠いたものとならざるを得ないからである。

　図表1-1-15は、質問紙調査での正課の海外プログラムにおける関連科目の有無についての集計である。

　私立大文系では、総じて関連科目を設けた海外プログラムが多く、農学系学部は私立・国公立とも多い。また国公立大の医・歯・薬・保健学系学部が

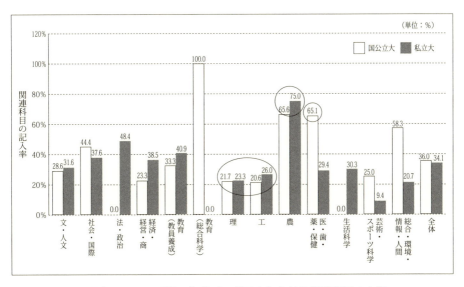

図表1-1-15　正課の海外プログラムにおける関連科目の有無

多いが、これは海外で留学先の本科科目を履修する関係で、関連科目が国内のカリキュラムでも多く設定されている可能性が高い。

他方、理学系学部・工学系学部が少ないのは、これらの学部の海外プログラムの多くが語学研修などのプログラムであることが多いため、他の国内で学ぶ正課科目との関連が低いものと思われる。

次に正課の海外プログラムに関して実地調査で明らかとなったことを、視点Ⅱ-1で既述したように次の4つの類型に沿って紹介する。

類型Ⅰ：全員履修の単一の海外プログラムが組み込まれたカリキュラム

類型Ⅱ：多様な海外プログラムを組み込んだカリキュラム

類型Ⅲ：副専攻などに海外プログラムが組み込まれているタイプ

類型Ⅳ：本来ドメスティックな学系における取り組み

類型Ⅰ：全員履修の単一の海外プログラムが組み込まれたカリキュラム

山口大学国際総合科学部では原則として全員が2年次後期〜3年次前期にかけて1年間留学する。協定大学との交換留学であり、最大20単位までが卒業必要単位として認定される。留学できる要件としては1年次の12月にTOEICスコア600点以上をクリアすることだが、初年度の2016年度はこれをクリアした8割以上の学生が留学している。2017年度はさらに多くの学生がクリアしている。

留学先は欧米32人、オセアニア4人、アジア44人。中国・韓国をはじめとするアジアの大学でも、英語での受講となっている。

この留学の事前学習としては、山口県の抱える問題を理解する「地域理解・連携演習1」（必修）があり、そこで得た問題意識を持って留学する。そして留学後は、留学先の地域の抱える問題との類似性や相違性をやはり必修の「地域理解・連携演習2」において考察する。そして、最終的には卒論に代わる4年次必修の「プロジェクト型課題解決研究」で、解決策を探究するという、大きなつながりが設計されている。これはディプロマポリシーの「山口大学の教育理念である『発見し・はぐくみ・かたちにする』というデザイン思考のプロセスを実践することができる」と、「科学技術が関与する唯一解が存在しない現代的諸課題に対して最善解を導き出すため、様々な分野の人々の

第 1 部　グローバル社会に対応した大学教育の現状と課題　51

意見や考えを調整し、ひとつにまとめ上げることができる能力」に対応した
カリキュラムデザインとなっている。

　青山学院大学地球社会共生学部では、タイとマレーシアの協定大学（2016
年度現在 8 校、2017 年度予定 7 校）への半年〜 1 年間の留学が必修となっている。
留学中の学びの柱は大きく 2 つあり、現地大学の正規専門科目の履修と、そ
の留学先の地域で行うフィールドワークである。

　事前学習として、1 年次配置の Basic Module Group[1] の科目や 2 年次配置の
選択科目「留学準備セミナー」などで東南アジアの諸事情等について詳しく
調べたり、留学での目標を立てたりする。留学後の振り返りや成果報告は
「フィールドスタディーⅡ」（必修科目）で行う。

　フィールドワークについては、留学直前の 2 年次前期ないし後期に必修の
「フィールドワーク論」で、社会調査の意味、調査倫理とは何か、調査のテー
マをいかに選ぶか、調査実施上の制約条件やスケジュール、また留学先での
安全確保などを学ぶ。

　留学期間中は、安全確認と調査の進捗確認を兼ねて、2 週間に 1 回学生と
フェイスブックでコンタクトをとる。学生は留学先で調査テーマを決めて事
前調査等を行いながら、留学後 2 か月たった段階で調査計画書をフィールド
スタディー担当教員に提出する。留学中に行う調査は「フィールドスタディー
Ⅰ」（必修科目）という科目で、単独調査を基本とし、定期的に教員がフェイ
スブックやスカイプを使って学生へ指導を行う。帰国後に「フィールドスタ
ディーⅠ」の単位が認められるためには、実施報告書、記録、調査にかかわ
る資料の提出が必要となる。また、「フィールドスタディーⅡ」も、「フィー
ルドスタディーⅠ」の指導教員が引き続き担当し、他の学生と調査経験を共
有するとともに、何が問題だったかを振り返らせている。また、学生が留学
先で行った調査の報告会の実施を計画している。基本的にはポスター発表で、
約 100 名の中から優秀なものを発表、表彰する予定である。

　法政大学国際文化学部の「Study Abroad（SA）」は、原則として必修の海外留
学プログラムであり、2 年次秋学期に世界 10 カ国 7 言語圏にある 16 機関・
大学のいずれかに留学する。期間については、2 年次 8 月中旬〜翌年 3 月の

間に3〜5か月留学する長期SAと、2年次夏季休暇の8月の約1か月、ボストン大学に留学する夏期SAとがある。学生は希望に応じていずれかを選択できるが、9割以上の学生は長期SAを選択する。

長期SAでは、寮生活やホームステイを経験しながら、大学や諸機関が開講する言語教育プログラムと人文系の科目を履修する。授業は、英語とその国の文化に対する理解を深めるような内容で構成されている。留学先で提供される多くの科目は、英語の習熟度によってクラス分けされ、学生各々のレベルに合ったクラスで学ぶことができる。長期SAの単位認定は、留学先での授業終了後、留学先から送付される成績証明書等と帰国後に提出される課題レポートを総合的に評価した上で、通常16単位を卒業単位として認定している。

英語圏のSAでは、留学先での学びとは別に、英文によるレポートを学生に課している。レポートで取り上げるトピックはあらかじめ提示され、学生はその中から自らの関心に応じたものを選ぶ（地理、歴史、民族、文学など）。その後、留学先では自身の選んだトピックに関する情報を収集し、それを比較したり、そこから問題を提起したり、あるいは因果関係を考察しながらレポートを書き上げる。また、レポートは、「英語8」で学んだ英文ライティングの書式に則して書かれなければならない。レポートの語数は1,000〜1,200語である。

SA前には、留学先ごとに決められている担当教員による事前学習の機会が設けられ、語学面のみならず留学先の文化、社会、歴史などについての自主学習が行われる。

学生は、SAから戻った後、留学先ごとに開かれる帰国報告会で成果や反省点を共有する。また、SAでの体験やそこで持った関心、レポートで芽生えた問題意識を踏まえて、3年次以降の学びにどうつなげていくかについて、担当教員と相談する。

昭和女子大学グローバルビジネス学部（ビジネスデザイン学科）では、2年次前期の1セメスター全体を使って全員が昭和ボストン校に留学する。この「昭和ボストン」は1988年に昭和女子大学がマサチューセッツ州ボストンに創設

したもので、ここへの留学は全寮制であり、英語の習熟度別にクラス編成され、基本的に昭和ボストンで昭和女子大からの留学生向けの授業を受講する。

最初の4週間はジャンプスタートと呼ばれ、英語の4技能の習得に集中するとともにボストンという街の文化や生活に慣れる。その後の15週間は英語とビジネス系の専門科目を併せて学ぶ。

成績上位の学生は、希望すればボストン留学を1セメスター延長することができる。周辺の提携校の授業を受けて、提携校での単位認定にチャレンジする学生も毎年10人弱いる。

1年次後期に必修の「グローバルビジネス基礎演習Ⅱ」は、ボストン留学の準備科目と位置づけられており、アメリカ・ボストンの文化、アメリカのビジネス等の調べ学習などのアクティブラーニング科目となっている。

留学後の2年後期にはオールイングリッシュの「グローバルビジネス基礎演習Ⅲ」が置かれ、ボストンで半年学んだことを振り返り、それを説明できるように言語化する。この科目が3年次からの「プロジェクト演習（ゼミナール）」へのつなぎになっており、その流れでゼミでの卒論プロジェクトにまでつながるように設計されている。

また、"英語による専門教育"のところで記述したように、ボストンにおいて英語で行われるビジネス系専門科目と日本での1年次での専門科目は対応するように設計され、上位の学生はアメリカの大学の学生向けの教材を使用する。それ以外の学生はケーススタディ等でのディスカッションやフィールドワークとプレゼンテーションなどを中心とした内容に取り組む。

長崎県立大学経営学部では、TOEICスコアの向上、英語コミュニケーション能力の向上を目的として、1年次の夏休みにフィリピン・セブに3週間滞在する「海外語学研修」が必修となっている。派遣先の語学学校は、10数校の候補の中から選別された学校で、授業内容はもちろん担当教員の服装まで、同大学からのリクエストによって作られたプログラムが提供されている。毎日朝8時〜夜9時まで授業があり、土曜日を自習日としている。

3年次必修の「海外ビジネス研修」では、シンガポール・ベトナム・タイなどの政府機関、日系企業・現地企業を中心に、2〜3週間のインターンシッ

プを行う。学生は、インターンシップのメニューから、第1〜第3希望の
プログラムを選択し、TOEICスコアや面接によって教員が人選を行う。安
全上の配慮から、原則として1企業に2人以上を派遣する。研修最終日には、
研修先にて英語による報告・質疑応答を行う。帰国後には、集大成として報
告書を作成し、報告会において英語で発表する。

**京都ノートルダム女子大学人間文化学部（英語英文学科　グローバル英語コー
ス）** では、2年次後期必修科目「海外留学」は、半年間、英語圏の協定大学の
中から希望する大学を選択して留学し、留学先大学の語学教育機関の英語
集中課程または大学入学準備課程で英語力を鍛える。なお、「海外留学」は、
TOEICスコア500点以上であることが条件であり、これに及ばない場合に
は英語教養コースに転籍する。留学先ではプレイスメントテストによりレベ
ル別クラスに振り分けられ、学生の語学力に応じた授業を受講でき、留学先
で履修した科目は同大学での単位として認定される。協定大学はアメリカ
4大学、オーストラリア3大学、イギリス2大学、ニュージーランド2大学、
カナダ1大学の計12大学である。

「海外留学」前の2年次前期には、全7回の必修科目「海外留学事前指導」
を履修する。同科目では、留学先の語学教育機関で行う日本文化紹介プレゼ
ンテーションの準備、留学先の文化事情のリサーチ、渡航前の事務的な準備、
異文化適応のための準備などを行う。いずれの授業も、英語によるプレゼン
テーション、ディスカッション、あるいはロールプレイを取り入れながら進
められる。留学を異文化コミュニケーションの実地訓練、および日本人とし
てのアイデンティティならびに日本文化への理解を深める場としてとらえ、
留学が表面的な学修に留まらないよう本質的な準備を行うことが目的である。

「海外留学」後の3年次後期には、全7回の必修科目「海外留学事後指導」
を履修する。同科目では、留学先の授業で学んだ内容や留学先の文化事情に
ついて英語で議論したり、留学の成果を留学前の2年次学生に対して英語で
プレゼンテーションしたりする。特に後半の3回は、2年次学生の「海外留
学事前指導」と合同で実施し、最終回のプレゼンテーションのほか、留学先
での異文化適応のために必要なことを後輩学生にアドバイスする。

第1部　グローバル社会に対応した大学教育の現状と課題　55

　この他、**国際教養大学教養学部**では在学中の1年間の海外留学が必須とされている。46カ国175大学の海外の大学と提携した交換留学である。

類型Ⅱ：多様な海外プログラムを組み込んだカリキュラム

　①工学系学部

　京都工芸繊維大学工芸科学部では、短期語学研修としてリーズ大学（イギリス）、クイーンズランド大学（オーストラリア）への5週間の研修が設けられており、40人前後が毎年参加する。

　同学部で特徴的なのは専門での海外プログラムや海外とのコラボレーションプログラムが多いことである。

　同大学は、"地（知）の拠点整備事業"（COC）とCOCプラスに採択され、京都北部地域の企業と連携した地域創生 Tech Program に取り組んでいる。3年次には京都北部地域の企業と連携して行われる「ものづくりインターンシップⅠ」があり、これに続く4年次の「ものづくりインターンシップⅡ」で、提携企業の海外拠点で2週間インターンシップを行っており、地域創生 Tech Program の学生（毎年30人）を中心に参加する。

　修士課程を対象にした「グローバルインターンシップ」と「アカデミックインターンシップ」（繊維系の学生対象）があり、関係を持つ海外大学の研究室に2〜4週間行き、授業や研究に参加する。50人以上の学生が毎年参加している。

　建築系では「国際設計プロジェクトⅠ・Ⅱ」があり、チェンマイ大学（タイ）およびベルサイユ建築大学（フランス）に行って、先方大学の学生と共同プロジェクトで設計を行う。建築系の約8割（約80人）の院生が参加する。

　これ以外にも研究室単位で海外大学の研究室と連携してサマースクール等に取り組むことも多い。

　インターンシップや国際設計プロジェクトは、いずれも地域創生 Tech Program や専門の研究室での取り組みとなるため、特段に事前・事後学習を設けていないが、専門を学ぶトータルなプログラムの中に海外プログラムが位置づけられている。

　九州工業大学工学部では、正課科目の単位取得・単位付与が可能な海外派

遣プログラムとして、語学研修、派遣プログラム、海外企業インターンシップ、交換留学、ダブルディグリー・プログラム、研究室派遣、教育目的や学生のニーズに応じて多様なプログラムが用意されている。

　これらの海外派遣プログラムでは、留学の効果を高めるため、事前学習（自己認識、安全指導、事前講義）→海外派遣→事後学習→成果報告がパッケージ化されており、すべて必須化されている。大学としては、この海外派遣プログラムを入学後の早い時期（例えば1年次夏期）に1度経験し、そこでの異文化体験で刺激を受けることで、学習意欲が高まり、学内での専門科目や語学学習に、より積極的に取り組むことを期待している。さらに、学部上級年次や大学院入学後に、海外インターンシップや研究室派遣などの中・長期の実践的あるいは専門分野に関連した海外派遣プログラムへの参加を推奨し、学びの深化を促している。

　GE（Global Engineer）養成コースでは、海外派遣プログラムへの参加による単位取得がコース修了要件とされているが、コース受講の有無に関わらず、できる限り多くの学生が海外を経験することを推奨している。

　同大学では、2015年度には、430名の学生が海外派遣プログラムに参加し、2016年度に520名の学生が海外派遣プログラムに参加する予定である。その中で学生の参加が最も多いのがマレーシアで実施される教育プログラムやインターンシップである。同大学では国際交流協定校であるマレーシアプトラ大学（UPM）のキャンパス内に海外教育研究拠点である“MSSC”を開設し、スタッフが常駐している。ここを拠点にした教育プログラムには、学部低学年次の学生を対象とした「多文化協働学習プログラム」や学部高学年次の学生、大学院生による「研究プロジェクト派遣」、日系企業でのインターンシップ等がある。前者は約10日間のプログラムでUPMの学生とのグループワークや、UPMの授業聴講、熱帯雨林の生態系を学ぶ教育プログラムへの参加等を通じて異文化理解を深め、コミュニケーション力を高める。これらのプログラムには毎年100名以上の学生が参加している。

　海外インターンシップは、マレーシアやタイ、シンガポールなどの東南アジアを中心に現地の日系企業等で2〜4週間の実務を経験する。2015年度は、マレーシアで32名の学生が参加しており、2016年度も同数の学生が参加予

定である。

豊橋技術科学大学工学部では開学以来4年次に2か月間の「実務訓練」、2014年度からは2か月の「実務訓練」（必修）＋4か月間の「課題解決型実務訓練」（選択）の「課題解決型長期インターンシップ」が置かれている。近年では、海外企業等への実務訓練者数も増加し、2016年度は58人の学生が海外企業等での「実務訓練」に参加している。

派遣先としては、主にマレーシアのペナン州の企業となっている。大学独自の教育拠点を同州に開設し2人の教員が常駐。近隣にある同大学が提携しているマレーシア科学大学で1週間の英語授業を受け、その後、周囲の20社ほどの企業で実務訓練を受けている。より高度なテーマに取り組むため、近年では実務訓練に続く「課題解決型長期インターンシップ」も海外企業等で修士課程1年の前期にまで延長して4か月間、実務訓練と合わせると計6か月間参加できる。

「実務訓練」及び「課題解決型長期インターンシップ」のいずれも参加者は途中で定期的に報告書を大学に送るとともに、事後に報告会での報告が必須であり、受け入れ先企業の評価も大学に送られてくる仕組みとなっている。

これ以外にも、修士課程では2〜8週間にわたる「海外インターンシップ」も設けられている。また海外連携教育制度としてドイツのシュトゥットガルト大学とのダブルディグリー・プログラムや中国の東北大学、ベトナムのホーチミン市工科大学、インドネシアのバンドン工科大学及びハサヌディン大学との間に、ツイニングプログラムを実施しており、毎年数人が参加し、学位を取得している。

②文系学部

創価大学経営学部（グローバル・ビジネス・リーダーコース）では、2〜3週間の短期で実施される"GP Mission"と、半期（4〜5か月）を海外で過ごす"グローバル・ビジネス・スクール・プログラム"の2パターンのプログラムを提供している。

架け橋強化＋推奨科目として設置される"GP Mission"には、1年次終了後

の春期休業期間にイギリスで実施する「GP Mission I」と2年次の夏期休業期間にカナダまたはアジアなどで行なう「GP Mission II」がある。「GP Mission I・II」には、コース全体の3分の1程度の学生が参加する。海外で過ごす期間は2〜3週間であるが、英語力の向上と、これから経営学を学ぶ意味の理解をさらに深めるため、現地での大学や企業と協力したプログラムが運営されている。

また、"GP Mission"の事前・事後の学習を行う科目として"GP Workshop"を設置している。事前学習では、訪問先機関の概要調べや訪問先大学からの課題に取り組み、事後学習では、海外研修の成果を英文レポートにまとめる。これらの活動を通して、"GP Mission"を大学での学びのプロセスに埋め込んでいる。"GP Workshop"は、授業の一部を"GP Mission"に参加した学生と、次の参加者とが合同で行うことにより、学生同士の対話の中から新たな気づきや意識付けが生まれる相乗効果も期待している。

2・3・4年次に設置される"グローバル・ビジネス・スクール・プログラム"では、ヴィクトリア大学(カナダ)、レンヌ大学(フランス)およびEMBA-ISUGA(欧亜高等管理学院・ブルターニューーアトランティック・ビジネススクール：フランス)とホーチミン市経済大学(ベトナム)のビジネススクールとの交換留学を行なっている。長期留学は、毎年10名程度が参加する。

その他、交換留学ではないが、9か月間の留学プログラムとして、バッキンガム大学ビジネスプログラム(イギリス)もある。

4年間での卒業を可能とするため、これらの留学プログラムについては、留学先での単位も卒業単位として認めている。

梅光学院大学文学部(英語コミュニケーション専攻・国際ビジネスコミュニケーション専攻)の正課の海外プログラムは3つのステップに分かれている。第1ステップは、海外に行って異文化を体験することに主眼が置かれ、1年次の夏休みにフィリピンのセブ島で4週間の語学研修を行う。全学で3分の1、英語コミュニケーション専攻および国際ビジネスコミュニケーション専攻では約半数の学生が参加する。

語学研修に向けては、前期に「インディペンデントスタディ」という準備

講座が開講され、リスク対策などの事前学習を行うとともに、授業時間中にスカイプを通じてマンツーマンでフィリピン人の講師（マニラ大学の学生等が多い）から英語のレッスンを受ける。

　第2ステップとしては、2年次の夏休みに4週間のオーストラリア語学研修が用意されている。ここでは、ホームステイやグループでのディスカッションを中心としている。この研修に向けても「インディペンデントスタディⅡ」という準備講座が用意されており、ホームステイ等に備えて文化・生活面での準備を行う。参加者は英語コミュニケーション専攻と国際ビジネスコミュニケーション専攻とで合わせて26人（2016年）。また第2ステップにはオーストラリア以外にも、フィリピン・パナイ島イロイロ市の語学学校に8週間語学留学するプログラムや、マレーシアでの語学研修も用意されている。第2ステップの海外研修については、帰国後に礼拝や学内の学会等で報告会が開催され、参加者はプレゼンテーションを行う。

　加えて、米バレンシアカレッジと連携したディズニーワールドでの5か月間にわたるインターンシップが用意されている。形態としてはバレンシアカレッジに留学し、そこのプログラムでインターンシップを行うというもので、TOEICスコア650点以上で自己表現能力等を基準に受け入れ側が選抜し、毎年1～2人の学生が参加している。第3ステップとしてアイルランドとアメリカへの9～10か月の交換留学プログラムも用意されている。

　これ以外に、国際ビジネスコミュニケーション専攻では、3年次前期に「国際ビジネス実習Ⅰ」（（エアライン）、「国際ビジネス実習Ⅱ」（ホテル）、「国際ビジネス実習Ⅲ」（旅行業）が選択必修で置かれ、最低1つを履修する。

類型Ⅲ：副専攻などに海外プログラムが埋め込まれているタイプ

①枠募集・事前登録等

明治大学経営学部の海外プログラムは、5種類で構成されている。

　1)「Field Study」の海外プログラムは参加人数が毎年170人前後と5種類の中で最多。事前学習で海外の企業・自治体・NPO法人・特定地域の民族などを調査し、1週間程度海外でフィールドワークをした後に、事後学習としてレポート作成や対象への提言を含んだプレゼンテー

ション作成に取り組む。履修にあたっての TOEIC スコアでの制限はない。

2)「Global Service Learning」と「International Business Program」(IBP) のうち、前者はフィリピンのセブ島で 2 〜 3 週間にわたって貧困層を支援する NPO 法人の社会奉仕活動に取り組み、それを通じながら課題解決のための知識を習得する。5 〜 10 人程度が参加する。後者は、アメリカのオレゴン州ポートランド州立大学またはカリフォルニア州サンノゼ州立大学に 1 か月短期留学し、語学研修に加えて現地企業の訪問や留学先大学の経営系科目の授業の聴講などを行う。TOEIC スコア 400 点以上の制限があり、毎年 30 人程度が参加する。

3)「International Summer Institute for Business Management」(ISIBM) は、協定校であるヴィクトリア大学 (カナダ) で夏期に行われる 3 週間のビジネスマネジメント・プログラムに世界各国の学生とともに参加する。TOEIC スコア 600 点以上の制限があり、2016 年度は 10 人程度の学生が希望したが、先方大学の定員に達したため 3 人参加にとどまった。

4)「交換留学」は協定大学に半年間または 1 年間留学し、卒業認定単位に 60 単位まで認められる。TOEIC スコア 750 点以上の制限があり、年間 10 〜 15 人が留学している。

5) 5 年間で明治大学経営学部とヴィクトリア大学 (カナダ) の 2 つの学位を取得できるデュアルディグリーも用意されている。前半の 2 年半を明治大学で、後半の 2 年半をヴィクトリア大学で学ぶ仕組みだが、2017 年からスタートし、現在 2 年生の 1 人の学生が候補者として準備を進めている。

上記の 5 分類のうち、1) が約 170 人、2) 〜 4) で約 30 人と計 200 名が例年参加している。重複して参加する学生もあるが、単純計算すると全学部生の 3 分の 1 弱が、卒業までに海外プログラムを体験していることになる。その背景には、英語の 4 技能を向上させるだけではグローバル化に対応した人材育成にはならず、体験・経験を通じて価値観を形成することに意味があるという同学部の考えがある。

②単位を揃えると事後に修了認定

宇都宮大学国際学部では、まず全学の海外プログラムとして以下のようなものがある。

- ・「国際インターンシップ」：栃木県に本社や事業所を持つ企業の海外支社や海外工場において 2 ～ 4 週間程度のインターンシップを行う。派遣先は、カンボジア、シンガポール、タイ、台湾、フランス、ベトナム、マレーシアなど。夏休み、春休みにそれぞれ 10 人ほどが参加する。
- ・「国際交流協定校派遣プログラム」：学生交流の協定を結んでいる大学への半年～ 1 年間の交換留学である。毎年 30 人以上が留学している。
- ・「Overseas Study（EPUU 留学プログラム）」：南イリノイ大学（アメリカ）において、夏季休暇中に 3 週間学生寮に滞在しながら、同大学の学生用にカスタマイズされた語学研修プログラムを受講する集中講義。毎年 20 人ほどが参加する。
- ・「外国語臨地実習（英語）」：サザンクロス大学（オーストラリア）において夏季休暇中に約 2 週間、各学部の専門領域にも配慮された語学研修プログラムを受講する。滞在はホームステイで、毎年 20 人ほどが参加する。
- ・「国際キャリア実習」：カンボジア、スリランカ、ベトナム、台湾などの NGO、国際機関、自治体、公的機関、企業などでインターンシップとして実習経験を積み、実務能力を高める。もともと国際学部のプログラムだが、全学から参加が可能となっている。「International Career Seminar」、日本語で国際キャリアを学ぶ集中合宿である「国際キャリア開発」と、この「国際キャリア実習」を総合して「国際キャリア開発プログラム」としている。最終的にはインターン受け入れ先など学外者を招いての報告会において、成果の発表を行う。

次に同大学国際学部独自の取り組みとしては、13 の海外大学と学部間協定を結んでいることが挙げられる。現在、在学中に交換留学などにより 6 か月以上の長期の留学をする学生が 30 ～ 40 ％程度、短期のものや休学して私費で留学するものも含めれば半数ぐらいの学生が何らかの形で海外での学習を経験している。これが限りなく 100 ％に近づくように、奨学金による支援

などを含め拡大する計画である。どうしても海外に行けない学生に対しては、国内においてダイバーシティな環境を経験できるように配慮していく予定である。

　共愛学園前橋国際大学国際社会学部では、学生の海外体験の機会を充実させるために、留学を含む海外プログラムを約 30 プログラム設けており、これらに参加する学生は年間約 160 人 (2015 年度) にのぼる。また、4 年間の学生生活の間では、50 ～ 60% の学生が参加している。

　英語コースでは、海外の ESL (English as a Second Language) を利用した「英語圏留学・研修」が必修科目となっている。

　また、GCT (Global Career Training) 副専攻の語学を学ぶ GLI (Global Language Intensive) 科目と Global Project Work 科目 (以下 GPW 科目) の 2 系統の科目が用意されている。

　GLI 科目では「海外語学研修」と教員志望学生向けの「海外ティーチング研修」があり、「海外ティーチング研修」では、南オーストラリア州教育庁と連携し、教員を志望する学生が教育実習生として現地の小学校で日本語教育に取り組む。群馬県内の小学校には外国籍の児童が多いため、ここで学んだことや経験したことが、将来、教職に就いた時に活かされる。

　GPW 科目としては Ⅰ ～ Ⅴ までが用意されているが、この内「GPW Ⅲ (ミッションコンプリート研修)」は、研修を通して慣れない環境やグローバルな舞台で活躍できる主体性、積極性、問題解決能力およびチームワークなどを養うことを目的としている。事前研修→本研修→事後研修という流れで進められ、本研修は春季休暇中にタイで 2 週間のスケジュールで、前半にタイのタマサート大学で異文化交流体験研修、後半にはミッションコンプリート研修を行う。研修では、提携企業であるサンデンホールディングス株式会社 (群馬県伊勢崎市、以下サンデン) の現地法人から、毎日複数のミッションが個人、グループに与えられるが、現地の人々にインタビューするなど、現地の人たちを巻き込まなければ完了できない内容になっている。事後研修では、振り返りとともに本研修で学んだことをレポートにまとめ、サンデンの本社にて最終報告会を行う。

「GPW Ⅳ (サポートインターンシップ研修)」では、学生は中学生のアメリカ語学研修のサポート役として参加し、リーダーシップを磨きながら、実践的な英語力を高めることを目的とし、TOEIC スコア 600 点以上が履修条件となっている。事前研修(複数回)→本研修(約2週間・ミズーリ州立大学)→事後研修報告会の流れで、いずれのプロセスにおいても、中学校教員の活動の補助として中学生の学びや活動を支援する。また本研修に参加する学生は、事前研修において中学生と一緒にふるさと学修を行うことも特徴であり、加えて伊勢崎市から特派員に任命され、『市政だより』を通じて現地での活動を報告する。

類型Ⅳ：本来ドメスティックな学系における取り組み

上智大学法学部 (国際関係法学科) では、学部として希望制で「海外短期研修(西オーストラリア大学)」「海外短期研修(ジョージ・ワシントン大学)」を設けている。この研修には事前・事後学習が設計されている。事前学習では、事前講義をオールイングリッシュで行うとともに、現地で日本の法律についてグループごとに英語で 5 〜 10 分のプレゼンテーションをするため、その準備を行っている。事後学習としては、学生に英語と日本語でそれぞれ A4 判 4 ページ程度のレポートを書かせている。レポートのテーマは、研修中に学んだ内容についてであれば何でもよく、たとえば "連邦法と州法の関係" をテーマとしてとりあげたレポートが提出されたりしている。

「海外短期研修 (西オーストラリア大学)」は春季休業中に 3 週間かけて実施され、留学先で法学用語を英語で学びつつ法学の講義を受ける。また、西オーストラリア州の最高裁や旧フリーマントル刑務所などへのフィールド・トリップも組み込まれており、オーストラリアの法文化に触れる内容となっている。毎年約 10 人の学部生が参加しており、そのうち 4 〜 5 人が同学科生である。

その他、全学で交換留学や一般留学、語学留学などが用意されており、法学部全体では 2 割弱の学生が留学し、国際関係法学科の学生がそのうちの約半数を占めている。

[視点Ⅱ-6] グローバル化に対応する正課外の海外・国内プログラム

質問紙調査の結果から、グローバル化に対応する正課外プログラムの国内および海外比率を学系別にグラフにすると**図表1-1-16**のようになる。

国公立大・私立大とも海外プログラムが多いが、私立大の文・人文系学部および国公立大の社会・国際系学部では国内プログラムが多いという結果が示されている。

また実地調査においては、専門に引き付けた正課外プログラムとしては、**京都工芸繊維大学工芸科学部**や**九州工業大学工学部**での、研究室レベルでの海外大学との交流プログラムが挙げられ、これらは多数行われている。

加えて**京都工芸繊維大学**では、「ワークショップ」と呼ばれる取り組みが大規模に行われている。「ワークショップ」のために設立された京都デザイ

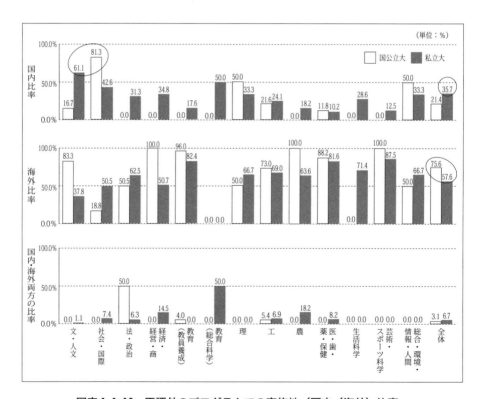

図表1-1-16　正課外のプログラムでの実施地（国内／海外）比率

ンラボを拠点にした活動であり、海外から教員や学生グループが1週間程度来日し、対応する造形デザイン系の研究室の学部生・院生のグループと協働してワークショップに取り組み、英語で成果を発表する。2016年は62チームが海外から来日している。一方、来日チーム数よりは少ないが日本からもタイやフランスなどに出かけてワークショップを行っている。研究室単位でこのワークショップに正課内で取り組むケースもある。造形デザイン系の学生は卒業までにほぼ全員がこのワークショップに参加している。スーパーグローバル大学 (SGU) 創成支援事業の一環として取り組まれている。

　海外での語学研修を正課外で用意している大学もある。1年次にほぼ全員がフィリピン語学研修に参加するのが**山口大学国際総合科学部**である。これは正課外という位置づけとはいえ、4年間のカリキュラムの中で重要な位置を持っている。

　東京薬科大学薬学部でも専門に引き付けた正課外のプログラムが盛んだ。2013年5月に学術交流協定を締結した長春中医薬大学 (中国) とは、中医学・中薬学の分野で活発な交流が行われている。長春中医薬大学の薬学研修には毎年2人が薬学研修に参加し、1週間にわたり中医学の講義だけでなく、中国式マッサージや鍼治療の体験実習を受けている。研修中は日報形式で日々の目標を掲げながら取り組ませ、帰国後には、オープンキャンパスでの発表やホームページで報告させている。また国内キャンパスでは、毎年9月に瀋陽 (瀋陽) 薬科大学 (中国) の学生10人を受け入れ、1週間の臨床研修を行っている。本研修は5年生の課題研究の一環としても実施され、瀋陽 (瀋陽) 薬科大学の学生と同大学生20人が混合でグループを組み、共に教え学び合う中で日中の薬学教育の差などについても理解を深めている。

　これに対して、希望する学生が多様なメニューから選択的に参加する仕組みの学部・学科・コースも多い。その一例を挙げると**首都大学東京**であり、海外英語研修を複数実施し、同プログラムへの参加者は、近年大きく増加している。学内キャンパスにイマージョンスペース (京都ノートルダム女子大学) や English Only Zone (甲南大学) を設置している大学もある。**京都ノートルダム女子大学人間文化学部英語英文学科グローバル英語コース**では、これの活用を全員留学前の準備と位置づけ、「海外留学」実施前後の2年次前期と3

年次前期を On-campus Immersion Program（学内留学）の期間とし、学生を海外留学中と同じような英語漬けの環境に置き、「海外留学」の効果を最大限に引き出そうとしている。

また、地域のグローバル化に対応して、外国人の子どもの就学支援や日本語教育支援という取り組みも行われている。

共愛学園前橋国際大学では日本語教育サポーターという制度を設け、伊勢崎市の教育委員会と連携して、学生が小学校に赴いて日本語を母語としない児童に日本語教育を行っている。これは「日本語教師養成プログラム」の一環で「日本語教育実習」という授業として展開されている。「児童英語教師養成プログラム」の一環で「児童英語教育実習」という授業として、近隣の前橋市立筮井小学校で"放課後寺子屋英語活動"に学生が参加している。また、GCT（Global Career Training）副専攻の GPW（Global Project Work）科目として「児童のためのグローバルワークショップ」があり、学生が伊勢崎市の小学6年生のためにグローバルをテーマとするワークショップを企画運営しており、例年夏休みに 60 名前後の小学生が参加している。

宇都宮大学では、栃木県を中心に北関東エリアの外国人児童・生徒の就学支援事業に取り組む学部内組織として HANDS プロジェクトがある。教科書や学校からのお知らせ文書などの翻訳、多言語による高校進学ガイダンスの運営などの支援活動をしている。そこに HANDS ジュニアとして、国際学部の学生が 40 人ほど登録しており、常時 25 人ほどが活動に参加している。現在は正課外の活動だが、改組後は、これも正課の中に入れていくことが検討されている。

青山学院大学地球社会共生学部では、GSC（Global Studies and Collaboration）学生連合という学部公認の学生団体があり、1学年約 40 名が加入して活動している。神奈川県大和市の外国籍の小学生への日本語教育の補助、企業と協力しての商品開発、留学生向けの各種企画（クリスマス会、食事会、日本文化体験旅行、歓送迎会等）などに取り組んでいる。

昭和女子大学では全学的に、世田谷区と共同して"学びの広場"を開催している。世田谷区内の外国人の中学生で日本語が不得手で高校受験が難しい生徒のサポートを行うという取り組みである。

京都ノートルダム女子大学人間文化学部では、大学間協定を結ぶ近隣の京都工芸繊維大学で、外国人研究者の家族や一般の外国人を対象に、日本語教員養成課程の一環として"KIND 日本語講座"という日本語講座を開設している。この講座にはさまざまな国や年齢の外国人が参加しており、同大学の日本人学生は、こうした環境を利用して、単に日本語を教えるだけでなく異文化交流のイベントも行っている。

長崎県立大学では、学生サークルが米軍の佐世保基地内の小中学校で、日本語を教えたり、英語を使って折り紙を教えたりするなど日本文化を体験する機会を提供している。教員が企画しているもので 10 人程度の学生が参加している。また、同大学が窓口となって米軍基地内の大学の授業を科目等履修生として受講することができ、これを"バス留学"と呼んでいる。

(4) 視点Ⅲ. 教育支援、組織体制

[視点Ⅲ –1] グローバル化に対応した教育支援

1) 奨学金や授業料減額などの経済的サポート体制の充実度

　海外プログラム参加に対する奨学金については、多くの大学で学生支援機構以外に独自の給付型の奨学金を設けている。受給学生を成績等で選抜するものも多いが、プログラム参加者全員に給付されるような仕組みを構築しているところもある。給付には財源が必要となるが、その点でスーパーグローバル大学 (SGU) 創成支援事業採択などの公的支援のある大学の方が学生に手厚い奨学金給付が行われている。財源に関して特徴的なのは九州工業大学で、同窓会が奨学基金を設けており、積極的な支援を行っている。

　また留学については、留学先大学の授業料が不要な交換留学、留学先大学の授業料を自己負担する代わりに在籍大学への授業料負担免除または軽減がある認定留学など、制度上の違いにより学生の負担額が大きく異なっている現状がある。交換留学の場合は、日本と学費の差が大きいアメリカの大学との協定締結は難しい面があり、また個人負担としても負担額が大きくなるため、国際言語としての英語を授業で使うアジアの大学への留学を志向しているところも少なくない。

国公／私	項目	文・人文	社会・国際	法・政治	経済・経営・商	教育（教員養成）	教育（総合科学）	理	工	農	医・歯・薬・保健	生活科学	芸術・スポーツ科学	総合・環境・情報・人間	全体
国公立大	導入率（％）	28.6	55.6	42.9	16.7	20.0	100.0	58.3	41.9	40.0	18.2	50.0	40.0	30.0	32.8
	導入学部数	4	5	3	3	4	1	7	13	6	6	1	2	3	58
	有効回答数	14	9	7	18	20	1	12	31	15	33	2	5	10	177
私立大	導入率（％）	3.0	5.0	5.3	4.4	3.8	0.0	0.0	8.9	11.1	3.9	0.0	0.0	3.3	4.2
	導入学部数	3	3	2	4	1	0	0	5	1	3	0	0	1	23
	有効回答数	101	60	38	90	26	3	21	56	9	76	16	18	30	544

図表 1-1-17　クォーター制の導入率

2）履修上、海外プログラムに参加しやすい仕組みが用意されているか

　全員履修の海外プログラムを行っているところは、クォーター制を取り入れるなど基本的に履修の仕組みが海外プログラムの履修に合わせた体系となっている。

　クォーター制に関しては、質問紙調査では国公立大での導入が私立大に比べて進んでいる状況が見られた。

　実地調査では、20 大学（学部・コース）のうち、クォーター制を導入しているのが山口大学国際総合科学部、京都工芸繊維大学の 3 年次以上、豊橋技術科学大学工学部、九州工業大学工学部、青山学院大学地球社会共生学部、首都大学東京の一部のコースであった。ただし、クォーター制については、文部科学省の方針もありいくつかの大学で導入が行われているが、その効果検証については、今後の課題となっている。

　また履修科目数を 1 学年において取り過ぎないようにするために CAP 制を設けている大学が多いが、海外プログラムに参加しやすいように、CAP 制免除が導入されているのは創価大学経営学部のみであった。

3）リスク対策、セキュリティ対策の充実度

多くの大学で、民間の保険加入やセキュリティサービスとの契約が行われている。

昭和女子大学、豊橋技術科学大学、九州工業大学では海外に教育拠点が設けられているため、宿舎や送迎などの手厚い対応が取られている。

海外プログラムに教員が帯同するのは、長崎県立大学経営学部や梅光学院大学文学部[2]である。

[視点III-2] キャンパスのグローバル化を活用した教育支援

まず質問紙調査の結果から、外国人正規入学者の比率の分布を集計し国公立大と私立大を分けてグラフにしてみた（**図表1-1-18**）。わずかの違いだが、国公立大の方が高い比率の分布が多くなっている現状が見られる。ただし、その環境がいかに日本人学生の教育環境に活かされているかは、検証していく必要がある。

さらに実地調査では、このようなキャンパスのグローバル化がいかに日本人学生の異文化体験として活用されているかを調べた。その結果、多くの大学で、海外からの留学生とのウェルカムパーティー、海外からの留学生が自国文化を紹介するイベント、日本人学生と留学生とが一緒にバス旅行をするなどの企画が実施されていた。

留学生との交流のための専用ラウンジなどが設けられているのは、明治大学や法政大学、創価大学など。また、ネイティブスピーカー教員や留学生と

図表1-1-18　外国人正規入学者数の比率

70　第1章　グローバル社会の中で日本の大学教育はどこに向かうのか

のランチタイムやティータイムを仕組みとして設けているのは長崎県立大学
や梅光学院大学などがある。

　海外からの留学生を1対1で支援するバディ制度やサポーター制度は、多
くの大学で設けられている。

　これらの中で特徴的なのは山口大学国際総合科学部と国際教養大学国際教
養学部である。例えば山口大学国際総合科学部では、協定校に対して80人
以上が留学すると同時に、ほぼ同数（2016年度は76人）の留学生を受け入れて
いる。この留学生一人ひとりに対して、学部としてのバディ制度が設けられ、
1年生が担当している。2年次に留学に行く学生数とほぼ同数の学生が1年
次にバディを経験することにより、まずは国内で異文化体験を重ねている。

　海外からの留学生の多い大学では、日本人学生との混住型学生寮も設置さ
れ、異文化交流の場として位置づけられている。国際教養大学、上智大学、
明治大学、法政大学、首都大学東京、共愛学園前橋国際大学、宇都宮大学、
創価大学、豊橋技術科学大学、九州工業大学などである。

　この中で特に紹介したいのは豊橋技術科学大学の新しい混住寮である。同
大学では2017年3月にはグローバル宿舎が2棟（60人定員）竣工する。宿舎
はシェアハウス方式で、5つの個室と5人で共有するキッチン・ダイニング・
リビング・バスルームで構成される。この宿舎では、日本人と留学生が生活
を共にすることにしているが、これは、英語でのコミュニケーションを含め、
お互いの異なる文化を深く理解することを目的としている。グローバル科学
技術アーキテクト（GAC）養成コースの学生は原則として、学部の間はこの宿
舎に住むことになっている。なお、この宿舎は2018年、2019年に各2棟が
竣工して合計6棟180人定員となる計画である。

　授業に海外からの留学生の存在を活かす取り組みとしては、長崎県立大学
が留学生をゼミに1人ずつ配属して、日本人学生と協働して課題解決に取り
組んでいる。

　また、小樽商科大学では海外からの留学生が言語科目でSA（Student
Assistant）として授業に入っている。

[視点Ⅲ-3] 組織体制

第1部　グローバル社会に対応した大学教育の現状と課題　71

　大規模大学では数十人規模のスタッフを擁する専門の組織が設立されている。その他のほとんどの大学でも、専門の組織が設立され、既存の学務課などの組織との連携のもとにグローバル化に対応した教育を推進している。

　小規模大学では、これらの専門組織を学部長や副学長などの執行部が兼任しており、そのことによって円滑な運営が可能となっている。

　また、留学事務を担当する部門とは別に、提携先大学の開拓などを専門とする部門が設置されている大学も見られた。

　具体的には第2部の事例を参照されたい。

(5) 視点IV．個々の学生の達成度測定とカリキュラムマネジメントに資するアセスメント

[視点IV -1] 学生の達成度のアセスメント

　教育目標に対する学生の達成度測定については、英語能力に関しては実地調査した20大学・学部・コースのほぼすべてで実施されていた。測定に用いられているのは、TOEIC が圧倒的に多い。英語以外の能力については、測定していないところと、ルーブリックなどによる自己評価システムの本格的な仕組みを開発して測定しているところとに分かれている。

　独自に開発しているのが山口大学国際総合科学部、法政大学国際文化学部、京都工芸繊維大学、共愛学園前橋国際大学、宇都宮大学、創価大学、東京薬科大学薬学部、京都ノートルダム女子大学などである。

　JABEE に基づく目標達成度点検シートを使用しているのが豊橋技術科学大学工学部と九州工業大学工学部である。

　以下いくつかを具体的に紹介する。

　山口大学国際総合科学部では、"YU CoBCuS"（Yamaguchi University Competency-Based Curricular System：山口大学能力基盤型カリキュラムシステム）を学部独自で構築し、稼働させている点である。このシステムは、ディプロマポリシーに対応して12の能力の達成度を、学生一人ひとりの履修の進展と各科目の成績によって測定する仕組みであり、これが基準スコアを超えていることが卒業要件とされている。つまり、アウトカムベースで学位プログラムを構築する

以上、その出発点であるディプロマポリシーで示された能力を学生が最低限クリアしていなければ、学位授与はできないという考えに基づいている。

このシステムの詳細については第1部第2章の講演録および第2部の事例に記載することとする。

法政大学国際文化学部で行われる「SA（Study Abroad）」においては、eポートフォリオを学びの蓄積に活用している。eポートフォリオはSA期間中も使える大学独自のSNSで、SA先が同じ学生同士のコミュニケーションツールとして活用でき、さらにはSA自己評価シートやSA体験記を提出し、自らの学びの成果を蓄積することができる。

また AAC&U（Association of American Colleges and Universities）が作成し、芦沢真五教授が翻訳した"異文化理解バリュールーブリック[3]"をアレンジしたレーダー型ルーブリックを、同学部では2013年度からすべての学生に提供している。学生たちは6つの評価観点から0~4の5段階で自己評価を行う。SA前後はもとより、セメスターごとの自己評価が推奨され、学びのプロセスや変化を学生自身が把握することで、より明確な課題設定や動機付けを目指すことができる。

同大学では、グローバル社会に対応するためのさまざまなプログラム（派遣留学、短期語学研修、各学部で実施しているSA、国際ボランティア、国際インターンシップ、英語等による授業、海外ゼミ活動リーダーとしての活躍など）の参加状況に応じてポイントを付与する、グローバル・ポイント制度を導入している。この制度により、学生がそれぞれの活動状況を把握するとともに、各種プログラムに積極的に参加するようになることを目的としている。なお、一定のポイント数を獲得した学生は、法政グローバルデイ（シンポジウム）で、スーパーグローバル大学（SGU）創成支援事業のロール・モデルとして表彰される。

京都工芸繊維大学工芸科学部では、多文化・異文化に関する理解やコミュニケーションスキルなど、グローバル社会への対応に関するスキルを含む学士力の能力要素を自己評価する、学士力アンケートによる工繊コンピテンシー検証システムが独自に構築されている。学生はこの自己評価を毎年行わ

ないと履修登録ができない仕組みであるため、全員が記入する。能力要素が向上したと自己評価する場合は、"何によって向上したか"まで回答することになっている。これをレーダーチャート等で学生に示し、自らの達成度を検証できるようになっている。

　共愛学園前橋国際大学国際社会学部では、理念・ディプロマポリシー・地域産業人材要件を加味した学修成果指標である"共愛12の力"の観点から、学生に自己評価をさせている。同大学では、この自己評価のためのエビデンスとして、KYOAI Career Gate というeポートフォリオ・システムを活用している。学生は、大学でのさまざまな活動と授業の振り返りをポートフォリオに記し、それぞれの記事に12の力のうちの該当する力をタグ付けしながらそれを蓄積していく。授業科目についてはそれぞれの科目が12の力のうちのどの力に該当するのかということはシラバスに明示している。年次の終わりに、12の力がタグ付けされたエビデンスを横断検索しながら、それぞれの力について自身の成長のプロセスをルーブリックに基づいて5段階(0~4点)で自己評価する。学生はそれに基づいて振り返りを行い、その上で教員と面談し、自己評価と教員からの評価の差異を確認しながら、自己評価の精緻化を図って完成させる。学生はこの自己評価をもとに新年次での目標を立てる。

　さらに、同大学独自に設定したグローカルポイントの観点から、卒業時の学生に能力伸長を自己評価させている。グローカルポイントは、「アクション」「シンキング」「チームワーク」「海外への親和性」「異文化理解」「地域人としてのアイデンティティ」の6つの観点項目で構成されている。自己評価では、各観点を6段階(0〜5点)で学生に評価させており、全観点項目について4点以上と評価する卒業生が、全卒業生の70%以上になることを同大学では目標としている。

　また、語学力向上以外を目的とする海外研修プログラムでは、研修修了後に社会人基礎力12の力の研修前からの変化を5段階で自己評価させている。

74　第1章　グローバル社会の中で日本の大学教育はどこに向かうのか

[視点IV -2] カリキュラムマネジメント

　前述のように、多くの大学で教育目標の達成度のアセスメントに取り組まれている。当プロジェクトによる、これまでの「大学のアクティブラーニング調査」において、アセスメントの立ち遅れを指摘した経緯からすると、大きな変化が生じている。しかし、このように大きく前進したアセスメント結果をIRデータとして統合し、カリキュラムマネジメントに活かし、PDCAを回して教育改善に活かしていくという点では、明確な仕組みが構築されるところまでは至っていないというのが現状である。

(6) 視点V. 英語以外の外国語について

　多くの大学では、卒業要件ではないが選択として第二外国語が履修できるようになっている。

　第二外国語を必修としているのは「複言語主義」を掲げている宇都宮大学国際学部と「三言語主義（日本語を含む）」を掲げている国際教養大学国際教養学部、法政大学国際文化学部、首都大学東京、九州工業大学工学部である。創価大学経営学部は、2016年度までは第二外国語は必修だが、2017年度からは選択に移行する。

　明治大学経営学部では、英語が得意な学生を選抜して特別なカリキュラムで鍛えるGREATに属する学生以外に対しては、2017年度からは英語を必修から外し他の外国語を選択可能にする。

　英語のみに特化して他の外国語教育を行わないと割り切っているのが甲南大学マネジメント創造学部である。

注

1　同学部のカリキュラムはクラスターを縦軸に、履修段階を横軸にマトリクス状に組み立てられている。履修段階は、Study Skill Module Group, Fundamental Module Group, Introductory Module Group, Basic Module Group, Advanced Module Group, Capstone Module Group と6段階の階層構造を持ち徐々に専門性が高められていく。

2　梅光学院大学ではプログラム運営が安定するまでの期間、教員が帯同する。

3　芦沢真五（2012）.「海外学習体験の質的評価の将来像」, ウェブマガジン『留学

交 流 』11 月 号 Vol.20: 1-7, <http://www.jasso.go.jp/ryugaku/related/kouryu/2012/__
icsFiles/afieldfile/2015/11/19/ashizawashingo.pdf.>（2017 年 2 月 19 日閲覧）

参考文献

芦沢真五（2012）.「海外学習体験の質的評価の将来像」, ウェブマガジン『留学交流』
　11 月号 Vol.20: 1-7, 日本学生支援機構ホームページ <http://www.jasso.go.jp/ryugaku/
　related/kouryu/2012/__icsFiles/afieldfile/2015/11/19/ashizawashingo.pdf.>（2017 年 2
　月 19 日閲覧）.
河合塾編著（2014）.『「学び」の質を保証するアクティブラーニング』, 東信堂.
河合塾編著（2016）.『大学のアクティブラーニング　導入からカリキュラムマネジ
　メントへ』, 東信堂.

3．河合塾からの提言

　質問紙調査と実地調査を終えて、当プロジェクトは次のような諸点を提言したい。

　グローバル社会に対応した教育は、第1章1.(2)「何を調べようとするのか」でも述べたとおり、大学設置基準等に規定された必須の課題ではない。それぞれの大学が、自らの立ち位置やミッションに従って自由裁量で取り組むべき課題であるが、ディプロマポリシーや教育目標として掲げるのであれば、それを達成するカリキュラムを構築し、取り組むべきである。しかもその程度は一様ではなく、大学・学部の置かれたポジションや条件、学生の必要性によって異なるのは当然である。

　それを踏まえた上で、グローバル社会に対応する能力の育成に関する**教育目標の設定**については、今回実地調査を行った大学では、各大学の状況に応じてすべて明確に行われている。しかし質問紙調査では、「グローバル社会に対応する人材は特に意識していない」という項目に対して「◎：主たる想定人材」の回答が全体で6.6％あった。学系別に見ると、教育学系学部（教員養成課程）が15.2％、医・歯・薬・保健学系学部が9.9％と高い。国内で通用する国家試験を目指す学系や家政、芸術、スポーツなどに関わる人材の育成を目指す学系である。しかし、日本社会は否応なくグローバル化の波を受けており、これらの学系が育成する人材もその波から逃れることはできない。

　例えば教員養成課程は、極めてドメスティックな学系だと思われがちだ。しかし、首都圏の公立小学校でも地域によっては1クラスの5分の1～3分の1が外国籍であるというようなケースもすでに散見される。地方でも、外国人や日系2世・3世の労働者を多く受け入れているような地域も同様である。医師や看護師、薬剤師なども接する患者が日本人に限られるということは、今後は想定しにくい。家政や芸術・スポーツに関する人材にしても、半径3メートルで進展するグローバル化と無縁でいられるとは考えられない。

　もちろん、大学にとって限られた経営資源をどこに振り向けるかは自由裁

第1部　グローバル社会に対応した大学教育の現状と課題　77

量であるわけだが、このような社会に人材を送り出す使命を帯びている以上、「グローバル社会に対応する人材は特に意識していない」というのは、どのような理由によるものなかが気になるところである。

　英語教育のカリキュラムについては、コンテンツや専門ベースの教育、必修の海外留学に合わせて英語力を徹底的に高めるカリキュラム、レベル別クラス運営といった設計・運営面での工夫がみられた。

　もちろん、グローバル社会に対応してどのような人材育成を目指すのかによって、英語教育の取り組みは当然、異なってくる。海外プログラムが必修か選択かなどの違いによっても異なっている。

　専門を英語で学べるようにする、留学で通用する英語力を育成する、ビジネスで使える英語力を育成する、簡単な日常英会話レベルに達する、などさまざまである。教育目標との関係を抜きにして、英語教育プログラムの優劣を語ることは難しい。それぞれの大学・学部・学科・コース・専攻などが持つ内部環境と外部環境を照らし合わせつつ、教育目標を設定し、もっとも達成しやすい方法で実施されればよいのである。実地調査では、そのためにネイティブスピーカー教員の活用が多くで行われており、また外部の英会話スクール等へのアウトソーシングなども選択されていた。TOEIC スコアの向上に焦点を絞り、現有の教員の人的資源という内部環境の制限を超えてそれを達成しようとすれば、アウトソーシング等の選択肢も除外されるべきではないと思われる。

　また一方で、次のような問題も存在している。専門教育との関係で英語に十分な単位数を割けないという学系も少なくないのである。今回の実地調査では、工学系などがそれに該当するが、そのような場合にはいかに限られた科目で効果的に英語能力を育成するかが問われる。その点で、英語科目間の連携、例えばスピーキング＆リスニング系の科目とライティング＆リーディング系の科目をコンテンツベースで内容的に関連付け、学生の学びが深まるようにするなどの試みがもっと行われてしかるべきではないだろうか。

異文化対応力の育成について、グローバル社会に対応した教育が進んでいる大学（実地調査対象大学）の多くでは、教育目標に応じた内容の異文化理解・対応力を育成する科目を、英語のみで実施する科目も含めて設置している。ただ、この異文化対応力の育成については、特定の科目のみで育成するのではなく、各大学とも留学を含む正課・正課外の海外プログラム体験を重視していることが実地調査からは見てとることができた。ただ、後述するように地域や大学のグローバル化を活用して学生が異文化対応力を伸ばしていけるような仕組みがいくつかの大学で見られており、もっと多くの大学で積極的に導入されるべきであろう。

英語による専門教育については、十分な英語力の育成がないまま英語で授業を行うと専門で必要とされる内容やレベルが担保できないというジレンマが見られた。この解決のために、徹底して英語力を鍛えるというアプローチとともに、①日本語で教えた内容を英語で教え直す、②内容やレベルによって英語と日本語を使い分ける、③テキストは英語を原則とし、授業での使用言語は日本語と英語を組み合わせる等のアプローチが見られた。

これらの工夫は大学ごとに置かれた実情に沿ったものであり、同様のジレンマに直面する他大学にとっても参考になると思われる。

正課の海外プログラムについては、カリキュラム設計の中でのその位置づけを明確にし、留学先での学びに加えて、現地調査等の課題を与え、留学後の学修につなげるような、その意義を最大限に高める取り組みが見出された。つまり4年間（6年間）のカリキュラムの中にしっかりと埋め込まれる必要があるということだ。1セメスター以上の海外プログラムが必修となっている大学・学部・学科・コース・専攻では、海外プログラムを中心にしたカリキュラム設計が行われている。

ここで重要なことは、海外プログラムが他の科目と切り離されて孤立したものとなっていてはならないということである。選択での履修であったとしても、経済的にもそれ以外にも大きなコストをかけて参加することになる海外プログラムの成果を最大化するためには、国内キャンパスでの学びとの連

携が重要となる。具体的には、海外プログラムに対して事前・事後学習が設定されているということである。さらに言えば、もっと大きな枠組みでの接続が望ましい。山口大学国際総合科学部の事例で紹介しているが、事前に自分のテーマを掘り起こすような取り組みをして、留学でそのテーマについて研究し、留学後にそれをまとめて卒業プロジェクトにつなげていくというような設計である。

　しかし、海外プログラムは教育目標との関係で決められるべきものであって、すべての学部・学科・コースで必修化する必要があると主張しているわけではない。ただ、現在のようなグローバル化の進展においては、希望する学生が参加しやすい仕組みを用意することは、オプションとして不可欠であろう。

　本書の第2部第1章には、そのような事例が多数紹介されているので、ぜひ参考にしていただきたい。

　正課外のプログラムについては、国内でできることにも目を向けて取り組まれるべきだと思われる。先にも述べたように、海外プログラムは学生や保護者にとって経済的にもそれ以外にも負担が大きい。またすべての学生が海外プログラムを経験する必要があるわけでもない。その点で、地域のグローバル化やキャンパスのグローバル化を活用し、国内で異文化体験ができるプログラムの開発がもっと行われてしかるべきではないだろうか。

　第2部で紹介する、外国人児童・生徒への日本語教育支援は、対象となる児童・生徒にとってメリットになるだけなく、参加する日本人学生にとっても大きな異文化体験の場となっている。地域のグローバル化が急速に進展している今日であればこそ、それを活用して異文化理解・異文化対応力を育成する取り組みは、日本語教育支援に限らず、いくらでも開発可能だと思われる。

　また、キャンパスのグローバル化を活用するという面では、外国人留学生との混住寮が増えてきていることが注目される。これらの混住寮には、単なる宿舎機能を満たすだけでなく、独自の学習プログラムを設置していたり、公用語を英語とするなど、学習寮としての設計が行われているところが特徴である。

ただし、こうした寮は外国人留学生の人数にも規定されるし、建設投資も大きくなる。その点で、京都ノートルダム女子大学のイマージョンスペースや甲南大学マネジメント創造学部の English Only Zone は、しっかりとした仕組みさえ構築できれば、建設投資ほどの大きな経済的負担をしなくても開設できるものであり、多くの大学で比較的容易に実行可能なことではないだろうか。

アセスメントについては既述したように、実地調査を行った大学のうちの半数程度では語学以外の評価も実施していた。予測していた以上に多くの大学が取り組みを始めていたという結果には、ここ数年での進展が大きいと見られる。しかし、質問紙調査では多くの大学・学部でのアセスメントは英語の検定試験のみという場合が多く見られたように、まだ手付かずの大学も少なくない。こうしたことを考え合わせれば、優れた先進的な取り組みが現れ始めているというのが現状である。ただ、本書で紹介した事例は参考になるはずであり、多くの大学での積極的な取り組みに期待したい。

また、このアセスメントがカリキュラムマネジメントにおける教育改善のPDCA に活かされているかというと、まだ見るべき取り組みは極めて少ないと言わざるを得ない。IR データに統合して活用する仕組みの開発などが今後は必要とされるだろう。

今回のグローバル社会に対応した大学教育調査については、当プロジェクトにとって初めての試みであり、これまでの「大学のアクティブラーニング調査」において開発した手法を多く転用している。実地調査においては、科目間のつながりや、海外プログラムがいかにカリキュラム全体の中に埋め込まれているかなど立体的な把握を試みた。それは、ある程度成功したものと当プロジェクトは受け止めている。質問紙調査については、定量的な分析に適さない項目も多く、今後もさらに分析を継続して公表していく予定である。また、今後のグローバル化に対応した大学の教育調査の継続の中で、改善していくことも課題としたい。

第2章 進んだ取り組みを行う6大学からの報告——紙上ライブ

1. 進んだ英語カリキュラム設計の事例報告

甲南大学　マネジメント創造学部　Brent A. Jones

CUBE English Program

I. 学部創設の背景

(1) 学部が目指すこと

　本日はマネジメント創造学部の英語のプログラムを中心に紹介しますが、少し大きな視野からの説明を加え、また具体例もできるだけ多く紹介することで、この英語プログラムの本質を理解していただきたいと考えています。
　『経験経済(The Experience Economy)』(B. J. パインⅡ、J. H. ギルモア著) という本をご存知でしょうか。この本で紹介されている経験経済という言葉は新しいアイデアではありませんが、現在でも有用な枠組みであると私は考えています。同書によると、経験をさせる時に大切なことは、顧客を喜ばせることで

はなく、引き込ませること(engagement)です。私がこの場でこのビジネス書を紹介しているのは、確かにビジネスと教育は別物ですが、それでも私たち高等教育機関の教職員がビジネスから学ぶところも多くあると考えているからです。

この"engagement"という単語は、日本語での適切な訳語がまだ見出されていません。皆さんはどのように理解しているでしょうか。私は、頭だけではなく、気持ちを込めて何かに打ち込むことだと理解しています。Engagementには、教員も、学生もより多くのエネルギーを必要とします。Engagementという単語の日本語の適切な訳語はなかったとしても、経験を積んだ教員であれば、engagementの状態にある学生を容易に見てとることができます。しかし、単語の意味が少し曖昧なため、明確な定義はありませんが、英語プログラムを導入したとき、学生をengagementの状態にさせることが1つの目的でした。

もう1冊、サイモン・シネックという学者の『Whyから始めよ！』という本をご存知でしょうか。同書が最も伝えたいことは"people don't buy what you

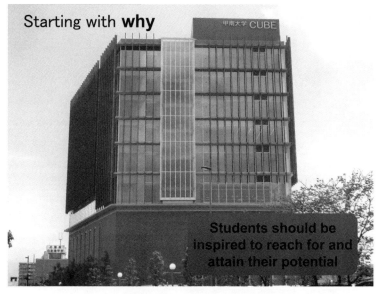

図表1-2-1 Starting with why

do, they buy why you do it（人々はあなたの行為にお金を払うのではなく、あなたがそれを行う理由に対してお金を払う）"ということです。高等教育に当てはめると、多くの大学は、どの授業・カリキュラムを作ろうかというような what（何）から考え始めます。このことはまったくの間違いというわけではないのですが、その前に why（なぜ）から考え始めることがより重要だということです。

　まずは「なぜ」を考え、教員の「なぜ」と学生の「なぜ」が合致したら、大きな力となります。この「なぜ」が、大学またはプログラムの根幹となります。そして「なぜ」のみで完了するわけではなく、その次の how（どのように）や what（何）につなげていく必要があります。「どのように」の理想を現実にするのも非常に大切です。

　本学部はキャンパスの形状から CUBE（立方体）と呼ばれていますが、プロジェクト名にもこの呼び名を使用していました。本学部は 2009 年に設立されましたが、私は 2007 年からその英語プログラムのアドバイザーとして関わってきました。「なぜ」という考えはビジョンステートメントの一部（Students should be inspired to reach for and attain their potential）となっています。学生は自らの能力を発揮しようという気にさせられるべきであって、高等教育においてはこのインスピレーションが不足していると思います。私が申しあげているのは、やる気を引き出すインスピレーションです。すべての大学で不足しているわけではなく、上手く学生を感化させている大学もあります。本学部も学生のやる気を引き出す取り組みを日々進めています。

　ここまでは、「経験経済」と「engagement」と「なぜ」という言葉を手がかりに説明を進めてきました。

（2）学部の指針

　ビジョンステートメントと同時に指針（Guiding Principles）も作成しましたが、これは語学・英語プログラムだけを対象にしたものではなく、学部全体に向けたものです。Guiding Principles は以下のとおりです。

・Internationally-minded citizens　国際的な人物
・Integrate English with other classes　英語と他授業を融合させる

84 第2章 進んだ取り組みを行う6大学からの報告

- Communicative competence and confidence　コミュニケーション能力と自信を持たせる
- Creativity and a sense of curiosity　創造性と好奇心の感覚
- Practical Skills　実践的技能
- Global Literacy　国際的な基礎知識
- Critical Thinking　批判的思考力
- Studying in English　英語による学習
- Reading/Writing/Presentation　読み・書き・発表

　本学部のカリキュラムの重要な特徴として、最初から英語で学んでいくということがあります。私は毎年4月の授業の冒頭から、1年生全員に英語プログラムについて英語で説明することにしています。できる限り英語で説明することで、国際性を育むきっかけになればと考えています。私が学生に常々伝えていることは、コミュニケーション能力を上達させるためには、自信をもって会話をすること、そして好奇心をもって学ぶことが大事だということです。

　また本学部の学生に身につけてほしい能力の一つとしてグローバルリテラシーがあります。グローバルリテラシーとは、たとえばフィリピンで誰が大統領に当選してどういう方向に舵を切ることになるのか、"Brexit"という問題の背景には何があるのかといったことを理解し、説明できるような能力のことです。こうした能力を批判的思考力に基づいて発揮すべき場面も多くあります。英語の習得と合わせて、私たちのカリキュラムを通じて育成しようとする重要な力です。

II. 必修科目について

(1) 1年次前期の履修科目

　これから、1年生向けの説明会での内容を紹介しますが、この説明は学生に4年間を通したカリキュラムとして何を学ぶのかを理解してもらうために行っています。**図表1-2-2**については1・2年生向け英語必修科目に関する

第1部 グローバル社会に対応した大学教育の現状と課題 85

Semester One	Semester Two	Semester Three
Global Challenges	American Studies	Japan Studies
Speech & Discussion	Discussion & Debate	European Studies
CUBE English I	CUBE English II	Business Communication
		Introduction to TOEIC

図表 1-2-2　英語プログラムのカリキュラム

説明で使用するものです。まず4月に学生が入学すると、全員がGTECテスト及び筆記テストと簡単な語彙テストを受験します。今年は、理解できる語彙（receptive vocabulary）や、自ら使える語彙（productive vocabulary）もテストで評価しています。それらのテストの点数に応じて、1年生160人をレベル別クラス8クラスに分け（1クラス当たり20人）、「Global Challenges」を1週間に2コマ、「Speech & Discussion」を1週間に2コマ、「CUBE English I」を1週間に1コマ受講することになります。

　「Global Challenges」のクラスは1年次前期のメインの科目です。基本的にはコンテンツベースの授業となっており、内容に焦点を当てながら4つのレベルのなかでそれぞれ4技能をまんべんなく習得することを目的としています。つまり、1つのコンテンツを学ぶことに重きを置きつつも、各科目では習得すべき言語スキルの到達目標があるということです。このように最初から英語でコンテンツを教える授業というのは一種の新しい考え方で、本プログラムを開始するまでは学内でも批判を受けていましたが、私はこれが重要であると確信していました。「Global Challenges」は双方向型の授業で、複数のテーマを取り上げています。たとえば、人口問題について3〜5回を費やします。なお、先ほど4技能をまんべんなく習得させると言いましたが、実際は読み書きの比重が多くなっています。もちろん、スピーキングやリスニングの授業もありますが、人口問題を取り上げれば、環境問題も取り上げざるを得ず、そこでの指導はしばしば読み書き重視になってしまうことがあります。

86　第2章　進んだ取り組みを行う6大学からの報告

　先ほど、レベル別にクラス分けして運営していると言いましたが、「Speech & Discussion」については、レベル別でのクラス分けを行いません。レベルを混合して進めています。その理由は、理解度の高い学生が理解度の低い学生を自然に助けてくれるからです。「CUBE English Ⅰ」の授業では、4技能にも焦点を当てていますが、Extensive Reading（"多読"、"楽読"）を基本にしています。同時によく使われる語彙が普段使えるように指導しています。

　授業設計において、私たちは、後に述べる Fink（2003）を大いに参考にしています。つまり、科目同士を繋ぎ合わせて、統合しています。

　日本の大学で一番の課題だと感じているのは、多くの学生が毎期関連性の薄い科目を受講しているということです。これは効率の良い学習法ではありません。だから私たちはそれらの科目に繋がりを持たせようとしています。理想は、日本語の科目で使用している教材を英語の科目でも使用し、それを学ぶことで授業間に関連性を持たせるといったことです。本学部でも一部の科目に導入していますが、まだ十分ではなく、今後さらに力を入れていきたいと考えています。

(2) 1年次後期の履修科目

　1年次前期授業の履修後、学生に TOEIC とライティングテストとを受けてもらいます。そのスコアと授業の成績を加味し、1年次後期のクラス分けを行います。1年次後期のメイン科目は「American Studies」です。私たちがアメリカを選んだのは、アメリカには200年という短い歴史しかないのにも関わらず、現代のアメリカで起きる社会問題や公民権問題、環境問題等は世界への強い影響力があります。実をいうと、1年次前期に大枠をつかみ、1年次後期にもう少し集中させるために、4～5年前にこの科目を1年次前期から1年次後期に変更しました。

　「Discussion & Debate」ではレベル別でのクラス分けはせず、基本的に学生のコミュニケーション能力、スピーキング能力の向上を中心に指導していきます。「Discussion & Debate」の科目では、私たちは deliberative polling（討論型世論調査）というシステムを取り入れています。これはスタンフォード大学で始まったと言われていて、まずは特定の課題やトピックについて市民への

調査を行います。そして学生が市民に対して、講義やワークショップ、いくつかの訓練を行い、再度市民を調査します。ここで知ろうとしているのは、市民にどういった変化があるかということです。「CUBE English II」では基本的に語彙や多読を扱いますが、一方でその学びを Learning Journal（科目での学びを書き残すポートフォリオ）に書き残していくということにも取り組ませます。

(3) 2年次前期の履修科目

　2年次前期にも必修科目となる英語科目があります。学生は、これらの科目を修得すれば、それ以上必修となる英語科目はありません。ただし、2年次後期以降は、希望者に選択の英語科目も用意していますし、英語での学習課題やフィールドワークもあります。

　2年次前期では、学生は「Japan Studies」と「European Studies」の科目を学び進めます。「Japan Studies」は、私が開発し携わっている主要科目なのですが、双方向で行われる週1コマの科目です。科目内容の構成は、文化社会に3回、ビジネスに3回、環境に3～4回、政治・行政に3～4回の授業です。この科目では、日本に関することをテーマに、英語で書いたり、話したりできるようになることを目標としています。こういった授業を行う意義を理解していない学生もいますが、将来海外へ行きたいと願う学生にとっては、日本に関することを英語で書いたり話したりできることは強みになるので、時間はかかったとしても良い結果に結びつくと考えています。

　「European Studies」では、各学生は EU の国と EU 以外の国を1国ずつ担当し、それらの国々について調べ、深掘りしなければなりません。伝統舞踊や伝統的な服装、伝統料理等の文化的な面から、EU の役割や政治などといったものまで、その国が直面している重要課題についてニュースを探したり、記述したりしなければなりません。

　他にも「Introduction to TOEIC」や「Business Communication」の授業もあります。私たちの目的は学生に自分自身で課題を作らせることです。クラス分けも行われますが、対象となる学生は同じなので、同じメンバーで2科目を同時に受講しています。

88 第2章 進んだ取り組みを行う6大学からの報告

Ⅲ. カリキュラムデザイン

(1) カリキュラムデザインの背景

　カリキュラムデザインの話に移りますが、自己決定 (Self Determination) とい う言葉があります。この自己決定というのは、Richard M. Ryan と Edward L. Deci が開発した理論ですが、彼らはもともと動機付けの専門家です。内発 動機付けと外発動機付けとの差異の研究から、自己決定理論が生まれました。 私たちがカリキュラムをつくるときに一番重要視したのは、人間にある基礎 的な心理ニーズの視点を用いてカリキュラム開発を行うことです。

　基礎的な心理ニーズは3つあり、1つ目は実践する能力 (Competence) です。 さきほどの "Guiding Principles" にも出てきましたが、人間はやはり達成感を 好み、これは人間にとって不可欠なものです。学習者に実践する能力を育ま せることに関しては日本の教育は弱いと思います。挑戦が必要な場面でも、 失敗を恐れるあまり挑戦することができない日本人が多いのだと思います。 2つ目は主体性 (Autonomy) です。これは、人間は自分の意思に沿って生きて いると考えることです。私自身、日本での教育は実際には受けてはいません が、私からみて日本の教育はやはり管理的です。何時から何時まで何をする という規則は良い面もありますが、心理的発達の観点からみるとマイナス面 もあります。

　3つ目は関連性 (relatedness) です。関連性は、周囲の人と関係を持つ必要が あるという考えです。これは教員同士の関係のみではなく、教員が接触する 学生や周囲の人々との関係においても当てはまります。カリキュラム開発の 際には、どのように関連性を育成するのかという観点からも考えています。

(2) 選択科目

　2年次の前期で英語の必修科目は終わりますが、さらに学び進めたい学生 のために、英語で学ぶ選択科目として、「Regional Studies」「Media Studies」「ビ ジネススキル Ⅱ」「Studies in Literacy」「教養実践Ⅲ」「コミュニケーション支援 Ⅰ」「Cross- Disciplinary Studies」が設置されています。この他に英語を使う授

業もあります。「教養実践Ⅲ（Liberal Arts Knowledge）」というヨーロッパ思想史を学ぶ科目は非常に人気があり、哲学の側面からヨーロッパの発展について学びます。

(3) ステップアップの仕組み

学生に約束できることの一つは、必修科目を熱心に受講すれば、必ず1つステップアップできるということです。通常、進むことができるのは1年間に1ステップで、同じ1年間でも学生によってかなり差があります。

図表 1-2-3 は、左上が ACTFL Proficiency Guideline の点数で、右下が CEFR "Can Do" Statements と iBT と TOEIC のスコア表になっています。お察しのとおり、この変換表の作成は非常に難しかったのですが、これはあくまで私たちの理解です。この表を学生に示し、イメージをつくらせます。

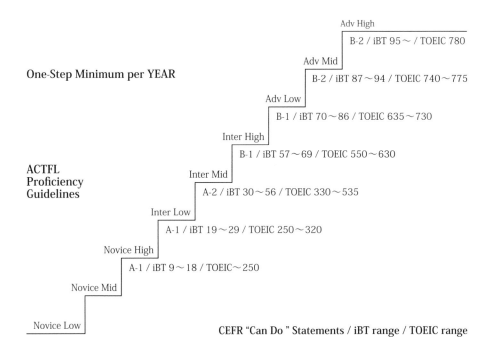

図表 1-2-3　ステップアップの仕組み

Ⅳ. 意義ある学習経験のために

(1) Fink の分類学

　Fink (2003) の話に戻りますが、彼の分類はとても参考になります。彼が最も主張しているのは、単独の学習経験が存在せず、さまざまな要素が密接に関わりあっているということです。

　Fink の分類はベンジャミン・ブルームの分類の最新版にあたると思います (**図表 1-2-4**)。6つの要点すべてが重なる場所がスイート・スポットであり、これが意義ある学習経験 (Significant Learning Experience) となります。私は大学院で教育工学を学びましたが、教育の望ましい形として、学生に最終的に到達してほしい姿を考え、その姿と現状との隔たりをどのように埋めていくかという計画をつくるべきだと考えます。これがまさに私の研究領域で、非常に肝要だと思っています。この意義ある学習経験という概念は授業設計に大変役立っています。

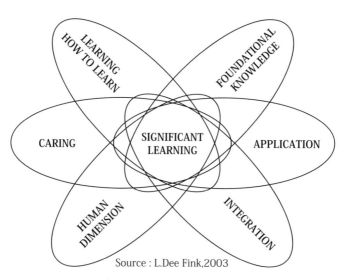

図表 1-2-4　L. Dee. Fink の分類学

(2) 語彙修得のための工夫

前述の「CUBE English Ⅰ」の科目で扱う語彙についてですが、これまでは2つの単語リストを使ってきました。1つは、「新・基本単語リスト」です。もう1つが「大学単語リスト」です。学期ごとに単語リストの中で取り上げる範囲を決めています。入学時の学生は1〜500単語まで理解しているという前提で、501単語目から始めます。以前は毎週20単語を覚えることを学生に課していましたが、文脈がないと覚えにくいので、今は文脈の中で学習し、必要に応じて単語リストを参照する形式に変えています。

さきほど、4レベルすべてのクラスで英語の4技能を育成しようとしていると説明しました。私たちはコンテンツに焦点を当てながら英語の全4技能を育成することを目指しており、4技能を分離する考え方には賛成しません。なぜなら、それらの技能は密接に関わりあっているからです。特に読み・書きの繋がりについては、学生が多くの英語を読めば英語を書く技能が向上し、多くの英語を書けば英語を読む技能が向上するということをよく理解してほしいと考えています。

(3) 循環的学習法

根本的に、私たちはプロセス・ライティング・アプローチからジェネラル・アプローチへと指導法を変化させました。この分野において目覚ましく進歩しているオーストラリアやインドネシアでの研究によれば、それは体系的な実用文法研究に端を発しています。一般的に、これは循環的な学習法と呼ばれます。

図表 1-2-5 はオーストラリア政府の文書から引用したもので、実際に使用されているものです。これは典型的な学習の循環を示すもので、多大な研究の成果です。最近、これを参考にして、私は同僚とともに学生が文章を要素分解するためのショートビデオを作成しています。文章から一文を取り出すと、そこには動作動詞、静止動詞 (たとえば think、thought、loved) 等の様々な種類の単語があり、こうした一文の文脈の中から意味を引き出す。次にはグループで、特定の聴衆に向けて、特定の目的のために、特定の形式で文章をつくります。そしてその後に学生は各自で同様のことを行うように指示され

A teaching／learning cycle for topic: MAY GIBBS

Setting the context
- Read texts by May Gibbs and view her illustrations
- Construct a time-line of her life with students. Add significant world events at the time she was illustrating and writing
- Have students working in groups to discuss and describe her illustrations

Assessment for learning-Observe learners' engagement and provide feedback.

Model／deconstruction
- Identify text structure and language features of historical recounts
- Use cut up texts to sequence events, cloze activities to develop language, and word banks extend vocabulary
- Develop and present role play of aspects of May Gibb's life
- Highlight circumstances and noun groups of the May Gibbs text

Assessment as learning-teacher and students collaboratively develop an historical recount rubric

Independent construction
- Make a timeline or PowerPoint of an author's life

Assessment of learning-teachers make judgements of student achievement over time

Joint construction
- Teacher and students jointly reconstruct the introduction of another author's life
- Complete the recount in groups

Assessment as learning-teacher and students collaboratively assess progress against criteria

1. Setting the context
・find out what students already know. engage students and establish a purpose

2. Deconstruction and modeling
・examine the structure of modelled texts and model text production

3. Joint construction
・work with students to jointly produce a text as a scaffold

4. Independent construction
・support students to produce their own text and provide explicit feedback on how to improve.

図表 1-2-5　学習の循環

ます。

　では、その学習循環を理解していきましょう。ご想像通り、それがこの講演の一番重要な部分です。

　私たちは【Recount（詳説的な）、Narrative（物語体の）、Procedure（手順）、Report（報

告）、Persuasive（説得力のある）】に注目して、授業内で実際に類型別に文章の書き方指導を行っています。重要なのは、一度類型を教えて終わるのではなく、タイミングをみて立ち戻るようにするということです。そして学生が練習に練習を重ね、自信を身につけるのです。繰り返しになりますが、この自信が大切なのです。

　"多読"（私は"楽読"と呼ぶほうが好きですが）とは、簡単な読み物、たとえば子供向けの本を多く読むことです。この学習法は他の教員から反発を受けることがありますが、私たちの目的は学生に読書を馴染ませることです。日本語で読書する習慣すらない学生が多く存在します。彼らは懸命に漢字の勉強をしますが、実際に広がりを持つテキストを読むことについては慣れていないし、日課にもなっていないのです。だから私たちは読書を楽しめるように工夫しています。そしてこのアプローチを支持する調査は数多くあります。多読を行ったり、簡単で面白い教材を何度も繰り返し Audiobook 等として聴いたりすることに意味があるのです。私は学生に、それはジャズに似ていると言っています。初めてジャズを聴くと、それはただの雑然とした音に過ぎません。しかしもう一度聴くと、ベースが聴こえてきます。そしてもう一度聴くと、クラリネットが聴こえてきます。お分かりの通り、同じ曲を何度も何度も聴きます。私はまた、学生に対して私自身の面白い経験も話します。私がハワイで日本語を学習していた時には、カセットテープをよく聴いていました。サーフィンに行く時には、車にカセットテープを入れて日本の教材を聴いていました。30 年も経った今でも、何度も聴いていたせいでいくつかのフレーズが頭にこびりついています。

(4) ポートフォリオについて

　ポートフォリオとしては、私たちは学習ポートフォリオと e ポートフォリオを使っていますが、e ポートフォリオを使っている科目は「European Studies」だけです。この科目では、学生は EU 諸国や、EU 以外の国に関する情報収集をしたり、講義のノートをとったり、発表を行ったり、その発表原稿も含めて彼らは記録を残さねばならず、それらはすべて e ポートフォリオに収められています。今は試行の段階ですが、将来的には**図表 1-2-6** のよう

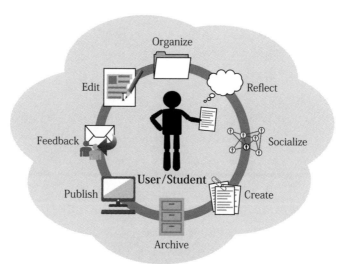

図表1-2-6　eポートフォリオのイメージ

に学生がオンラインでこれらを運用できるようにしたいと考えています。

　最後となりますが、このように私たちにはカリキュラムに対して非常に高邁な理想がありますが、理想論を述べているわけではなく現実的な取り組みに着手しています。入学時の学力、動機付け、経験値には個人差があるので、無理せず釣り合いをとる必要があると考えています。
　本日は最後まで聞いていただきありがとうございました。

参考文献

Fink, L. Dee.（2003）. *Creating Significant Learning Experiences: An Integrated Approach to Designing College Courses*.

Sinek, S.（2009）. *Start with why: How great leaders inspire everyone to take action*. Penguin.（栗木さつき訳（2012）.『Whyから始めよ：インスパイア型リーダーはここが違う』，日本経済新聞出版社）

Pine, B. J., & Gilmore, J.（1999）. *The experience economy: work is theatre & every business a stage*.

Harvard Business Press.（岡本慶一・小高尚子訳（2005）．『経験経済：脱コモディティ化のマーケティング戦略』，ダイヤモンド社）

2. 留学を学士課程教育に効果的に埋め込んだカリキュラムデザインの事例報告（1）

法政大学　国際文化学部長　栩木　玲子
（2015〜2016年度）

全員留学と留学前・留学後教育を組み込んだカリキュラム

Ⅰ．学部の教育目標とプログラム概要、カリキュラム上の位置づけ

　法政大学の国際文化学部の学部長を務めております栩木玲子（とちぎれいこ）と申します。今日は「全員留学と、留学前・留学中・留学後を意識したカリキュラムと、その仕組みの一例」を全学的な取り組みとともにご紹介します。

国際文化学部　SA（Study Abroad Program）、教育目標、プログラム概要
　国際文化学部の特色といいますと、受験生をはじめ多くの方々はSAを思い浮かべるようです。2年次秋学期には約250人の学生のほとんどが留学し、これが学部のアイデンティティの一つにもなっています。そこで学部の教育目標と関連づけながら、プログラム概要を簡単にご紹介します。
　国際文化学部が創設されたのは1999年ですが、当初から学部では2年次生のほぼ全員を秋学期に海外へ送り出すプログラムを組んでいました。
　SAは必修科目で、留学先ごとに担当教員がつきます。SA先は7言語圏9か国11大学機関から始まり、現在は少し増えて7言語圏10か国16大学機関となっています。アメリカ3カ所、イギリス2カ所、オーストラリア1カ所、カナダ3か所、が現在の英語圏の留学先です。英語圏以外の国々、すなわちロシア語圏、ドイツ語圏、フランス語圏、スペイン語圏、中国語圏、朝鮮語圏への留学を選択肢としてもうけているのも私たちの学部の特徴かと思

います。
　学部の教育目標は、次のようになっています。

1. 異文化理解や多文化共生に関心と情熱を持ち、語学力や情報の受信・分析・発信力によって主体的、積極的かつ創造的に課題解決にあたることができる。
2. 「自由と進歩」の精神に基づき、本学部の英語名 Faculty of Intercultural Communication が示すように、異文化間の諸問題に対話の回路をつくり、新しい相互理解や可能性を生み出す学識と能力を持つ。
3. 語学力や異文化への共感力に加え、健全な批判精神を合わせ持ち、自立性や協調性に富む。
4. 博愛と平等の精神に基づく行動により、国家、民族、宗教や時代の壁を越えて敬愛される〈国際社会人〉として、自由を生き抜く「実践知」を備えている。

　特に、4の「博愛と平等の精神に基づく行動により、国家、民族、宗教や時代の壁を越えて敬愛される〈国際社会人〉として、自由を生き抜く『実践知』を備えている」の中の〈国際社会人〉は学部のキーワード、〈実践知〉は全学のキーワードになっています。〈国際社会人〉とはなにか、その人材像をより具体的かつ明確に示すために、私たちはさまざまな試みを行っています。たとえば、学部では法政大学出版局から2冊、『国境を越えるヒューマニズム』（鈴木靖 / 法政大学国際文化学部編 2013）と『〈境界〉を生きる思想家たち』（栩木玲子 / 法政大学国際文化学部編 2016）を『国際社会人叢書』として出版しました。
　SAの目的は、まさに〈国際社会人〉を育成するための第一歩であると私たちは考えています。では次に18年目を迎える学部SAのプログラム内容と、カリキュラム内での位置づけや、サポート体制について説明します。

II. SAの位置づけ、SA前の学びとサポート

(1) 国際文化学部　カリキュラム全体像、科目一覧
　4年間のカリキュラムの中で、学びの折り返し点である2年次秋学期にSA

98　第2章　進んだ取り組みを行う6大学からの報告

が置かれていることは、象徴的かと思います。SA 前のコミュニケーション能力育成の特色は「基礎科目」です。この基礎科目と SA 後の専門科目が互いに補完しあっています。国際文化学部を卒業するために必要な単位数は 126 単位ですが、長期 SA では通常 16 単位が卒業所要単位として認められます。

　先ほど申しましたように SA 先は 10 カ国に及び、それぞれに特徴がありますが、ここからは河合塾の調査の趣旨に合わせ、英語圏に絞らせていただきます。また発表内容についてはカリキュラム改革などで今後変更される可能性もあることをご承知ください。

(2) 語学関連の科目履修

　次の**図表 1-2-7** は長期 SA 英語圏の 1 年次から 2 年次の語学関連の科目配

	学年	1年次		2年次	
	セメスター	春セメスター	秋セメスター	春セメスター	秋セメスター
基礎科目 x1 単位	全員履修	英語1	英語3		
		英語2	英語4		
	選択した諸言語で全員履修	諸言語1	諸言語3		
		諸言語2	諸言語4		
	SAで英語圏にいく者が履修する科目	英語5	英語6	英語7	
				英語8	
					SA（基礎）I
					SA（基礎）II
専門科目 x2 単位	メディア・コミュニケーション科目（英語、情報）		コミュニケーションI	コミュニケーションII	
				コミュニケーションIII	
					SA（言語）I
					SA（言語）II
	専攻科目		成績証明書 / 履修証明書 帰国後の英文レポートの提出 GPAに換算されないS評価		SA（専攻）I
					SA（専攻）II
					SA（専攻）III
					SA（専攻）VI
					SA（専攻）V
単位数		5	7	6	16

図表 1-2-7　言語関係科目履修（SA 英語圏 1 〜 2 年次配当表）

当表です。2 年次秋学期の 9 科目が SA 先で履修してくる 16 単位分になります。科目認定は、SA 先での授業終了後、本学に送付される成績証明書や履修証明書、それから帰国後に提出される英文レポートなどによって行われます。成績評価は GPA には換算されない S 評価になっています。

　1・2 年次の学習についてですが、SA 英語圏の学生の場合、留学前の 1 年次は「英語 1〜6」の基礎科目と専門科目としての「コミュニケーション I」により「読み・書き・聞き・話す」ための 4 技能をまんべんなく学びます。そして 2 年次春学期になるといよいよ SA に特化した授業が始まります。たとえば「英語 7」はリーディング、「英語 8」はライティング、「コミュニケーション II」と「III」は SA 先での授業や生活をこなすための会話や英語表現の基礎的な力を養うようにカリキュラムが設計されています。これらの科目以外にも基礎科目や総合科目として、学生の多様なニーズに合わせた 4 つのレベル別に 100 コマ以上の英語科目が提供されていますので、学生は自分の英語力に応じた授業を選択できます。

(3) 異文化対応　基幹科目（1 年次より配当）

　専門科目としては 1 年次から、自分とは異なる文化や価値観に対応するためのスキルを磨く科目や、コミュニケーションをよりスムーズに行うための科目として「比較文化」「異文化間コミュニケーション」「比較表象文化論」「宗教と社会」「国際文化協力」「異文化適応論」「ネット文化論」などを学部の基幹科目として履修できるように配当しています。学生は 2 年次の春学期終了時までに留学に必要な言語運用能力、異文化理解のための基礎的な知識や方法を習得して、SA 参加に向けた準備を進めていきます。

(4) SA 参加条件

　SA の参加条件は、①2 年次に進級していること、②SA プログラム参加の前年度終了時までに「市ヶ谷基礎科目 4 群」のうち、留学先の「言語科目」と「言語コミュニケーション科目」の修得単位数の合計が 4 単位以上であること、③学費や SA プログラム費用支払いが完了していること、④参加に係る諸手続きが完了していること、です。

100 第2章 進んだ取り組みを行う6大学からの報告

今日は詳しく触れませんが、「グローバル化」と「リスク管理」は表裏一体なので、万が一の場合に備えて出発前には学生に「誓約書」を提出してもらっています。

(5) SA奨学金

続いて奨学金制度について簡単に説明します。経済的なサポートは留学をすすめる上で欠かすことができません。十全とはいきませんが、国際文化学部では2種類の奨学金を用意しています。まず「奨学金A」は申請者全員に一律25万円を給付するものです。学生に請求するSA費用から減額するかたちで給付します。もう一つは「奨学金B」で、SA先によって金額は異なりますが、上限は60万円です。学業成績は優秀だけれども経済的理由でSA参加が困難な学生たちの中から給付者を選考します。給付を受ける学生数は年度ごとに異なりますが、2016年度は72人がSA奨学金Bの給付対象者になりました。

Ⅲ．SA期間中の学びとサポート

(1) SA先のカリキュラム

SA先のプログラムの一例として、**図表1-2-8**にはカリフォルニア大学デイヴィス校 (UC Davis) の最初の10週間の時間割をあげてみました。このプログラムではリスニング、スピーキング、グラマー、リーディングなどの語学科目はもちろんのこと、それ以外にも留学先の歴史、文化、社会などについての科目を履修します。さらにフィールドトリップ、サークル、あるいは地域活動への参加を通じて、学生たちは異文化コミュニケーションのスキルを向上させてゆきます。

それぞれに違いや特徴はありますが、どのSA先でもおよそこのような学習時間や学習内容となっています。

(2) 帰国後の英文レポート

留学先での学習とは別に、学生たちは、英文レポートの提出が帰国後に義

第1部　グローバル社会に対応した大学教育の現状と課題　101

	Mon	Tues	Wed	Thurs	Fri
9：00-9：59	Grammar	Grammar	Grammar	Grammar	Grammar
10：00-10：50	Reading & Vocabulary	Reading & Vocabulary	Reading & Vocabulary	Reading & Vocabulary	Reading & Vocabulary
11：00-11：50	Communication Skills	Communication Skills	Communication Skills	Communication Skills	Communication Skills
Lunch					
12：30-1：20	Culture & Vocabulary	Culture & Vocabulary	Culture & Vocabulary	Culture & Vocabulary	Culture & Vocabulary
1：30-2：20	American History	American History	Culture & Media		
2：30-3：20				MRC Lab	MRC Lab
3：30-4：20	Movie Club		IEPP Guest Lecturer		Ice Cream Social

図表1-2-8　Sample Intermediate English Program Schedule (UC Davis)

務づけられています。レポートの作成は英語のライティング能力や思考力な
どを高め、英語で表現する訓練になるだけではありません。この課題のため
に学生たちは留学中も知的なアンテナを張り続ける必要があり、それもレ
ポート作成を課す目的の一つになっています。

　レポートは、学部が作成し、「英語8」の授業で配布する「英文ライティン
グ虎の巻」に則った書式で執筆することが原則です。

　帰国レポートの概要は次の通りです。

　① 以下に挙げた分野から興味のあるカテゴリーを選んで、SA 先の国や
　　地域について具体的なトピックを設定すること。

　　　カテゴリー：地理、歴史、政治、経済、文化（文学 / 美術 / 音楽 / 映
　　画 / スポーツ etc.）、宗教、教育、医療、民族、移民、科学技術、情報、ジャー
　　ナリズム

　② レポートを書く前にきちんと資料調査をすること。また、必ず英語
　　文献（書籍、新聞、雑誌、インターネット・サイトの記事など）を2点以上
　　参照すること。参照した文献は、注と参照文献一覧の双方に記載する
　　こと。

　③ 使用言語：英語

④ 語数：1000 語～ 1500 語
⑤ 活字および用紙サイズ：12 ポイント、A4 サイズ

(3) SA ポータルサイト

さらに本学では、留学中の学生とコミュニケーションを図るために SA ポータルサイトを設けています。学生には週に一度はサイトにアクセスするよう奨励し、指導しています。各 SA 先の担当教員はポータルサイトを介して、学生がアップする月例報告を確認し、学習状況や帰国レポートの進捗状況を把握したり、相談に応じたりします。

Ⅳ．評価と SA 後の学び

(1) 国際文化学部 e ポートフォリオ

SA 期間中の学びの評価には、通常の単位認定や英文レポートの提出の他にも、e ポートフォリオが活用されます（**図表 1-2-9**）。学生はここに「SA 自己

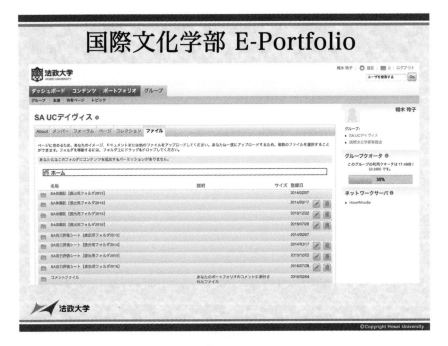

図表 1-2-9　国際文化学部 E-Portfolio

第1部　グローバル社会に対応した大学教育の現状と課題　103

SA自己評価シート　※ePortfolio(HOPS)で公開されます。SA単位認定とは関係ありません。

氏　名：　　　　　　　　　SA先：　　　　　　　　

滞在期間：　　年　月～　　年　月　　記入日：　　年　月　日

SA前とSA後を振り返って。SA先言語の運用能力はどの程度上達しましたか？
以下の基準に基づき、数字を記入しながら、それぞれの時期の外国語運用能力を自己評価
してください。

1 =「まったくできない」
2 =「できる場合も少しはある」
3 =「ある程度はできる。慣れた場面なら自信もついてきた」
4 =「だいたいの場面でできる。ある程度自信を持って対応できる」
5 =「ほとんどの場面で自信を持って対応できる」

		SA前	SA後
話す力	簡単な自己紹介ができる		
	身の回りの出来事や家族、学校など、自分が関わる具体的なことを説明できる		
	抽象的なことがらまれていても、関心や知識のあることなら説明できる		
	抽象的なことについて議論できる		
聞く力	ゆっくりとした簡単な内容であれば相手の言いたいことを理解できる		
	家族や学校など、身近な話題について話されている内容を理解できる		
	ニュースなど話されている枠組みが固まっていれば、身近でない話題も理解できる		
	様々まな視点から近くらべられる議論を理解できる		
読む力	簡単な告知文など、生活に直結した短い文章を理解できる		
	生活に直結した話題であれば、多少長いテクストでも理解できる		
	関心のある事柄であれば、抽象的な内容を伝えるテクストでも理解できる		
	学問的に書かれた複雑で抽象的な議論のテクストを理解できる		
書く力	基本的な単語を使用して、基本文法に従った短い文章を書ける		
	身近な話題について、脈絡のある短い文章を正確に書ける		
	関心のある話題について、エッセイの構成ルールに従ったエッセイを書ける		
	広範な話題について、法則による各観点で分析的なエッセイを書ける		

これまでの2年間の外国語学習を振り返って、上達したと感じていることなど（自由記述欄）

SA体験記

氏　名　　　　　　　　　　SA先

滞在期間　2015年　月～　年　月　　記入日　年　月　日

1. SAをつうじて、異文化についての理解は深まりましたか？具体例をあげて述べてください。

2. SA先を選んだ理由を回答してください。

3. SA先の大学や街の雰囲気、感想

4. 宿泊先の雰囲気、感想

5. SA先でのスケジュール

月曜日	金曜日
火曜日	土曜日
水曜日	日曜日
木曜日	

6. SA先に持っていったお金（記入任意）：現地通貨で約（　　　）＝約（　　　）円
7. 持っていってよかったもの
8. 必要なかったもの

9. SA後の今、こうしておけばよかったと思うこと
〈学習面〉
〈生活面〉

10. 後輩へのメッセージやその他（SA中に気づいたことや気になったことを記入してください）

図表 1-2-10　SA 自己評価シートと体験記

評価シート」と「SA体験記」をアップすることが義務づけられています。(**図表1-2-10**)

「SA自己評価シート」(図表1-2-10)では、SA前後を比較して、4つの言語スキル(話す、聞く、読む、書く)がどの程度変化したのか、それを学生自身が1～5のスケールで自己評価するようになっています。また「SA体験記」には、「SAを通じて異文化についての理解は深まりましたか?具体例をあげて述べてください」という欄などが設けてあり、異文化に直面したときの戸惑いや問題解決の姿勢が如実に表れるようになっています。

ご存知のように、高等教育における学びの重点は「教育中心」から学生主体の「学習中心」に大きくシフトしており、そうしたコンテクストにおいては、学生自身による振り返りは今後ますます重要になってゆくでしょう。

また「SA体験記」は後輩学生にも公開されるので、SAについての最新かつ最良の情報源としても機能しています。

Eポートフォリオを介して、SA期間中の学生と日本にいる学生とのコミュニケーションが可能となり、SA期間中でも学年を超えた学習コミュニティが形成され、ピア・サポートが行える環境となっています。さらにこのeポートフォリオには2013年度から「異文化理解バリュールーブリック(Courtesy of AAC&U 芦沢真五)」(**図表1-2-11**)がアップされています。これはアメリカの大学協会が作成し、芦沢真五先生(東洋大学)が翻訳されたもので、6つの指標(文化的自己理解、文化的世界観、異文化理解力、コミュニケーション能力、知的好奇心、文化的受容力)は学部コンセプトとも一致しています。学生は評価観点ごとに5段階で自己評価をします。

評価はSAの前後に限定されたものではなく、学期ごとに行うことが推奨され、4年間の学びのプロセスや変化を学生自身が把握することで、より明確な課題設定やそのときどきの動機づけができるように設計されています。

「SA自己評価シート」や「SA体験記」、「異文化理解バリュールーブリック」は、学生自身が自分の成長を把握する試みですが、学部ではより客観的な指標も用意しています。

第1部　グローバル社会に対応した大学教育の現状と課題　105

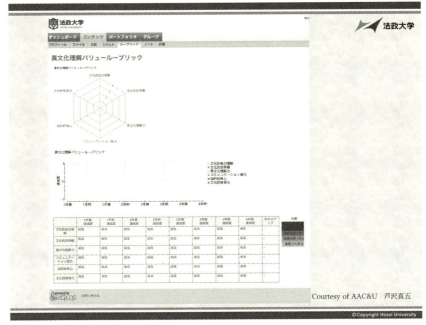

図表 1-2-11　異文化理解バリュールーブリック

(2) TOEIC スコア推移

　学生たちは 1 年次の 7 月、2 年次 SA 前の 7 月、そして SA 後の 3 月に TOEIC を受験します。2013 年度までは、年に 2 回の受験だったのでデータとしては不完全ですが、SA 前後で英語の力は確実に伸びています。ただし SA は決してそれだけで完結するものではなく、1 年次から 4 年次にかけての継続的な学びにおけるひとつの通過点に過ぎません。SA に魅力を感じて国際文化学部に入学する学生は多いのですが、SA 後も彼らの学習意欲を維持することが、学部にとって最も大切なことだと考えています。

(3) 学生アンケート

　図表 1-2-12 は、留学から帰国したばかりの学生を対象にしたアンケート結果の一部です。「SA プログラムで何を得たか」という質問に対して、多くの学生は「視野が広がった」と答えています。具体的には、自分たちとは文

あなたはSA体験でなにを得ましたか？

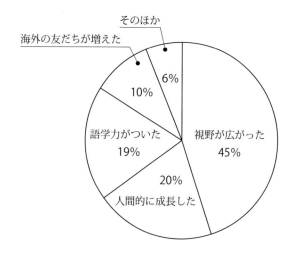

図表1-2-12　学生アンケート

化や価値観が全く異なる人たちといっしょに授業を受けたり、時間を過ごしたりすることによって、「こんな考え方があったのか」と驚くことがたくさんあったようです。

　当たり前のことですが、たった1学期、約3か月の留学で語学力が抜群に伸びることはまずあり得ません。むしろ大切なのは自分の語学力の不足を痛感し、視野が広がる快感を覚えて、次の学びへのモチベーションを上げることです。

　SAの意味や意義は、世界に対して尻込みをするのではなく、もっと知りたいと思えるようなメンタリティの形成にあると学部では考えています。この場合の「世界」とは単に「外国」という意味ではなく、自分が住んでいる世界全体を指していることは言うまでもありません。

(4) SA後の学び

　では、このようにSAを通して知的に覚醒した学生たちに、どのようなプログラムを提供できるでしょうか。

　もちろん学部としても、教授言語を英語とする「The Renaissance: Culture and

Art」「The History of Tourism」「Art, Rebellion and Advertising」「Why Cultures Matter – Truths and Fallacies」「Japanese Culture, World Culture」や、専攻科目「世界の中の日本文学」「世界の中の日本」「日英翻訳論」など、さまざまな科目を用意しています。しかし学部だけではどうしてもリソースが足りません。そこで全学的なグローバル環境が一つのキーとなってきます。

V. 全学的な取り組みとスーパーグローバル大学創成支援事業

(1) 開学から始まるグローバル化への道

法政大学は1880年代の開学当初から世界に開かれた大学でしたが、「国際交流センター」を設置して派遣留学制度を設けたのが1970年代で、これは全国的に見てもかなり早い動きです。そんな土壌が評価されて2012年には「グローバル人材育成推進事業」、さらに2014年には「スーパーグローバル大学（SGU）創成支援事業」、それぞれの事業の対象校に選ばれました。

(2) グローバル化の3つの取り組み

SGU事業に採択されるにあたり、本学は次のようなグローバル・ポリシー（**図表1-2-13**）を掲げました。4つの柱のうち、学生に最もダイレクトに影響を与えるのは最初の2つでしょう。一つ目は主として学生の送り出し、二つ目は学生の受け入れ、と括ることができます。この2本の柱は、①留学の奨励、②英語による講義の充実、③キャンパスの国際化の3つの取り組みにより推し進められています。

現在、留学に関しては学部や学科で実施しているものの他に、全学で実施している「派遣留学制度」、「認定海外留学制度」、「国際ボランティア」、「国際インターンシップ」などが用意されています。

国際文化学部でも2年次でSAから帰国した後、さらに3年次か4年次に「派遣留学」でさらに1年間留学する学生が多くなっています。次図（**図表1-2-14**）のとおり派遣留学生の数は学部では毎年だいたい20人前後を数えています。派遣留学は全学的にも人気が高く、その理由としてはサポート体制や条件が良いことがあげられるでしょう。派遣留学生になると留学先の授業料が

108　第2章　進んだ取り組みを行う6大学からの報告

法政大学グローバルポリシー			
送り出し	**受け入れ**	基本理念：「世界に開かれた大学」「市民に開かれた大学」「多様な知に開かれた大学」	
世界のどこでも生き抜く力をもったグローバル人材の育成	留学生の受入れと派遣の拡大によるキャンパスのグローバル化の実現	教育・研究体制の高度化・グローバル化の推進	卒業生、高校など社会との様々なグローバルネットワークの構築
・外国語による授業の増加 ・英語のみで卒業できるコースの充実 ・国際ボランティア・インターンシップの拡充と留学の奨励	・外国人留学生3,000名の実現 ・外国人留学生の受入れ機能強化 ・国際学生寮等の整備	・先進的研究拠点の整備 ・教員の国際化の推進 ・事務職員の国際化の推進	・学生協働のグローバル展開 ・国内外の110の高校との連携 ・卒業生グローバルネットワークの構築

図表 1-2-13　法政大学グローバルポリシー

		2014年度	2015年度	2016年度	2017年度
秋学期	英語圏	11名	4名	7名	5名
	中国語圏	1名	1名	3名	4名
	フランス語圏	3名	4名	1名	1名
	ロシア語圏	1名	4名	4名	1名
	スペイン語圏		0名	3名	3名
	ドイツ語圏		2名	2名	0名
	イタリア語圏		1名	0名	0名
春学期	英語圏	1名	1名	1名	0名
	朝鮮語圏	3名（秋学期）	1名	1名	4名
合計		**20名**	**18名**	**22名**	**18名**

図表 1-2-14　国際文化学部　派遣留学生数

全額免除されるばかりか、奨学金が上限100万円支給され、さらに学部によっては60単位まで卒業単位として認定されます。

　さらに本学では海外への留学を促すだけでなく、たとえ留学しなくとも、十分に国際社会を生き抜くことができるよう、キャンパスそのものの国際化を目指しています。

　たとえば交換留学生受け入れプログラム「ESOP」では、「ディスカバー・ジャ

パン」という科目をはじめ、さまざまな授業や企画が英語で提供されています。一定の英語レベルに達していれば一般学生も、留学生といっしょに受講することが可能です。

　また「グローバル・ラウンジ」は、ネイティブ・スピーカーとの日常的なコミュニケーションの機会を持つことができる多文化交流スペースとしていつも賑わっています。

　この他にもグローバル事業関連で学生たちを大いに刺激している企画として、英字新聞を制作するプロジェクトがあげられるでしょう。これは毎年度秋学期に10回ほど開講される授業で、学生自ら英字新聞を書きあげる企画です。『ジャパン・タイムズ』の協力を得て、写真の撮り方、記事の書き方、見出しの立て方などを学習し、学生が記事を執筆して新聞をつくり上げます。指導が厳しく課題も多いようですが、今年の第3号もしっかりとした仕上がりになりました。新聞は入学式で新入生や参列者全員に配布されます。

　さらにもう一つ、学生同士が学びあう風土が本学の大きな特徴と言われていますが、これを組織化したのが「ピア・サポート」と呼ばれる制度です。その一環としてたとえば、「ランゲージ・バディ」があります。これは一般学生が海外からの交換留学生に日本語を教え、留学生からは英語など彼らの母語を教えてもらう制度です。ピア・サポートのプログラムは多岐に渡り、たとえば一般学生と留学生が一緒に東京六大学野球の観戦に行ったり、風呂敷講座や尺八、琴などを演奏する催しなどが行われています。単にイベントとして楽しんでもらうだけではなく、事前学習や現場での指導、振り返りの機会などを設けることで、新しい学びとしての意義を持つ内容となっています。

　またスーパーグローバル大学創成支援事業の一環として、本学では2015年度から「グローバルポイント制度」が始まりました。語学研修や留学など、大学が指定する学内外の対象プログラムに参加すると、申請に応じて学生にはポイントが付与され、一定数のポイントを獲得した学生は表彰されます。この制度の目的は、学生の外国語学習やグローバル活動へのモチベーションを高める以外にも、学外の活動を把握することにあります。

(3) 解決すべき課題

　多岐にわたる大学や学部の取組を総花的に紹介させていただきましたが、一方で解決すべき課題は山ほどあります。

　「学生のニーズやレベルの把握」、「イベントなどの効果的な周知」、「教員や職員の負担の問題」、「正課外活動／科目と、正課科目との有機的なつながり」、そして「補助金」の問題などです。

　ただ今後もグローバル化の動きが進み、学習指導要領に即して学びや教育はどんどん変わりつつあります。その中で大学や学部は独自性を活かしながら進む道を選択していかなければなりません。その自覚を持ち続けながら、社会や学生の多様なニーズに応えていきたいと思っております。

2. 留学を学士課程教育に効果的に埋め込んだカリキュラムデザインの事例報告（2）

青山学院大学　地球社会共生学部長　平澤　典男

全員留学と留学前・留学後教育を組み込んだカリキュラム

Ⅰ. 学部創設の背景・学部の特徴

(1) はじめに

　皆さんは「地球社会共生学部」という私たちの学部名称を耳にしたとき、多少の違和感を持たれたのではないでしょうか。一般に、経済のことを教えるのが経済学部、法律のことを教えるのが法学部です。では地球社会共生学部では何を教えられるのでしょうか。実は、私たちは「はじめに学問ありき」の学部ではなく、むしろ「はじめに問題ありき」の学部なのです。そして私たちが設定した問題はグローバル社会における諸問題の解決という課題です。したがって、「地球社会」は「グローバルソサエティ」を日本語に訳しただけだと考えていただければ、この学部の大まかな位置づけが理解いただけるのではないでしょうか。2015年4月に誕生したばかりの学部ですので、まだまだ認知度は低いかもしれませんが、教養の二文字を擁した学部名を持つグローバル系大学・学部が多い中、この学部は途上国・新興国で求められる社会科学系のグローバル人材を育成することをミッションとすると自己定義した学部であることを、できるだけ多くの人に知っていただけたらと願っております。

　ところで、文科省が2000年代になってさまざまな大型補助金を示して大学のグローバル化を急ごうとした施策を考えると、私たちの学部は、それに

はだいぶ遅く反応しているといえます。それだけに先行する大学の特徴を見極め、個性ある学部とすること、新しい試みに挑戦することを心がけてこの学部を設計しました。

まず、第一の特徴として、私たちの学部は学生を全員留学させます。しかも、留学先は比較的安全で学生の需要も多いアメリカ、ヨーロッパ、オーストラリアではなく、東南アジアに限定しています。その意味については後ほど説明したいと思います。

第二の特徴としては、徹底した英語教育をあげたいと思います。徹底という言葉を用いましたが、学部学生全員の英語力を引き上げ、留学させるためには相当の工夫を凝らした英語教育を準備しなければならないという状況をご紹介させていただきます。

青山学院大学はキリスト教主義の教育を建学の理念に持つ大学です。したがって、社会奉仕は本学の教育の根底に流れている精神です。私たちの学部が輩出する人材は、18歳、19歳の若い心が持つ正義感を大切にし、国家、民族、宗教、文化の違いを受け入れて世界の人と共に働くことを自然にできる人材であってほしいと考えます。それが学部名称に「共生」の2文字が入っている理由です。また、社会奉仕は基本的に社会の底辺に居る人々に目を向けます。そこで、私たちの学部は途上国・新興国に目を向け、社会に出たならそれらの地域の人々が豊かな生活を手に入れられるよう知恵と力を用いること、これが第三の特徴で、具体的には社会科学の総合力という知識と留学で体得した行動力を用いることでそれを実現してもらいたいと考えてこの学部のカリキュラムが構成されています。

(2) 特徴、歴史、目標

青山学院大学は長い歴史を持つ伝統校で、1949年開学時に文学部英米文学科をつくり、そして国際化の時代となった約30年後の1982年に国際政治経済学部をつくりました。それから更に30年経った今、グローバル化の時代に「地球社会共生学部」がつくられたという歴史です。また、本学は1874年に宣教師がつくった女子小学校が源流の一つです。英学、女子教育、そしてキリスト教に基づく人間教育、この3つを掲げてスタートしました。戦争

中はミッション系の大学ということで非常につらい時期もあったと聞いています。しかし戦後、民間教育が国粋主義教育から大幅に切り替えられたときに、英米文学科の卒業生たちの多くが、おそらくは通訳が中心だと思いますが、GHQに採用されて、民主化教育に私たちの先輩は取り組んだ、と伝え聞いています。

1949年に新制大学として再スタートしてから30年が過ぎた1980年代、世の中は国際化の時代になっていました。バブルの坂を駆け上がろうという時期に、他大学に先駆けて国際公務員、外交官、国連職員などの育成を掲げた学部として、国際政治経済学部が誕生しました。

そしてさらに30年経った今はグローバル化の時代です。皆さんも国際化とグローバル化は何がどう違うのかという議論で苦労されているかと思いますが、グローバル化の時代は国と国との約束だけでは世界の平和や、社会の安定、経済的豊かさが必ずしもうまく実現できないという時代です。国を超え、人種を超え、民族を超えて、個と個が協力し合うという時代がグローバル化の時代です。私たちの学部はまさにそれに向かって2015年4月に誕生したわけです。

今、学生が入学し、卒業し、社会に出て、その中心となって社会を担う時代を、私たちは2050年と設定しました。では2050年の日本はどうなっているのか。そしてアジアは、世界は、どうなっているのでしょう。これらを調べることで、以下のように私たちの人材育成の目標を設定しました。

- 文科省の定義するグローバル人材をディプロマポリシーに取り入れる一方で、キリスト教主義教育という学院の建学の理念を体現した、人と社会に奉仕する人材を世界に送り出すこと。
- 卒業生が社会の中堅として活躍する2050年代の日本、アジア、世界を想定し、「アジアの時代」の到来に備えること。
- 縮小する日本を飛び出し、まずはダイナミックに成長を開始した東南アジアを中心に途上国・新興国で必要とされる人材を輩出すること。
- アジア新興国が成長しアジアの時代を確実にするにはグローバルイシューズの解決・克服が必要。そのための知識と力を身につけた者こ

114　第2章　進んだ取り組みを行う6大学からの報告

そ新しい時代に求められるグローバル人材であると考え、それに必要
な教育の内容を整えること。

　多くの経済学者やシンクタンクが、膨大な統計資料をもとに分析して、「ア
ジアの時代」の到来を予言しています。ジャック・アタリ（フランスの経済学者・
思想家）の『21世紀の歴史』、アンガス・マディソン『世界経済史概観』、イ
ギリスのシンクタンク「エコノミスト」やアジア開発銀行（ADB）の予測など、
いずれも2050年代をアジアの時代だと考えています。しかし、今はまだア
ジアの時代ではありません。欧米が世界の中心を担っていると思います。今、
世界のGDPの4割をアメリカと西ヨーロッパが占めていますが、これが約
30年後、2050年には2割になると予測されています。一方、アジアは、今
は世界の3割を生産していますが、30年後には5割を超えるといいます。
　これには皆さんは驚かれると思いますが、世界は30年あれば大きく変わ
ります。今の中国を思い浮かべていただくと、30年という年月が世界をど
う変えるかが実感していただけるでしょう。

(3) グローバルイシューズと大学の理念

　アジアの時代の到来に備え、またアジアの国々が世界の中心を担えるよう
になるために、その障害となっているものを取り除いていく人材を育成する
ということが私たちの学部の目標となります。ここで解決すべき課題がグ
ローバルイシューズ（**図表1-2-15**）にほかなりません。このグローバルイシュー
ズに対応してクラスターカリキュラムを構築することにしました。
　グローバルイシューズとは具体的には、差別、貧困、紛争、情報格差、人
権、女性、食料、水、もちろん地球環境などさまざまなものがあります。そ
のうち私たちは次の4点を取りあげました。
　世界各地でいまだに残る宗教、人種、性別、国家、世代、職業、所得、文
化の違いによる除外行為、拒否行為としての「差別」。クルド、ロヒンギャ、
ロマなど少数民族の迫害。
　「貧困」。私たちは飽食の時代に生きていますが、地球上には1日1.25ドル
で生活をしているという人々が12億人います。70数億人の地球人口のうち、

第1部　グローバル社会に対応した大学教育の現状と課題　115

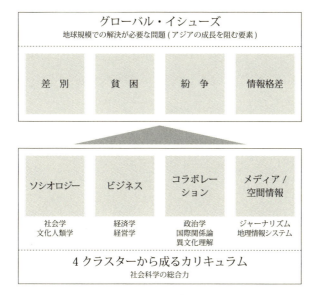

図表 1-2-15　グローバルイシューズに対応したカリキュラム構築

12億人は1日ピザひと切れ相当で生きている一方、私たちの周りでは賞味期限切れの食品が大量に廃棄されているという現状があります。

また「紛争」に関しては、東欧革命で東西冷戦が終結し、世界は平和になるかと思われましたが、まったく逆の方向に動いているのは皆さんもよくご存じのとおりです。ISによるテロに対しては効果的な対策が見つからないまま、力で物事を解決しようとする勢力の台頭も見られます。

そして「情報の格差」。私たちはパソコンとスマホで世界のことがたちどころに分かり、そしてAIが進めば翻訳機ができる時代がそこまで来ています。しかし、それらを手に入れられない人々がまだたくさんいます。地球という観点からすると、私たちはそういうところに目を向ける必要があります。

途上国・新興国は、これらグローバルイシューズの影響を大きく受けることになります。成長プランの根底が揺さぶられるからです。そこで、私たちの学部は社会科学の力でこれらの問題に立ち向かう方法を研究します。カリキュラムは「ソシオロジー」、「ビジネス」、「コラボレーション」、「メディア／空間情報」の4クラスターで構成されています。クラスターとは学科で

116　第2章　進んだ取り組みを行う6大学からの報告

もコースでもなく、垣根がない科目群という意味で用いています。具体的には「ソシオロジークラスター」は社会学・文化人類学、「ビジネスクラスター」は経済学・経営学、「コラボレーションクラスター」は政治学・国際関係論・異文化理解、そして「メディア / 空間情報クラスター」ではジャーナリズム・地理情報システムなどが教授されます。

　クラスター間に垣根がないということは、学生の、あるいは社会のニーズに柔軟に対応できるということです。このカリキュラムを私たちは「オーダーメイドカリキュラム」と呼んでいます。学生一人ひとりが、自分の能力と関心と好奇心に応じてそれぞれのクラスターの科目を組み合わせて学べるからです。

　たとえばここに1人の高校生がいるとします。その高校生はサッカーをずっとやってきて、Jリーグに入団できるほどの力はなかったが、サッカーに関わる仕事をしたい、という希望を持っています。具体的には「ベトナムでJリーグを紹介する写真雑誌をつくりたい」と考えています。もし彼が私たちの学部に入ったら、次のようなことが学べます。会社を起業しても、すぐに潰れてしまうことがないように社会調査について「ソシオロジークラスター」で学べます。またアジアで起業するとはどういうことかを学びたいなら「ビジネスクラスター」に最適な科目があります。そしてスポーツとコミュニティについて学びたいなら「コラボレーションクラスター」で異文化理解の科目があります。また写真雑誌なら「メディア / 空間情報クラスター」で学ぶ必要があるでしょう。こうして、彼の夢は一歩現実に近づくかもしれません。

　このように4つのクラスターを通して問題解決に関する知識を身につけることができますが、私たちは知識だけでは不十分だと考えます。

　私たちの学部ではディプロマポリシーに次のような能力を卒業までに身につけることを謳っています。

　①語学力に裏打ちされたコミュニケーション力

　②主体性、積極性、協調性、リーダーシップなどのコンピテンシー

　③自己アイデンティティを持った異文化理解力

　④社会科学の幅広い素養のうえに築かれた明確な専門力

⑤「地の塩、世の光」を体現し、地球上の人々に貢献したいと思う「こころ」

これらすべてが必要ですが、とりわけ「②主体性、積極性、協調性、リーダーシップなどのコンピテンシー」をどう養うかが問題です。

実はグローバル人材といったときに、①②③は内閣府の定義そのものですが、その中でも②が特に重要です。すぐわかるようにこれらは教師が黒板を背にして行う講義で身につけられるものではありません。今、各大学ではこれを養うために、さまざまな教育の仕方を考えていますね。アクティブラーニング、PBL、反転授業であるとか、さまざまな試みが行われているようですが、私たちが出した結論は「留学」です。コンフォートゾーンから一歩外へ踏み出す留学こそ、主体性、積極性、協調性、責任感、使命感、リーダーシップ等々、グローバル人材に欠かせない素養をはぐくむ手段だと考えます。

(4) 学びの特徴〜実践教育目標・社会科学の総合力・「共生マインド」の涵養〜

学部の特徴を要約するなら以下の5点にまとめられるでしょう。

①徹底した英語教育、②学部独自の全員留学制度、③実務家教員による実践教育、④自由に学べる社会科学の総合力、そして⑤青学らしい「共生マインド」の涵養です。また①②については次で詳しく論じるとして、ここでは、③④⑤について簡単に紹介します。

「③実務家教員による実践教育」についてです。大学の授業は大学教授、准教授、助教が教えていますが、例えば高校のときに成績が優秀で有名大学に入り、そのまま大学院に進み研究者になり、大学の教員になったとすると、その人は社会に出た経験を持ちません。しかしアカデミックな論文はたくさん出しているという意味ですぐれた研究者と言えるでしょう。しかし、私たちの学部は学者を育てる学部ではありません。もちろん学者が生まれるのは構わないのですが、むしろ社会に出て、ヘルメットをかぶって汗をかいてシャツの腕まくりをして、という卒業生であったらいいなと思っています。そこで、私たちの学部では教員の約1/3は、現場経験が豊富な（たとえば、30年50か国以上の国々で開発現場の実務に携わってきた）方を教壇に迎えることで、アカデミックな学びと実務的な学びの両方を学生は同時に学んでいけるという組み立てになっています。この学部が「知恵」とともに「力」を重視した教育

を大切にしたいという姿勢の具体化にほかなりません。

④の「自由に学べる社会科学の総合力」については先ほど説明しました。学生一人ひとりの興味と関心とに応じて、4つの分野の科目を自由に組み合わせて学べるオーダーメイドカリキュラムです。多くの既存学部が学問ありきの伝統に縛られ、ハイブリッドな能力の体得に成功していない事態（法律に詳しい経済人、経済に詳しい法律家を大学がきちんと育ててきているでしょうか）に対して、私たちの学部が4つの分野を学科ともコースともせず、自由に組み合わせられるカリキュラムとして提示している理由は、こうした旧来の大学の学部のあり方に対する挑戦でもあります。

⑤の「青学らしい『共生マインド』の涵養」の仕組みの一つとしては「ピアサポート制度」が挙げられます。これはクラス担任制のようなものですが、あえて私たちは「クラス」ではなく「チーム」という名称にして、「学生が中心に動くグループ」であることを強調し、教員は一歩下がったところでコーチという立場で関わるという仕組みをつくっています。留学生もこの中に取り込んで仲間との協同作業の楽しさ、役割を知り他者に働きかける力を身につける仕組みとしています。

そしてもう一つが「GSC学生連合」の活躍です。GSC学生連合は私たちの学部公認の学生自治団体で、各学年で約2割の学生が所属し、学部に貢献することをミッションとして、留学生との交流の企画や地元地域、地方自治体、企業などと連携したさまざまな活動をしています。神奈川県大和市の外国人の生徒がたくさんいる小学校の教育の補助をしたり、ヤフーなどと協力してさまざまな商品開発やプロジェクトを実施したり、また大学の売店で販売するパンの商品デザインなどにも参画しています。

私学である青山学院大学がグローバル人材育成に関わる以上、「青学らしい」グローバル人材を作り出さなければ意味がありません。かつて本学は学院建学時の英学、女子教育、キリスト教主義教育の伝統を受け継ぐものとして新制大学となったとき、文学部英米文学科がつくられ、戦後民主化教育に日本が大きく転換する時期に活躍したという歴史があり、世界が国際化されつつあった80年代を先取りする形で国際政治経済学部という学部がつくられました。そこに、またもう一つのグローバル人材育成の学部が誕生したわ

けですが、ここで重要視したのは学院の原点に還ることでした。明治期に近代化を急ぐ日本にやってきた宣教師がわが国に人間教育と社会奉仕の種を植え付けたように、地球社会共生学部の卒業生は世界の途上国・新興国の発展に貢献する、そういう人材でありたい。海外に出て単に物を売り歩く国際人ではなく、地域に感謝される働きを喜びと感じる地球市民の創造こそ青学らしいグローバル人材と考えています。

II. 徹底した英語教育

(1) 英語教育の概要

　私たちの学部では、2年次後期または3年次前期に、全員に半年間留学することを必須として課しています。また、それも語学を学ぶための留学ではなく、現地大学で英語で講義される専門科目を学ぶ留学としていますので、1年次前期は留学先の大学が求める水準の IELTS スコアを獲得することを目標に、徹底的に4技能の向上を目指す授業を展開しています。1クラス20人以下の能力別少人数教育で、毎日90分、週6コマを必修科目として配置しています。すべてネイティブスピーカー教員による英語のみの授業で、授業中の日本語使用は禁止されています。目標がはっきりしているので、学生は自分の成長度合いを常にフィードバックさせながら成長していくことができます。

　この1・2年次の英語教育は、外部の教育機関と連携して実施しています。教科書、カリキュラム、授業方法、到達目標は学部が主体的に作成・設定し、運営は個別指導のノウハウを持つ外部教育機関に委託しています。外国語の習得には継続的な学修が重要との観点から、学生の出席管理を徹底するとともに、「この学生は積極的である」とか、「ちょっとシャイな学生ですね」など学生一人ひとりの授業態度に関する情報が上がってくる仕組みとなっています。そのデータをもとに、欠席しがちな学生には早い段階で学部教員が面接をするなど、モチベーションの低下を防ぎ成長を後押しする取り組みをしています。それ以外に、成果に悩みを持つ学生や、さらに上達したいと思う学生には「English Chat」「Tutorial」といった補習授業が提供され、学生は昼休

みなどを使って正課の学修を自主的に補っています。

　1年次前期は5月、7月に実施されるIELTS受験対策に特化、1年次後期から留学までの期間は留学に向けてアカデミック・リスニング、アカデミック・スピーキング、アカデミック・ライティングの訓練、留学後は到達した英語力を維持すべく英語で講義される専門科目の受講と、それぞれ目的と内容が明確に区別された形で提供され、学生は目標を見失うことなく学修を深めていくことが出来る仕組みとなっています。

(2) Japan Studies 科目群と英語で教える専門科目

　また、本学部では Japan Studies 科目群というものが設置されていますが、これは日本社会を多面的に理解するために設けられた英語で行われる授業で、Culture / History / Geography / Economy, Bussiness and Policy の4分野16科目が準備されています。留学生が英語で日本の諸事情を学べる科目であると同時に、留学前の日本人学生が留学先で日本のことを英語で説明できるようにと設定した科目群です。

　一方、専門科目の一定割合も英語で講義されます。近年、多くの大学で「英語を学ぶ」から「英語で学ぶ」に切り替えたカリキュラム構築が進んでいますが、私たちの学部も同じように専門科目の一部を英語で教えるようにしています。

　現在は1年生、2年生のみですので、専門科目では2割程度、科目数で40科目ほどが英語で開講されていますが、1年生のときは基本的なところを正確に理解しなければいけないので、日本語で講義される専門科目が多く配置され、2年、3年と学年が進行し、留学後に受講する科目は英語で講義される専門科目の比率が高くなるように科目が構成されています。

(3) 学事暦の調整

　本学は完全ではありませんがセメスター制をとっています。しかし本学部では学生を留学させる関係上、留学先大学の学事暦にあわせたカリキュラムを学生に提示することが必要となります。そこで考え出されたのが学部独自の擬似クォーター制です。

まず 1 年次に IELTS スコアを伸ばし、そのスコアを持って留学先大学に志願します。留学は 2 年次後期と 3 年次前期のいずれかで行います。1 学年約 200 人を半分に分け、約 100 人ずつが半期をかけて留学することになります。先方の大学の学事暦の都合上、留学先から帰ってくるのが 5 月だったり 12 月だったりします。帰国の時期が学期の途中になる場合、科目がセメスター配置だと途中からでは授業が取れないということになります。しかしクォーター制なら、たとえば 5 月に帰ってきても 6 月と 7 月で授業が受けられるため、不利益を回避できます。

III. 学部独自の全員留学制度

(1) 留学制度の特徴・フィールドワーク

ここで、本学部独自の全員留学制度について説明します。留学制度構築に向けて、学部を準備する過程での議論のポイントは以下のとおりです。

・エリートだけが留学する時代は終わった。普通の学生が留学すべき時代だ。
・武者修行、自己責任だからといってほったらかしでいいのか。
・だからといって、手取り足取り、旅行会社任せの留学は留学ではない。
・留学のコモディティ化に抵抗する。
・2 週間や 1 か月の語学留学は留学と呼ばない。
・留学を経験した学生が確実に成長する制度を作ろう。

留学のコモディティ化とは、つまり、留学が重要なことはすべての大学が認識しているので、どこもかしこも留学をさせ、これまで珍しかった留学というものが全然珍しくなくなる。そうなると、どこの大学に行っても同じだろう、ということになりかねない。そうであってはならない、目的を明確にした特色ある留学制度を作ろうということがコモディティ化に抵抗するという表現の意味です。

もともと私たちは全員を 1 年間留学させたいと思っていました。しかしさまざまな検討の結果、半期の留学になりました。ここは最低限譲れないとこ

ろです。2週間や1か月程度では旅行者の視点を脱しきれない、現地の人と価値を共有する段階まで進めることはできないということです。

　私たちは留学経験を通して身につけるべき学業以外の目的を次のように設定しました。

・コンフォートゾーンから一歩踏み出し、主体性、積極性、協調性、責任感、といった力（コンピテンシー）を身につける
・多様な文化に触れ、異文化に共感する力、多様性に適応する力を身につける
・英語という表現・伝達手段を介して、それぞれの地域の問題を共有し、ともに取り組む行動力を育む
・その地域で働く人あるいは生活する人の視点を身につける

　こうして、そのためには最低でも6か月の期間が必要だろうと結論づけました。6ヶ月あると、ホームシックになるかもしれませんし、怪我をしたり病気にかかることもあるかもしれません。寮の同居人との人間関係に悩むこともあるかもしれません。さまざまなことを経験するでしょう。世界で生きるには、こうしたことをすべてひっくるめてタフな自分に変わらなければならないことに気づいてもらいたいということです。そして本学部の留学制度の特徴は、繰り返しになりますが、全員留学です。タイとマレーシアのトップ校を含めた7大学に留学します。アジアの時代ということを最初に申しましたが、タイとマレーシアは今東南アジア諸国のなかで最もダイナミックに変化している2国です。そこを目で見て、肌で感じて来なさいというのが狙いです。アメリカに行きたい、ヨーロッパに行きたいという学生もいるでしょうが、この学部は現在の途上国、新興国がやがて世界を牽引する国に成長するプロセスを共に前進させる人材を輩出することをコンセプトとしている学部なので、まずはタイ・マレーシアの学生と一緒に勉強することで、将来における自らの役割を掴んでもらいたいと考えています。

　そしてこれが大切なのですが、本学部では学生一人ひとりに個別のテーマで現地でフィールドワークを実施することを課しています。留学前に「フィー

ルドワーク論」を必修で学び、留学中に「フィールドスタディⅠ」でフィールドワークに取り組み、留学後の「フィールドスタディⅡ」で振り返ってまとめます。これによって留学前、留学中、留学後をつないだ一連のプロセスで留学を完成させるという仕掛けです。

(2) 留学制度を支える仕組み

　多くの大学に留学制度はありますが、なかなか全員留学には踏み出せないのではないかと思います。大学入学時点でアンケートをとると、ほとんどの学生は留学に行きたいと回答しますが、その希望を実際に実現につなげることのできる学生はごくわずかです。留学するには費用を準備し、英語力を高め、行きたい大学の情報を集める努力をし、そのうえで志願から実現まで最低でも約1年間、高いモチベーションを持ち続ける強い意思が求められるからです。そのため、大学が特別なプログラムで学生の背中を押し、折れそうな意思をしっかりと支えるシステムを構築しないかぎり、実際に留学に行く学生は、せいぜい全体の1～2割で、そういう学生は放っておいても大丈夫だというぐらい優秀だったりします。しかし私たちの学部は、「留学はしたことがない、どうすれば行けるかわからない、でも行きたい」という漠然とした希望を持つ学生に、どうすれば留学が可能かを示し、必要な努力をする仕組みの中に彼らを取り込むことで、入学した学生全員を留学に送り出す仕組みを構築しています。効果的に英語スコアを獲得する英語教育のシステムを構築し、ガイダンスを重ねて留学情報を提供し、書類の提出、面接などを繰り返して、学生の留学に向かう意識を高めていきます。特に強い意志を持っていなかった学生が、徐々に留学に行くんだという意識を持つようになるまで指導します。その際、提出物の期限、面接の日時等をきちんと守るよう指導するところから始めます。こうした社会人としての基本的な生活習慣が身についていない学生は、外国で危険な目にあったときに自分を守れないと考えるからです。教職員が一体となって行う、手の込んだ地道な指導があってはじめて学生全員の留学が可能となります。そうした試みは学部で独自に編纂した『留学ガイドブック』という冊子をもとに実施されます。

　留学にあたっては危機管理・安全管理がとても重要です。どこの大学でも

図表 1-2-16　派遣先決定までの流れ

　きちんとしたフォーマットをつくって、それをケアしていると思いますが、私たちの学部は多様な個性を持つ学生全員が留学する制度を定めているので、危機管理については特に念を入れています。

　留学中のリスク管理は多階層のセーフティーネットで行っています。①危機管理の専門家による24時間のサポート、②国際交流委員による留学制度全般の構築、③ピアサポートのチーム担任によるサポート、そして④フィールドスタディを担当する教員によるサポートです。④はカリキュラム（フィールド・スタディ科目）と連動して、スカイプやフェイスブック、メールなどで学生と教員が定期的に連絡を取り合う仕組みです。また、⑤全員に共通の携帯電話を持たせて、いざというときには情報を提供できるシステムを構築しています。

　学生には一人ひとりに『危機管理ハンドブック』が配られ、留学中いざというときに、これを見れば自分の身を守るための基本的な手順等がわかるように書かれており、留学時にはこれを常時携帯するよう指導しています。留学に関する情報は『留学ガイドブック』に詳細に記述され、フィールドスタディについてはまた別に40ページ程度の『フィールドスタディガイド』が配られています。これらのガイドブックは、全て学部の教員と職員が研究を重

第1部　グローバル社会に対応した大学教育の現状と課題　125

留学計画 入学〜出願前	**留学の目的を考える** ・何を勉強したいのか？ ・留学を何に活かしたいのか？ 留学する動機、目的、終了後の将来設計を具体的に考えることが大切です。	▶ **留学プログラムを決める** 希望する留学プログラムを決め、留学のためにどのような出願資格が課せられているのかを確認し、準備を進めます。	▶ **具体的な準備** 留学プログラムへの出願資格を満たすために必要な準備を進めます。 ・学業成績（GPA） ・語学試験（IELTS 等） ・留学資金計画 ・情報収集　など

▼

出願準備 入学〜出願前	**留学先の決定** 各自の語学試験スコア及び学業成績（GPA）を基本に、留学先が決まります。必要に応じて教員や保証人の方と相談したうえで、留学先を決定し、情報収集を行います。 ・出願前オリエンテーション ・留学先大学の HP 等で情報収集　など	**出願準備** 学内選考のために必要な出願書類・資格を確認し、計画的に準備を進めてください。 ・語学試験（IELTS 等）　・学業成績（GPA） ・願書の準備　　　　　　・留学資金準備　　など

▼

留学準備 出願後〜出発前	**渡航準備** 渡航に必要なビザや航空券などの手配をしなくてはなりません。様々な書類の提出が必要になるため、締め切りを守るよう余裕をもって準備をしてください。 ・出発前オリエンテーション　・ビザ取得 ・保険の手配　　　　　　　・航空券手配　など	**留学計画の具体化** 充実した留学の実現に向けて、さらなる語学能力の向上や、留学先での学業の準備、また現地でのフィールドワークに向けて情報収集を行うなど、十分な準備と心構えをしておきましょう。 ・留学準備セミナーの受講　・留学先での学習計画　など

▼

留学中	**留学中の過ごし方** 留学中は、健康や安全に気を付けて充実した留学生活を送ってください。慣れない言語での学習はストレスも多いと思われますが、くじけずに続けることが大切です。 目的意識をもって、留学中にしかできないことに積極的にチャレンジしてください。	**留学先で行うフィールドワーク** 本学部の留学では、留学中にフィールドワークに取り組むことが必須となっています。フィールドワークの詳細については〇ページで確認してください。 ※フィールドワークは教員担当の指示に従い、個人の判断で危険な行動をとらないよう十分に注意すること。

▼

帰国後	**帰国レポートの提出** 帰国後は、すみやかに指定のフォーマットに従い帰国レポートを提出してください。帰国レポートの作成は、自身の留学の振り返りに役立つだけでなく、今後派遣される学生にとっても貴重な情報になります。	**フィールドワーク報告会** （未定）

図表 1-2-17　留学準備と計画

ねて独自に作成したものです。

(3) 留学による学びの PDCA・帰国後のフォローアップ

　留学前・留学後の学修プログラムとの連携について簡単にご紹介します。まず留学前に「フィールドワーク論」という科目が必修科目として設定されています。ここでフィールドワークの意味、その方法を学びます。

　そして留学中には、現地で「フィールドスタディⅠ」の調査を行います。学生が一人ひとり現地に着き、若干の現地経験を通してその中から問題を見

つけ出し、「私はこういう目的・方法・スケジュールでフィールドワークをしたい」という計画書をメールで担当教員に送ります。教員は内容をチェックし、たとえば「この計画では不十分です」などの返事も含め、両者でメールをやり取りして、「そのフィールドワーク計画なら実行していいですよ。安全面も保証されているから」というGOサインを受け取ってから、学生はフィールドワークに出ます。フィールドワークに行ったかどうかを確認しないと単位に反映できないので、「どこに行って、何をしたのか」という記録を提出させます。認定されるためには最低でも60時間のフィールドワークをしなければなりません。

半期に100人ほどの学生が同時に留学に行っていますが、「フィールドスタディⅠ」ではそれを5人ずつのグループに分け、教員5人が1人あたり4グループを担当してフェイスブックやスカイプを利用して日本から指導する仕組みになっています。

帰国後はデータを分析し、振り返りの帰国レポートを提出し、フィールドワークの成果を提出します。ここまでやってやっと単位が認められ、必須の留学をクリアしたことになります。留学を単位化することで必須留学という条件を卒業用件単位124単位の中に組み込んでいます。

帰国後のフォローアップについてですが、留学は2年次後期、または3年次前期なので、帰ってくると、次はゼミというかたちで、留学中に抱いた関心事をより深く掘り下げられるようになっています。また正課および正課外での海外インターンシップへの誘導、フィールドワーク成果の発表制度（ポスター発表）で学生のモチベーションを高めています。そして留学中の学修、生活、意識変化など多数の項目についての振り返りの記録（アンケート「帰国レポート」）をデータ化・蓄積し、留学制度の改善につなげていく仕組みとしています。

2016年12月に最初の留学生が帰ってきたばかりですので、やっとデータが得られた段階です。次の後半の組は2017年1月に出発しています。このデータをもとに「留学前後のアンケート調査による留学効果の科学的計測」に取り組んでいます。学部には社会調査を専門とする教員がいますので、その協力のもと、体験・振り返り・概念化・応用という面で、学習と経験を結びつ

けるにはどうしたら最も効果的かを調査・研究しています。それらを元にアンケートシートをつくり、その成果を組み入れて記録していきたいと考えています。

最後に留学生の受け入れ活動について紹介します。今学部で学生数は学年あたり約200人ですが、東南アジアをはじめとしてアメリカ、ヨーロッパからの学生を含め毎期約30人ぐらいの留学生を学部で受け入れています。大学全体ではもっと大勢になりますが、日本語ゼロレベルの留学生も受け入れ、近隣の寮に住んでもらい、英語による専門科目やJapan Studies科目群の授業などで日本人学生と机を並べて学修しています。日本人学生との交流も、歓迎会、歓送会、文化イベント、スタディトリップなどを通して、学部公認学生団体を中心に深めています。

IV. まとめ

本学はすでにグローバル系の「文学部英米文学科」「国際政治経済学部」を持っています。これらはどちらかというと英米を向いた教育の歴史を持った2学部ですが、ここにきて新しい「地球社会共生学部」は、将来のアジアの時代に備え、社会科学の力でグローバルイシューズを克服する行動力を備えたグローバル人材の輩出を計画しています。留学先をアジアに限定したフィールドワーク型の半期全員留学という特色のある留学制度をつくり、学生が卒業して社会の中心になる時代から逆算した学びを構築しています。一部のエリートだけでなく、普通の学生がグローバルに活躍できる教育をしていこうと思っております。

「明日、ベトナムに行ってくれ」と言われたとき、躊躇なく「はい」と言える自分がそこにいた。本学部の卒業生は、そうあってほしい。「ちょっと待ってくれ」ではなく、誰でもすぐに「はい」と言える時代にならなくてはならないと思います。あまり知られていない土地で、新しい産業を興そうと汗をかいている日本人がいたとして、それがこの学部の卒業生だったらいいなというのが私たち学部創設に関わった教職員の願いです。

ご清聴ありがとうございました。

3. グローバル化に対応した能力の育成をアセスメントしている事例報告（1）

京都工芸繊維大学　総合教育センター長（理事・副学長）
森迫　清貴

本学の教育について

Ⅰ．京都工芸繊維大学の概要

(1) 歴　史

　本学のルーツは1900年頃にまで遡ります。「工芸繊維」のまず「繊維」についてですが、1900年頃に東京と京都に蚕業講習所ができ、東西で蚕業の教育が始まりました。京都には、1899年に「京都蚕業講習所」が置かれました。これが本学のルーツの1つです。ちなみに東京の蚕業講習所は、現在では東京農工大学になっています。「工芸」については、1902年の「京都高等工芸学校」が始まりです。最初に設立された官立の工業専門学校である東京工業専門学校は、今の東京工業大学になっています。2番目の工業専門学校は、今の大阪大学になっています。そして、本学は3番目の工業専門学校でしたが、「京都につくるのなら工業専門学校ではなく工芸学校でしょう」という話になり、それが引き継がれていて大学の名称になっています。

　本学のメインキャンパスは、京都五山送り火の「妙法」の山裾、京都市北部の松ヶ崎にあります。繊維学校はもともと「左大文字」の近く、京都市西部の衣笠にありましたが、今はほとんどの機能が松ヶ崎に集まっています。ちなみに国会議事堂の設計者は本学の卒業生ですが、名前はあまり表に出ていません。そういう控えめな大学です。

第1部　グローバル社会に対応した大学教育の現状と課題　129

学部　School of Science and Technology　　大学院　Graduate School

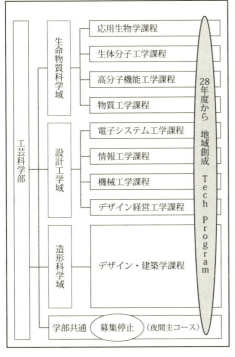
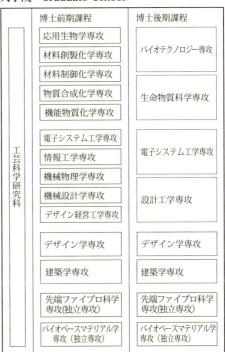

図表 1-2-18　学部課程と大学院の専攻（平成27年度から）

(2) 学部の成り立ちと学位プログラム

　現在本学は工芸科学部の1学部9課程の単科大学です。もとは工芸学部と繊維学部の2学部がありましたが、国立大学法人化を機に1学部に統合しました。もともと夜間主コースがあったのですが、だんだんと人数を減らして2015年には募集を停止しました。そして、時代に合わせて「地域創生TECHプログラム」という「地域に貢献する学位プログラム」をつくりました。
　今までのやり方の工学部ではまずいのではないかという思い、新しい工学の在り方を探りたいという思いからつくられたのがこの学位プログラムです。3学域9課程の人員が集まって一つの課題に取り組む、専門性をはっきりした上で集まって何かをしたい、特に地域の課題に取り組みたい、そういう考

130 第2章 進んだ取り組みを行う6大学からの報告

えがこのプログラムには盛り込まれています。現在はこのプログラムは試みの段階ですが、全学的に広げたいと思っています。

(3) 大学の理念

私たちは、「人に優しい実学」、「新しい実学」を教育する「感性豊かな国際

研　究
京都工芸繊維大学は、建学以来培われてきた科学と芸術の融合を目指す学風を発展させ、研究者の自由な発想に基づき、深い感動を呼ぶ美の探求と卓越した知の構築によって、人類・社会の未来を切り拓く学術と技芸を創成する。

教　育
京都工芸繊維大学は、千年の歴史をもつ京都の文化を深く敬愛するとともに、変貌する世界の現状を鋭く洞察し、環境と調和する科学技術に習熟した国際性豊かな人材を育成する。そのため、自らの感動を普遍的な知の力に変換できる構想力と表現力を涵養する。

社会貢献
京都工芸繊維大学は、優れた人的資源と知的資源とを十分に活かし、地域における文化の継承と未来の産業の発展に貢献するとともに、その成果を広く世界に問いかけ、国際社会における学術文化の交流に貢献する。

運　営
京都工芸繊維大学は、資源の適正で有効な配置を心がけ、高い透明性を保ちつつ、機動的な判断と柔軟かつ大胆な行動をもって使命を達成する。

的工科系大学」を目指しています。

大学の理念は前頁の通りです。

学部の定員は現在583人ですが、約7割はそのまま大学院の修士課程に進学します。したがって基本的に工学教育を6年一貫でやっています。

「工芸科学」というのは聞き慣れない言葉だと思いますが、ノーベル化学賞を受賞された福井謙一さんが本学の学長になられたときに、工芸科学という大学院研究課程をつくったのが始まりです。もともと工学とは人間のためにやっていることですが、20世紀に工学が精鋭化していき今の状況があるわけです。それを「本当にこれでいいのか、もう一度人間のところに戻していかなければならないのではないか」という考えで「工芸科学」という言葉を作られて、それが今の工芸科学部であり、工芸科学研究科になっています。

(4) 長期ビジョンと基本戦略

2013年に、教育再生実行会議などで国立大学が社会に役立っていないという議論が沸き起こり、文部科学省から国立大学はミッションの再定義をして大学改革を進めるよう求められることになりました。

まずは工学部が最初の例としてしっかりやれということになり、文部科学省から指導も受けながら一生懸命に取り組んだこともあって、モデル大学のような形になりました。本学が工学系単科大学なので比較的わかりやすかったということもあるのでしょう。

ミッションの再定義として、教育面では、「グローバルに活躍できる工学系人材として」ということを書きました。教育上の特徴がいくつかありましたので、それを活用して「グローバルに活躍できる工学系人材を育てたい」という育成目標を立てました。また建築学とデザイン学というのがもともとの発祥なので、これらは結構強い上に、さらに高分子・繊維材料もかなり強いという特徴を整理してミッションの再定義を行い、膨大な資料を文部科学省に提出しました。

そのときに整理し直して、今、私たちが取り組んでいるのが次のような大学の機能強化です。

1つ目は「COG」で、Center Of Global の造語です。

2つ目は「COI」で、Center Of Innovation 革新的イノベーション創出プログラムです。

3つ目は「COC」で、Center Of Community です。

国立大学の役割とは、この3つの中核になることだと考えました。これらは文部科学省の補助金の事業に結びつきました。

グローバルに関しては、これまでもいろんな大学や機関と交流があります。一番多いのがRCA（英国王立芸術学院）と ETH（スイス連邦工科大学）だと思います。以前はハーバード大学の研究者が頻繁に本学に来ていたのですが、今はスタンフォード大学の研究者とも交流が盛んです。

それからシンガポールとタイ。タイにはものづくり系の生産工場がたくさんあるため、非常に付き合いが深いです。

3つの中核拠点構想に取り組むために、3つのプロポーション改革という内部改革に取り組みました。①学士の定員を減らし、修士・博士定員増による学生数のプロポーション改革、②教授を中心とするシニア層から若手教員へのシフトによる教員数のプロポーション改革、そして③外部資金増による収入比率のプロポーション改革です。

①の学士・修士の関係では、昔の定員は上に行くほど少なくなるピラミッド型でしたが、現在では本学学生の約7割が修士課程に進むので、学士の定員を減らすと同時に修士の定員を学部の8割程度になるように増やしました。その結果、学士・修士の比率は寸胴に近い状態になりました。国立大学で学部の定員を減らすという改革を行った大学はあまりないと思います。

次に②大学教員の人事改革です。改革前は教授135人、准教授106人、助教53人というように、若い助教がどんどん減ってシニアの教授ばかりが増えていくという、逆ピラミッド状態でした。そこで、教授を減らして助教を増やすという人事改革に取り組みました。これを実現するためには、人事委員会は教員ではなく法人ががっちりと握っていることが必要です。これには教員の反対も強く、恨まれているかもしれません。しかし、その結果現在は完全な寸胴プロポーションよりも中細りした砂時計のような形ですが、目指

第1部 グローバル社会に対応した大学教育の現状と課題 133

したところに近づきつつあります。

　そして③大学の収入比率については、改革前は運営交付金が全収入の57％、学生納付金等が30％、そして外部資金が13％でしたが、外部資金を拡大することで、運営交付金と学生納付金と外部資金の比率が2：1：1になることを目指しています。

　このような改革に対し、平成26年度の国立大学の機能強化の概算要求の中で「国立大学の機能強化を推進する改革構想例」に選ばれました。世界水準の教育研究活動を飛躍的に充実させろ、ということです。この機能強化で「KYOTO Design Lab」という組織を立ち上げ、これが世界中からワークショップ等で世界的著名人を呼ぶことにつながりました。また、秋葉原の近くにある「アーツ千代田3331」に「KYOTO Design Lab 東京ギャラリー」を開設しています。

　ちなみに本学の交付金の規模は旧帝大の20分の1ぐらいしかないのですが、これによって大学の交付金は5％程度のアップとなりました。

　たとえばRCA（英国王立芸術学院）を招いてのワークショップでは、インクルーシブデザインという、障害を持っている方や社会からの疎外感を持っている人に向けたデザインを専門にする方に来てもらいました。現在は積極的にそちらの分野にも展開しています。

　また現代建築デザイナーのジャック・ヘルツォーク氏を招いての講演会も開きました。彼の主宰する建築家ユニットは、北京オリンピックのメインスタジアムやプラダ青山店を手がけています。こういう活動において京都は地の利があり、「京都に来てくれませんか」と頼むとほとんど断られません。2016年度も呼べば来てくれるという状態になって、**図表1-2-19**のように「毎週誰かが来ているぞ」という感じになっています。このおかげで、学内が一気にグローバル化しました。

　COCの取り組みでは、「理科系教育をしっかりさせましょう」「理科系教育をしっかりさせることで人材育成をしましょう」ということを始めました。

　そのために教員を1人雇いました。全学的にPBLを導入していくためにも、全学のカリキュラムを俯瞰して、横串状態でものを考えられる人材をつくりたいと考え、立教大学経営学部のビジネス・リーダーシップ・プログラムを

134　第2章　進んだ取り組みを行う6大学からの報告

平成26年度・27年度の2年間において、延べ43大学（H26:20、H27:23）から世界一線級ユニットを誘致し、63（H26:24、H27:39）の共同プロジェクト（ワークショップ、レクチャー等）を年間を通じて実施しており、これらユニットとの協働により、デザイン界の世界的権威のある「iF賞」の受賞をはじめ、顕著な成果を創出

平成27年度 主な実績		平成28年度 主な誘致予定	
ユニット誘致機関（国名）	共同プロジェクト・研究テーマ 等	ユニット誘致機関（国名）	共同プロジェクト・研究テーマ 等
英国王立芸術学院（イギリス）	インクルーシブデザインに着目した、革新的かつ主流となる商品やサービス、コミュニケーション、環境に関する総合プロジェクト 等	英国王立芸術学院（イギリス）	インクルーシブデザインに着目した、革新的かつ主流となる商品やサービス、コミュニケーション、環境に関する総合プロジェクト、コミュニケーション、インタラクティブデザイン 等
デザインアカデミー・アイントホーフェン（オランダ）	京丹後のちりめん産業	英国王立芸術学院（イギリス）ブライトン大学（アメリカ）	テキスタイル
シンガポール国立大学（シンガポール）	京都の伝統工芸技術を生かした新たな製品の開発	スタンフォード大学（アメリカ）	ME310/SUGER
英国王立芸術学院（イギリス）	プロトタイピング・プログラムの開発	デザインアカデミー・アイントホーフェン（オランダ）	テキスタイル
ブライトン大学（イギリス）	Design Upcycling - New Material, New Product	カールスルーエ大学（ドイツ）	アーカイブデザイン
スイス連邦工科大学チューリッヒ校（スイス）	日本庭園の3D計測と分析	スイス連邦工科大学チューリッヒ校（スイス）	都市デザイン、ランドスケープ
プリンストン大学（アメリカ）	近現代比較建築史ワークショップの開催	バーゼル大学（スイス）	食と都市
キングストン大学（イギリス）	Intelligent Making	デルフト工科大学（オランダ）	再生（木造）
ラース・ミュラー（スイス）	Communicating Architecture	ベルギー大学（ベルギー）	再生（煉瓦）
デルフト工科大学（オランダ）	京町家改修計画	シンガポール国立大学（シンガポール）	デザインアソシエート
ルーヴァン大学（ベルギー）	建築都市保存再生学事始	ロンドン大学（イギリス）	食と都市
シンガポール国立大学（シンガポール）	ナノ材料科学と高分子科学を融合した国際的研究プロジェクトを実施し、新しいハイブリッド材料を開拓	デンマーク王立芸術アカデミー（デンマーク）	旅館とイス
スイス連邦工科大学チューリッヒ校（スイス）	アダム・カルーソ講演	シンガポール国立大学（シンガポール）	異分野融合研究
デンマーク王立芸術アカデミー（デンマーク）	京町家と北欧デザインの関係性	パリ・ディドロ大学［パリ第7大学］（フランス）	ポリマーとナノバブルに関する国際研究プロジェクト
パリ・ディドロ大学［パリ第7大学］（フランス）	ナノバブルの構造・物性の基礎研究	マニトバ大学（カナダ）	超音波を使った柔らかい凝集系材料に関する国際研究プロジェクト
アルスエレクトロニカ（オーストリア）	ORIBOTICS——「折る」ことの美学とテクノロジー	台湾国立交通大学（台湾）	パワーエレクトロニクス素子の材料・素子開発、スマートハウス
英国王立芸術学院（イギリス）	サム・ヘクト デザインワークショップ	バンダービルト大学（アメリカ）	耐環境・パワーLSIの開発
		アーカンソー大学（アメリカ）	パワーLSIに関する研究
		スタンフォード大学（アメリカ）	パワーエレクトロニクスシステムに関する研究
		スイス連邦工科大学チューリッヒ校（スイス）	センサーに関する研究

主な成果（受賞歴等）

●デザイン界で世界的権威のあるiFデザイン賞2015金賞を受賞　●グッドデザイン賞2015「グッドデザイン・ベスト100」に選出　●2015年、2016年 日本建築学会賞を受賞
●日本イコモス賞2014、日本イコモス奨励賞2014を受賞　●IASUR国際会議にてThe Best Presentation賞を受賞
●フランス建築アカデミーの書籍賞を受賞 2015年 意匠学会賞を受賞　等

図表 1-2-19　KYOTO Desgin Lab 事業実績等

教えていた若い教員を採用しました。さらに彼はインドネシアにいた経験もありました。彼を迎えたことがものすごくいい影響を及ぼしています。

それから、スーパーグローバル大学創成支援事業（SGU）に採択されたときに、一連の大学内の改革を全部実施しようと心に決めていました。かなり挑戦的だったというか、傍からみると無理なんじゃないの、と思われるような内容です。

(5) 養成する人材像

続いて、どういう人材を育てたいのかを考えて、「TECH LEADER」（図表1-2-20）という人材像をつくりました。特徴は4つあります。まず工科系の技術者なので、①専門性は絶対必要です。

みなさんは本学のことをあまりご存じないと思います。隣に京都大学がありますが、京都大学は知っていても京都工業繊維大学は知られていない。なんと地元の京都の人ですら知らない人がいるくらいですから、知らなくても

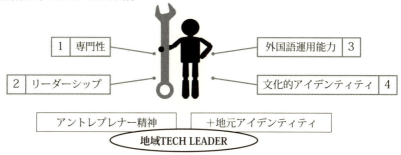

図表1-2-20　養成する人材像・TECH　LEADER

別に責められるようなことではありません。京都大学はノーベル賞を取りますし、世界の大学ランキング100位以内というのが当たり前の大学です。一方、本学は日本を支える中堅技術者を育てる大学です。企業の人に話を聞くと、「京都工芸繊維大学出身者は技術者として優秀だ」ということは誰でも知っているそうです。でも一般の人はなぜかそのことを知りません。B to Bの世界では、世界シェアの80％、90％を持っているという日本企業がたくさんあります。そこを人材面から支えているのが本学だと思っていますので、そういう専門性を持っている人をちゃんと育てていきたいと思っています。だから、この専門性は大事です。

　次に、本学で一番欠けていたものが②リーダーシップです。リーダーシップというのは決してカリスマリーダーになるということだけではなく、自分でものを考えて自分の役割を果たしていくということで、その延長にトップとしてのリーダーシップもあるわけです。本学出身者で社長になる人は、皆無ではありませんが、非常に少ないです。言ってみれば、これまでの卒業生は静かにまじめに社会を支える技術者だったところを、今後はさらにリーダーシップを発揮して社会に貢献してほしいということです。

　そして③外国語運用能力ですが、これは今まではあまり問われてきませんでした。なにしろ、高校時代に理系科目も文系科目もできる人は京都大学や東京大学に行きますから、本学には来ないわけです。理系科目はできるものの、英語が苦手だという学生が本学に入学してきます。

　最後に④文化的アイデンティティですが、せっかく京都に来て大学で学んでいるのに、その京都を知らなかったね、という反省です。

　この①から④を備えた人を育てたいというのが、「工芸科学部ディプロマ

（工芸科学部ディプロマポリシー：工繊コンピテンシー）

■専門性

◆自らの学修領域においての高度な専門知識・技術を有している。

◆新しい技術を国内外から学び、改善・発展する能力を有している。

■リーダーシップ

◆多様性の中でビジョンを掲げ他者を巻き込みながら目的を達成する能力を有している。

◆強い自己肯定感を持ち、新たな環境下で忍耐力をもって、チャレンジし、チームを課題解決に導く能力を有している。

◆言語・文化・習慣など価値観の異なる多様な人々と、建設的な議論と他者支援を行い、成果へと導く能力を有している。

◆課題の本質を見極め、その解決に向けた計画を立案し、論理性を持った説明により、他者の理解を得て、実行する能力を有している。

◆社会の情勢や時代の潮流を見極め、経営マインドをもって物事にチャレンジする能力を有している。

■外国語運用能力

◆母国語以外の外国語で社会生活での話題について会話を行い、表現をする能力を有している。

◆海外から多様な情報や先端技術を自ら収集するとともに、習得した専門知識・技術について外国語で論述できる能力を有している。

■文化的アイデンティティ

◆生まれ育った国や地域の伝統文化・習慣や歴史、宗教等についての知識を有している。

◆言語や文化習慣、宗教など価値観の違いを柔軟に受け入れて円滑にコミュニケーションができる。

ポリシー（工繊コンピテンシー）」で、これをちゃんと身につけて、自信を持って世界で働いてほしい、と思っています。

　先に「地域創生プログラム」という話をしましたが、地域で工学技術者としてやっていこうとしたら自分で起業するような精神をもっていないとダメだろうということと、それから地元のアイデンティティも備えてほしい。これで「地域 TECH LEADER」を育てたい。また TECH LEADER と地域 TECH

LEADER の関係は、まず TECH LEADER があり、その中に地域 TECH LEADER がある、という関係で、今は取り組んでいます。

(6) 卒業時の質保証のイメージ

教養教育については、京都府立大学、京都府立医科大学、そして本学の3大学連携による教養教育共同化に取り組んでいます。3大学で1000人強の規模になりますが、教養教育の科目を3大学で提供し合い、お互いに負担し合うと、かなりの規模の教養教育が提供できます。そのための建物がなかったのですが、「そういういいことをやるんだったら応援しよう」と京セラ創

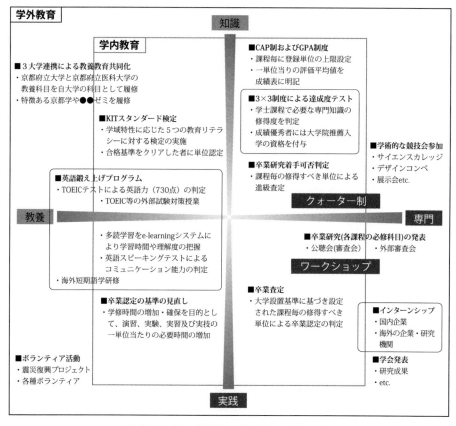

図表 1-2-21　卒業時の質保証のイメージ

第1部　グローバル社会に対応した大学教育の現状と課題　139

業者の稲盛和夫さんがポンと寄付をしてくださって建物が1つできました。3大学が一緒に授業を受けるのは月曜日と決めています。各科目に大学毎の定員を設け、教室内に3大学の学生が混在するよう調整を行っています。

　大学全体としては卒業時の質保証について**図表1-2-21**のようなイメージを持っています。

II．英語教育について

(1) 英語鍛え上げプログラム

　本日のテーマはグローバルですので、「本学も英語を鍛えていますよ」というお話をします。

　大学の学部では「英語鍛え上げプログラム」を、大学院では「英語鍛え直しプログラム」を展開しています。SGU の英語の目標値に「SGU 目標：平成33年度までに、学士課程で30％以上、大学院課程で60％以上の学生が TOEIC スコア 730 点以上（またはこれに相当する能力）を取得すること」と書いたのでこれを実現しないといけなくなりました。そのために英語の教員が総出で従来の英語のプログラムをすべて改編し、相当しっかり英語を身につけられるようにと変えました。

　「Career English」という科目は TOEIC 対応の内容です。1年次の夏までに「Basic」を受けます。狙いは英語がダメだと思い込んでいる学生の頭をバンと叩いて、とにかく夏休み明けに TOEIC を受けさせ、その点数が十分であれば2年次、3年次で用意されている「Intermediate」や「Advanced」の単位もそこで与えてしまう、という仕組みです。もし TOEIC スコア 800 点以上取れたなら1単位とし、860 点以上なら2単位を与えます。もちろん一気に達成できなくても、必ずスコアが上がるようにもっていける内容の授業を行っています。

　TOEIC 対応だけでは不十分なので、「Academic English」で学術的な場面で英語を使うための基礎を固めます。本学の学生は理工系なので自分のプロフェッショナルとしての専門を持っているし、研究発表も行います。その中では図も式も実験データもありますので、基本的には国際会議でもなんとか

なりますが、それをもう少しよくできるようにしようというのが狙いです。

「Interactive English」はネイティブスピーカーの教員によるスピーキングの授業です。

「Active English」は2年次に、ネイティブの教員もいらっしゃるし、海外から教員を呼ぶこともありますが、英語以外の内容を英語を使って教える授業や英語を使ったPBLなど、それぞれの教員の特徴が活かされています。

このようなカリキュラムに変えるために1年間かかりましたが、130の卒業単位数を134単位にし、英語を2単位増やしました。

(2) 英語スピーキングテストによるコミュニケーション能力の判定

次は「英語スピーキングテスト」についてです。

こちらは河合塾グループのKEIアドバンスと一緒に取り組み始めました。

これは今のように高大接続が話題になる前なのですが、英語の教員が「日本の英語教育を変えるには大学入試を変えるしかない」と言って、「では英語スピーキングテストを導入しよう」「どうやってやろうか」という話になって、「コンピュータベースのテストでないといけないね」ということになって始めたものです。問題制作は自前で、採点も自前でやっています。600人が一斉に試験はできないので、150人くらいずつ4回に分けて受けさせるのですが、複数回受ける学生がいるようにして、テスト間の公平さを保っています。

「どちらの車が好きですか？」「それはなぜですか？」などの質問に答え、その解答はデータに残され、後で採点します。

採点は英語の教員だけではとても足りないので、このときだけ人を雇って採点しています。

この仕組みを2018年度入試から、入試に取り入れようと思っています。一般入試に取り入れるとリスクが高すぎるため、まずはAO入試に取り入れようと思います。

(3) TOEIC分析管理システムの開発と運用

TOEICのテストに関してもシステムをつくりました（**図表1-2-22, 図表1-2-23**）。この例の学生はすでにもう何回か受験しているので結果が図のように蓄

第1部　グローバル社会に対応した大学教育の現状と課題　141

図表1-2-22　TOEIC分析管理システム①

積されています。今のところは全員受験させていますので全員のデータがあり、全員が自分のデータを見ることができます。これはある課程の学生の例ですが、課程の中で自分がどのあたりにいるかもわかるようになっています。

Ⅲ． 教育制度改革

(1) 5つの特徴

　教育制度改革には5つのテーマがあり、それらを同時に進めています。①「3×3(スリー・バイ・スリー)」、②「クォーター制」、③「学部4年次の大学院科目履修」、④「科目ナンバリングの実施」、⑤「シラバスの英語化」の5つです。

　①「3×3制度」とは次のような考え方です。大学4年と修士の2年を合わせて6年制なので、まず3年間で基礎教育をやる。次の3年間つまり学部4年生と修士課程の1・2年で実践的な力をつける。それから博士課程に3年間行く。この制度のポイントは、真ん中の3年間と最後の博士課程のところにクォーター制を導入していることです。

142　第2章　進んだ取り組みを行う6大学からの報告

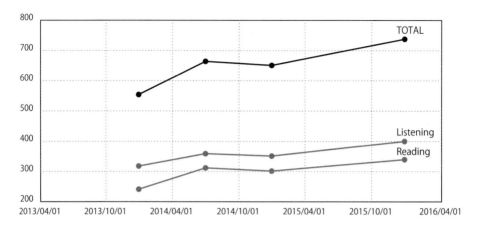

2013年度入学　工芸科学部　●●課程　在籍学生のTOEIC最高成績分布

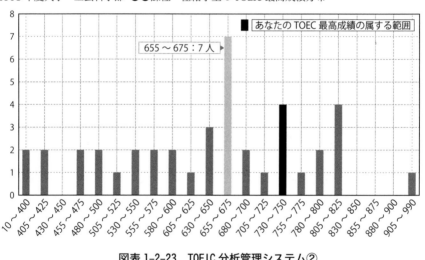

図表 1-2-23　TOEIC分析管理システム②

　②クォーター制ですが、学部は3年次まではセメスター制をとっていますが、4年次と大学院では一部の科目を除いてクォーター制をとっています。クォーター制をとる理由は、ギャップタームを創出し、学生がインターンシップに出やすいからです。同時に教員もそのときに外に出やすい、研究もできる、ということで始めました。最初は「大変だ」「大変だから嫌だ」と皆が言っていたのですが、「やってみたら結構いいぞ」という話になって、次第に浸

第 1 部　グローバル社会に対応した大学教育の現状と課題　143

透していって今は約 6 割の科目がクォーター制を導入しています。

　さらに、③学部の 4 年次で大学院の科目が取れるようになりました。

　それから、④科目ナンバリングは、実は最初のころは何のためにやるんだろうと思っていました。ところがこれをちゃんとやると科目の分野とレベルが分かります。加えて本学の場合は英語でやっているとか、英語と日本語両方でやっているということもナンバリングでわかるようになっています。これを各課程の教育を担当するグループが見て、教育プログラムを考え直すデータになる、ということなんです。グループで見ながら考えて「このあたりが抜けている」「じゃ、どうするか」という話ができるようになります。

　何年か前まではどこでもそうだったと思いますが、教員が教えたい科目を開講していました。そういう科目がズラッと教科課程に並んでいました。それではダメだろうということにやっとなりつつありまして、「プログラム内容は勝手に変えてはいけない」「変えるためには総合教育センターの教育プログラム部会できちんと理由を述べること」というルールもつくりました。

　ナンバリングのもとはディプロマポリシーです。つまり、ディプロマポリシー→カリキュラムポリシー→ナンバリングとなって、全体像であるカリキュラムマップが見えて、だからこの科目があるんだという流れです。だからもし、必要な科目を教える人がいなければ非常勤講師を雇ってでも教えるということです。

　非常勤講師を雇うお金も含めて、自分たちのプログラムを実現するためにはどうお金を使うのかを考えています。その上でどうしても非常勤講師を呼びたい場合はどこからでも呼びます。海外からでもです。しかし、例えば今年は実験道具を買い替えねばならない、という場合は非常勤講師の雇用は控える、というようにお金の使い方を考えています。

　さらに、⑤シラバスの英語化も行いました。

IV.　グローバルアクセス

(1) クォーター制の導入によるグローバルアクセスの向上

　クォーター制ではギャップタームが生まれますが、ギャップタームは基本

的にインターンシップと海外留学、ワークショップなどに使っています。

　もう一つクォーター制でよかったなと思うのは「高等教養セミナー」を開講できたことです。7週間で1単位のアクティブラーニング型の少人数セミナーができるようになりました。人文科学、社会科学の教員、語学の教員、語学の教員はもともと言語学だけでなく文学部系も多いですから、こういった教員が自分のテーマで学生を募集します。これがかなり人気が高くていっぱいになります。

　また、国際プロジェクトも多く、単位も認定しています。インターンシップもワークショップも単位化しています。スタンフォード大学の「ME310」というプログラムには積極的に参加していて、次年度から全学に開講する科目にする予定です。

　また、科目の中にインターンシップが入っている授業科目もあります。この授業は注文を受けて設計・発注し、チェックを受けるというものづくりの一連の流れを経験するものです。これはかなりハードな授業ですが人気があります。大学院でも同じようなものがあります。

V．評　価

(1) 学士力自己評価システムの開発と運用

　文部科学省の学士力の内容に合わせて本学では学士力自己評価システムをつくっています。これにより学生は自分がどのように伸びているかを観察することができます。

　学生は受講登録時にWEBでこの学士力自己評価システムに入力することになっていて、この作業をしないと学生は履修登録ができません。つまり、学生はこれを絶対にやらないといけないことになっているのです。そのときに、自分の学士力ポイントがどうして伸びたのかも自分で書きこむことになっています。

(2) 学生による授業科目アンケートの実施

　またWEBでは学生による授業科目アンケートも行っています。普通は

第1部　グローバル社会に対応した大学教育の現状と課題　145

WEB でアンケートをやると回答率が下がります。そこで対策として、学生には授業科目アンケートに答えておくと、自分の成績を WEB で見ることができるようにしました。

(3) 教員による授業科目アンケートの実施

　同様に教員による授業科目アンケートも同じ WEB で行っています。学生の成績を入力するためには、このアンケートを記入しておかないとできない仕組みなので確実にアンケートが取れます。ちなみに工繊コンピテンシーのルーブリックが完成しつつあるので、それも WEB に入れようと思っているところです。

VI．成　果

　こうした取り組みの結果として、例えば「トビタテ！留学 JAPAN 日本代表プログラム」の採択者の多さが挙げられます。第6期までで 31 人です。これは先ほどの英語力の問題だけでなく、リーダーシップ基礎科目を入れ、PBL を入れていることも大きいと思います。英語力を鍛えるだけでは、なかなか難しいでしょう。社会人が最後に面接しますので、そこに応えられていると

第6期までの採択数
【スーパーグローバル大学】 北海道大学 (29)・東北大学 (55)・筑波大学 (70)・東京大学 (127)・東京医科歯科大学 (17)・東京工業大学 (85)・名古屋大学 (39)・京都大学 (86)・大阪大学 (52)・広島大学 (17)・九州大学 (101)・慶応義塾大学 (90)・早稲田大学 (97)
千葉大学 (50)・東京外国語大学 (40)・東京芸術大学 (28)・長岡技術科学大学 (14)・金沢大学 (54)・豊橋技術科学大学 (4)・**京都工芸繊維大学 (31)**・奈良先端科学技術大学院大学 (4)・岡山大学 (31)・熊本大学 (42)・国際教養大学 (9)・会津大学・国際基督教大学 (12)・芝浦工業大学 (12)・上智大学 (40)・東洋大学 (14)・法政大学 (21)・明治大学 (36)・立教大学 (16)・創価大学 (25)・国際大学・立命館大学 (13)・関西学院大学 (23)・立命館アジア太平洋大学 (11)

図表 1-2-24　トビタテ！留学 JAPAN　日本代表プログラム

いうことが、この採択人数に反映されていると感じています。

VII. 最後に

　最後に「ダビンチ入試」についてお話しします。レオナルド・ダ・ヴィンチは科学と芸術の人なので、本学では「ダビンチ入試」と呼んでいますが、英語のスピーキングテストを入れて、グローバル枠で各課程から1人以上、合計10人を取ろうと思っています。英語ができる学生を入れて、英語が苦手だから理科系の本学に入学してきているという学生に刺激を与えようと思っています。

　また来週から「京都工芸繊維大学フロンティアウィーク」が始まります。本学はこういった仕掛けが好きで、8月にはオープンキャンパスウィーク、10月にはインターナショナルウィークがあります。インターナショナルウィークは学生がボランティアで開く留学生の歓迎パーティで始まり、学長主催の歓迎パーティで終わるのですが、その間に留学報告や留学に関する情報などをずっと流し続け、食堂ではいろいろな国の料理が食べられます。その他にホームカミングフェアや、3月のフロンティアウィークではイノベーションに関する講演を開いたりしています。

　さらに2017年度は、英語によるアントレプレナーシップ型のワークショップを予定しています。本学はものづくりができる工場をもっているので、この設備を活用し、資金調達やマーケティングなどスタートアップのスキルを学びながら、実際にプロトタイプを制作するワークショップを企画しています。

　また、SGUに採択されたおかげで毎年10人の教員を海外に送り出しています。300人のうちの10人です。SGUの予算があるからできることですが、彼らには「研究をしてくるな、教育を学んでこい」と言っています。また彼らの一人の訪問先であるフランスのオルレアン大学とサマーキャンプの話が生まれ、次年度に開講しますが「国際連携プロジェクト」として単位も与えるプロジェクトができました。

　また、チェンマイ大学建築学専攻とのジョイント・ディグリー・プログラ

ムを始めます。すでに入学生も決まっています。

　最後に一つだけ話して終わります。

　「グローバル化」と言ったときに、私たちは工学系なので、ものをつくって工学の技術で人を豊かにしたいと思ってきましたが、今の先進国はモノが溢れる時代になっています。先進国はそういう状態ですが、そうではない国もまだたくさんあります。そこをちゃんと見ることも大切だと思います。グローバルに活躍するとは、グローバルな目を持ち、もう一度技術的に解決すべき問題についても考えることです。そういった人材を育成するのが私たちの使命だと思っています。

　どうもありがとうございました。

3. グローバル化に対応した能力の育成をアセスメントしている事例報告（2）

共愛学園前橋国際大学　国際社会学部長　村山　賢哉

教育目標・アセスメント・教育実践の一貫したカリキュラムデザイン

Ⅰ．本学におけるグローバル社会への対応

(1) 本学の概要

　本日は、『教育目標・アセスメント・教育実践の一貫したカリキュラムデザイン』をテーマにお話ししますので、広い範囲を扱うことになります。そこで、個別の具体的な授業や活動の細かいところには触れずに、アウトラインを中心にお話することにします。

　具体的には、本学が位置する群馬県の状況をふまえて、①本学がどのようにグローバル社会への対応を考えているのかですが、河合塾からの報告にありましたように「外国に出ていくだけではない」というのが実は本学のグローバルに対する考え方の基本です。②それに伴って本学で行われているプロジェクト、③海外プログラムの内容をお話しし、④それらを改善につなげていくためのアセスメントの話を最後にします。

　簡単に本学の概要を紹介しますと、本学は1学部1学科の単科大学です。入学定員は1学年225人、編入は3年次から5人ずつなので収容定員は910人です。現在は少し増えて2017年3月9日時点では999人の学生が本学で学んでいます。

　本学の所在地は新島襄の地元です。1888年に彼のもとにキリスト教の信者たちが集まって設立した前橋英和女学校を前身とし、1988年には100周年

第1部　グローバル社会に対応した大学教育の現状と課題　149

事業として短大を設立、1999年にこれを4年制大学に改組しました。大学理念には聖書の中の言葉から引用した"共生"という言葉が出てきます。そしてもう一つが"共愛"で、こうした理念のもと教育を展開しています。

　教育の目的は1999年の開学のときから掲げているもので、"国際社会のあり方について見識と洞察力を持ち、その国際化の流れの中で地域に起こる諸課題を解決できるような人材を育成しよう"というものです。いわゆる「Think Global. Act Local.」というのが本学の出発点です。そのため本学のモットーには「地域との共生」という言葉が入っています。

　学科は5つのコースに分かれています。①英語コース、②国際コース、③情報・経営コース、④心理・人間文化コース、そして初等教育の教員免許が取得できる⑤児童教育コースです。全体で約800科目を開講していますが、1つのコースが1つの学科に匹敵する数の科目を開講しておりますので、各コースが目指す専門分野に対応した教育をそれなりに提供できていると自負しています。

　たとえば英語コースは、英語を武器に世界に出て行き、そこで活躍できるような人材を育てるコースで、TOEICスコアが900点を超えるような学生もいます。また、「情報・経営コース」では、コンピュータはできるが英語は一切できない、TOEICスコアが200点を割るような学生も珍しくありません。

　このように英語スキルのレベルが多様な学生を抱える中で、グローバル社会に対応した学生の育成を考えているというのが本学です。

(2) 地域の人材ニーズと教育目標

　本学の教育の特長には、地域とグローバルをテーマにした人材育成に取り組んでいるということがあります。

　本学に入学する学生の85%は群馬県下から集まり、卒業生の70%が群馬県内に就職しています。したがって地域に必要な人材はどういう人なのか、それをどう育てていけばいいのかという課題について、地域と一緒に考え実施することを目指しています。

　ところで群馬県は、少し前からグローバル化の波にさらされています。

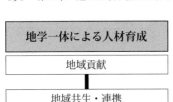

図表 1-2-25　本学の特長

　群馬県の認知度は低く、関東の方でも草津温泉が群馬県にあることをご存じないということもあるようです。

　群馬県は、観光資源を抱えているにも関わらず、全国の県別ブランドランキングは44位で、茨木県、栃木県、群馬県で下位3つを争っているという状況です。こうした状況を打開するため、県も市も自治体もすべてが躍起になって、その観光資源に外国からの観光客をいかに呼び込むのかという課題に取り組んできました。そのため、私自身も、こうした課題に取り組める人材が必要だと感じていました。

　しかし、そこから群馬を取り巻く情勢が変わってきています。県内には株式会社SUBARU（旧：富士重工業株式会社）の国内の旗艦工場があり、同社が生産する自動車関連の販路、あるいは生産拠点、部品調達先などは非常にグローバルに拡大しています。そうすると育成すべき人材として、海外の生産拠点、例えばアジアで働ける人材、あるいはアジアから日本に派遣されてトレーナーになる訓練を受ける際に、そこで一緒に働ける日本人のエンジニアや事務職員という人材などが想定されます。

　また2014年に富岡製糸場が世界遺産に登録されましたが、より多くの観光客に来てもらうために、より国際的なおもてなしができる人材をどうやって育てるか、という課題もあります。

　このように地域の課題もそのときどきによって少しずつ変わってきている中で、そこから生まれる諸課題に対応できる人材をどう育成するのかを考えなくてはなりません。

　もう一つ、群馬県には外国籍住民の比率が非常に高い地域があります。県全体でのその比率の高さは全国6位、特に先ほどのSUBARUが所在する地域や伊勢崎市には、ブラジルやフィリピンといった外国籍の人が大勢住んで

います。例えばある小学校では、クラスの3分の1から半数の児童が両親とともに日本人ではないというクラスが存在します。そのため、教員が児童と親御さんで3者面談をするときに日本語が通じない、という状況も起こっています。つまり小学校に入学したらそこが異文化だということです。このことは、本学の教員養成課程である児童教育コースでも考慮にいれなければならないことです。こうした環境の中でもむらなく初等教育を提供できる人材を育成していきましょうというのが、本学が目指す「グローカル人材」になります。グローバルから生まれる問題に対して、ローカルがやらなければならないこと、ローカルでできることを考えていこう、ということが本学の大きな特色です。

そのためにまずは教育目標という点ですが、目的に関しては先ほど挙げた"国際社会のあり方について見識と洞察力を持ち、その国際化の流れの中で地域に起こる諸課題を解決できるような人材を育成しよう"となるのですが、これをディプロマポリシーでは卒業生に身につけてもらいたい能力として定めています。その詳細は**図表1-2-26**にある4点になります。

教育目標に登場していた国際という単語は、ディプロマポリシーの2と4に相当します。そして先ほどのグローカルという視点を踏まえれば、2と4の知識を持ちながら結局1と3をできるようにする、それが、本学でいう「グローカル」です。もちろん英語を使って国際的に活躍する人材も英語コースから輩出したいですし、あるいは情報・経営コースで情報を学んだ学生に海外の技術者と一緒にプログラミングができるような人材も輩出したい。こういったことがこのディプロマポリシーに表れています。

(3) 成果指標に基づいたアセスメント

次はこのディプロマポリシーがどのように達成されているかを評価するアセスメントについてですが、本学ではそれを4つの軸と各軸に3つの項目を与えて合計12項目からなる達成指標を設定し、これを「共愛12の力」と表現しています。これらは『社会人基礎力』、『学士力』、『PROGテスト』などにある構成要素を組み合わせてつくりました（**図表1-2-27**）。

また地域の自治体、企業と一緒に地域人材育成協議会という協議会を立ち

152　第2章　進んだ取り組みを行う6大学からの報告

ディプロマポリシー（DP）：卒業時に身につける力	＋	各コースが育む知識・スキル
1．地域社会の諸課題への対応能力 2．国際社会と地域社会の関連性についての識見 3．問題を発見し解決するための分析能力・実技的技能 4．国際化社会に対応できる十分なコミュニケーション能力		

DPと汎用能力から導かれる達成指標	識見	共生のための知識	文化、社会、地域、人間、自然、外国語に関する知識	学生は、毎年度この達成指標のどのレベルに自分が位置しているかを「コモンルーブリック」を活用し、「ポートフォリオ」をエビデンスに 自己評価 ↓ 教員とのリフレクション ↓ 次期の学習計画 将来は卒業時に一定の評価を越えて初めて学位授与
		共生のための態度	倫理観、シチズンシップ、学び続けることを尊重する態度	
		グローバル・マインド	国際社会と地域社会（群馬）の関わりを捉える視点	
	自律する力	自己を理解する力	自分の特徴、強みや弱み、成長を把握する力	
		自己を制御する力	ストレスに対処し、学びやその他行動を持続させる力	
		主体性	自ら課題を見つけ、行動計画を立て、実行していく力	
	コミュニケーション力	伝え合う力	読み、書き、会話し、表現し、伝える力	
		協働する力	チームで物事に取り組む力	
		関係を構築する力	他者と円滑な関係を築く力	
	問題に対応する力	分析し、思考する力	情報を収集・分析し、問題を見つける力／論理的思考力	
		構想し、実行する力	問題に対応するためのプランを立て、実行する力	
		実践的なスキル	現代社会において必要な基礎スキルと専門的スキル	

図表1-2-26　DPと成果指標

　上げ、そこでどのような力を持っていれば群馬県が必要とする人材として活躍できるだろうかということを確認しながらこの指標をつくっていきました。
　この「共愛12の力」の評価方法については、まずは学生が自己評価をします。本学では独自のeポートフォリオシステム「共愛キャリアゲート（KCG）」上で学生が12の能力要素に対して自己評価をし、年度の初めに担当教員と一緒に「振り返り」を行います。具体的には、2016年度は4月4〜6日にかけ、学生999人に対して教員31人がいますが、教員1人あたり約30人の学生を担当し個別に振り返りをしました。例えば「君はストレスがかかっても、学びやその他の行動を持続させる力がすばらしいね。自己評価よりももう少し

第1部　グローバル社会に対応した大学教育の現状と課題　153

4つの軸	12の力	12の力の定義	レベル4	レベル3	レベル2	レベル1
識見	共生のための知識	多様な存在が共生し続けることができる社会を築いていくために必要な知識	共生のための社会の諸課題に対応するための社会を築くための、新たな知を生み出すことができる。	共生のための社会の諸課題について、知識を組み合わせて、自分の言葉で説明することができる。	所属するコミュニティの専門的な知識を習得している。	文化、社会、地域、人間、自然、外国語に関する体系的な知識の習得に努めている。
	共生のための態度	多様な存在が共生し続けることを尊重する考えや行動	多様な存在が共生可能な社会のために、考え、学び、行動し続けることができる。	多様な存在が共生する社会の中で、自分だけでなく、やらなければいけないことについて考えることができる。	授業や活動を通じて、社会が多様な存在であり多様性を理解し、多様性を尊重する気持ちをもっている。	自分の態度や価値観は他のコミュニティや信念とは異なっていることに向き合うことができている。
	グローカル・マインド	地域社会と国際社会の関わりを捉え、両者をつなぐことで、地域社会の発展に貢献する姿勢	地域社会と国際社会のつながり、自ら暮らしていく地域の発展に貢献するグローカル人材としてビジョンを持っている。	地域社会と国際社会の関わりについて、様々な学びを通じて、主体的に考えることができる。	母国以外の政治・経済・文化・社会・歴史について知りたいという意欲がある。	自らの暮らし、学んでいる場所である地域の経済・文化・歴史などについて知りたいという意欲がある。
自律する力	自己を理解する力	自己の特徴、強みや弱み、成長を正確に理解する力	様々な経験を振り返ることを通じて、自分の特徴、強みや弱み、成長を理解し、将来に向けての自分をイメージすることができる。	様々な経験を振り返ることを通じて、自己の特徴、強みや弱み、成長を理解することができる。	自己の興味関心や特徴、長所や短所について考えることができる。	授業や学外の活動を通じて、自らの興味関心をあらかた確認したり、新たな興味や対象を見つけようとしている。
	自己を制御する力	ストレスや感情の揺れ動きに対処しながら、学びや課題に向けて行動する力	ストレスや感情の揺れ動きと上手く付き合いながら、大きな困難に直面しても、価値ある成果を出す経験と自信がある。	ストレスや感情の揺れ動きと上手く付き合いながら、困難や弱み・課題を克服し取り組み続けることができる。	達成が容易でない課題でも、最後まで粘り強く取り組むことができる。	設定した目標に向かって、取り組むことができている。
	主体性	人からの指示を待つのでなく、自らやるべきことを見つけ、行動する力	達成困難な課題であっても、解決のための方法を模索しながら、自らやるべきことを見つけ、行動し続けることができる。	自らやるべきことを見つけ、その結果を振り返り、次の行動に活かすことができる。	指示を待つのではなく、自分の状況を判断したうえで、自らすべきことを見つけ、行動できる。	指示を待つのではなく、何をすればよいか、するべきかを見つけることができる。
コミュニケーション力	伝え合う力	コミュニケーションにおいて、相手の意図を正しく理解し、自分の意図を的確に伝達する力	レベル1〜3を複数の言語で行うことができる。	適切なコミュニケーション・ツールを用いて、自分の伝えたいことをわかりやすく表現することができる。	コミュニケーションの状況や相手の立場を考慮して、伝達方法を工夫することができる。	発言や文章の論点を正しく理解することができる。
	協働する力	他のメンバーと協調しながら、集団として目標に向けて行動する力	良いグループになるための条件を常に模索し、他のメンバーへの働きかけを通じて、グループの関係性向上に貢献することができる。	多様な意見や立場、利害を見つつ、グループ内の関係性を構築できる。	グループでの自分の役割、責任を理解し、自分なりにグループに貢献することができる。	他者の発言をよく聞き、会話の流れをしっかり追いながら、グループに協力することができる。
	関係を構築する力	様々な他者と円滑な関係を築く力	自分とは異なる価値観や文化を持つ他者や、バックグラウンドが大きく異なる他者とも円滑な関係を築くことができる。	互いの状況や立場についての理解を深め合うことにより、相手と良好な関係を築いていくことができる。	相手の状況や立場を理解し、共感しながらコミュニケーションをすることができる。	自分の価値観を一方的に伝えるだけでなく、マナーを守り、相手を尊重してコミュニケーションをとることができる。
問題に対応する力	分析し、思考する力	様々な情報を収集、分析し、論理的に思考して課題を発見する力	必要な情報を効果的に集め、多面的視点から分析を行い、現実、または日常の問題を発見し、新たな課題を発見することができる。	情報・資料の分析を通じて、物事を多面的に見ることにより、問題の所在を探ることができる。	自ら情報・資料を収集し、それらを論理的に分析し、考察することができる。	与えられた情報・資料を客観的に読み取ることができる。
	構想し、実行する力	課題に対応するための計画を立て、実行する力	現実、または実行上の問題を解決するために、必要に応じて収集した知識を活用しながら、計画を立て、完遂する。	計画の進捗状況を確認し、必要に応じて計画を修正しながら、着実に実行していくことができる。	立てた計画を着実に実行することができる。	取り組むべき物事に対して合理的な計画を立てることができる。
	実践的なスキル	現代社会において必要な基本的スキルと自らの強みとなる実践的なスキル	問題解決に役立つ様々なスキルを身につけ、問題に対応することができる。	自らの強みとなるスキルを身につけ、問題に対応することができる。	学びに必要な基本的なスキルを身につけ、スキルとして活用できる。	学びに必要な基本的な事柄（コンピューターの使い方やレポートの書き方など）を理解している。

図表 1-2-27　共愛学園前橋国際大学コモンルーブリック

いいと思うよ」などと細かな振り返りをします。図表にはありませんが、こうした自己評価のデータは IR のデータベースに落とし込まれ、その分析結果をカリキュラムデザインの改善の検討材料にしています。

図表 1-2-27 は本学のコモンルーブリックです。コースを問わずすべての学生が 12 の力を自己評価します。そしてこのルーブリックをもとに個別に振り返りを行いリフレクションをすることになっています。

II. Kyoai Glocal Project

(1) 4 つの事業を基盤に推進するグローカルリーダーの育成

本学では、次の 4 つの事業、経済社会の発展を牽引するグローバル人材育成支援（GGJ）、大学教育再生加速プログラム（AP）、地（知）の拠点大学（COC）、地（知）の拠点大学による地方創生推進事業（COC+）について文部科学省から補助金を頂いています。それらがかなり有機的に結びついてカリキュラムが構成されているため、どこかの部分を取り上げて、この部分がグローバル社会への対応に関する科目ですとは言い難いのですが、基本的にはこのグローバルに関係するところと、あとは先ほど申し上げたグローカルで活躍できる人になろう、本学ではこれをグローカルリーダーと呼んでいますが、そういった人材の育成を目標としているところにフォーカスを当てて紹介していきます。

(2) 語学カリキュラム

先ほど申し上げましたように、TOEIC スコア 900 点オーバーを目指す学生から、英語をやらなくていいならできる限り避けたいという学生まで、本学には幅広い英語レベルの学生が在学しているので、英語の必修科目では、7 レベル 12 クラスと英語レベル（TOEIC スコア）に応じた細かいクラス分けを行っています。学生は、このレベルで分けられた同一クラスで英語を学習していくことになります。なお、TOEIC は入学前と 1・2 年次に全学生が受験します。さらに 3・4 年次には英語コースの学生が半期に一度必ず受験することになっています。

また英語力が下のレベルの学生たちを通常の必修科目だけでフォローアップしていくのは難しいので、「Basic Grammar Ⅰ・Ⅱ」という英語を基礎から学ぶ選択科目を履修させたり、本学独自の「Self Study」という英語学習の仕組みを利用させたりし、英語力向上の支援をしています。「Self Study」はいわゆる自習です。必修ですが単位は出ません。でもこれをサボると、3つの英語の必修科目の成績を1ランク下げるという厳しい仕組みになっています。これによりeラーニングで自ら学修するという習慣づけを狙っています。また「セルフスタディ」を管轄しているのは外国語センターという部署ですが、そこには本学の卒業生でTOEICスコア900点オーバーの学生がスタッフとして入っており、教員と学生の中間的立場に立ち、学生の苦手意識の克服の手助けをしています。

英語のレベルが高い学生に向けては、グローバル人材育成の補助金のもとで開設したプログラム Global Career Training 副専攻（GCT副専攻）を開設し、グローバル人材としての素養を高めるためのさまざまな科目を設置しています。GCT副専攻は、言語に特化した Global Language Intensive 科目群、異文化とコミュニケーションをとるためのスキルを身につけるための Global Skills 科目群、そして海外で PBL に取り組むような Global Project Work 科目群の3つの科目群で構成されています。

語学という点でいうと、言語に特化した Global Language Intensive 科目群が豊富に用意されていますし、それからアドバンスド科目として TOEIC スコアによるクラス分けの最上位クラスの学生のみが履修可能な科目をいくつか設定していて、成績上位者が退屈しないように刺激を与える仕組みも用意しています。

(3) 異文化理解に関するカリキュラム

本学の異文化理解に関するカリキュラムでは、指導に用いる言語が、日本語、日英混合、英語のみ、に分かれています。

まず日本語で学ぶ「異文化理解」については、ほとんどの学生が履修します。これは必修ではありませんが、共愛＝共生の精神という本学の理念を、折に触れて私たちが発しているので、学生たちもそれを感じとり、履修してく

156　第2章　進んだ取り組みを行う6大学からの報告

れているようです。2年次後期に多くの学生が履修しています。

　それから、海外初心者向けに、ハードルの低い留学プログラムとして「アジア異文化研修」という科目を設置しています。海外でPBLなどに取り組む「ミッショングローバル研修」という難しい科目もありますが、まずは海外、特にアジアに行き、海外を体感してもらう異文化体験のプログラムが基本です。

　また、日本語と英語の混合で国際語としての英語を学ぶ「World Englishes」という科目、Global Language Intensive 科目群の科目で、英語で日本のことを学ぶ「Speaking of Japan Ⅰ・Ⅱ」、そして国際問題について英語のみで討論をする「English for Global Issues Ⅰ・Ⅱ」という科目なども用意しています。異文化の人々とのコミュニケーション能力の育成を目的とした Global Skills 科目群には、「Multi Cultural Understanding」「Multi Cultural Communication」などの科目が用意されています。

(4) 英語で学ぶ専門科目

　最後に英語で学ぶ専門科目について説明します。

　Global Language Intensive 科目群には、学術的な文章の書き方、調査研究のプロセスを学ぶ「Academic Writing」や、社会問題をテーマに英語で討論できる力を鍛える「英語 Debate Ⅰ・Ⅱ」などがあります。

　また Global Skills 科目群には、英語のみのコミュニケーションの中で問題解決能力を鍛える「Problem Based Learning Ⅰ・Ⅱ」、あるいはリーダーシップ論を海外の文献を使って英語のみで修得する「Global Leadership Ⅰ・Ⅱ」などの科目も用意しています。この Global Skills 科目群では A クラス(TOEIC スコア 600 点以上)と、B クラス(TOEIC スコア 400 点〜599 点)に分け、各クラスの中で大きなレベルの差がでないように調整をしておき、ディスカッションやプレゼンテーションなどを行っています。また TOEIC スコア 399 点以下の学生は履修できない科目なので、履修するためには TOEIC 対策を頑張ってスコアを上げる必要があります。

第1部　グローバル社会に対応した大学教育の現状と課題　157

Ⅲ．　正課の海外留学・海外プログラム

(1)　海外プログラムを促進する取り組み

　次は正課の海外留学・海外プログラムについて紹介します。

　将来、海外にずっと出ているのでなくても、国内にいながらも海外の人とコミュニケーションがとれる、あるいは海外から来た人とコミュニケーションができるような人材の育成を目指しているので、やはりできるだけ多くの学生が海外に行って異文化を体験してきてほしいというのが私たち教職員の心からの思いです。したがってそれを促進する取り組みを仕掛けています。そして現在では学生の約50％が在学中に海外経験をするようになりました。本学が、経済社会の発展を牽引するグローバル人材育成支援（GGJ）で掲げた目標は海外経験者の比率を約60％にするということなので、さらにこれを高めていく方針です。

　英語コースでは海外留学を必須としており、これをしないと卒業できません。また他のコースでも海外留学や海外プログラムへの参加を促進する仕掛けをいろいろと考えています。学生が海外留学に行くきっかけとなっているのが、①「留学セミナー」です。「留学セミナー」では、留学前に行う留学ガイダンスや、先輩が後輩に留学経験を伝えるワークショップなどを開催しています。基本的に留学経験を持つ学生たちがプレゼンテーションをするなど積極的に運営を手伝っており、教職員が話すことはほとんどありません。先輩が「私はこの留学に行ったことで、こういう経験ができた」と話すことによって、「それなら私もやれそうだ、おもしろそうだ」という気持ちを持てるようです。

　次に非常に好評で私たちも嬉しかったのが、②「グローバルビジネスセミナー」です。群馬県伊勢崎市にサンデンホールディングス株式会社（以下サンデン）という自動販売機の製造販売を主要事業の1つとしているグローバル企業があります。本学でそのサンデン海外法人の社長に、英語で講演をしていただきました。私がこういうのも大変失礼なのですが、その英語は大変ブロークンでした。英語コースの学生にすると「え、いいのか？」という印象だったようですが、英語コース以外の学生たちの多くは「必ずしも流暢な英語でなくても、身振り手振りを加えればコミュニケーションがとれるんだ」と感

158 第2章 進んだ取り組みを行う6大学からの報告

じたようです。このように学生に自信をつけ不安を安心に変えるような仕掛けを今後もしていこうと思っております。

③「事前・事後指導」は別のところで触れさせていただこうと思います。

あとは、本学の学生は競い合うことが好きなので、④『語学コンテスト』が各種あります。スピーチコンテスト、ボキャブラリーコンテスト、ライティングコンテスト、そして英語限定のカラオケコンテストなどが多数開催されています。カラオケコンテストでは教職員が審査員として駆り出され、優勝者には学食無料券などが賞品として出ますが、これは学生が企画運営しています。

(2) さまざまな海外プログラム

海外留学先には欧米、アジア、そして最近は東欧にも力を入れ始めました。現在は**図表1-2-28**のような大学や機関と協定と締結を行っています。

こうした締結を元に、海外プログラムを通じて、学生はさまざまな国に出向いて学べる仕組みになっています。例えば英語コースの半年間の留学では、アメリカ、オーストラリア、カナダなどを選択できます。西北大学(交換留学)、アメリカ中期・短期留学、ニュージーランド留学、カナダ短期研修、東欧短期研修(ブルガリア・ルーマニア)、「海外ティーチング研修(オーストラリア)」、「海外フィールドワーク(韓国・フィリピン・台湾)」は経済社会の発展を牽引するグローバル人材育成支援(GGJ)の支援を受ける以前よりあった留学先・研修先です。

このうちの「海外ティーチング研修」というのは、海外で教育実習を経験するものなので児童教育コースの学生しか選択しませんが、このプログラムを経験することで将来教壇に立ったときに、外国籍の子供がいても不安なく指導、教育していくための経験になります。

GGJ に採択されてから拡充したのは、次の2つのタイプの研修です。

まずは語学中心の研修で、上海研修、カナダ研修、オーストラリア研修、アイルランド研修、韓国研修、イギリス研修などを設け、英語コースと国際コースの学生が多く参加しています。

もう一つは、さまざまなグローバルに関わるミッションに取り組む研修です。「海外研修サポートインターン(アメリカ)」、「アジア異文化研修(タイ・

第1部 グローバル社会に対応した大学教育の現状と課題 159

協定締結		
大学名	国名	締結年度
西北大学	中国	GGJ 前
ヴェリコ・タルノヴォ大学	ブルガリア	2013
ミズーリ州立大学	アメリカ	2013
ディミトリエ・カンテミル基督教大学	ルーマニア	2014
南オーストラリア教育庁	オーストラリア	2014
バリア・ブンタウ大学	ベトナム	2014

MOU 締結		
大学名	国名	締結年度
リンフィールド大学	アメリカ	GGJ 前
マッコリー大学	オーストラリア	GGJ 前
ワイカト大学	ニュージーランド	GGJ 前
リムリック大学	アイルランド	GGJ 前
上海大学	中国	2013
ブリティッシュコロンビア大学	カナダ	2013
ボンド大学	オーストラリア	2013
ランガラ大学	カナダ	2013
タマサート大学	タイ	2013
サンカルロス大学	フィリピン	2013
上海交通大学	中国	2014
醒吾科技大学	台湾	2014
東呉大学	台湾	2015
長栄大学	台湾	2015

図表 1-2-28 協定・MOU 締結を行っている大学・機関一覧

台湾)」、「ミッショングローバル研修（タイ）」などを設けました。このような
ミッションに取り組むタイプを用意することで、英語が苦手な学生が多い情
報・経営コースでも海外に行くきっかけになります。

(3) 地域連携で取り組むグローカル人材育成

　地域連携で取り組むグローカル人材育成にはいくつものプログラムがあり
ますが、ポイントは地域との連携、あるいは地学一体ということです。たと
えば「児童向けグローバルワークショップ」では、地域の小学生を集め彼ら
と学生が一緒に行います。それから先ほど申し上げた Global Skills 科目群で
は地域の社会人の方にも来ていただき、一緒に活動しています。

（4）ミッショングローバル研修

　次に「ミッショングローバル研修」について少し補足説明します。

　先月2月に私が担当教員として引率してきた科目で、タイで行う研修です。この研修には各コースの学生が一番幅広く参加しているので紹介します。

　まず研修の2か月前から事前指導として活動を開始しますが、単位外なので放課後を使い教職員・外部講師などが指導します。海外研修の心得や留学中の注意事項、それから留学後に英語でプレゼンテーションをするので、プレゼンテーションのやり方などについても指導します。

　「ミッショングローバル研修」は2週間のプログラムで、まず前半の1週間は現地タイでの語学研修や現地の大学生や教職員と交流するという、現地に慣れるための期間です。後半1週間はミッションをクリアしていく研修ですが、これは傍から見ていても難易度が高いと感じるほどのものです。実際に企業の新人研修を請け負っている業者に依頼して実施していますが、具体的には学生が2〜4人のチームを組み、それぞれのチームに指令が与えられます。例えば「現地の日本食店が現地の大学生の顧客を増やしたい。効果的なプロモーションを考えてください」といった指令が朝10時頃に出されます。その締め切りは午後4時。時間内でどういうことをやればいいのかを考えつつ、街の中で現地の人々にアンケートを取り、プレゼンをまとめて午後4時に発表するというような流れです。こうした何らかのミッションを与えられてそれをクリアするということを毎日繰り返します。

　この研修は各コース横断のメンバー構成でないと実現できないものです。つまり英語コースの学生がいないと英語でコミュニケーションが取れなかったり、情報・経営コースの学生がいないとビジネス感覚がわからない、国際コースの学生がいないとアジア圏の人の考え方がわからなかったりします。各コースの特長を活かすためにコース横断のチームをつくって取り組ませます。先月の研修でお題を出したのはラーメン屋さんでしたが、後半2週目にはその企業の社長立ち合いのもとで、学生が取り組んだミッションの達成か非達成かを検討・判断するということをしました。

　また「ファイナル・ミッション」はサンデンから出してもらうので、Sanden

(Thailand) Co., Ltd.(サンデンのタイ現地法人)でミッションを発表し、その後1か月半後の3月末に事後学習としてサンデン本社にて役員の方々を前に最終報告会を行います。

この研修は「語学を使ってコミュニケーションの先端に立ち活躍するのは自分なんだ」、「語学は得意じゃないけれど下支えはできる、でも最低限のことはわかっていないと役立てないのだな」と学生たちがそれぞれに認識し、さまざまな気づきを持って帰ってくる研修になっています。

Ⅳ. 学修成果の評価

(1) eポートフォリオシステムの教育改善への活用

本学では、こうした学修成果を学生自身でeポートフォリオシステム「共愛キャリアゲート（KCG）」に蓄積することになっています。学習成果指標「共

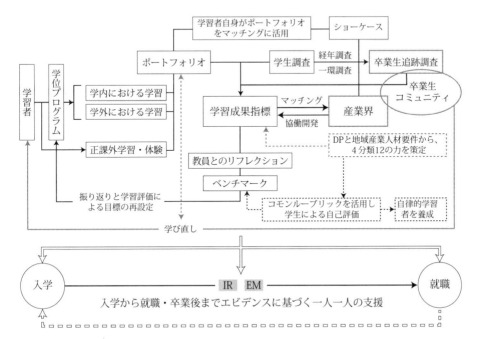

図表1-2-29　4年間の総体としての一人ひとりの学生の成長を可視化するサイクルを作る

愛 12 の力」のうち、その学修成果とそのための活動に関連する能力要素に
タグ付けした上で、学生が自己評価をして KCG に保存したり書き込んだり
します。その上で、その内容を教員とともに行うリフレクションでの材料と
し、学生たちの振り返りのレベルを高めさせています。

　KCG のデータは IR データベースに蓄積され、その IR データの分析を通
じて、カリキュラムデザインの再検討に活かすという仕組みになっています。
実は先ほど紹介した「ミッショングローバル研修」設置の動機は、情報・経
営コースの学生の海外研修への参加が非常に少ないという状況が、分析を通
じて明らかになったことにあります。そこから、情報・経営コースの学生が
活躍できる研修内容とはどういうものか、彼らが参加しやすい研修とはどう
いうものかということを考えて当該科目を設置しました。

(2)　e ポートフォリオシステムの評価での活用

　KCG に蓄積する項目区分には、学内活動、学外活動、資格取得、読書履
歴があります。これらのうち該当する項目区分の中に、科目の学修、留学、
ボランティアなどのあらゆる成果物を蓄積していきます。これらに記録する
際には、記録する活動内容を「共愛 12 の力」のいずれかの能力要素とタグ付
けて書き込みます。年度の終わりには、この記録をエビデンスとして、「共
愛 12 の力」の各能力要素の達成段階の判断基準となるコモンルーブリック
を使って、自分の現状を自己評価していきます。なお、本学のシラバスには、
各科目が「共愛 12 の力」のどの能力要素の育成に該当するのかが記されてい
るので、学生は自分の弱点を知って、次年度にはそれを克服できるように履
修科目を選択することができます。

(3)　自己評価の妥当性：評価値の伸びと他の指標との関連

　自己評価という評価方法については、教員からすると、学生がそれぞれ自
分本位な判断のもとで評価をしてしまうのではないかと危惧しがちです。し
かし、実際の本学での平均値をみると 1 年次、2 年次、3 年次と年次を追っ
て伸びていくことが示されています（**図表 1-2-30**）。また、自己評価を最終的
に確定する前には、学生と教員との面談によるリフレクションで修正するこ

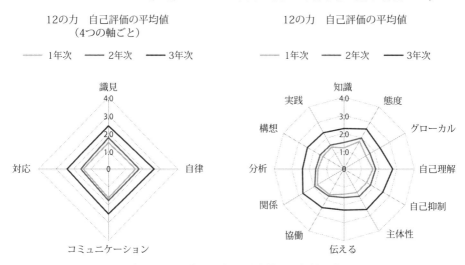

図表1-2-30　自己評価の妥当性：評価値の伸び

とができます。そして、学生の自己評価はGPAやジェネリックスキルを測定するPROGテストなどとも整合性があり、学生は教員が思うよりもしっかりと自己評価ができているということも確認できました。

このように本学では、グローカル人材という教育目標に対し、学生はそれに対応したカリキュラムの中で学び、「共愛12の力」に基づいて自己評価をし、その結果がカリキュラムの改善に活かされるというサイクルで運用しています。

これで終わりにさせていただきます。どうもありがとうございました。

3. グローバル化に対応した能力の育成をアセスメントしている事例報告（3）

山口大学　国際総合科学部　　川﨑　勝

教育目標・アセスメント・教育実践の一貫したカリキュラムデザイン

Ⅰ．学部創設の背景・学部の特徴

はじめに

　後の話とも絡んできますので少し自己紹介をさせていただきます。

　私は、はじめは東京大学理科一類に入学したのですが、そのあと教養学部教養学科第一（総合文化）科学史・科学哲学分科を卒業して大学院へ進みました。大学院は理学系研究科ですが、やっていることは科学史・科学基礎論で、この頃から「お前は理系なのか、文系なのか」と問われ続けていますが、そもそも理系と文系を分けることはおかしいと強く思っています。

　大学院の博士課程を終えた後、1993年に山口大学教養部に講師として赴任しました。当時は、1991年に行われた大学設置基準の大綱化により、全国の大学で教養部改組の動きが一番激しい頃でした。新しい学部をつくることに成功した大学もありますが、山口大学は新学部をつくれず、教養部は解体されました。そして教養部にいた教員は、基本的には各自の専門ディシプリンの学部に分属しましたが、私の場合は山口大学内に自らの専門のディシプリンの学部がありませんでした。そして、一度も医学教育を受けていないにもかかわらず、なぜか医学部に所属することになりました。

　医学教育というと特殊領域と見なされがちなためあまり知られてはいませんが、ここ20年ほどの間、PBLやアウトカム基盤型カリキュラムの早くか

らの導入など、現在進行中の高等教育改革を先取りする形で医学教育は非常に変わりました。その変化の真っただ中で、医学部教育センターの副センター長を続けてきましたが、この間に今日の本題に関わる山口大学の新学部創設プロジェクトに少しずつ関わり始めました。

そして 2012 年に医学部のある宇部市から、もう一度、本部のある山口市のキャンパスに復帰し、2013 年と 2014 年という新学部創設プロジェクトの山場において、実質担当者として文部科学省との交渉と設置審議会への対応を担当しました。

その結果、2015 年に山口大学国際総合科学部ができました。

本日、河合塾から頂いたテーマは、①「教育目標・アセスメント・教育実践の一貫したカリキュラムデザイン」と ②「全員留学と留学前・留学後教育を組み込んだカリキュラム」ですが、時間の関係で①をメインにお話ししたいと思います。

(1) 学部構想の変遷とカリキュラムデザイン

山口大学は地方国立大学ですが、人文、教育、経済、理、医、工、農、あと農学部から派生した共同獣医学部の計 8 学部から構成され、薬と歯を除き国公立大学が持っているようなメジャー系学部はほぼひと通り網羅した大学です。1 学年の定員が約 2,000 人となると、「さて、この大学にさらに新しい学部をつくるとしたら何になるだろう」と思われるでしょう。

最終的に解として到達したのが国際総合科学部で、山口大学の 9 番目の学部として 2015 年に誕生しました。現時点ではまだ 2 年生までしかいないので、やるべきことがたくさんあるこれからの学部ではありますが、その構想は 2006 年の前学長の時代にまで遡ります。

ところで、私立大学の方からすると「国立大学は国からお金がたくさんもらえてうらやましい」という見方があるかもしれません。しかし、そのお金はすべてひも付きです。ひも付きのお金ということは、文部科学省の縛りが厳しいということで、この 10 年間はそのことを痛感し続けた年月でもありました。

新学部構想の展開は大きく 4 段階に分かれます。①現代教養学部 (2006 ～ 2009 年度)、②日本国際学部 (2011 ～ 2012 年 5 月)、③現代国際学部 (2012 年 6 月

～ 2013 年 3 月　※以上は、いずれも仮称）、④国際総合科学部（2013 年 4 月～現在）
です。最初は前学長が共通教育を担当する大学教育センター長出身だったこ
ともあり、全国の地方国立大学に共通して生じている問題である、共通教育・
教養教育の形骸化を解決するために責任部局をつくらなくてはならないとい
うところから構想はスタートしました。そのための学部構想を約 4 年間考え
ていたのですが、2011 年頃にもう 1 つ新たな課題が発生します。それはま
さに本日のテーマとなっている、グローバル化への対応です。

　そこから新学部構想は二転三転するのですが、ただ単にグローバル化対応
だけでは国立大学の新学部としてはなかなか認められないので、頭を悩ませ
ました。

　2013 年 3 月に新学部プロジェクトの前責任者が教育学部長になられたのを
機に、私がこのプロジェクトの責任者となり、最終的にこれからお話しする
ような形の国際総合科学部として結実し、現在に至っています。

　では、カリキュラムに絞って新学部構想の変遷をお話します。

　まず第 1 段階の現代教養学部を構想していたときです。個人的には極めて
心外ですが、教養というと広く浅い雑多なものの寄せ集めというイメージが
世間には根強くあります。これはおそらく戦後一貫して続いてきた教養教育
が 90 年代に潰された最大の理由だと思いますが、どうやったらそうしたイ
メージから脱却できるだろうかという問題意識に基づいてカリキュラムを構
想していました。

　第 2 段階の日本国際学部構想は、本学執行部の問題意識に基づき、グロー
バル化対応の要素をどうやってカリキュラムに取り込むかが大きな課題でし
た。自画自賛ですが、それなりのカリキュラム構想ができたと思ったのです
が、文部科学省は全く相手にしてくれませんでした。

　そこで第 3 段階の現代国際学部の構想では、学部の性格付け・アイデンティ
ティを明確にしようということになりました。これを特定の専門的な学問分
野に求めること、すなわち既存学部のようにディシプリン・ベースドでいく
ことは到底不可能と考え、だとしたらアウトカム・ベースドでいくしかない
と方針を立て、それまでの 2 段階での構想をブラッシュアップしました。こ
のディシプリン・ベースドとアウトカム・ベースドについては、後でもう少

第1部　グローバル社会に対応した大学教育の現状と課題　167

し詳しくお話しします。

　それでもなかなか文部科学省は納得してくれません。文部科学省の方からは「私立や公立にできるものは国立には要らない」とはっきりと言われました。そこで私たちも「それだったら考えを変えてやりましょう」となりました。

　それから私学の国際系学部について改めて全部調べ上げました。「国際教養」をはじめとして極めて多様な学部名がありますが、ほぼ全大学で教育内容は人文・社会科学系がメインです。国際化対応でさまざまな要素が付け加えられてはいますが、ベースとなっているのはやはり基本的に人文・社会科学なのです。だったら、本学はいわゆる理系的内容も等しく重視した方向でいこうと思いました。そこで名称を④の「国際総合科学部」に変え、カリキュラム全体の新たな方向性も明確にしました。この後、急に文部科学省の受けがよくなりました。

(2) 学部が目指すこと、学部の根本原理、そして人材像

　さて、学部の教育上の目的を明確にするために、養成する人材像を学部規則に明言しました。

　「本学部は、現代および近未来社会が直面する複合的で解決困難な科学技術が関与した諸問題に対し、科学技術および国際社会に関する複眼的・総合的な理解・洞察に基づき、主体的・能動的に働きかけ、課題を適切に設定し（発見し）、他者と協力して粘り強く探求し（はぐくみ）、解決策を提示できる（かたちにする）人材（グローバル・サイエンス・コーディネーター）を養成することを目的とする。」（山口大学国際総合科学部規則 第2条）

　要するに、現代社会が直面する複合的で解決困難な問題を解決できる人材を養成しようということです。現代社会ではどんな問題をとっても、たとえば地球環境問題にしろ、エネルギー問題にしろ、人文・社会系・自然科学系のすべての英知を上手く組み合わせないと解決できません。これはわかりきった話です。現実の問題が、これは文科系用の問題、あれは理科系用の問題といったように、分かれているわけでは決してありません。

　その後に『発見し、はぐくみ、かたちにする』という山口大学の理念をそのまま盛り込みましたが、要点としては、複合的で解決困難な課題の解決に

取り組める人間を養成するということです。

　ではそういった人間とは具体的にどのような人間でしょうか。ここでもう一度、ディシプリン・ベースド vs アウトカム・ベースドという話に戻ります。

　当然のことですが、従来の大学の大多数の学部は、まずは学問分野ありきです。それは学部名称に表れています。たとえば法学を学ぶから法学部であり、経済学を学ぶから経済学部です。理学というのはサイエンスのことですから、サイエンスを学ぶ理学部であると。大学の学部の基本設計は明治時代を引きずっているため、基本的にディシプリン・ベースドなのです。

　ディシプリン・ベースドで学部ができてしまえば、カリキュラムも必然的にディシプリン・ベースドにならざるを得ません。たとえば物理学だったら力学、電磁気学、熱学、さらに発展して量子力学や相対性理論なども学ぶ。ディシプリンの体系がそのままカリキュラムになるわけです。

　しかし山口大学の場合は、先ほど触れた新学部構想の第3段階でディシプリン・ベースドではなくアウトカム・ベースドの新学部を積極的に目指すことにしました。第二理工学部でもつくらない限り、ディシプリン・ベースドの学部はもうつくれない以上、発想を変えるしかないからです。

　大学の教員はみな、ある特定のディシプリンの専門家ですから、一番楽なのは自分のディシプリンについて学生に教えることです。しかし、アウトカム・ベースドの新学部では、教員が「何を教えたいか」ではなく、学生が「何を身につけるか」を中心にカリキュラムを一からつくり変えようとしました。それでできたのが「学位プログラム方式」に則ったカリキュラムです。

　文部科学省が4年間の学士課程を学位プログラムにしろといっても、本学も含めて多くの大学では、共通教育ないし教養教育プラス専門教育の実質的に2階建て構造をなかなか解消できないわけです。しかし、私たちは一から新規に学部をつくるのだから、カリキュラムも初めから4年間の学位プログラムとして全部つくろうとなりました。

　個人的にはディシプリン・ベースドにもメリットは多数あると思うのですが、既存の学問体系をまず前提にするので、どうしても教員主導になりやすいことは否めません。また、学問の自己目的化、専門の細分化、あるいは象牙の塔と言われてしまうような社会のニーズとの乖離などがどうしても生じ

第1部　グローバル社会に対応した大学教育の現状と課題　169

やすい。それらの課題をなんとか解決したいという思いもありました。

　アウトカムというのは、私たちの学部を卒業していく学生さんが身につけ
ている能力のことに他なりませんので、学部規則に明記したような卒業生の
人材像の明確化が最も重要です。幸いなことに私たちは、新しいものを一か
らつくれるので、その意味で楽だったのですが、それでも「グローバル・サ
イエンス・コーディネーターとは何だ、わけがわからない」とさんざん周り
から批判されました。しかし私たちが重視していたのはコーディネーターを
育てるということです。既存の学部だと、基本的にその学問分野の専門家、
つまりスペシャリストを育てることが目標になります。しかしこの新学部で
育成したいのはスペシャリストではなくコーディネーターです。分野、国、
あるいはジェンダーなど、現実社会には極めて多数のさまざまな境界がある
わけですが、そうしたボーダーを越えていき、多様な人々を結びつける。必
ずしもリーダーになるかどうかはわからないけれど、ボーダーで隔てられて
いた人たちを結びつけてチームにすることができるような人材。これを新学
部が養成する人材像の基本設定といたしました。

(3) カリキュラム全体像の転換と概念図

　カリキュラム全体像の転換についてですが、私のように昔の時代の大学教
育を受けた人間だと、まずは知識・理解など認知領域に関する項目を重点的
に教えることを考えてしまいがちです。大学教員はやはり講義したがりです
し、こうやって人前で話すのが大好きですから、一方的に説明しがちです。
しかし、カリキュラムの重点を知識・理解よりも実践的な技能(スキル)、具
体的には課題解決能力とコミュニケーション能力を養成するように変えてい
くことを考えました。

　そこで、カリキュラムを構成するいくつかの大きな科目群を設定したので
すが、そのうちの「課題解決科目群」と「コミュニケーション科目群」の2つ
を4年間を通じて最重要視することにしました。

　この2つの能力の育成を中心として、その成長に比例するように、その周
りに螺旋的に知識・理解を深める科目を配置するようなイメージでカリキュ
ラムをつくりました。

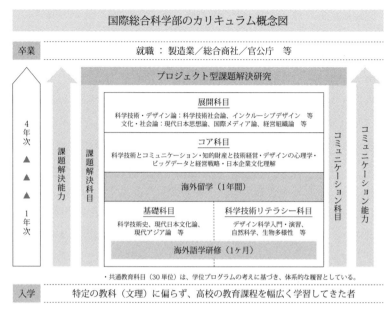

図表 1-2-31　国際総合科学部カリキュラム

　秋田の国際教養大学方式の1年間の留学をどのように組み込むかで苦心しましたが、最終的には**図表1-2-31**のカリキュラム概念図のようになりました。最初の1年半は、「基礎科目」と「科学技術リテラシー科目」を学びます。それから特徴的なものとしては大学1年次の夏休み後半、後期開始直前に1カ月フィリピンに語学研修に行きます。これはなかなかハードなプログラムで、朝8時から夜の10時まで、1日12時間ぐらい勉強します。しかし、1年間の留学にあたって語学力は必須ですし、研修前後でTOEICスコアが100点ほど上がるので、効果は大きいと思っています。

　その後に1年間の海外留学があります。これは、基本的に大学間協定を結んだ提携校に交換留学の形で留学します。逆に言えば、当学部は毎年100人弱の海外からの留学生を受け入れています。

　海外留学からの帰国後には、必修のコア科目（10単位）と、カリキュラム前半と比較すると、実際に選択する科目数はそれほど多くないのですが、展開科目があります。

第1部　グローバル社会に対応した大学教育の現状と課題　171

概念図だと、図の両側の「課題解決科目」と「コミュニケーション科目」を通じて、この2つの能力を段階的に修得していきながら、真ん中の科目群で課題解決の過程で使うことができる知識・理解を肉付けしていくというのが大まかなカリキュラム概念図の構成です。

(4) 能力基盤型カリキュラム

従来のカリキュラムは、いくつかの科目を上手く組み合わせて科目群とする、科目基盤型、いわゆるサブジェクト・ベースドのカリキュラムだと言っていいと思います。この科目基盤型のさらにベースになるのがそれぞれのディシプリンです。

これに対して私たちが目指したのは、コンピテンシー・ベースです。学生が卒業時に修得している能力をアウトカムと言いましたが、学生が身につけるアウトカムですから、これは即ちコンピテンシー（能力）と同一です。さらに、コンピテンシーを具体的に落としこんでいったものが、本学部のディプロマポリシーとなります。

既存の学部は、既に教えるカリキュラムが存在しており、後からディプロマポリシーをまとめる形になったため非常に大変だったと思うのですが、本学部の場合は白紙に書けたので、最初から「まずディプロマポリシーありき」で進めることができました。

このような「能力基盤型カリキュラム」という発想に、文部科学省は非常に関心を示ししてくれたのですが、同時に「ではその能力が身についたことを数値的に示すシステムをつくれ」という厳しい注文を受けました。最初は途方に暮れましたが、なんとかつくりあげたのが「YU CoBCuS（ワイユーコブカス）」です。

(5) YU CoBCuS（ワイユー　コブカス）とは

「YU CoBCuS」は山口大学能力基盤型カリキュラムシステム（Yamaguchi University Competency Based Curricular System）の頭文字をとって並べたものです。最初は単に「Competency Based Curricular System」でしたが、できあがったシステムについて文部科学省から高く評価され全学に広めるべきだとなったので、

山口大学の YU を頭につけました。

　YU CoBCuS は、現在まだ構築途上で半分ほどでき上がった段階なのですが、最終的にはシラバス、学修ポートフォリオ、ルーブリックなどを統合したものになります。一番中心にしたいのは、Self-Directed Learning ＝自己主導型学修です。これを電子的に実現するシステムです。これから具体的な中身をお話しします。

　実は YU CoBCuS は白紙からつくりあげたのではなく、実質的なアイデアの 8 割、オリジナリティは新潟大学にあります。ご存知の方もいらっしゃると思いますが、新潟大学が「NBAS（エヌバス）」というシステムをつくり活用しています。新潟大学の HP にも掲載されているのですが、わからないところもあるので、私たちも新潟大学に話を聞きに行きました。

　NBAS は各科目とディプロマポリシーがマトリックスになっていて、それぞれの科目がディプロマポリシーの各能力に対してどれだけ貢献しているのかを表現しています。最大の特徴は、ディプロマポリシーへの貢献度の合計値が 100 になるように設計されているということです。よくここまで考えて始められたものだなと思いました。

　この NBAS を元にして、私たちは独自の改良を加えました。NBAS のマトリックスでは横の合計だけですが、私たちの改良点は縦の合計も出して活用するということです。その縦の合計数値がどのようなレベルにあるかを、学生への指導に活用し、また卒業要件にもしました。これが後に説明しますが「基準スコア」、「個人スコア」に関することになります。

II．ディプロマポリシー

(1) ディプロマポリシーの紹介

　以下がディプロマポリシーですが、これが肝であることは自覚していたので細心の注意を払って設定しました。

---

1. 幅広い学識とその活用能力
科学技術や思想・文化、政治・経済に関して幅広い学識を有し、様々な状

第1部 グローバル社会に対応した大学教育の現状と課題 173

況において、その学識を活用することができる。

1-1 科学技術に関する知識・理解

科学技術に関する基礎的な知識を修得して、科学技術が関わる現象や社会的問題について考察することができる。

1-2 思想・文化に関する知識・理解

思想・文化に関する基礎的な知識を修得して、多文化・異文化を理解し、それらへ積極的に関わることができる。

1-3 政治・経済に関する知識・理解

政治・経済に関する基礎的な知識を修得して、社会的問題について考察し、良識ある市民として行動することができる。

1-4 知識の活用能力

様々な状況において自らの知識を活用することができる。

2. コミュニケーション能力と共働力

優れたコミュニケーション能力を有するとともに、多様な文化的背景を有する人々の相互理解を促進し、国際舞台で彼ら／彼女らと共働することができる。

2-1 情報収集・処理能力

ICT、多様なメディア、フィールドワーク等を活用し、問題に関する適確な情報収集と処理ができる。

2-2 多文化理解能力

複数の文化の中での経験を有し、その経験を通じ多様な文化に対して先入観や偏見を持たずにそのあり方を尊重することができる。

2-3 コミュニケーション能力

バーバル（言語）及びノンバーバル（非言語）コミュニケーションスキルを駆使し、多様な文化的背景を持つ他者の心的、頭脳的環境に入り、深く渡り合うことができる。

2-4 自己省察能力

他者との関わりのなかで、自分自身のあり方を客観的に振り返り、自らの立ち位置を正確に見定めることができる。

2-5 共働力

国際舞台を活動の拠点として、そこでチームを組み共働して問題解決に当たり、新しいライフスタイルや価値を生み出すことができる。

3. デザイン思考と課題解決能力

山口大学の教育理念である「発見し・はぐくみ・かたちにする」というデザイン思考のプロセスを実践することができる。

3-1 深層ニーズ把握能力

観察・共感・洞察のプロセスを通じ、人々の潜在的ニーズを明らかにしていくことができる。

3-2 課題設定能力

問題点を整理して課題を明確化し、目指すべき理想の状態を定めることができる。

3-3 着想練り上げ能力

理想の状態にたどり着くことを支援するアイデアを生み出し、練り上げることができる。

3-4 着想具現化能力

アイデアを実際に形にすることで、上手くいきそうな部分を確認したり、さらにアイデアを発展させるきっかけにしたりすることができる。

3-5 着想検証能力

本当に目標を達成できるのかどうか、多様な人々の声を聞いてアイデアを検証することができる。

4. 科学的思考と調整・統合能力

科学技術が関与する唯一解が存在しない現代的諸課題に対して最善解を見出すため、様々な分野の人々の意見や考えを調整し、ひとつにまとめ上げることができる。

4-1 科学的思考・推論力

現代科学の自然認識法や方法論を修得するとともに、ロジカルシンキングや統計学的分析法等の科学的推論のためのスキルを使いこなすことができる。

第1部　グローバル社会に対応した大学教育の現状と課題　175

4-2 科学技術・社会洞察力

1 で修得した能力をもとに、グローバル化した現代社会で生じる科学技術が関与した諸課題に関し、統合的見地から考察して具体的問題点を明確化することができる。

4-3 触媒能力

2 で修得した能力をもとに、専門分野や文化的背景が多岐にわたる異質な者たちを結びつけ、4-2 で明確化した問題に対処するためのチームを形成することができる。

4-4 調整・統合能力

3 で修得した能力をもとに、4-3 で形成されたチーム内での自分の役割を正確に理解した上で、チーム全体で実現可能な解決策を提示し、実践することができる。

ディプロマポリシーは並列ではなく 1 から 4 へと流れていくイメージです。まず 1 からスタートして、それを踏まえ 2 があり、さらに 3 があり、最後に 4 に重点が移行していきます。

次に科目ごとのディプロマポリシーへの寄与率の説明をします。

(2) 科目ごとのディプロマポリシーへの寄与率

科目ごとのディプロマポリシーへの寄与率という考え方については大部分が NBAS と同じです。各科目の 1 単位につきスコアの合計が 100 点満点になるように構成しています。

たとえば、**図表 1-2-32** で「国際科学総論」はディプロマポリシーのどこに貢献するかというと、イントロダクションが中心の科目ですから「知識・理解」に関する部分の比重が大きくなっています。それから「科学的思考・推論力」「科学技術・社会的洞察力」で、この科目は 2 単位なので合計で 200 点となります。

このような作業を全科目に関して行い、200 行を大きく超えるマトリックスができ上がりました。本学の HP にすべてが載っているので、ぜひご覧く

176　第2章　進んだ取り組みを行う6大学からの報告

科目区分	授業科目の名称 / ディプロマ・ポリシー	配当年次	単位数		知識・理解（DP1）				コミュニケーション（DP2）				
			必修	選択	DP1-1 科学技術に関する知識・理解	DP1-2 思想・文化に関する知識・理解	DP1-3 政治・経済に関する知識・理解	DP1-4 知識の活用能力	DP2-1 情報収集・処理能力	DP2-2 多文化理解能力	DP2-3 コミュニケーション能力	DP2-4 自己省察能力	DP2-5 共働力
卒業基準スコア（大項目）※ 1.1 倍した数値を表示					3,944				3,487				
卒業基準スコア（小項目）					980	715	625	1,265	1,160	550	595	430	435
基礎科目（必修21単位）	国際総合科学総論	1前①②	2		40	40	40	40					
	科学技術史	1前①	1		25	15	10	15	5				
	科学技術哲学	1後③	1		25	15	10	15	5				
	環境と人間	1前①	1		25	10	15	15	5				
	食と生命	1前②	1		25	10	15	15	5				
	社会と医療	1前①	1		25	10	15	15	5				
	運動健康科学	1後③	1		25	10	15	15	10				
	哲学	1前①	1		5	45	10	25	15				
	歴史学	1前②	1		5	45	10	25	15				
	社会学	1後③	1		5	10	40	15	15				
	政治学	1後④	1		5	10	40	15	15				

図表1-2-32　YU CoBCuS のマトリックス

ださい。

　次に縦列について説明します。たとえばディプロマポリシーの小項目の「科学技術に関する知識・理解」について、全科目の数値を足すと980点になります。ちなみに必修科目はそのまま足していきますが、選択科目についてはさまざまなバリエーションを考えて、一番少なくなる値を採用しました。同様に、「思想・文化に関する知識・理解」は715点、「政治・経済に関する知識・理解」は625点、「知識の活用能力」は1,265点です。このように各科目がディプロマポリシーの各項目にどれだけ寄与しているかが合計の数値で分かります。これが「基準スコア」です。

　そして、その上の行ではディプロマポリシーの大項目ごとの合計値も出てきます。

第1部　グローバル社会に対応した大学教育の現状と課題　177

Ⅲ．　スコアと評価

(1) 基準スコア・個人スコア

そしてここがポイントですが、「個人スコア」ではある単位を取得したとき
に、その基準スコアに成績による傾斜をつけて数字を算出します。そしてそ
の合計値を出すという手順を踏みます。傾斜の係数は、多くの大学と同じ秀・
優・良・可（不可）の4段階評価を行い、「良」なら基準値と同じ、「優」なら
基準値の 1.2 倍、「秀」なら 1.4 倍、逆に「可」の場合は 0.8 倍です。こうする
ことで個人スコアは、科目ごと、ディプロマポリシーごとに計算できます。

たとえば、あるディプロマポリシーの項目の基準スコアが 40 であるとす
ると、成績が「秀」なら 56、「優」なら 48、「良」なら 40、「可」なら 32 が個人
スコアになります。

(2) YU CoBCuS に基づく卒業要件、DP 達成度による評価

先ほど触れたように、個人スコアはそのまま卒業判定に使います。卒業要
件は、ディプロマポリシーの小項目ごとに、全体項目が「個人スコア（合計値）
≧　基準スコア（合計値）」となっていることです。これは要するに、すべて
「良」なら卒業できますが、すべて「可」なら卒業できないということを意味
しています。ただ、これだけだと厳しすぎる可能性もあるので、「ゾーン合格」
というものを設定しています。

これは次のような仕組みです。大項目は小項目に区切られていますが、た
とえばその大項目の中の小項目4つのうち、たまたま1つが基準以下という
場合は、救済手段として大項目の値が「大項目基準値×1.1」を上回っていれ
ば「ゾーン合格」とします。

以上述べてきましたように、YU CoBCuS とは、ディプロマポリシーの各
項目の要素を全部満たしているかどうかを判定するために開発したシステム
です。

次に他の評価基準・要件との比較ですが、まず「単位制度」との関係です。

大学設置基準ではこれしか設定されていないわけですが、要するに1単位
につき 45 時間、2 単位で 90 時間が学修したとされている時間です。単位制

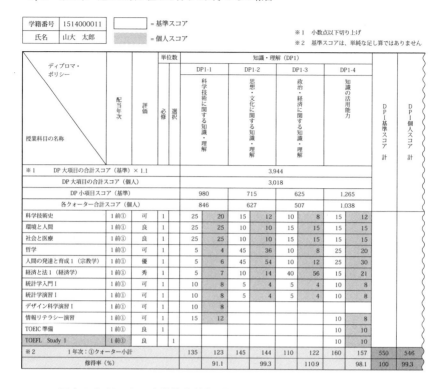

図表1-2-33　山口大学能力基盤型カリキュラムシステム YU CoBCuS

度の実質化ということが言われるのは、逆に暗黙のうちに単位制度の基本となっている90時間の学修を学生はしていないだろうと考えられていることに他なりません。次に「GPA」において最大の問題点だと思うのは、科目によって趣旨も位置づけもやり方もまったく違うのに単純数値平均をとっているわけですが、そこに何の意味があるのかと聞かれたら、おそらく答えられる人はいないのではと思います。

　このような単位制度やGPAに対して、「YU CoBCuS」の場合はそれぞれの科目がそれぞれの能力に、どのような重みで対応するかという観点でつくられているわけですから、意味があると思っています。

　次図（図表1-2-33）は学生の成績表の一例です。評価に秀・優・良・可がありますが、「科学技術史」で「可」をとると基準スコアは25だから、個人スコ

第 1 部　グローバル社会に対応した大学教育の現状と課題　179

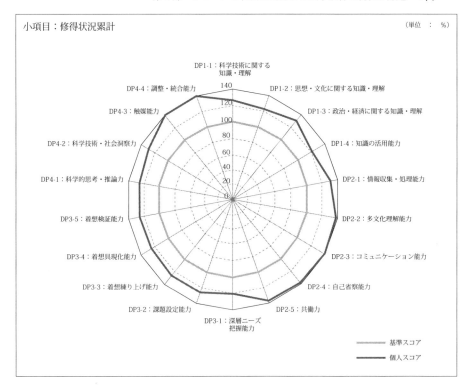

図表 1-2-34　国際総合科学部　YU CoBCuS 1 年生②クォーター

アは 20 になります。図には 1 年次第 1 クォーターの合計値が出ています。ディプロマポリシーⅠ-1 では基準スコア 135 に対し 123 しか取れていません。「もう少し頑張りましょう」となります。

　YU CoBCuS はちょうど今年度の終わりに電子化されたところですが、これまで 2 年間は紙で行っていました。ディプロマポリシーの各項目に関して、どれだけ取れているかをレーダーチャート（**図表 1-2-34**）やヒストグラムなどで視覚化した資料を用意して、学生には基準スコアと個人スコアの比較が一目で分かるように示しています。

(3) YU CoBCuS を活用した修学指導と狙い

　最後に YU CoBCuS を使った修学指導についてです。

180　第2章　進んだ取り組みを行う6大学からの報告

　来年度から学生には、先ほどから説明した内容が全て WEB 上で確認できるようになります。加えて、日ごろの学修過程のポートフォリオもあり、この2つを元にして学生はリフレクション・シートを作成します。

　クォーターが終了するたびに、ディプロマポリシーの項目ごとに自分がどれだけのスコアが取れたか、その良かった点や悪かった点を含むリフレクション・シートを作成し、担任教員に提出して担任教員からアドバイスを受ける、またセメスター終了時には個人面談も行うという修学指導システムを整えています。

　これは文部科学省からも想像以上に好評でした。

　最終的には、学生が自ら学びたいテーマを設定し、自発的・自律的に学んでいくこと、つまり Self-Directed Learning ができる Reflective Learner の育成が目的です。そして卒業後には Reflective Learner Practitioner となってくれることを目標に、修学指導を積み重ねていこうと思っています。

　留学前の学部カリキュラムの前半は、必修科目の割合が高くなっていますが、留学後の後半には選択科目が増えます。選択科目の履修指導を行うときには、必修科目についてのリフレクション・シートを活かして、それぞれの学生の長所や弱点に合わせた修学指導が行えると思います。

　ご清聴どうもありがとうございました。

第3章　グローバル社会に対応する世界と日本の大学の動向と、河合塾の調査に寄せて

文部科学省　国立教育政策研究所　高等教育研究部長
深堀　聰子

1　グローバル社会に対応するための大学教育の世界の現状について

■グローバル化が問題ではなく、そこから生まれる分断にどう向き合うのか
　——「グローバル社会に対応する大学教育」について、世界の現状はどんな感じなのでしょうか。

深堀聰子(以下、深堀)　昨年(2016年)5月にCALOHEE(欧州連合エラスムス・プラス補助金による「欧州高等教育における学修成果達成度の測定(Measuring and Comparing Achievement of Learning Outcomes in Higher Education in Europe)」事業)の会議がイタリアのピサ大学であり、ヨーロッパ各地の大学関係者とご一緒しました。ちょうどイギリスのEU離脱を支持するボリス・ジョンソン・ロンドン市長(当事)による差別的・排斥主義的な発言が話題になっていました。グローバル化がもたらしてきた摩擦や軋轢を目の当たりにして、「このままでいいのだろうか」と皆さんが強い危機感を抱いておられたのが、大変印象的でした。欧州では、中世以来、学生や大学教員の国境を越えた交流や移動に高い価値がおかれてきました。中世大学を代表するピサ大学で開催されたその会議では、大学教育のグローバル化を進めていくことが社会の発展にとってどのよう意味を持つのかということが、改めて熱く議

論されました。

　日本でも、昨年の日本比較教育学会では、年次大会の前日に、イギリスのEU離脱是非を問う国民投票の結果のニュースが舞い込み、会員間で衝撃が共有されました。公開シンポジウム「2030年に向けた教育を展望する」は、先進国も開発途上国も共通して取り組むべき「持続可能な開発のための2030年アジェンダ」が国連総会で採択されたことを受けて開催されたものでしたが、ローカルな多様性を尊重しながら、グローバル・スタンダードを目指すことの難しさや矛盾、ローカルな文脈に依存しない汎用的なコンピテンスを育成することが要請されている背景や課題、その中で見過ごされてしまう格差の問題などに関する検討が深められました。

　『グローバリズムが世界を滅ぼす』（文春新書、2014年）は、フランスの歴史人口学者のエマニュエル・トッド氏と日韓の論客による国際シンポジウムの記録です。各国の雇用や産業を保護するために設けられてきた規制を撤廃することが、世界経済の発展をもたらすというグローバル（新自由主義）経済の考え方は誤りであり、グローバル経済こそが経済格差と社会不安をもたらしてきたというのが、論者らの分析です。実際、昨年のアメリカ大統領選は、グローバル経済を牽引してきたアメリカにおいて、グローバル経済がいかに痛々しい爪あとを残してきたかに気付かせてくれます。確かに、グローバル経済は経済格差と社会不安をもたらし、社会を分断する方向に作用してきました。

　その一方で、人々の国境を越えた交流と移動は、異なる国の人々の間に融和と相互理解をもたらし、国際社会の諸課題は複合的で多元的であるため一筋縄で解決することはできないことについて、共通認識をもたらしてきたのも事実です。人々の行動領域、情報ネットワーク、認識枠組みのグローバル化は非可逆的であり、国民の大部分が国民国家の枠組みの中だけで暮らしていた時代に逆戻りすることがもはや不可能であることは明らかです。そうであるのならば、グローバル化の問題分析と批判に留まることなく、グローバル経済がもたらす社会の分断に向き合い、それが「どこで」「なぜ」起きており、「どのように」解決することができるのかを検討することに注力する必要があると思います。グローバル社会の新秩序を構築し

第 1 部　グローバル社会に対応した大学教育の現状と課題　183

ていくことは喫緊の課題であり、英知を結集して取り組まなければなりません。

　新しいグローバル社会をデザインしていく営みにおいて、大学は大変重要な役割を担っています。研究においては、グローバルな課題に焦点をあてた文理融合型の学際的研究が急速に発展しています。教育においても、グローバル人材育成に取り組む大学が増えてきています。グローバル人材育成では、外国語によるコミュニケーション能力や異文化理解に焦点が当てられがちですが、それだけでは十分ではありません。新しいグローバル社会をデザインしていく人材には、立場の異なる人々との粘り強く対話を続け、多様な能力を持つ人々と積極的に協力し、複合的問題を総合的に解決していく高い次元の能力が求められます。次世代の人材育成を担う大学は、そうしたグローバル人材育成の視点を、日々の教育活動の中に浸透させ、総力を挙げて取り組むことが期待されています。

■ヨーロッパやアメリカでのグローバル社会の進展

　——大学を取り巻く環境という意味での、ヨーロッパやアメリカにおけるグローバル化の進展をどのようにとらえていますか。

深堀　国境を越えて人々が自由に交流したり移動したりできる社会をグローバル社会だとすれば、社会のグローバル化に先導的に取り組んできたのは、ヨーロッパです。統一通貨を持ち、国境検査を撤廃することで、統一経済圏の確立が目指されてきました。学位と単位と質保証の仕組みを共有する欧州高等教育圏の確立することで、資格のある学生が自由に大学間を移動できる仕組み作りも進められてきました。それは、20 世紀ナショナリズムと二度の世界大戦によって分断されたヨーロッパを、一つの共同体へ再統合することへの共通の意志に支えられて進められてきたのです。欧州債務危機は、経済競争力の異なる国々が通貨を共有することの矛盾点を露にし、克服すべき課題が数多くあることを明らかにしています。しかしながら、イスラム教徒であるサディック・カーン氏がイギリス市長に就任（2016年 5 月）したこと、オランダ総選挙で極右政党のヘールト・ウィルダース党首が敗退（2017 年 3 月）したこと、EU との関係強化を掲げるエマニュエル・

マクロン氏が極右政党のマリーヌ・ル・ペン氏に大差で勝利してフランス大統領に就任（2017年5月）したこと、イギリスのメイ首相がブレグジット（イギリスのEU離脱）交渉に向けた足場固めのために前倒しして実施した総選挙で過半数割れ（2017年6月）したことなどに見るとおり、ヨーロッパの人々の多くは分断を望まず、共存の方法を粘り強く模索していることが分かります。様々な違いを乗り越えて、グローバルな合意を形成していこうと努力を続けるヨーロッパの経験は、日本にとってとても参考になると思います。

　グローバル経済を牽引してきたアメリカは、おそらく一貫してプラグマティックに、自国中心主義だったのではないでしょうか。これまで、アメリカにとってプラスになると考えられてきたから、移民を受け入れて、規制緩和も行ってきました。しかしながら、トランプ大統領の支持基盤はそのように考えなくなったため、一転して移民・難民の入国を制限する大統領令が発出され、環太平洋パートナーシップ協定（TPP）からの離脱（規制緩和反対）が表明される一方で、パリ協定からの離脱（規制反対）も表明されました。アメリカはグローバル化を、ヨーロッパのように理念に基づいて進めてきたわけではなく、自国の利益に叶う限りにおいて推進してきたと言えるのではないかと思います。

　アメリカの建国の理念は「自由・平等・幸福の追求」です。移民国家アメリカは、この理念を共有し、自己の能力を最大限に発揮して努力する個人に対して、人種・民族性に関わらず、門戸を開放してきました。そして、自助がかなわない社会低弱者に限って、政府の公的支援が提供されてきました。このようにして、18世紀末に建国した若い国アメリカは、20世紀半ばまでに未曾有の国力を蓄えてきました。しかしながら、アメリカの国力が相対的に低下する中で、建国の理念に反してでも、雇用と産業の保護を求め、新たな移民の流入による自由競争の激化を阻止することを求める勢力が強まった、と見ることができるのではないでしょうか。

——グローバル社会に対応した人材を育てるという点で、アメリカの大学はどうなのでしょうか。MOOCsなどを通じて世界から優秀な人材を集

第1部　グローバル社会に対応した大学教育の現状と課題　185

めるということは行われていると思いますが。

深堀　アメリカの大学でも、もちろんスタディ・アブロードなどのグローバル・プログラムが積極的に導入されています。どちらかというとアメリカ人学生に幅広い視野や知識・能力をエンリッチメント（発展学習）として与えることを目的とした、サマー・プログラムやセメスター（1学期）・アブロードなどの短期間オプションとして提供されているものが主流です。スタディ・アブロードが学位プログラムの要素として統合的に組み込まれているケースや、大学教育のあり方を本質的に変える意図を持ってグローバル化が全学的に進められているケースは一般的ではないと思います。

　アメリカ人は、野球のメジャーリーグベースボール（MLB）の優勝決定戦を「ワールドシリーズ」と呼びます。このことが象徴するように、アメリカが世界の中心だと思っているフシがあるのではないでしょうか。アメリカの学会でも国際部会は少なく、国際的な動き、ヨーロッパやアジアの動きに対してあまり関心を示さない研究者が多いと感じます。

　1999年にボローニャ宣言（ヨーロッパの大学の学位の質を同等とみなすことができるようにするための諸手続きに関する政府間合意）が調印されたとき、アメリカでも著名な高等教育研究者であるポール・ガストンやクリフォード・エイデルマンが取り上げたことで、一定程度関心が高まりましたが、数年で風化してしまいました。ボローニャ・プロセスを実質化するためにヨーロッパで手掛けられたチューニング（学問分野別学修成果枠組みに関する合意形成の取り組み）についても、ルミナ教育財団の補助金によって複数の州高等教育システムで同様の取り組みが着手されましたが、その成果は十分に共有されることなく、学問分野横断的な学修成果枠組みに基づく学位資格プロフィール（Degree Qualification Profile）の取り組みに再編されてしまいました。

　一方で、アメリカの大学は、世界から優秀な学生を集めることに積極的です。夏休みなどには、外国の高校生と保護者を対象とした大掛かりなキャンパス・ツアーが企画されています。ただし、国から派遣されている国費留学生を除けば、留学生は基本的には卒業後もアメリカに残って就労することが想定されています。私もアメリカに留学していましたが、「なぜ日

186　第3章　グローバル社会に対応する世界と日本の大学の動向と、河合塾の調査に寄せて

本に帰るのか」と不思議がられました。アメリカ人は、世界中の人々がアメリカで暮らしたいと思っていると考えがちです。アメリカ人の中には外国に親戚がいる人が少なくありませんが、ノスタルジックな部分以外では、差し迫って世界とのつながりは求めていないというのが、アメリカ人のグローバル化に対する基本スタンスではないでしょうか。

■アジアでのグローバル社会に対応した大学教育の現状

——ヨーロッパとアメリカについてお話いただきましたが、アジアはどうですか。

深堀　中国では、1990年代後半より、海外に在住している研究者の帰還を促進する「海亀政策」が政府主導で展開されてきました。実際に、北京大学や清華大学などのトップ大学を訪れると、若い欧米帰りの研究者がたくさんいます。グローバル・スタンダードを積極的に中国スタンダードにしていくことで、世界大学ランキングにおける中国の大学の地位が躍進してきたのは事実です。中国は世界に伍して競争していくための科学技術政策を、国家戦略として積極的に進めています。

　一方、中国の大学は、教育課程のあり方も含めて、中国共産党の管理下にあります。「西側の価値観」が大学に浸透することを警戒する政府の動きも報道されています。中国の大学におけるグローバル人材育成は、政府の監視の下に慎重に進められていると思われます。

——「グローバル化が生み出した格差をどう解決していくのか」というヨーロッパの大学の動きは、今後、大きく進むのでしょうか、何か大きな問題があって難しいのでしょうか。

深堀　グローバル経済が生み出した社会格差の問題を、大学が直接解決することは難しいと思います。

　その一方で、冒頭でもお話しました、グローバル経済がもたらしてきた分断に向き合い、新しいグローバル社会をデザインしていく人材を育成する大学の責務について、ヨーロッパの大学関係者の意識はとても高いと思います。

第 1 部　グローバル社会に対応した大学教育の現状と課題　187

　それが顕著に見て取れるのは、いわゆる市民性 (civic competency/ civic engagement) への関心の高まりです。例えば、欧州諸国における人権、民主主義、法の支配を推進するために 1949 年に設立された欧州評議会 (Council of Europe) では、欧州各国における初等・中等・高等教育関係者が参照するための報告書 (「民主主義の文化を推進するためのコンピテンス - 文化的に多様な民主主義社会に同輩として共存するために」2016 年) を刊行し、その中で民主主義社会における市民に求められるコンピテンスの枠組みを提唱しています。「知識」「能力」「価値観」「態度」の 4 領域から構成される枠組みですが、とくに「価値観」では、人間の尊厳・権利の尊重、文化的多様性の尊重、民主主義・正義・公平性・平等性・法の支配の尊重の 3 項目、「態度」では、文化的他者や異なる信仰・世界観・慣習への寛容性、尊敬、公共心、責任感、自己有能観、曖昧さを受け入れる心の 6 項目が挙げられています。

　市民性への関心は、ヨーロッパだけでなく、アメリカでも高まってきています。大学における教養教育を推進するアメリカ大学・カレッジ協会も、教養教育の学修成果を「知識」「能力」「責任感」「統合的学習」の 4 領域に分類し、とくに「責任感」として市民参加、異文化知識・能力、倫理的推論・行動、生涯学習の基礎とスキルを挙げています。それぞれの学修成果の達成度を評価するための観点と水準を示すルーブリックも開発しています。

　こうした動きは、従来、学校教育の中で重視されてきた知識・能力と並んで、価値観・態度や責任感に焦点化することで、学校教育が社会から乖離した状況を改め、より全人的な教育を推進しようとする努力と見ることができます。大学が社会とどのように接合し、社会に対して何を提供してきたのかを巡って、大学には反省すべき点が少なくないと考えられています。大学自体がどう社会と連携していくのか、学問分野の社会への貢献は何か、学生をいかなる市民に育成して卒業させるのか。それをどのようなカリキュラムを通して実現するのか、試行錯誤が重ねられています。

　先にお話した『グローバリズムが世界を滅ぼす』は、次の言葉で始まっています。「エリートのはなはだしい劣化。これこそが、現在の世界を取り巻く危機的状況の根本原因について、我々五人が一致して到達した結論である」(トッド他、2014 年、3 頁)。社会的エリートが社会の利益ではなく

自己の利益を優先してきたことが格差を助長し、分断を生み出してきたと言うこの見解は、大学が社会的エリートとなる学生の公共心の育成に注力してこなかったという大学関係者の反省と重なります。公共財としての大学が、その使命を十分に果たしてこなかったことに、欧米の大学関係者の多くが深く反省し、改めようと動き始めています。

■グローバル化に対応して大学教育を変えていこうとするヨーロッパでの具体的な動き

——ヨーロッパの大学人の間で、グローバル化に対応して具体的に大学教育を変えていこうとする動きはありますか。

深堀　私が関わっている動きでは、大学教育の学問分野別学修成果を定義するチューニングの取り組みの一環として、学修成果の各次元について、「知識」「能力」「社会とのつながり」の3つの側面を再定義しようとするCALOHEEの取り組みがあります。チューニングとは、各学問分野の教育を通して学生に身に付けさせたい学修成果の枠組みについて合意を形成し、その枠組みに基づいて、各大学で学位プログラムを設計・実践・改善するための方法論です。チューニングでは、学修成果の枠組みについての合意形成のプロセスにおいて、大学教育のステークホルダーとしての学生・卒業生・雇用主との協議を行うことで、大学と社会との接合が目指されてきましたが、CALOHEEでは新たに「社会とのつながり」に注目し、教育目標として具体化することで、その視点が一層強まったと言えます。

　例えば工学分野の学修成果の一つである「デザイン能力」次元は、「デザインの方法とその制約についての知識」「複合的な工学製品をデザインして開発する能力」「実社会の文脈のなかで適切なデザインの方法論を選択する能力」という3要素に分類されます。そして、それぞれの要素が教育目標として明記されることで、教育実践に組み込まれ、評価されることになります。学生に知識と能力だけでなく、社会の中で活用する能力も身に付けさせるためには、PBLなどの教育方法上の工夫が不可欠になりますし、教育目標の達成度を測定する方法についても、新たな工夫が必要となります。

第 1 部　グローバル社会に対応した大学教育の現状と課題　189

　　CALOHEE は、歴史学、教育学、物理学、土木工学、看護学の 5 分野で取り組まれており、70 大学が直接関わっています。さらに、学生連合、欧州大学協会、欧州高等教育機構などの高等教育のステークホルダーも参画しています。2016 年からの 2 年間の活動を通して、新たな学修成果枠組みを完成させ、2018 年からの 2 年間の活動を通して、具体的なツール開発を行い、教育目標の達成度をどのように測定することができるかが検討される予定です。大学の社会に対する責務として、学生にどのような「知識」「能力」「社会とのつながり」を身に付けさせるかについて、大学教員と学生とステークホルダーの協議に基づいて決定したうえで、それらを大学教育の中で確実に実践するためのツール開発に取り組むアプローチはとても新鮮です。

──EU の国々の中でも意識や取り組みの差がありますか。また日本と似たような国がありますか。

深堀　CALOHEE は、大学による取り組みですので、参加大学が国を代表しているわけではありません。しかしながら、お国柄によって取り組み方にいくつかの特徴があると思います。

　　CALOHEE に非常に積極的なのが、イタリアやスペインなどの南欧の大学です。それは、中世大学がイタリア・スペイン・フランスなどから出現したことと関係しているのではないかと思います。ボローニャ宣言がイタリアのボローニャ大学で調印されたことが象徴しているように、中世からの古い歴史をもつ大学人は、大学の社会的責務について非常に重く受け止める傾向があります。例えば、ピサ大学の会合で「市民性」について話し合われた際にも、「市民」とは国民国家の政治に参加する公民としての市民ではなく、より普遍的な公共の善に奉仕する主体としての市民を指すのだ、といったことがかなりの時間をかけて議論されました。

　　このことは、中世大学が教員と学生によって自主的に結成されたギルド（同業組合）であり、遠方から学ぶためにやってきた学生は中世都市の市民権をもっていなかったことを思い返すと、分かりやすいと思います。国民国家が成立する以前から、大学教員や学生などの知識人が大学間を自由に

移動することで知識が流通・普及し、ヨーロッパ社会は発展・成熟してきたのです。南欧の国々は、今でこそそれほど裕福ではありませんが、南欧の古い大学は、誇り高い歴史と伝統に支えられて、今でも自らを大学の物語の主役とみなし、大学の未来に対する責任を引き受けているように感じられます。CALOHEE の 5 つの学問分野の座長 10 名のうち、7 名が南欧の大学の方々です。

　北欧や北ヨーロッパの大学は、コンピテンスを重視する立場から、CALOHEE に積極的です。北欧の国々は、OECD 生徒の学習到達度調査(PISA)でも非常に成績がよいことは日本でもよく知られています。大学教育を通して学生にどのような知識・能力・態度を身に付けさせるべきかについて関心が高く、実際の教育実践と結びつけた議論ができるため、英語が堪能ということもあって、CALOHEE の各学問分野における議論を先導する役割を担っています。学問分野で座長を務めるのは 2 名(歴史学・看護学)ですが、メンバーとして活発に議論に参加される方が目立ちます。

　イギリスの大学の方々は、議論には積極的に参加するけれど、リーダーシップをとることはあまりありません。おそらくその理由は、イギリスはボローニャ・プロセスに先駆けて、学修成果に基づく大学教育の質保証システムを構築してきた実績があることと、学費を導入した後も留学生の輸入国であり続けているためではないかと思います。EU 離脱によって学生ビザの問題などが生じてくるかもしれませんが、それでもイギリスの大学は、自分たちの存在意義を、ヨーロッパの枠組みに基づいてあえて証明しなくても、十分安定した地位を享受できると考えているのでしょう。学問分野で座長を務めるのは 1 名(看護学)です

2　グローバル社会に対応するための大学教育の日本の特殊性と共通点について

■日本でのグローバル化の特殊性

　――日本の大学のグローバル社会への対応については、どう見ていらっしゃいますか。

深堀　日本で暮らしていると、相対的にとても平和で、世界で今現在起きて

いることが他人事のように感じられます。その意味で、日本の大学はのんきで、21世紀のグローバル社会に求められる人材像を、具体的な知識・能力・態度のレベルで考えるための差し迫ったインセンティブがないのかもしれません。

一方で、スーパーグローバル大学創成支援事業に代表される、政府補助金に紐づいた成果指標を達成することに、多くの大学がしのぎを削っています。日本の大学はグローバル化を、国際通用性のある質の高い大学であることを国内的に証明するための要件として、道具的に捉える傾向があるのではいないでしょうか。世界大学ランキングの順位を高めるための手段として捉えている大学もあるのかもしれません。

政策の議論においても、グローバル化は、改革が必要な「与件」として語られ、そもそも「なぜグローバル化が必要か」「グローバル社会に対して日本はどう貢献したいのか」「日本としてどのようなグローバル社会の構築に寄与したいのか」「日本の大学でのどのようなグローバル人材を育成したいのか」といった議論は、十分に行われてこなかったように思います。

中央教育審議会「学士課程教育の構築に向けて(答申)」(平成20年)では、日本の学士課程共通の学修成果に関する参考指針としての「学士力」が提言されました。この学士力は、先にご紹介しましたアメリカ大学・カレッジ協会の教養教育の学修成果と概ね対応しています。一方で、日本学術会議で策定されている「大学教育の分野別質保証のための教育課程編成上の参照基準」は、イギリス高等教育質保証機構(QAA)の分野別参照基準(Subject Benchmark Statements)を参考にして策定されてきました。

日本は、歴史的にそうだったのかもしれませんが、海外で起きていることを観察し、さまざまなオプションの中から自分たちに一番合ったものを、日本の文脈に合った形に変えて輸入することがしばしばです。日本で焦点化されている課題を解決するために、外圧をうまく利用する感覚で、外国の経験を参照してきたのだと思います。その意味で、日本は常にグローバルな動向に目を開いてきましたが、それはいわば「お買い物感覚」のグローバル社会との関わり方と言えます。

経済大国であり、教育大国でもある日本の大学には、グローバル社会に

おけるより積極的な役割が期待されていると感じます。日本からどのようなユニークな人材を輩出し、そのことでグローバル社会の発展にどのように寄与してくのかという観点から、グローバル社会との関わり方を変えていく必要はないでしょうか。

　例えば、先に触れたとおり、グローバル経済と格差と分断の問題は、切り離して考えることができません。しかしながら、日本人留学生のうち、どれだけの学生がこの問題について基礎的な理解をもち、この問題に目を開いて、海外に出かけているでしょうか。日本社会の平和と安全がどのようにして守られており、しかしながら見えない形で、やはり格差の問題が深刻化してきていることを理解しているでしょうか。日本人としてのユニークな視点をもった、新しいグローバル社会をデザインしていく人材を育てようとするならば、それぞれの学問分野の文脈の中で、この問題に正面から向き合うべきです。

——日本では世界に行ってビジネスができる人をどれだけつくるか、という話がメインになってしまっているということですね。

深堀　そういうことだと思います。貴塾の調査でも、「グローバル社会への対応に関する教育目標」の選択肢を、「日本国外で活動できる高度専門職・研究者」「日本国外で活動できるビジネスパーソン」「日本国内で外国人・海外法人に対応できる人材」に絞ってしまっています。こうした調査項目は、現場の実態を踏まえて設計されたのだと思いますが、大学に求められるのは、グローバル人材育成を、グローバル経済に対応した職業的役割の観点からだけでなく、グローバル社会における市民的役割の観点からも捉え直し、発展させていくことだと思います。

　そのように考えると、グローバル人材育成は、短期留学を中心とした正課外プログラムだけで達成できるものではありませんし、「涵養を目指す能力」も、貴塾の調査で挙げられている「社会や個人生活において適切にコミュニケーションできる英語能力」「社会・文化・歴史などを踏まえた異文化対応能力」「専門知識・技能に関する英語による理解・発信力」に留まるものではありません。グローバル社会の市民として、どのような知識・

能力・態度が求められるのかという観点から捉え直し、学位プログラム全体の中に構造的に組み込んでいく必要があります。

　つまり、グローバル人材育成は、濃淡の違いこそあれ、どの学位プログラムにも取り入れるべき視点であり、留学はその一つの要素として、他の要素と有機的に結び付けていくことが求められます。それを実現している大学は、まだ一部にとどまっています。海外の大学と共同学位プログラムを構築することに成功している大学も、それほど多くはありません。さまざまな制約の中にある大学にとって、大掛かりなグローバル・プログラムを組むことが難しいことは、よく分かります。その一方で、大学は今、ディプロマ・カリキュラム・アドミッションに係る3つのポリシーを学位プログラム単位で策定する方向で、試行錯誤を重ねておられます。全ての学位プログラムにグローバル人材育成の視点を取り入れ、実現可能な形でグローバルな活動も組み込んでいく、まさに好機と言えます。

■日本の大学のグローバル社会に対応した方向性

　——日本の大学のグローバル化に対応した教育は、どういう方向に進んで行くべきだと思われますか。

深堀　何よりもまず、全ての学位プログラムにグローバル人材育成の視点を取り入れ、正課のカリキュラムに留学などのグローバルな活動を有機的に結び付けていくことだと思います。

　さらに、日本人学生を海外に送り出すことだけでなく、外国人留学生、特にアジアからの留学生を受け入れることに一層注力すべきだと思います。アジア地域を見渡すと、日本ほど政治的・思想的に自由に学問ができる国はそれほど多くありません。日本の科学・技術教育の質の高さにも定評があります。そうした日本において、アジアの若者が共に学び、協力して、次世代のアジアをデザインしていくことができれば、そのメリットは非常に大きいと思います。

　確かに、日本とアジアの国々には、歴史認識において、食い違いがあります。しかしながら、地政学的に日本はアジアの国々と共存していく以外に道はありません。日本の若者が、アジアの若者と共に、アジア地域の将

来について考えていけるような基盤を作るうえで、大学の果たせる役割は小さくありません。

　外国人留学生、特にアジアの留学生たちが快適に学べる環境を整え、日本の大学が多文化化・多国籍化することで、日本の学生は居ながらにしてグローバル体験をすることができます。外国人留学生が日本を第二の母国として信頼し、日本社会で就労したり、帰国して両国の架け橋となったりすることで、グローバルなネットワークが広がり、強化されます。留学生の受入れは、大学にとって大きな負担であることは分かりますが、新しいグローバル社会をデザインしていく大志を持って取り組んでいただきたいし、政府や企業にもそれを長期にわたって積極的に支援して欲しいと願います。

3　河合塾調査の結果を見て感じること

■調査の意義とカリキュラムマネジメント、アセスメントの重要性
　　──河合塾の「グローバル社会に対応した大学教育調査」についてどんな印象をもたれましたか。

深堀　日本の大学におけるグローバル人材育成の取り組みについて、これほど詳細かつ大規模に情報を収集しようとするのは、初めての試みではないかと思います。本調査では、大学院大学を除く全ての国公私立大学と、夜間学部を除く全ての学部を対象としています。回収率は大学が3割強、学部は24％と、高くはありませんが、これだけボリュームのある調査に、これだけの大学・学部がよく応じてくださったと考えます。大変貴重な成果ですので、調査項目を精査しながら、継続的にデータを取っていただければと思います。

　本調査では、グローバル人材育成に関する教育目標、教育活動、教育支援、アセスメント等についてそれぞれ尋ねていますが、それらをカリキュラムマネジメントの観点から構造的に捉えようとしているのが、特徴的だと感じました。実地調査では、特にその部分に焦点化しておられます。グローバル人材育成の文脈で、カリキュラムマネジメントのサイクルをしっ

第1部　グローバル社会に対応した大学教育の現状と課題　195

かりと確立している事例は稀なのかもしれませんが、視点として非常に重要ですので堅持していっていただきたいと思います。

　特にアセスメントについては、いくつかの先導的な取り組みが紹介されていましたが、グローバル人材育成の教育目標の達成度を適確に測定して、教育改善に結び付けるというカリキュラムマネジメントの観点からは、さらなる工夫が必要だと感じました。学位プログラム全体を通してグローバル人材育成を目指すのであれば、具体的にどのような科目の組み合わせの中で、どのような教育目標の達成が目指されるのか、そしてその達成度どのような課題を通して、どのような観点から評価するのかが総合的に示されていなければ、アセスメントの結果に基づく教育改善への示唆を導くことは難しく、アセスメント・プランとしては不十分です。よりシンプルに、短期留学などのプログラムの効果をみるのであっても、そのプログラムの教育目標の達成度の評価に基づいて、いかなる教育改善の道筋が見通されるのかが、予め検討されていなければなりません。

　学生のためになりそうな活動を一所懸命提供し、その効果のエビデンスを何らかの指標で捉えようとするような探索的なアセスメントは、カリキュラムマネジメントを行き詰らせてしまいます。

──これまで河合塾が行ってきた「大学のアクティブラーニング調査」でも、目標と教育実践はあるけれども、アセスメントがなされていない、という大学がほとんどでした。

深堀　各大学では、3つのポリシーに基づく学位プログラムのデザインに取り組んでおられるところですが、全学単位にしろ、学部単位にしろ、学位プログラム単位にしろ、ディプロマ・ポリシーに掲げる学修成果を直接、何らかのツールで測定しなければならないと考えておられる場合が少なくないのではないでしょうか。しかしながら、学位プログラムの学修成果の達成度を測定するのにぴったりのテーラーメードのアセスメントは、そうそう簡単に入手できるものではなく、独自に開発するには莫大な労力とコストが必要です。

　アクティブラーニングを含めて、教育が実際に展開されているのは、科

目を基本的な単位とする教育現場です。そこでは、教育目標の達成度を確認するための教育評価が日常的に行われています。この事実を無視したアセスメントは、教育実践を軽視したものであり、受け入れ難いと考えている大学教員は少なくありません。科目の教育を通して学生が習得する知識・能力・態度（学習成果）と乖離したアセスメントの妥当性は低く、教育改善にも結び付きにくいと考えられます。

　学位プログラム全体を通して学生に身に付けさせたい学修成果と、各科目の中で学生に習得させたい具体的な学習成果を紐付けるのが、カリキュラム・デザインです。カリキュラムは、学位プログラムの学修成果を、どのような科目の組み合わせを通して達成するのかという発想に基づいてデザインされなければなりません。各科目の中では、一定の抽象性をもって記述されている学位プログラムの学修成果を、各科目の中で扱う学問分野の文脈に即して、達成可能で測定可能な学習成果に具体化するのです。そして、アセスメントを通して該当科目の学習成果の習得が確認されていれば、学位プログラムの学修成果も獲得されたとみなすのが、大学の活力を損なわないカリキュラムマネジメントのあり方だと、私は考えます。

　グローバル人材育成の教育目標も、学位プログラムの学修成果として位置づけられ、各科目の学習成果として具体化され、測定されるのが、本来のあり方だと考えます。ただし、グローバル人材育成の教育目標のうち、例えば短期留学など、学問分野との結びつきが相対的に緩やかで、汎用性の高いものについては、共通アセスメント・ツールが開発されてもよいのかもしれません。短期留学の効果は、帰国後のレポートに基づいて評価されることが多いようですが、学生の視野の広がりや深まり、考え方や感じ方の「変化」を客観的に評価するためには、第一に事前と事後を比較する必要がありますし、第二にレポートを通してそうした「変化」をみることは困難である上に、留学などの特に費用のかかる事業では、継続や拡大の有無を判断するためには、その効果についての客観的情報が求められるのも事実だからです。

──育成する人材のイメージや教育目標についてはどうですか。

深堀 育成する人材のイメージについては、「日本国外で活動できる高度専門職・研究者」「日本国外で活動できるビジネスパーソン」「日本国内で外国人・海外法人に対応できる人材」といった、グローバル経済に対応した職業的役割に関する選択肢だけが提示されることで、回答を誘導してしまう側面はなかったのか、少し懸念します。自由記述欄も設けられていますが、どのような記述がありましたでしょうか。先に言及しました、グローバル社会における市民的役割などに関わる回答はありましたでしょうか。そうした結果も、報告していただけると、興味深いと思います。

　また、人材のイメージについては、それが回答者である学部長の個人的な思いなのか、学部として共有されているものなのかが、不明です。プログラムとして人材像が共有されていなければ、教育目標もぶれますし、アセスメントも曖昧になります。カリキュラムマネジメントの観点からは、極めて重要なポイントですので、確認できるような設問の立て方をしていただきたいと思います。

　教育目標については、ディプロマ・ポリシーなどに明文化されている学修成果が問われており、自由記述欄が設けられています。ただし、ここでも「社会や個人生活において適切にコミュニケーションできる英語能力」「社会・文化・歴史などを踏まえた異文化対応能力」「専門知識・技能に関する英語による理解・発信能力」と紐付けることが求められています。これらに該当しない記述もあったのではないでしょうか。興味をそそられるところです。

　育成したい人材像、学位プログラムの学修成果、各科目の測定可能な学習成果が整合性をもって対応しているかどうかが、カリキュラムマネジメント成功のポイントです。その整合性が確保できているかどうかが確認できるような問い方ができれば、次のステップが見えやすくなるのではないかと思いました。

——先の「大学のアクティブラーニング調査」では、「大学の教育目標が明確ではない」「教育目標とカリキュラムデザインがつながっていない」ということを私たちは言い続けてきましたし、調べてみても実際そう

198　第3章　グローバル社会に対応する世界と日本の大学の動向と、河合塾の調査に寄せて

でした。今回のグローバル社会に対応した大学教育調査では、教育目標とカリキュラムデザインはつながっているところもあるけれど、人材イメージとカリキュラムデザインとなると、もっとつながっていませんでした。その意味では、やはり育成する人材イメージも学部などで共有されるべきではないかと感じています。

——英語教育や異文化対応力育成についてはどうですか。

深堀　これらの教育活動に関する集計結果を見てみると、割り当てられている単位数や、実施形態は実に多様であること、そして履修状況は学部間で著しく異なることが分かりました。ただ、そうした違いが何を意味するのか、集計結果から読み取ることができません。貴重なデータですので、分析を進めて解釈していただけたらと感じました。

——「専門を英語で学ぶ」についてはどうでしょう。

深堀　英語で専門知識を学習する科目の比率は、非常に少ないことが示されています。英語で専門を教えた場合、学生の英語力はつくかもしれないが、専門知識の理解は深まらないというジレンマを抱えておられる大学教員は少なくありません。

　実地調査からは、英語で専門知識を学習する科目が提供されている場合、それは「日本語で学び、同一内容を英語で学び直す」「英語で学ぶ科目と日本語で学ぶ科目とを内容や難易度により区別する」「専門における英語テキスト使用」などの3つのタイプに分類されることが報告されています。専門ではなく、「英語でジェネリックスキルやアカデミックスキルを学ぶ」タイプも抽出されています。これらの科目を通して、学生はどのような力を身に付けたのかと言う情報とあわせて、広く情報提供していただけると、多く大学にとって参考になるのではないかと思います。

——正課の海外プログラムと正課外の海外プログラムについてはどうですか。

深堀　調査結果では、単位認定される正課の海外プログラム1,708件、単位

第1部　グローバル社会に対応した大学教育の現状と課題　199

認定されない正課外のプログラム506件が挙げられていますが、集計結果の意味がいまひとつ理解できませんでした。

　私なら、大学がどのような科目をどのような理由で正課とみなし、どのような場合は正課とみなさないのか。また、正課と正課外では、教育効果にどのような違いがあるのか、といったことが知りたいと思います。そうした観点からも、データを整備していただければよいと思います。

　これは仮説ですが、大学がグローバル・プログラムを単なるエンリッチメント（発展学習）としてではなく、明確な人材育成目標に基づいて、正課として実施する場合、教育計画・実践・評価に費やされる教育の労力や、単位認定をめざして履修する学生の動機付けは、正課外で実施する場合よりも大きいものとなるため、その効果も高くなることが予想されます。そうした仮説が成り立つのかどうか、データに基づいて検証できれば面白いと思います。グローバル・プログラムには、正課であれ、正課外であれ、多額の公費や私費（家計）が費やされている場合が多いため、その効果を検証する姿勢は特に重要だと思います。

——キャンパスのグローバル化や地域のグローバル化を活用して、お金をかけて海外に必ずしも行かなくても、異文化体験などをもっと積極的にやるべきじゃないか、というのがこの調査から出てきた私たちの提言ですが、そのあたりはどんな風に思われますか。

深堀　まったく同感です。日本の社会自体が、多様性に対してより開かれた社会に変わることが重要だと思います。幅広い層の日本人が、臨機応変に様々な言葉で話せて、異なる文化や思想の人々と共存でき、違いを尊重し合えるような社会、協力して活動できる社会になることを目指していくべきだと考えます。

　キャンパスのグローバル化を進めるためには、留学生を受け入れる環境を整備すること、さらに、留学生が日本の企業等にインターンシップや就職できる制度を整備することが求められます。近年、イスラム教を信仰している方々とお仕事をする機会が増えていますが、会議日程を決める際に、あまりにも先方のご事情を知らない自分を恥ずかしく思います。お祈りす

200　第3章　グローバル社会に対応する世界と日本の大学の動向と、河合塾の調査に寄せて

る場所や、召し上がっていただける食事を準備するのに一苦労する日本の環境も、変えていかなければならないと思います。

　その一方で、ICTを活用することで、日本と外国の学生さんたちが、物理的に移動しなくてもつながれる機会はもっと作れるはずです。例えば、PBLの授業で、学生さんたちがテレビ会議システムを活用して共同制作に取り組む様子を見学したことがあります。セメスターを通じての活動ですので、学生の交流を図るために、テレビ会議システムの向こう側とこちら側でピザを食べながら歓談する機会も設けられていました。共同制作の最終段階では実際に集まって作品を仕上げ、一堂に会して発表します。このようにICTを活用した国際交流が、これからはますます活発化していくことに期待しています。

――日本の大学の留学支援制度についてはどんな風に感じられますか。

深堀　本調査では、留学支援制度として、クォーター制、CAP制、奨学金制度の導入について問うておられます。こうした制度は、実際のところ、グローバル化を進めるうえで必要なのか、導入している大学ほどグローバル化が進んでいるといえるのか、分析していただきたいと思います。例えば、クォーター制を導入せずに、海外の大学の積極的に交流している大学もありますが、これはなぜなのでしょう。

　大学改革の諸制度は、いわゆる「大学改革状況調査」や補助金事業の申請書でも問われており、次々と提案される様々な制度を取り入れるのに、大学は大変苦労されているとも聞きます。そうした中で、改革を導入すること自体が目的化してしまっている側面はないでしょうか。そのことで、本来の目的である教育改善が滞ってしまう側面はないでしょうか。達成したい目的に対して、本当に必要な改革は何なのかが見極められるような調査が求められています。

　ヨーロッパの大学は、基本的にセメスター制ですが、学期が始まる時期や終わる時期が国によって異なっています。学生の大学間移動を支援するエラスムス事業は、そうした多様な環境の中で展開されてきました。実際に、プログラムの運用を見てみると、数週間遅れてセメスターに合流する

学生がいます。そうした学生には、教員が個別に課題を与えたり、指導したりすることで、キャッチアップさせています。したがって、グローバル化を本気で進めようとするのならば、1科目15週、1単位45時間の学修時間を遵守しなければならないといった考え方は、あくまでも「原則」に留め、柔軟な運用を許容する必要があると思います。もちろん、その大前提として、学修成果に基づく学位プログラム設計、学習成果の達成に基づく単位認定を厳格に進める必要があります。それが、日本の大学教育の国際通用性を高める唯一の方策だと考えます。

　国際成人力調査 (PIAAC) に見る日本人 (16 ～ 65 歳) の読解力・数的思考力は、世界1位です。これは、基本的には日本の初等・中等教育の質の高さを証していますが、高等教育の質も、全体として、欧米と比べて劣っているとは思いません。ただし、学修成果を明確化し、それに適合的な教育実践・評価を行い、改善するという、教育科学の観点から見ると当たり前のカリキュラムマネジメントの考え方が共有されていないため、大学教員の個人技で教育が進められており、その総合的な成果として学生がどのような知識・能力・態度を身に付けて大学を卒業しているのかが把握できていないというのが、日本の大学の弱みです。したがって、こうした弱みを克服するための大学改革支援が必要であり、大学がグローバル化を推進するための支援、学生が留学するための支援も、それと連動しています。

　「大学改革状況調査」等で問われている改革の多くは、学修成果に基づく教育が推進するために有用と考えられる様々な仕組みに他なりません。しかしながら、繰り返しになりますが、それらを必ず全て整えなければ学修成果に基づく教育が推進できないわけではありませんし、全て整えたところで学修成果に基づく教育を推進できるとも限りません。達成すべき目的に対して、本当に必要な改革は何なのかを、大学タイプ別に見極められる調査が切望されています。

――学修成果のアセスメントですが、英語力についてのアセスメントはだいたい TOEIC か TOEFL のどちらかでやっている比率がかなり高いのですが、それ以外のグローバル化に対応する能力についても、実地調査

に行った 20 大学では想像以上にアセスメントに取り組んでいました。深堀先生はアセスメントについて、どうご覧になられましたか。

深堀　実地調査では、学生の自己評価によって能力要素の達成度を評価している大学の事例が報告されていました。学生が自己評価を行う際に参照する基準として、期待される観点・水準をルーブリックで示しているケースもありましたが、学生の主観に頼るケースもありました。

　学生による自己評価には、自己の学びを省察し、次の学びへとつなげていく道具として重要な意味があります。しかしながら、それをプログラムの評価に用いるには、あまりにもリスクが高いと私は考えます。合意された評価基準に基づかない評価は、評価者の主観に過ぎません。ルーブリックなどを用いて合意形成を行った場合でも、客観性が確保される水準まで評価者を訓練することは容易ではありません。実際、能力の高い学生ほど自己に対して厳しい評価をすることが実証的に示されています。アジア系の学生は、欧米の学生と比べて、控えめに回答する傾向があるという文化的バイアスも明らかになっています。客観性を欠く評価は、優れた教育を実践しようとする教員のモティベーションを下げる方向に作用しますし、教育改善にもつながりません。

　学位プログラムの学修成果と履修科目を紐付けて、各科目の成績評価に基づいて学修成果の達成度を算出する大学の事例も報告されました。カリキュラムマネジメントの論理にかなった評価の方法だと思います。しかしながら、大学教員の成績評価もかなりの偏りがあることが、GPA に関する研究成果から明らかになっています。したがって、大学教員もまた、客観的な成績評価が行えるよう、エキスパート・ジャッジメントを鍛える必要があります。

　国立教育政策研究所では、そのような問題意識から、大学教員が共同で学問分野の学修成果枠組みとそれを具体化した学習成果を測定するテスト問題を作成して共有する「テスト問題バンク」の活動を、機械工学分野で展開しています。抽象的な学修成果を、測定可能な学習成果に具体化し、その範囲と水準についての共通理解を形成することで、学生に習得することが期待される知識・能力・態度に関する鑑識眼を鍛えるための取り組み

です。大学教員のエキスパート・ジャッジメントは、一度形成されると、異なるテスト問題の文脈にも適用されることが分かってきています。先にお話した CALOHEE の取り組みも、同様の問題意識から取り組まれています。

　グローバル人材育成の文脈では、まず、プログラムを担当する教員間で協議を行い、プログラムの学修成果を明らかにする必要があります。その際、先にご紹介したアメリカ大学・カレッジ協会の教養教育のルーブリックなどを参考にするとよいかもしれません。つぎに、そうした学修成果の達成度が、どのような場面で表出し、評価できるのか共同で検討し、課題やテストの形に具体化します。その上で、学生のパフォーマンスを、合意された評価基準に基づいて共同で評価します。評価結果が一致しない場合は、一致するまで評価基準に関する理解をすり合わせ（カリブレーション）ます。このような手続きを経て初めて、大学教員の成績評価を、学修成果の達成度に関する客観的データとして活用することが可能になります。

　アセスメントは、一朝一夕でできるものではなく、学位プログラムを設計する段階から計画しておく必要があります。学位プログラムの学修成果と、各科目の学習成果の対応関係を整理し、成績評価の客観性を確保するには、かなりの手間隙をかける必要があります。しかしながら、その手間隙は、学位プログラムの質を保証する基盤となり、長期にわたってカリキュラムマネジメントの効力を支えてくれるはずです。着手できるところから今すぐに着手し、根気よく、粘り強く取り組んでいく心構えが必要だと思います。

　共通アセスメントを開発する技術と資源と経験を有する組織は多くありません。そうした資源を有する専門団体で共通アセスメントを作成する場合は、そこで測定する学修成果が十分に妥当なものとなるように、慎重に取り組んでいただきたいと思います。評価指標は、本来、実践の成果を測定するための道具に過ぎませんが、実践のあり方を誘導する魔力を持っているからです。

　共通アセスメントを利用する大学の側では、アセスメントの結果を教育効果のエビデンスとして提示するだけでなく、教育改善に活用する視点を

大切にしていただきたいと思います。共通アセスメントを利用する場合でも、カリキュラムマネジメントを適切に行う観点から、学位プログラムの学修成果と、各科目の学習成果の対応関係を整理し、成績評価の客観性を確保する手間隙を省略するべきではありません。質の高い共通アセスメントは、そうした取り組みのベンチマークとなる情報を提供してくれるものと考えます。

──どうもありがとうございました。

第2部

20大学訪問調査　詳細レポート

番号	大　　　学	学部・コース
1	小樽商科大学	商学部
2	国際教養大学	国際教養学部
3	宇都宮大学	国際学部
4	共愛学園前橋国際大学	国際社会学部
5	首都大学東京	国際副専攻コース
6	青山学院大学	地球社会共生学部
7	上智大学	法学部
8	昭和女子大学	グローバルビジネス学部
9	創価大学	経営学部
10	東京薬科大学	薬学部
11	法政大学	国際文化学部
12	明治大学	経営学部
13	豊橋技術科学大学	工学部
14	京都工芸繊維大学	工芸科学部
15	京都ノートルダム女子大学	人間文化学部
16	甲南大学	マネジメント創造学部
17	山口大学	国際総合科学部
18	梅光学院大学	文学部
19	九州工業大学	工学部
20	長崎県立大学	経営学部

1. 小樽商科大学　商学部（定員：515人）

【事例要旨】

実地調査対象：商学部（定員：515人）特に"グローカルマネジメント副専攻プログラム"（登録者：30人程度）

➤ 商学部のみの単科大学で、経済学科、商学科、企業法学科、社会情報学科の4学科がある。

➤ "グローカルマネジメント副専攻プログラム"を2015年度より開始した。学科の主専攻に加え、地域に軸足を置いて世界で活躍するリーダーを育成するプログラムである。

➤ 戦前から続く伝統的な語学教育を継承・発展させ、質の高い国際交流と豊富な産官学のネットワークを通してビジネスの教育を行っている。

➤ 副専攻プログラム登録者が参加する海外研修プログラムでは、実質的自己負担額が5万円となる給付型の奨学金制度を設けている。

Ⅰ．グローバル化への対応に関する教育目標

戦前から続く伝統的な語学教育を継承・発展させ、質の高い国際交流と豊富な産官学のネットワークを通してビジネスの教育をすることを目標としている。メインは経済界へ有為な人材を輩出することで、倫理観を持ちそれぞれの国でそれぞれの規範を守れる人材の育成を目指している。

上記より、同学部では次のようにディプロマポリシーを定めている。

本学は、豊かな教養と外国語能力を基礎とした深い専門知識を有し、グローバルな視点から地域経済の発展に寄与し、広く社会に貢献できる人材の育成を教育の目的と定めます。この目的のもと、本学は、設置された学科における所定の単位を修得し、以下の能力を身につけた者に対

して、学位を授与します。

1. 社会科学、人文科学、自然科学等の幅広い学問分野の知識を修得することで、広い視野及び豊かな教養と倫理観に基づいて行動できる。

2. 経済学、商学、法学、情報科学等の学問分野において深い専門知識を有し、それらを組み合わせて実践的に活用することにより、実社会のさまざまな問題を自発的に解決できる。

3. グローバル時代に対応する実践的な語学能力を身につけ、世界のさまざまな文化を学ぶことにより、異なる文化を持つ人々と協調し十分な意思疎通ができる。

また、2015 年度からは"グローカルマネジメント副専攻プログラム"を開始した。このプログラムでは、地域の経済発展に貢献し世界で活躍するリーダーの育成を目指している。

II．教育活動（正課の科目、正課外のプログラム）

グローカルマネジメント副専攻プログラムは、2 年次後期から登録できる（副専攻プログラム科目の履修は、副専攻の登録にかかわらずできる）。この副専攻に登録するには、①所属手続時の GPA2.5 以上、②優れた語学力を有する者（以下のいずれかに該当する者：(1) IELTS 5 以上、(2) TOEIC スコア 550 点以上、(3) TOEFL PBT スコア 480 点以上または IBT スコア 56 点以上、(4) 実用英語技能検定 2 級以上）、③所属学科長の許可を得ている者、上記すべての要件を満たす必要がある。この副専攻を修了するためには、地域社会・北海道の一員としての意識や意欲および責任感を育成する"地域キャリア教育科目群"から 6 単位以上、グローバルな視点を加えた英語による経済・ビジネスの専門教育を行う"グローバル教育プログラム科目群"から 18 単位以上、高度な語学力修得と異文化理解が目的の"言語文化教育科目群"から 6 単位以上取得することが必要である。

【グローバル社会に対応するためのカリキュラム設計】

教育活動＼学期	1年次		2年次		3年次		4年次	
	前期	後期	前期	後期	前期	後期	前期	後期
異文化理解・異文化対応力育成	地域キャリア教育科目群 地域学、社会連携実践（地域連携型 PBL、インターンシップ等）、地域活性化システム論、グローバリズムと地域経済等							
	言語文化教育科目群 比較文化 I～IV							
英語での専門教育			グローバル教育プログラム科目群 グローバルマネジメント入門、初級・中級ミクロ経済学、初級・中級マクロ経済学、グローカルセミナー I～IV、研究論文等					
英語コミュニケーション力育成	英語 IA	英語 IC	英語 II A1／B1	英語 II A2／B2				
	英語 IB	英語 ID（下位）	英語 II A3	英語 II A4				
	英語 ID（上位）	言語文化教育科目群 英語上級 I～IV、ビジネス英語 I・II、英語コミュニケーション I・II						
留学		グローバル教育プログラム科目群　（留学先での履修科目を単位認定）						
海外プログラム	言語文化教育科目群							
	アジア・オセアニア事情	アジア・オセアニア事情			アメリカ事情	ヨーロッパ事情		

☐ 必修科目、実質的に必ず履修しなければいけない科目　　┈┈ 選択科目　　▨ 科目群を示す

1. 英語コミュニケーション科目の概要、科目間のつながり、および英語による専門科目とのつながり

　独自に作成したプレイスメントテストの結果により、学生を 4 つのレベル（計 16 クラス）に分け、レベル別の授業を行っている。

　1 年次には必修で「英語 I」「英語 I B」「英語 I C」「英語 I D」の 4 科目を履修させる。前期の「英語 I A」はリーディング中心、「英語 I B」はコミュニケーションを中心に扱う。後期の「英語 I C」は弱点強化クラスと位置づけ、クラスによってリーディングかコミュニケーションのいずれかを扱う。「英語 I D」は TOEIC スコアアップを目的とした e ラーニング科目である。プレイスメントテストの成績上位 5 割の学生は前期クラス、下位 5 割の学生は後期クラスに振り分けられる。学生は授業内外で e ラーニングシステムを利用して学習を進め、成績は TOEIC スコアと平常点によって決まる。後期クラスに振り分けられた学生は、前期の間はオンライン上の TOEIC 準備教材にアク

セスし、弱点強化の学習を進めておく必要がある。

2年次の英語科目は、必修の「英語ⅡA1／B1」「英語ⅡA2／B2」と、選択の「英語ⅡA3」「英語ⅡA4」がある。前期必修の「英語ⅡA1／B1」はリーディング中心、後期必修の「英語ⅡA2／B2」はTOEICスコアアップのための科目である。選択の「英語ⅡA3」「英語ⅡA4」の授業内容は担当教員ごとに異なる。

なお、同大学では3・4年次も"言語文化教育科目群"の科目でもある「英語上級Ⅰ～Ⅳ」「ビジネス英語Ⅰ・Ⅱ」「英語コミュニケーションⅠ・Ⅱ」やその他の英語科目を選択履修できるようになっており、社会科に加えて英語科の中学校・高等学校教諭免許も取得可能である。戦前から同大学が、北海道における語学を含む文系教育全般を担ってきた経緯からであるが、実際に同大学で教員免許を取得した学生が高校の教壇に多く立つことで、同大学の進んだ取り組みが中等教育の現場に認知されやすくなっているというメリットもある。

2. 異文化対応力育成科目の概要、科目間のつながり、および英語科目や英語による専門科目とのつながり

グローカルマネジメント副専攻プログラムの"言語文化教育科目群"の科目で、異文化理解についての教育を行っている。「比較文化Ⅰ～Ⅳ」は授業が英語のみで行われる科目であり、討論形式で比較文化や異文化に関するテキストの内容を理解し、発表を行う。

また、"地域キャリア教育科目群"に、自文化を理解し専門への架け橋とする科目がある。「地域学」は副専攻の学生の多くが履修する。これは、特別講師を招いてのオムニバス形式で北海道の経済や歴史・文化などを学び、地域の課題について解決策を考える科目である。

さらに、「社会連携実践」Ⅰ・Ⅱ・Ⅲを設置している。この科目は、インターンシップや地域課題解決型PBLなどの学外学習を実施しており、地域課題解決型PBLは、商大生が小樽の活性化について本気で考えるプロジェクト（通称：マジプロ）と呼ばれ、学外の民間企業や公的団体の協力を得て地域活性化／地域課題解決に取り組んでいる。

3. 英語での専門教育の概要、科目間のつながり、および英語科目や異文化対応力育成科目とのつながり

グローバル教育プログラム科目群の全科目が該当し、「グローカルマネジメント入門」や「ミクロ経済学」「マクロ経済学」「グローカルセミナー」「研究論文」など17科目配置され、副専攻の修了には9科目（18単位）以上の取得が必要である。これらの専門科目は、当初は海外からの留学生用のプログラムだったが、副専攻プログラムとして科目を再設計した。その理由は、英語による授業を留学生と共に受けることにより、身近に外国語や外国文化に触れる機会を創出する中で、グローバルな視点で経済・ビジネスを学ぶことができると考えたからである。

「グローカルマネジメント入門」では、マーケティングや戦略、組織の問題などについて、アクティブラーニング形式の授業を英語で行う。「グローカルセミナー」では、グローバルな視点から地域経済の諸問題を議論する。政策課題を分析したり、北海道を中心に特定の産業や企業を取り上げてグローバルマーケティングやグローバルビジネスについて学ぶ。学生は「グローカルセミナー」での学習成果に基づいて「研究論文」で英語による論文の執筆を行う。

4. 正課の海外・国内プログラム

"言語文化教育科目群"に海外研修プログラム「アジア・オセアニア事情」「ヨーロッパ事情」「アメリカ事情」（以下、事情科目）が設置されている。プログラム内容については実施効果を検証しつつ不断に見直しが行われているが、以下では現時点までの実績について紹介する。

「アジア・オセアニア事情」は3週間の語学研修を中心としたプログラムである。出発前には事前教育を行い、研修先の国の歴史、社会、経済、文化について学習（マラヤ大学への研修参加者は経済・経営関連の事前授業も）した後、協定があるマラヤ大学（マレーシア）あるいはオタゴ大学（ニュージーランド）での英語の語学研修を主に受けながら現地での課外活動、生活を通じて社会、経済、文化などを学ぶ。また、マラヤ大学への語学研修参加者は、現地で経

済・経営関連の専門的な授業も受ける。

　研修後には英語で 1,000 語程度のレポートを書かせ、英語によるプレゼンテーションをさせる。現在まで 50 人が参加した。また、ウーロンゴン大学(オーストラリア)での語学研修を中心に、香港・マカオでの現地視察を加えた新規プログラムを、2016 年度春季から実施している。

　「ヨーロッパ事情」はヨーロッパに関する国際知識・国際感覚の修得と、英語の更なるスキルアップを目指す 2 週間の海外研修を中心としたプログラムである。ウィーン経済大学(オーストリア)のサマープログラムに参加し、各国学生とともに英語による国際マーケティングの授業を受ける。その後、ドイツを訪れ、現地事情を体験・理解する。学生は事前教育で、オーストリア・ドイツの文化と歴史や、サマープログラムに対応した英語による国際マーケティングに関連した講義を受ける。また、帰国後は研修報告会を行っている。この研修には、TOEFL550 点以上という厳しい参加条件があるものの、本年度は 2 人が参加した。

　「アメリカ事情」は春季休業期間にアメリカのマサチューセッツ州で実施する 2 週間のスタディーツアーを中心としたプログラムである。アメリカ文化の体験に加えて、現地の高校の授業の受講と生徒との交流、バブソン大学やレスリー大学でビジネスリーダーシップの授業や教育方法の授業の受講、現地の経営者などからビジネスを学ぶなどの内容である。事前講義では北海道とマサチューセッツ州との交流関係などを学ぶ。研修後は A4 用紙 1 枚のレポートと、アメリカの社会や文化に関する小論文の作成・発表などを行う。現在まで 16 人の学生が参加した。また、カルガリー大学(カナダ)での語学研修を行う新規プログラムを、2016 年春季から実施している。

　その他、副専攻プログラム登録者に限らず、交換留学に年間約 20 人、語学研修(夏季または春季)に年間約 20 人が参加している。

5.　正課外の海外・国内プログラム

　大学を休学してニュージーランド、オーストラリア、カナダなどへ、語学研修やワーキングホリデー等の目的で留学する学生が毎年 10 人程度いる。

Ⅲ. グローバル化に対応するための支援制度、組織体制

1. グローバル化に対応するための教育支援

1) 奨学金などの充実度

　前述の事情科目では給付型の奨学金制度があり、副専攻プログラム登録者は実質的自己負担5万円で参加できる。また、留学先での授業料が不要となる交換留学先も20大学ある。成績優秀者には、交換留学で渡航費相当額の10〜20万円、語学研修では一律5万円の後援会助成金奨学金が支給される。

2) 履修上海外プログラムに参加しやすい仕組み

　特にない。

3) リスク対策、セキュリティ対策について

　正課内・外を問わず、留学等により海外へ渡航する学生には、海外旅行傷害保険への加入を義務付けている。加えて、事情科目による海外研修では、行程の一部または全部に教員が同行し、プログラムの安全な実施に努めている。

2. キャンパスのグローバル化を活用した教育支援

　"グローバル教育プログラム科目群"の授業では、海外からの留学生と合同で授業を受講させ、身近に外国語や外国文化に触れる機会を創出している。また、"言語文化教育科目群"の語学科目では、海外からの留学生がSA（Student Assistant）として授業に入っている。

　チューター制度を取り入れており、海外からの留学生のうち希望者に日本人学生のチューターを付け、勉学や生活上の手助けをしている。また、学内に混住型の寮がある。

3. グローバル化への対応を推進するための組織体制

　教員・職員4人ずつからなるグローカル戦略推進センターのグローカル教育部門が、日本人学生と外国人学生の共学や長期学外学修などのグローカル

教育の大半の業務を担っているが、協定校や国内の諸機関などとの国際交流に関する交渉系については国際連携本部（教員1人、職員4人）が担当する。産学連携と国際交流を同一部門が担うことで"グローカル"の取り組みが推進しやすくなっている。

また、歴史的に語学教育に力を入れており、語学教員で構成される言語センターが学部から独立しており、4学科と同等の発言権を持っている。語学教員が専門学科の教員とともに取り組みを推進している。

IV. アセスメント

1. グローバル化への対応に関する学修到達度のアセスメント

1・2年次に学生全員に TOEIC を受検させ、達成度を測っている。また、ジェネリックスキルは PROG テストで測定している。

2. グローバル化への対応に関するカリキュラムデザインのアセスメント

外部の教育支援システムを導入し、そのシステム内で事情科目参加者対象のアンケートを実施し、評価指標を作成して事情科目の効果測定をしている。その評価指標を利用して3か月ごとにチェックし、見直しを行っている。

V. 英語以外の外国語教育

英語・ドイツ語・フランス語・中国語・朝鮮語・ロシア語・スペイン語のうち、2言語14単位を必修としている。英語以外の2言語を選択することもでき、2言語間の比重も学生個々の判断で決めることができる。

グローカルマネジメント副専攻プログラムは、授業科目の新設・廃止、海外プログラムに参加しやすい仕組みとしてクォーター制開講科目の導入推進、授業内容の充実・改善などが継続して行われている。さらに、新たな教育プログラムの検討も進められている。最新情報については、小樽商科大 HP 等を参照いただきたい。

2. 国際教養大学　国際教養学部（定員：175 人）

【事例要旨】

実地調査対象：国際教養学部（定員：175 人）

➤ 2004 年に国際教養学部だけを持つ公立の単科大学として開学した同大学は、すべての科目の授業を英語のみで行ってきた、グローバル社会に対応した大学教育を施すパイオニア的大学の 1 つである。

➤ 同大学では 1 年間の海外留学を必須として、かつ留学先では正規科目30 単位取得することを目標に学生を送り出し、学生が取得した単位については審査の上、同大学で単位認定している。しかし 4 年間で卒業できる学生は例年 4 〜 5 割とその難しさを示している。

➤ 同大学では"英語を学ぶ"のではなく"英語で学ぶ"ということをモットーに、1 年次に英語集中プログラム（English for Academic Purposes、以下EAP）という英語の集中学修プログラムを開設している。

➤ 学生が独学で発音やスピーキングの学修ができるスピーキングルームなどを完備する言語異文化学修センターは、特に英語学修を集中的に行う 1 年生にとって、課外学修のできる重要な場となっている。

I．グローバル社会への対応に関する教育目標

同学部のミッションステートメント、目的および教育目標は以下のとおりである。

国際教養学部のミッションステートメント
- ●国際教養大学は、「国際教養教育」を教学理念に掲げ、グローバル社会におけるリーダーを育成することを使命とする。
- ●国際教養教育は、世界の広範な事象に関する幅広い知識と深い理解、

物事の本質を見抜く洞察力や思考力、これらの上に築かれたグローバルな視野とともに、英語をはじめとする外国語の卓越したコミュニケーション能力を涵養する。

●国際教養教育を受けた者は、確固たる「個」を確立し、道義心の修養を通じて開かれた高潔な精神と情熱を持って時代の諸課題に立ち向かい、自らが暮らす地域や所属する国家のみならず広く人類社会に貢献する。

国際教養学部の目的

●国際教養大学は、英語をはじめとする外国語の卓越した運用能力、豊かな教養及びグローバルな知識を身につけた実践力ある人材を養成し、国際社会及び地域社会に貢献することを目的とする。

国際教養学部の教育目標

●多様な文化と言語的背景を持つ人々と関わり、効果的に協働することを可能にする英語及びその他の言語を操る能力

●世界の文化、人間社会と自然界の広範に亘る知識

●自己の文化とアイデンティティに対する深い認識

●現代の複雑な課題を多面的に理解すること

●理論に基づく洞察力、論証力、探求力、自省と思慮深い行動に必要となる知識及び実践的技能

●知識、理論、情報を統合する能力

●創造力と、自律的に考え情報に基づき判断できる能力

●地域及び世界レベルの社会構成員としての認識と活動の源となる個人的及び社会的責任感

II．教育活動（正課の科目、正課外のプログラム）

【グローバル社会に対応するためのカリキュラム設計】

教育活動	1年次 春学期	1年次 秋学期冬季プログラム	2年次 春学期	2年次 秋学期冬季プログラム	3年次 春学期	3年次 秋学期冬季プログラム	4年次 春学期	4年次 秋学期冬季プログラム
異文化理解・異文化対応力育成			基盤教育科目 グローバル研究概論 異文化コミュニケーション 異文化理解の視点から見る日本の社会と文化	留学セミナー 日本を表象する：イメージ 音声と人々				
英語での専門教育			専門教養教育科目（全119科目）●グローバル・ビジネス課程 ●グローバル・スタディズ課程 ※いずれかの専攻課程を選択		海外留学認定科目		専門教養教育科目（全119科目）経済学原理マクロ グローバル・ビジネス総合セミナー グローバル研究セミナー　など	
英語コミュニケーション力育成	英語集中プログラム EAP I EAP II EAP III EAP ブリッジ・プログラム／スピーチ・コミュニケーションの基礎	ビジネス現場のデジタル・コミュニケーション						
留学						海外留学		
海外プログラム		長期インターンシップ I～III						

□ 必修科目、実質的に必ず履修しなければいけない科目　┄┄ 選択科目　▧ 科目群を示す

注）春学期：4～7月、秋学期：9～12月、冬季プログラム：1～2月

　同学部のカリキュラムの最大の特徴は、すべての科目で英語による授業が行われているということと、1年間の「海外留学」が必修化され、留学先の大学で30単位程度の単位を取得してこなければならないということである。そのため、英語で科目を学べるだけの高い英語力を身につける必要がある。そこで同学部では1年次にEAPを開設し、英語のレベル別コースを用意して、学修のツールとして英語が使える英語教育に徹している。

　EAPを修了した学生は、早ければ1年次秋学期より基盤教育科目（英語で学ぶ教養教育）を2年次秋学期にかけて履修する。また2年次には、学生は専攻する課程をグローバル・ビジネス課程（定員70人）とグローバル・スタディ

ズ課程（定員 105 人）のいずれかから選び、専門の学修も始める。留学先で履修する科目の選択については、学生はアカデミック・アドバイザー（教員）に相談し、留学後に学修する専門の内容とのつながりを考えながら選択する。「海外留学」には 3 年次に行き、4 年次は課程の専門教養科目を学修し卒業に至る。4 年間で卒業できる学生は例年 4 〜 5 割である。

1. 英語コミュニケーション科目の概要、科目間のつながり、および英語による専門科目とのつながり

　1 年次では、まず EAP プログラムで徹底した英語教育を受ける。その時点での当面の目標は、英語の 4 技能をバランス良く学んで、英語だけで展開される基盤教育科目、専門教育科目を無理なく学べるようになること、そして 3 年次に「海外留学」に赴くために必要な要件である TOEFL ITP スコア 550 点をクリアすることである。

　新入生は、入学後すぐに TOEFL ITP を受検し、その結果に基づいて、EAP の 3 つのコース（EAP Ⅰ：スコア 479 点以下、EAP Ⅱ：スコア 480 〜 499 点、EAP Ⅲ：スコア 500 点以上）に振り分けられ、EAP プログラムで最初に学ぶコースが決められる。入学直後の多くの学生は EAP Ⅲ に配属され（全 6 クラス）、1 年次春学期に同コースを履修して EAP を修了し、秋学期以降は基盤教育科目（英語で学ぶ教養科目）を中心とした学修へと移行していく。EAP Ⅱ に配属された学生は春学期で同コースを履修し（全 2 クラス、ライティング科目のみ 3 クラス）、秋学期には EAP Ⅲ を履修して EAP を修了する。EAP Ⅰ に配属された学生は（全 1 クラス）、春学期に EAP Ⅰ を、秋学期には EAP Ⅱ を、そして 2 年次春学期には EAP Ⅲ をそれぞれ履修し EAP を修了する。ただし、EAP の進級・修了にあたっては、TOEFL ITP のスコア、各クラスの出席や成績などの定められた要件を満たす必要がある（EAP Ⅱ への進級はスコア 480 点以上、EAP Ⅲ への進級はスコア 500 点以上）。また、EAP Ⅱ・Ⅲ に所属する学生は、EAP ブリッジ・プログラムの 3 科目（「ブリッジ・コース」「英作文Ⅰ」「アカデミック・リーディング」）やその他の基盤教育科目から 1 〜 2 科目を選んで履修することができ、EAP で学術的な英語力を修得しながら "英語で学ぶ" ステージに段階的に入ることができる。一方、EAP Ⅰ の学生について

第2部　20大学訪問調査　詳細レポート　219

英語集中プログラムについて

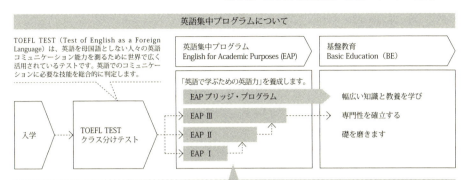

英語集中プログラム9単位以上（EAPブリッジ・プログラムを履修する場合は3単位）

	EAP Ⅰ（9単位） TOEFL ITP TEST　479点以下	EAP Ⅱ（9単位） TOEFL ITP TEST　480点〜499点	EAP Ⅲ（9単位） TOEFL ITP TEST　500点以上
Reading	●内容理解力を高める ●読むスピードを上げる ●頻出度の高い語彙を使う能力を伸ばす	●最頻出英単語2,000語をマスターする ●内容の要点や話の筋を見極める ●読み物に対する自分の意見や感情を説明する	●大学レベルの課題に取り組むために必要な語彙力を身に付ける ●批判的リーディング技術を磨く
Writing	●基本的なライティング技術を学ぶ ●単文の文法を復習する ●パラグラフを書く練習をする	●様々なライティングスキル・思考スキルを磨く ●パラグラフを経てエッセイライティングへ移行する ●論理的かつ読みやすい文章を書く	●学術的なエッセイ、長文のライティングに取り組む ●自己校正の練習やクラスでの意見交換をする ●適切なスタイル・書き方を選択する
Listening & Speaking	●公的場面と日常生活でのコミュニケーションスキルを高める	●より学術的な内容でのコミュニケーションスキルを高める	●プレゼンテーションやデモンストレーションを行う ●批判的思考に基づいたディスカッションを行う
Computer Basic	大学の授業のためにコンピュータを使う能力を育成する		
TOEFL TEST Preparation	TOEFL TEST受験の準備をサポートし、テストに含まれる全スキルを向上させる		

EAPブリッジ・プログラム

一定の要件を満たした新入生を対象とした高校から大学教育への橋渡しとなるプログラム

● TOEFL ITP TEST 550点以上　●過去に長期間英語で教育を受けたことがある
●海外在住経験がある または英語を話す環境で育った背景を持つ

上記EAP Ⅰ〜Ⅲレベルのクラスの代わりに、「ブリッジ・コース」、「英作文Ⅰ」、「アカデミック・リーディング」の3科目を履修。

ブリッジ・コース （3単位）	英作文Ⅰ （3単位）	アカデミック・リーディング （3単位）
自分自身の文化的アイデンティティについて学び、それをもとに大学生活や周りの環境にどう適応するのかについて考える。	700語〜1,000語の小論文に取り組むなど、大学の授業に必要なライティングの実践スキルを学ぶ。	大学の授業で使われる様々な分野の文献を読みこなすための読解力、スピードを身に付ける。

国際教養大学パンフレットを参考に作成した。

図表2-1　国際教養大学の英語集中プログラム（EAP）の仕組み

は、まずは TOEFL ITP スコアを向上させ、EAP Ⅱにステップアップできるよう英語学修に集中させている。

帰国子女学生や英語能力に卓越した学生（TOEIC ITP スコア 550 点以上）が入学直後に配属されるのは、高校教育から大学教育への橋渡しとして開設されている EAP ブリッジ・プログラムである。同プログラムは 3 科目で構成され、いずれも 1 年次の必修科目である。英語のリスニング、スピーキング、リーディングの能力が優れていても、英語で学術的な文章を書く能力も優れているとは限らない。そのため、同大学では入学時点で「海外留学」の許可要件である TOEFL ITP スコア 550 点以上をクリアし英語能力の備わった学生に対し、特に「英作文Ⅰ」で英語によるアカデミック・ライティングのスキルをいち早く指導するためにこのような仕組みにしている。

EAP の特にライティング科目では、単なる語学教育だけではなく、引用のルールなどのレポート作成の基礎についても指導している。こうしたレポートのテーマには、アカデミックな要素と時事的トピックの要素とをそれぞれ取り入れている。スピーキングやリスニングの能力は、英語で授業を受けているうちに自然と身につきやすいものだが、ライティング能力は簡単には身につかない。一方、学生は 4 年次に卒業論文にあたるものとして、A4 用紙

EAP Ⅰ（計 9 単位）			EAP Ⅱ（計 9 単位）			EAP Ⅲ（計 9 単位）		
科目名	単位	週当授業数	科目名	単位	週当授業数	科目名	単位	週当授業数
Intermediate Reading	3	2	High Intermediate Reading	3	2	EAP Academic Reading	3	2
Intermediate Writing	3	2	High Intermediate Writing	3	2	EAP Academic Writing	3	2
Intermediate Listening and Speaking	3	2	High Intermediate Listening and Speaking	3	2	EAP Academic Listening and Speaking	3	2
TOEFL TEST Preparation	–	1	TOEFL TEST Preparation	–	1	–	–	–
Computer Basics	–	1	Computer Basics	–	1	Computer Basics	–	1

注）「Computer Basics」は、必須科目であり、EAP Ⅰ・Ⅱ・Ⅲのいずれかのコースで一度合格しなければならない。
　　一度合格すれば、同科目を再度履修する必要はない。

図表 2-2　国際教養大学の EAP プログラムの各クラスの科目別の単位数とコマ数

20 枚程度でまとめるキャップストーンペーパーを英語で執筆しなければならない。そのため、キャップストーンペーパーを執筆するのに必要な、論理展開力も身につけられるように指導している。

EAP の各クラスの科目別の単位数と 1 週間あたりの授業数は以下のとおりである。

2. 異文化対応力育成科目の概要、科目間のつながり、および英語科目や英語による専門科目とのつながり

異文化理解や異文化コミュニケーションを促すような科目は、基盤教育科目に属する一部の科目である。たとえば「グローバル研究概論」は、さまざまな学問的アプローチを用いてグローバル社会の基本的な知識や分析力を養う全学必修の基盤教育科目である。各回の授業はグローバル・スタディズ課程の教員によるオムニバス形式で行われる。学生はグローバル研究の題材を網羅的に学修でき、同課程のイントロダクションを担うような科目となっている。基盤教育科目には、同科目以外にも異文化理解対応力の育成を目的とした英語で学ぶ科目がある。

「海外留学」前に履修しなければならない必修科目「留学セミナー」では、留学先現地での異文化理解や異文化コミュニケーションに関する学修が含まれている。詳しくは 4. 正課の海外・国内プログラムで、「海外留学」の事前準備を行う科目として紹介する。

3. 英語での専門教育の概要、科目間のつながり、および英語科目や異文化対応力育成科目とのつながり

同学部の専門科目に該当するグローバル・ビジネス課程とグローバル・スタディズ課程に設置されたすべての専門教養科目は英語で実施されている。この専門の学修は 2 年次に開始される。

グローバル・ビジネス課程は経済学系と経営学系の科目で構成される。必修科目は、必修専門核科目として位置づけられる「経済学原理マクロ」とゼミに該当する「グローバル・ビジネス総合セミナー」である。また基盤教育科目にある「経済学原理ミクロ」も同課程を専攻する場合の必修科目である。

その他の専門科目も含め同課程の多くの科目では、英語プレゼンテーションなどを取り入れ、学生に専門知識のともなった英語による発信力、説得力、コミュニケーション能力を培わせることを目指している。

グローバル・スタディズ課程は、東アジアの地理、歴史、政治、そして社会などに焦点を置いた東アジア分野、歴史、法律、社会学、政治学、そして教育学など、地域よりも学問分野に焦点を置いたトランスナショナル分野、北米の歴史、産業、政治などに焦点を置いた北米分野の3分野に分かれている。必修はゼミに該当する「グローバル研究セミナー」のみである。同課程では、専門知識を身につけた上で異文化圏の人々とも意思疎通を図り、自らの意見や考えを相手に伝えられるような、英語によるコミュニケーション能力（意思疎通能力、発信力）の育成に注力している。

4. 正課の海外・国内プログラム

同大学では、46カ国175大学の海外の大学と提携しており、「海外留学」での留学先はこれらの大学の中から選ぶ。留学先の大学で履修する科目は、留学前の2年次に、自身が学修する専門教養科目とのつながりを勘案し、アカデミック・アドバイザーと相談して選択する。このアカデミック・アドバイザーは全教員（約80人）が務め、1人あたり15〜20人の学生を担当する。

留学前の必修科目として「留学セミナー」がある。学生によって留学時期が異なるので、春学期にも秋学期にも開講されている。同科目では、まず、心構え、ビザの取得、リスク管理、体と心の健康維持、犯罪例、リスク管理会社の説明、帰国後の就職活動のことなど、留学に際して抑えておくべき基本事項について指導する。その上で、留学から帰国した先輩や、同大学で学ぶこれから留学する大学の交換留学生から、現地の情報や予め学修しておくべきことなどを教えてもらう回も設けている。さらに後半の回には、日本にとってのグローバルな問題（たとえば、領土問題や歴史問題など）について留学中に質問された際に必要となる知識や適切な回答について考える回もある。なお、全15回（1単位）の同科目は、4回欠席すると留学予定が取り消しになる。

グローバル・スタディズ課程では、ゼミの教員が留学中の課題としてリーディング・アサインメントを課している。

「海外留学」については、2年次1月から3年次12月の間に実施する学生が比較的多い。ただし、9月に年度を開始する大学が留学先には多いので、1月などに留学を開始した場合、国際教養大学の学生は、授業がそれなりに進んだ段階から入学することになり、授業についていくことに苦しむことが少なくない。しかし、夏休みなども利用しながら少しずつ挽回していく学生が多い。またこの約3か月の夏休みをインターンシップに活用する学生も多い。同大学では「海外留学」で取得してくる単位数の目標を30単位として学生に指導している。実際には、25単位程度を取得してくる学生が多い。帰国後には、学生は、就職活動、専門教養科目の履修、そしてキャップストーンペーパーの執筆にとりかかる。

選択科目「長期インターンシップ III」は現地滞在期間7か月、12単位のインターンシップ科目である。同科目では、学生が国連ユースボランティアに参加する。国連ボランティア計画(UNV)のオフィス、または発展途上国の政府関係施設で働く機会が与えられるインターンシップ・プログラムである。

5. 正課外の海外・国内プログラム

同大学では、正課以外でも、機会があれば積極的に海外に出るよう学生に指導している。「海外留学」で自信をつけ、留学後、海外インターンシップの募集をWebサイトで自ら見つけ、そうしたものに積極的に参加する学生は多い。ただし、大学側では授業がある期間の海外インターンシップについては禁止している。

学修達成センター（Academic Achievement Center）では、研修またはチュータリング科目を終了した大学院生、学部生がチューターとなり、学生が学業面で最大限の能力を発揮できるよう、個別学修支援を行っている。個別学修支援は事前の予約により、1回60分・週2回まで受けられ、テーマには、アカデミックライティング、アカデミックリーディング、アカデミックプレゼンテーションなどがある。また、こうしたチューターが、ライティングやTOEFL ITP対策、プレゼンテーションなどをテーマに、集中ワークショップを開催することもある。

III. グローバル化に対応するための支援制度、組織体制

1. グローバル化に対応するための教育支援

1) 奨学金などの充実度

「海外留学」は海外の提携大学（175 大学）との交換留学であるため、留学先大学での授業料はかからない。同科目で学生が負担するのは、基本的には現地への渡航費と滞在費である。また同大学独自の奨学金では、成績優秀者（GPA3.8 以上）に対して留学前に一時金 10 万円を給付するというものなどがある。

2) 海外プログラムを履修しやすくするための制度

すべての学生が留学必修であることを承知の上で入学するので、特にない。

3) 海外プログラムに関するリスク対策およびセキュリティ対策

留学前の必修科目「留学セミナー」の履修とリスク管理会社の提供するプログラムへの加入を義務付けている。

2. キャンパスのグローバル化を活用した教育支援

EAP プログラムで学ぶ 1 年生には、言語異文化学修センター（Language Development and Intercultural Studies Center、以下 LDIC）での予習、復習、課題といった授業外学修は欠かせない。LDIC は、英語をはじめとした外国語に関する豊富な教材と充実した設備を整えた自律学修を支援するための施設である。設備には、マルチメディア機能付きグループ学修用の多目的ルーム、スピーキングルーム（リスニング、スピーキング、発音の練習が可能な個室）、DVD ブース、リーディングラウンジなど自律学修をしやすくする設備が整えられている。また施設では、交換留学生とさまざまな言語で会話ができる外国語会話パートナープログラムを実施したり、高い英語運用能力の修得を目的としてゲストスピーカーや教員によるワークショップを毎学期開催していたりもする。

同大学の新入生は 1 年間全員、"こまち寮"で寮生活をしなければならない。

そこには毎年同大学に入学してくる交換留学生も入寮しており、新入生は入学直後から異文化交流のある環境で生活をする。

海外協定校から受け入れる交換留学生（2016年4月1日時点：33カ国・地域、168人）に対して、1・2年生を中心とした日本人学生が日本での日常生活をサポートするバディ制度がある。

3. グローバル化への対応を推進するための組織体制

教育研究会議（教員13人、職員2人）は、学長、副学長以下、各課程、教育プログラムの代表、事務局長で構成されており、グローバル化に対応した大学教育の全学の戦略を検討し、それがスムーズに各課程、プログラム、事務局に行きわたり具体的に実行されるようになっている。留学の部分については職員組織である国際センターが担っているが、たとえば受入留学生の学生支援であれば学生課、授業の相談であれば教務課というように、あくまで機能別組織となっており、全学をあげてグローバル化への対応をはかっている。

教育研究会議が担う、大学の教育研究に関する重要な審議事項としては、①学生の円滑な修学等を支援するために必要な助言、指導その他の援助に関する事項、②学生の入学、卒業その他学生の在籍に関する方針又は学位に関する方針に関する事項、③教育課程の編成に関する事項、④教育研究の状況の評価に関する事項などがある。

また、国際教養教育推進機構（教員8人）では、"日本発ワールドクラスリベラルアーツカレッジ構想"実現のため、①24時間リベラルアーツ教育の推進、②世界標準カリキュラムの充実、③国際ベンチマーキングの実施の3つの事業を着実に実行し、カリキュラムの進化と深化のための改革と学修環境の整備に取り組んでいる。スーパーグローバル大学創成支援事業（SGU）に関する企画・推進もここで担っている。

国際センター（職員8人）では、海外留学の相談、留学した学生のサポート、海外留学・プログラムにおける提携先大学の開拓、留学生受入などを担当している。

Ⅳ. アセスメント

1. グローバル化への対応に関する学修到達度のアセスメント

　学生満足度調査に変更を加え、卒業時アンケートで学生が教育目標に対して４年間でどの程度到達できたかデータを収集し、教育改善に取り組んでいく計画である。

　米国 Council for Aid to Education (CAE) の文章力、批判的思考力、問題解決能力、および分析的論理付け能力を測定するテスト"CLA プラス"を、SGUの予算で、新入時、留学前、卒業時に実行し結果を比較してみる予定である。

2. グローバル化への対応に関するカリキュラムデザインのアセスメント

　学期毎の授業評価アンケートや年１回の学生満足度調査をもとに、問題点を洗い出し、必要に応じて授業、科目、カリキュラムの改善に取り組んでいる。

　EAP の運営にあたっては、２週間に１度の頻度で、担当教員がプログラム長のもとに集まって授業の進度や難易度の調整を図っている。各プログラムや課程の科目を担当する教員は、１か月に１度の頻度で開催するプログラム毎の会議で、学生の学修進捗や傾向などを踏まえてカリキュラム全体の調整を図っている。

Ⅴ. 英語以外の外国語教育

　同大学では、中国語、韓国語、ロシア語、モンゴル語、フランス語、スペイン語を段階的に学べるよう科目を設置している。たとえば中国語であれば、「中国語 Ⅰ」「中国語 Ⅰ実践」「中国語 Ⅱ」「中国語 Ⅱ実践」「中国語Ⅲ」「中国語Ⅲ実践」となっている。

　同大学で開講されていない語学科目を留学先で履修した場合には、検討の上、単位認定することもある。

　同大学では、グローバル化が進行する世界において、「国際語」である英語（第一外国語）はもとより、異文化理解の精神を踏まえた外国語（第二外国語）のコミュニケーション能力が不可欠だと考えている。さらに、一つの言語を

学ぶことは、「一つの世界の広がり」を意味し、明日の日本を担うリーダーには、母語、英語、そしてもう一つの外国語を学ぶ「三言語主義」が求められると考えている。そのため、同大学のLDICには、多様な言語の学修教材が揃えられており、学生がいつでも自学自修できる体制を整えている。

3. 宇都宮大学　国際学部 （1年次入学定員：90人 3年次編入学定員：10人）

【事例要旨】

実地調査対象：国際学部（1年次入学定員：90人　3年次編入学定員：10人）

"地域からのグローバル化"と"地域のグローバル化"の両面から、グローバル社会に対応するため、英語によるコミュニケーション力の養成に加え、地域社会との幅広い連携を基盤として、豊かな人間力と専門知識およびチャレンジ精神を身につけた人材の育成を進めている。

大学教育再生加速プログラム事業"新たな地域社会を創造する 3C（Challenge、Change、Contribution）人材の育成"を活用して、全学的に課題解決型アクティブラーニングの充実を推進している。

入学時に TOEIC IP テストを実施し、習熟度別にクラスを編成して、日本人教員とネイティブスピーカー教員により集団的に英語教育プログラムを運営している。

グローバル社会における諸課題に対応するため、学生がそれぞれの学部の専門領域だけでなく、他の領域の知識や能力を身につける副専攻プログラム Learning+1 として、"グローバル人材育成プログラム"を置き、一定の単位と条件を取得した履修者に副専攻プログラム修了証を授与している。

全学の制度である国際インターンシップ、協定校への交換留学および短期の海外プログラムのほか、国際学部独自の協定校への留学プログラムや NPO、企業への海外インターンシッププログラムも提供しており、短期のものや私費によるものも含めれば学部生の半数ほどが海外での学習を経験している。

2017年4月からは、現行の国際社会学科/国際文化学科の2学科を国際学科1学科に再編統合し、専門教育を7つのクラスターに分類し体系的に多文化共生を学ぶカリキュラムを構築するとともに、原則としてすべての学生が海外体験を実施するなど、大幅に教育プログラムが強化された。

Ⅰ．グローバル化への対応に関する教育目標

　以下の4項目からなるディプロマポリシーを設定しており、すべての項目がグローバル化社会への対応と関連している。

　○国際社会学科

　知識・理解：国境を超えた社会の諸問題を分野横断的に理解し、関連する基本的な知識を身につけ、さらに自ら選択した専門的テーマに関して地域的または分野的に特化・深化した知識・認識を有する。

　思考・判断：異なる時代・地域における社会の諸問題を比較し、実証的かつ合理的に考察することができる。

　技能・表現：講義・講演の聴講や専門研究書等の講読および読書において、その要点を正確に理解、把握し、全体的にまとめることができる。専門的な研究に際し、研究課題を設定して自ら適切に資料・データ・文献を収集し、内容にふさわしい方法論に基づいて主体的かつ批判的にこれらを分析し、論理的な考察を加えてこれを文章化することができる。またその内容を口頭で発表し、かつ生産的な議論を行うことができる。上記の事柄に必要な外国語や情報科学に習熟する。

　関心・意欲・態度：自分たちとは異なる世界各地の社会問題に広く関心を持ちながら、自己の文化との相違を尊重して、社会の諸問題を解決するために、大学で培った知識や技能を用いて実践的に行動することができる。

　○国際文化学科

　知識・理解：世界の多様な文化のありようを分野横断的に理解し、関連した基本的な知識を身につけ、さらに自ら選択した専門的テーマに関して、地域的または分野的に特化・深化した知識・認識を有する。

　思考・判断：異なる時代・地域の文化の様相に対し、比較考察的で相対的な視点をもちつつ、科学的・実証的であると同時に、想像力・感受

性豊かな考察・評価を行うことができる。

技能・表現：講義・講演の聴講や専門研究書等の講読および読書において、その要点を正確に理解、把握し、全体的にまとめることができる。専門的な研究に際し、研究課題を設定して自ら適切に資料・データ・文献を収集し、内容にふさわしい方法論に基づいて主体的かつ批判的にこれらを分析し、論理的な考察を加えてこれを文章化することができる。また、その内容を口頭で発表し、かつ生産的な議論を行うことができる。上記の事柄に必要な外国語や情報科学に習熟する。

関心・意欲・態度：人間の営みに関わるあらゆる事象・現象に対して積極的に目を開き、自分の能力・志向にかなった領域について意欲的な探求を通して、主体的に関わることができる。

なお、2017年4月の改組にあわせて、ディプロマポリシーも以下のように改定されている。

知識・理解：世界のさまざまな国や地域におけるグローバル化と多文化共生に関する現状と課題についての知識を有し、それらの問題構造を理解することができる。

思考・判断：多文化共生社会における諸課題について、その問題構造を踏まえつつ、異なる立場の人々への想像力や共感を土台として、学際的・多角的・専門的に考察し、価値選択や目標選択を行うことができる。

技能・表現：世界のさまざまな国や地域で活躍する基盤としての複数言語運用能力とコミュニケーション能力を備える。さらに、自らの設定した課題に関する資料・データ・文献を収集し、適切な方法を用いて比較考察的・批判的にこれらを分析し、論理的な考察を加え

た研究成果を文章化し、また口頭で発表して生産的に議論し、課題解決のために実践的に行動することができる。

関心・意欲・態度：異なる文化や社会のあり方を尊重しつつ、グローバル化する地域と世界の問題解積極的に関わろうとする21世紀型グローバル人材（グローカル人材）としての主体性と実践的な行動力を備える。

II．教育活動（正課の科目、正課外のプログラム）

【グローバル社会に対応するためのカリキュラム設計】

学期　　教育活動	1年次		2年次		3年次		4年次	
	前期	後期	前期	後期	前期	後期	前期	後期
異文化理解・異文化対応力育成	Learning+1 "グローバル人材育成プログラム" とちぎグローバル人材育成プログラム							
英語での専門教育	英語での専門教育科目（選択） Comparative Study of Cultures、Japan's International Relations、Risk management など19科目							
英語コミュニケーション力育成			専門外国語科目（選択） 学術英語講読、International Communication Seminar、International Career Seminar など					
	Integrated English ⅠA	Integrated English ⅠB						
	Integrated English ⅡA	Integrated English ⅡB	Advanced English Ⅰ	Advanced English Ⅰ	選択科目 Advanced English Ⅱ、Advanced English Ⅲ			
		国際英語コミュニケーション						
留学	留学科目 国際交流協定校派遣プログラム、Overseas Study、外国語臨地演習							
海外プログラム			海外プログラム科目 国際キャリア実習、国際インターンシップ					

□ 必修科目、実質的に必ず履修しなければいけない科目　　┆┄┄┆ 選択科目

1．英語コミュニケーション科目の概要、科目間のつながり、および英語による専門科目とのつながり

基盤教育（全学共通教育）の英語科目は、EPUU（English Program of Utsunomiya

University）と呼ばれており、ネイティブスピーカー教員と英語圏の大学院で TESOL（英語を母語としない人への英語教授法）を修了した日本人教員が担当している。入学時に TOEIC IP テストを受験し、習熟度別に 6 段階に分かれる。1 年次は、日本人教員による「Integrated English ⅠA・ⅠB」（前・後期週 2 コマ）、ネイティブスピーカー教員による「Integrated English ⅡA・ⅡB」（前・後期週 1 コマ）が必修で置かれている。両科目とも前期の A 科目がリーディングおよびオーラルコミュニケーション中心、後期の B 科目がライティングおよびオーラルコミュニケーション中心で、4 技能の総合的な養成が図られている。2 年次の「Advanced English Ⅰ」（前・後期）では、1 年次に身につけた基礎的な技能の上に、「Essay Writing」「Academic Writing」「Presentation」「Discussion & Debate」「Public Speaking」など目的別の 15 科目から、学生自身の関心や必要とするスキルに応じて前・後期にそれぞれ 1 科目を必修で選択履修する。さらに、3・4 年次対象の選択科目として「Advanced English Ⅱ」「Advanced English Ⅲ」が置かれ、「Advanced English Ⅰ」と同様に、学生が必要とする特定のスキルに焦点をあてた英語力の育成を図るカリキュラム構成となっている。EPUU 担当教員は個人研究室を持たず、共同の研究室の中で常にコミュニケーションがとれるようになっており、教材開発、授業推進のための FD などが集団的に運営されている。また、「Advanced English」は国際学部の英語関連教員が全員担当に加わり、EPUU の教員団と国際学部の教員が密接に関わりあいながら学生を指導する体制となっている。これにより、基盤教育と専門教育との連携が図られるというメリットが生まれている。

　さらに、基盤教育の中で国際学部の学生向けに、1 年次後期の専門導入科目として「国際英語コミュニケーション」（2017 年度より Foreign Language Learning and Communication）が必修で置かれている。日本人教員とネイティブスピーカー教員がペアとなり、国際英語（＝ノンネイティブ同士の英語コミュニケーション）に焦点を当てつつ、外国語学習とコミュニケーションについての理解を深める科目で、学部専門教育科目の履修に向けた動機づけも図られている。

　また、入学時に TOEIC スコア 650 点以上の学生は "Honors Student" として、1 年次の EPUU 科目 6 単位が免除され、2 年次の「Advanced English Ⅰ」を飛び級で履修して単位を振り替えることができる。Honors Student は、ほかに

「Honors English」「Honors Camp」を履修することができる。

EPUU において汎用的な英語能力を身につけたうえで、国際学部の専門教育としての英語科目は、"国際英語""キャリアと英語の連携""学術的な英語"を3本柱として、「学術英語講読」(必修)や「International Communication Seminar」(選択必修)、「International Career Seminar」(選択必修)など、英語で学び、英語で課題を解決するための実用的な英語能力の育成を重視している。「International Communication Seminar」は、英語だけを使用してグループワークを行う合宿形式の集中科目で、ほぼ全員が参加する。また、「International Career Seminar」では、キャリア開発プログラムの6つのメニューのうち、半分は TOEIC スコア 550 点未満でも参加できるようにして、英語が得意でない学生も TA のサポートを受けながらディスカッションを進められるよう配慮している。

2017 年度からは、TOEIC スコア 800 点を目標に、上位者に対応した英語の特別プログラムを置く。学部生 90 人のうち 20 人ぐらいが特別プログラムの対象になると想定している。それ以外の学生については、英語は TOEIC スコア 650 点、さらにフランス語・スペイン語・中国語・朝鮮語から1科目について実用的な語学力を身につけることを目標とする。また、「学術英語講読」を発展的に再編し、「グローバル実践力基礎演習Ⅰ・Ⅱ」を設け、担当する複数の教員によるリレー形式の関連科目である「Ⅰ」を前期に置き、まず共通して必要となる事項を学んだうえで、それをもとに後期に「Ⅱ」に置いて関心の高い専門分野に分かれて学術的な英語文献を読み、プレゼンテーションやディスカッションを行い、グローバルな実践力の基礎となる能力を養成する。

2. 異文化対応力育成科目の概要、科目間のつながり、および英語科目や英語による専門科目とのつながり

全学の学生を対象に、グローバル社会への理解を深め、国際的なフィールドでの実践力を身につけるため、それぞれの学部の専門分野だけでなく多様な領域の知識や能力を身につけることを目的として、副専攻プログラム Learning+1"グローバル人材育成プログラム"を置いている。国際

リテラシー科目として英語コミュニケーション、グローバル化とキャリア形成、文化理解、社会人基礎力の4分野からそれぞれ4単位以上、国際社会経済科目として国際社会・制度から6単位以上と国際経済・マネジメントから4単位以上、国際フィールド実践科目としてフィールド実践から4単位以上を取得し、合計30単位以上かつTOEICスコア650点以上で副専攻の修了証書が授与される。さらに、指定単位取得、TOEICスコア750点以上、GPA2.8以上の学生は"マイスター"の認証が得られる。(副専攻プログラムLearning+1には、ほかに"高齢者共生社会プログラム"がある)

3. 英語での専門教育の概要、科目間のつながり、および英語科目や異文化対応力育成科目とのつながり

　専門教育では、前述の「学術英語講読」「International Communication Seminar」「International Career Seminar」などの専門外国語科目のほかに、「Comparative Study of Culture」「Japan's International Relations」「Risk Management」など合計19科目が英語で開講されている。専門外国語科目の英語科目はできる限り英語で開講する方針だが、それ以外の専門教育については、授業内容のレベルを担保するために、英語で開講する科目ばかりで構成されているわけではない。日本人教員が担当する科目で、かつ英語圏の文化論など基礎的で英語で学修することが学生にとって至当である分野については英語で開講し、さらに深く学ぶために日本語での演習科目を置く。一方で、導入部分が難しい国際関係や国際政治などの科目については日本語でしっかりと学んだうえで、「Japan's International Relations」などを英語で開講するように設計している。最終的に、卒業論文の執筆は日本語でも英語でも構わない。

　改組後は、専門科目が7つのクラスターに分かれるが、各クラスターの特性にあわせて、英語による開講科目の組み立て方が異なることになる。また、各クラスターの必要に応じて英語を中心的に用いる科目を置いて、その担当教員がクラスターを越えて連携をとる予定である。

4. 正課の海外・国内プログラム

　全学の海外プログラムとしては、以下のようなものがある。

・「国際インターンシップ」：栃木県に本社や事業所を持つ企業の海外支社や海外工場において2〜4週間程度のインターンシップを行う。派遣先は、カンボジア、シンガポール、タイ、台湾、フランス、ベトナム、マレーシアなど。夏休み、春休みにそれぞれ10人ほどが参加する。

・「国際交流協定校派遣プログラム」：学生交流の協定を結んでいる大学への半年〜1年間の交換留学である。毎年30人以上が留学している。

・「Overseas Study（EPUU留学プログラム）」：南イリノイ大学（アメリカ）において、夏季休暇中に3週間学生寮に滞在しながら、同大学の学生用にカスタマイズされた語学研修プログラムを受講する集中講義。毎年20人ほどが参加する。

・「外国語臨地演習（英語）」：サザンクロス大学（オーストラリア）において夏季休暇中に約2週間、各学部の専門領域にも配慮された語学研修プログラムを受講する。滞在はホームステイで、毎年20人ほどが参加する。

・「国際キャリア実習」：カンボジア、スリランカ、ベトナム、台湾などのNGO、国際機関、自治体、公的機関企業などでインターンシップとして実習経験を積み、実務能力を高める。もともと国際学部のプログラムだが、全学から参加が可能となっている。前述の「International Career Seminar」、日本語で国際キャリアを学ぶ集中合宿である「国際キャリア教育」と、この「国際キャリア実習」を総合して「国際キャリア教育プログラム」としている。最終的にはインターン受け入れ先など学外者を招いての報告会において、成果の発表を行う。

　これらのほか、国際学部では13の海外大学と学部間協定を結んでいる。現在、在学中に交換留学などにより6か月以上の長期の留学をする学生が30〜40％程度、短期のものや休学して私費で留学するものも含めれば半数ぐらいの学生が何らかの形で海外での学習を経験している。改組後は、これが限りなく100％に近づくように、奨学金による支援などを含め拡大する計画である。どうしても、海外に行けない学生に対しては、後述の学生国際連携シンポジウムを活用するなど、国内においてダイバーシティな環境を経験できるように配慮していく予定である。

5. 正課外の海外・国内プログラム

　学部として正課外のプログラムは特に置いていないが、交換留学でドイツに赴く場合に留学先で日本語教員の授業の補助をしたり、台湾での語学研修の際に現地の大学院生と一緒にワークショップを開いたりするなど、正規の留学プログラムに付加する形で、さまざまな活動を行っている。また全学では、ノース・ダコタ大学(アメリカ)やノーザン・ブリティッシュ・コロンビア大学(カナダ)、ビクトリア大学(オーストラリア)などで、協定による正規の交換留学のほかにも、さまざまな形で学生を受け入れてもらっている。

　国内のプログラムとしては、毎年、学生が自分たちでテーマを立てて企画・運営する"学生国際連携シンポジウム"がある。全学の取り組みだが、国際学部の学生が中心となって取り組んでいる。改組後は、この学生国際連携シンポジウムも一部正課の中に組み込む予定である。また、栃木県を中心に北関東エリアの外国人児童・生徒の就学支援事業に取り組む学部内組織としてHANDS(ハンズ)プロジェクトがある。教科書や学校からのお知らせ文書などの翻訳、多言語による高校進学ガイダンスの運営などの支援活動をしている。そこにHANDSジュニアとして、国際学部の学生が40人ほど登録しており、常時25人ほどが活動に参加している。現在は正課外の活動だが、改組後は、これも正課の中に入れていくことが検討されている。

　このような地域と連携したさまざまな活動の結実の一つとして、国内のグローバル化に対応するため、国立大学としては初めて、留学生資格のない日本在住の外国籍生徒のための外国人生徒入試を実施している。

III. グローバル化に対応するための支援制度、組織体制

1. グローバル化に対応するための教育支援

1) 奨学金などの充実度

　Learning+1"グローバル人材育成プログラム"の履修科目は、大学コンソーシアムとちぎによる"とちぎグローバル人材育成プログラム"の履修科目と一部共通となっており、このコンソーシアムのプログラムに参加して6単位を履修すると、海外留学・海外インターンシップにおいて経済的な支援を受

けることができる。短期の場合はアジア地域 10 万円、それ以外の地域は 20 万円まで支給、長期留学の場合は留学先と期間によって 100 万円程度が支援される（人数の上限はある）。

サザンクロス大学の外国語臨地実習と南イリノイ大学の EPUU 留学については、参加者全員に数万円程度の支援がある。

国際キャリア実習は、学部の予算および学部同窓会から奨学金を拠出している。

2) 履修上海外プログラムに参加しやすい仕組み

ある程度専門の学修が進んだ 3 年次に留学することが望ましいと考えているが、留学期間が 3 年次後期から 4 年次前期に渡ると就職活動に支障が出ることがある。そのため、各プログラムの参加要件には学年の制限を設けず、どの学年であっても参加できるようにしている。

3) リスク対策、セキュリティ対策について

海外プログラム参加者は、必ず海外旅行保険に入るほか、渡航前には危機管理オリエンテーションを実施し、外務省のビデオ教材などを活用し、安全対策を徹底している。渡航先によっては、当該地域を専門とする教員が授業外で講座を開くこともある。

現在は、留学中の学生からの緊急連絡は、時間外や休日であっても守衛室が受け、担当者に通知されるようになっているが、今後はリスクマネジメントサービスを契約する予定である（平成 29 年度より実施）。

2. キャンパスのグローバル化を活用した教育支援

全学では、主に交換留学生が利用する留学生専用の宿舎とは別に、4 年間在学する留学生を主な対象に、男子寮、女子寮それぞれ 4 室ずつを留学生に提供し、日本人学生と混住することで生活面でも交流ができるようにしている。

また、留学生一人ずつに学生チューターがついているが、それとは別に国際学部の学生が中心となって、留学生アドバイザーという自主的な組織を

作っており、新規留学生の駅までの出迎えや市役所での手続きをサポートしたり、季節の行事などを催したりしている。そのほか、国際交流に関心のある学生がピア・サポートグループ（宇都宮大学国際学部ピア・サポート団体「輪・りんく」）を作り、留学生をサポートしたり、日本人学生向けに留学ガイダンスを開いたりしている。

3. グローバル化への対応を推進するための組織体制

全学の組織としては、グローバル担当副学長、留学生・国際交流センター長および学部選出委員等によって構成される学術国際委員会があり、そこにはオブザーバーとして、留学生・国際交流センター専任教員および基盤教育センター教員も参加している。

Ⅳ．アセスメント

1. グローバル化への対応に関する学修到達度のアセスメント

1年次修了時、2年次修了時に TOEIC IP テストを実施し、入学次からの英語力の伸長を測るとともに、英語教育プログラムの検証を行っている。

各学年には4人の学年指導教員が置かれており、半期に1回、指導教員から学生に成績表を手渡しする。その際に、学生は自分の成績をポートフォリオに記入し、達成度をレーダーチャートに表す。各履修科目はディプロマポリシーの4項目と結びつけられており、レーダーチャートでは、ディプロマポリシーおよび学習・教育目標の各項目について、自分の達成度と全体の平均値との比較を見ることができる。そこで学生は自分の強み弱みを確認した上で次期の目標を立て、それを指導教員が確認しコメントを付けて学生に戻している。

2. グローバル化への対応に関するカリキュラムデザインのアセスメント

宇都宮大学内部質保証システムとして、教育プログラム間による相互評価を行っている。大学全体の年度計画とは別に、各学部において重要な事項を"年度計画プラス"として整理している。国際学部においてはグローバル、

グローカルに関する事項が多く含まれている。卒業時の学生アンケートやプログラムごとに実施する学生の達成度自己評価などをエビデンスとして、相互評価によって自己点検・評価書にまとめ、PDCA のサイクルをまわしている。

V. 英語以外の外国語教育

学科設置以来、英語 +1 として複言語主義をとっている。現在は、英語に加えて、初修外国語としてドイツ語、フランス語、スペイン語、中国語、朝鮮語、タイ語の 6 言語から必ず 1 言語を選択し、初級から中級にいたる 6 科目 6 単位が必修となっている。さらに専門外国語として中級から上級にいたる科目が設定されており、英語を含めた 7 言語の中から最低 2 言語を選択し、合計 10 単位の履修が必修となっている。また、選択科目の「外国語特別講義」では、ポルトガル語、ロシア語も開講されており、基礎的な運用能力を身につけることができる。なお、2017 年度からは英語以外の外国語も整備し、ポルトガル語とロシア語も専門外国語として位置づけることにした。

4．共愛学園前橋国際大学　国際社会学部（定員：225人）

【事例要旨】

実地調査対象：国際社会学部（定員：225人）

➤ 単科大学である同大学の国際社会学部国際社会学科は、国際社会専攻（英語コース、国際コース、情報・経営コース、心理・人間文化コース）と地域児童教育専攻（児童教育コース）で構成される。

➤ 基本理念、ディプロマポリシー、地域産業人材要件を加味した学修成果指標として、卒業までに身につけるべき力を、4つの軸・12の力としてまとめ、それを自己評価するための共愛コモンルーブリックを策定している。

➤ 1・2年次では、英語の基礎力を定着させるよう4技能を総合的に育成する1年次「Unified English Ⅰ・Ⅱ」、英語運用力の涵養を目的とした1年次「Spoken English Ⅰ・Ⅱ」、英文を書く力を身につけさせることを目的にした2年次「Written English Ⅰ・Ⅱ」が必修で設置されている。

➤ 自身の所属するコースの専攻に加えて、Global Career Training 副専攻という語学力やグローバル人材に必要な知識やスキルを修得することを目的とした副専攻のカリキュラムが開設され、そこには、異文化理解のための科目と英語で学ぶ専門科目が豊富に設置されている。

➤ 留学を含む海外プログラムを約30プログラム設けており、これらに参加する学生は年間約160人（2015年度）にのぼる。また、4年間の学生生活の間では、50〜60%の学生が参加している。

➤ 「共愛12の力」の観点から、学生に学修成果を自己評価をさせている。学生は12の力と各科目とのひもづけをシラバスで確認しながら、科目での活動をeポートフォリオシステムに蓄積、また学内外の各種活動も12の力をタグ付しながら蓄積し、それらをエビデンスとして、コモンルーブリックを活用して年度末に12の力の自己評価をする。

Ⅰ．グローバル社会への対応に関する教育目標

　1999年の開学以来、同大学では、「共愛・共生の精神」を基本理念とし、「学生中心主義」と「地域との共生」をモットーに教育に取り組んできた。ここには、地域（群馬県）から学生を受け入れ、育てた人材を地域に輩出していくことで地域での役割を果たす、国際的な視野をもちながら地域に貢献するという大学としての考え方が含まれている。実際、同大学が立地する群馬県では、製造業と農業に従事する人口が相対的に高く、経済的にも生活面においてもグローバル化の影響を受けており、こうした社会への対応が課題とされている。

　単科大学である同大学の国際社会学部では、「国際社会のあり方について見識と洞察力を持ち、国際化にともなう地域社会の諸課題に対処することのできる人材の養成」を教育目的としている。この目標のもと、ディプロマポリシーには、1. 地域社会の諸課題への対応能力、2. 国際社会と地域社会の関連性についての識見、3. 問題を発見し解決するための分析能力・実践的技能、4. 国際化社会に対応できる十分なコミュニケーション能力の4点を身につけるべきこととして掲げており、うち2と4がグローバル社会への対応に関する教育目標に該当する。

　また2015年度には、基本理念、ディプロマポリシー、地域産業人材要件を加味した学修成果指標として、卒業までに身につけるべき力を、4つの軸・12の力で構成される“共愛12の力”としてまとめた（**図表2-3**）。

4つの軸	12の力（学修成果指標）		
識見	共生のための知識	共生のための態度	グローカルマインド
自律する力	自己を理解する力	自己を制御する力	主体性
コミュニケーション力	伝え合う力	協働する力	関係を構築する力
問題に対応する力	分析し、思考する力	構想し、実行する力	実践的スキル

図表2-3　共愛12の力

　同大学では、12の力をグローバル社会に対応するために必要とされるほぼすべての力であるとし、なかでも、“共生のための知識”は“文化、社会、地域、人間、自然、外国語に関する力”、“グローカルマインド”は“国際社

会と地域社会の関わりをとらえる視点"、そして"実践的スキル"は語学力も含むものとしてそれぞれ定義し、グローバル社会に対応するために必要な力として特に重要なものであると考えている。

II. 教育活動（正課の科目、正課外のプログラム）

1. 英語コミュニケーション科目の概要、科目間のつながり、および英語による専門科目とのつながり

1・2年次では英語の基礎力を定着させるよう次の3つの系統の必修科目を設けている。一つ目の1年次「Unified English Ⅰ・Ⅱ」は、生活の中での身近な題材を取り上げて、英語の4技能（聞く・話す・読む・書く）を総合的に伸ばすことを目的にした科目、二つ目の1年次「Spoken English Ⅰ・Ⅱ」は、旅行の場面などの題材を取り上げて、英語の運用力を涵養させることを目的にした科目、三つ目の2年次「Written English Ⅰ・Ⅱ」は、英文法を復習しながら、自分の意見を正確に伝える英文を書く力を身につけさせることを目的にした科目である。同大学では、1・2年次に（英語コースは3・4年次も）TOEICを受験することを義務付けており、ここでの点数に応じて上述の必修科目でのクラス（A〜Gの7レベル・全14クラス）が決められる。そのため、必修の英語科目はすべて同じクラスメンバーで受講することになる。特に1・2年次向けにTOEIC対策の科目も設置されている。また、1・2年次の（英語コースは3・4年次も）学生は、外国語センターに開設されているe-ラーニングシステム"Self Study"の仕組みを、週に1回利用して学ぶことを義務付け、そこでの学修状況は上述の必修科目の成績にも反映されることになっている。3つの必修の英語科目の各クラスの担当教員は、学期ごとにミーティングを行い、各科目での目標や学生の学修状況、成績などを確認し、授業内容の改善に活かしているが、クラス間でのテキストなどは統一されていない。

同大学では、自身の所属するコースの専攻に加えて、Global Career Training副専攻（以下GCT副専攻）という語学力やグローバル人材に必要な知識やスキルを修得すること目的とした副専攻のカリキュラムを履修することができる。GCT副専攻のカリキュラムは、Global Language Intensive（以下GLI科目）、

【グローバル社会に対応するためのカリキュラム設計】

教育活動＼学期	1年次 前期	1年次 後期	2年次 前期	2年次 後期	3年次 前期	3年次 後期	4年次 前期	4年次 後期
異文化理解・異文化対応力育成			World Englishes I	異文化理解 / World Englishes II				
Global Career Training 副専攻（Global Language Intensive）	Speaking of Japan I	Speaking of Japan II	English for Global Issues I	English for Global Issues II				
			Business English I	Business English II			Business English III	Business English IV
Global Career Training 副専攻（Global Skills）			Multi-Cultural Understanding	Multi-Cultural Communication				
英語での専門教育 Global Career Training 副専攻（Global Language Intensive）				Academic Writing	英語 Debate I	英語 Debate II		
Global Career Training 副専攻（Global Skills）			Team Based Learning I	Team Based Learning II	Global Leadership I	Global Leadership II		
			Problem Based Training I	Problem Based Training II	Global Business Training I	Global Business Training II		
英語コミュニケーション力育成	Unified English I	Unified English II	総合英語 I	総合英語 II				
Global Career Training 副専攻（Global Language Intensive）							Advanced Listening I	Advanced Listening II
	Spoken English I	Spoken English II	Written English I	Written English II			Advanced Speaking I	Advanced Speaking II
	TOEIC Training I	TOEIC Training II	TOEIC Listening I	TOEIC Listening II			Advanced Writing I	Advanced Writing II
			TOEIC Reading I	TOEIC Reading II			Advanced Reading I	Advanced Reading II
		One on One English						
留学			英語圏留学、西北大学交換留学					
海外プログラム			海外フィールドワーク					
Global Career Training 副専攻（Global Language Intensive）			海外研修（英、加、豪、韓、仏、中）、海外教育研修					
Global Career Training 副専攻（Global Project Work）	Global Project Work I・V		Global Project Work II・III・IV					

凡例：
□ 必修科目、実質的に必ず履修しなければいけない科目
┆ 選択科目
▦ 科目群を示す

Global Skills（以下 GS 科目）、Global Project Work（以下 GPW 科目）の 3 つの要素から構成されている。修了には同副専攻カリキュラムから 30 単位取得しなければならない。なお、この副専攻は、同大学が取り組む文部科学省のスーパーグローバル大学等事業の経済社会の発展に牽引するグローバル人材育成支援（GGJ）での取り組みに対応したカリキュラムとなっている。

GCT 副専攻の GLI 科目のうち、「One on One English」は、スカイプを利用してフィリピンの英語講師から 1 対 1 で英語を学修できる科目で 2013 年より開講している。特に履修年次の指定はなく（英語コースでは 1 年次での履修が推奨され、国際コースでは選択必修科目となっている）、前後期ともに開講されており、例年、各期とも約 50 人の学生が履修している。また GLI 科目には、4 年次向けの語学の上位科目として"Advanced"を冠した科目があり、これらの科目を履修するにあたっては、TOEIC のレベルが A（必修の英語科目のクラス分けで最上位）であるという受講条件が設けられている。

英語を苦手とする学生向けには「Basic Grammar Ⅰ・Ⅱ」が主に 1 年次向けに設置されており、ここでは、英文法を中心に高等学校で学ぶ内容も含めて英語を学び直すことができる。

2. 異文化対応力育成科目の概要、科目間のつながり、および英語科目や英語による専門科目とのつながり

同大学では、異文化理解を促す科目が豊富に設けられている。その中でも中心的な科目になるのが、2 年次後期の選択科目「異文化理解」であり、授業はすべて日本語で行われる。同科目は選択科目だが、同大学の 8 割の学生が履修する必修に近い位置づけの科目である。グローバル化が進む今日の日本社会について理解し、その上で社会、文化、宗教など多角的な観点から異文化への理解を深めることを目的にした科目である。

「World Englishes Ⅰ・Ⅱ」は、これから必要とされる英語力とグローバル社会について考えたり（Ⅰ）、社会が求めている英語力と英語教育論を社会学の観点から考えたり（Ⅱ）する科目で、授業はいずれも英語と日本語によって行われる。同科目の内容は、前述の「異文化理解」や、後述の「Multi-Cultural Understanding／Communication」の 2 科目と関連付けられている。

GCT副専攻のGLI科目には異文化理解に関する科目として、「Speaking of Japan Ⅰ・Ⅱ」、「English for Global Issues Ⅰ・Ⅱ」、そして「Business English Ⅰ〜Ⅳ」があり、いずれの授業も英語のみで展開される。「Speaking of Japan Ⅰ・Ⅱ」は、日本と英語圏との文化比較をしながら、自分の考えや感じたことを英語で表現したり、日本の文化、観光地、地理的な特徴を英語で話すトレーニングに取り組んだりする科目である。「English for Global Issues Ⅰ・Ⅱ」は、国際社会で議論されているような社会問題について、英語で自分の意見を述べたり、討論したりすることで異文化理解を深めることを目的とした科目である。「Business English Ⅰ〜Ⅳ」は、英米圏での商習慣やマナーを学びつつ、それに即して4技能を全般的に鍛える内容となっている。

GCT副専攻のGS科目で異文化理解に該当する科目としては、「Multi-Cultural Understanding」と「Multi-Cultural Communication」があり、これらの科目の授業は英語のみで行われ、講義だけでなく、グループ・ディスカッションやプレゼンテーションなども取り入れて行われる。同大学で学ぶ外国人正規留学生や交換留学生も履修するため、グループ・ディスカッションでは、かなり踏み込んだ議論が展開される。「Multi-Cultural Understanding」は、多様な人々と交流するために持ち合わせておくべき文化的意識、文化的知識、文化的スキルを涵養することを目的とした科目で、世代、性別、能力そして人種といった観点から、価値システムと多様なグループでの実際に関する知識とを向上させる。「Multi-Cultural Communication」では、多様な国や地域の人々とのコミュニケーションに焦点を当て、文化価値、言語、アイデンティティ、紛争管理などの問題を知ることによって、異文化コミュニケーションと能力の理論的枠組みを学ぶ科目である。また、他の文化の人々とのコミュニケーションで生じる課題に、効果的に対処するために必要な戦略とスキルについても学ぶ。

3. 英語での専門教育の概要、科目間のつながり、および英語科目や異文化対応力育成科目とのつながり

英語での専門教育に該当する科目は、GCT副専攻のGLI科目とGS科目に設置され、授業での使用言語は教員も学生も英語のみである。

GLI 科目の一つ目は「Academic Writing」で、ここでは英語による学術的な文章の書き方を学ぶほか、調査研究のプロセスについても学ぶ。二つ目の「英語 Debate Ⅰ・Ⅱ」は、国内外で議論されている社会問題をテーマに、その知識を身につけた上で、英語で討論できる力を鍛えることを目的とし、Ⅰ（前期）からⅡ（後期）へと段階的にレベルを向上させられるよう授業が設計されている。

GS 科目には「Team Based Learning Ⅰ・Ⅱ（以下 TBL Ⅰ・Ⅱ）」「Problem Based Training Ⅰ・Ⅱ（以下 PBT Ⅰ・Ⅱ）」「Global Leadership Ⅰ・Ⅱ（以下 GL Ⅰ・Ⅱ）」「Global Business Training Ⅰ・Ⅱ（以下 GBT Ⅰ・Ⅱ）」の 4 つがある。いずれの科目でも、TOEIC スコアが 400 点以上 600 点未満の B クラスと 600 点以上の A クラスとの 2 クラスに分けて、それぞれのレベルに合わせた授業を行うため、クラスによって授業の内容は異なる。

「TBL Ⅰ・Ⅱ」は、チーム（グループ）で、英語で議論し、チームとしての意見をまとめるプロセスを、実践を通して学ぶ科目である。A クラスの授業は、（その回のテーマに関する基礎知識の講義）→（グループ・ディスカッション）→（グループ毎のプレゼンテーション）→（講師による講評）という流れで進められる。学生は、事前に示された次回のテーマについて予習して授業に臨む。A クラスで取り上げるテーマの例としては、“経済発展 vs. 環境汚染”“日本の教育の問題”“幸福とは何か”などがある。

「PBT Ⅰ・Ⅱ」は、問題解決力を英語のみのコミュニケーションの中で鍛えることを目的とした科目である。A クラスの授業では、資料を読んで関連情報を集めるなどの予習をして授業に臨み、授業ではグループでディスカッションをするが、論理的解決策の検討とそのプレゼンテーションは個人で行うという点に特徴がある。A クラスで取り上げるテーマの例としては、前半の回では“国際的なコミュニケーションスキルを改善する方法”“もっと多くの日本の若者を海外留学させる方法”などがあるが、後半の回では取り上げる問題テーマも学生に提案させる。

「GL Ⅰ・Ⅱ」は、リーダーシップを発揮した事例を英語で学び、将来、地域においてもグローバルな場においてもリーダーシップを発揮するための知識やスキルを学ぶ科目である。A クラスの授業では、学生は、予習として

400 〜 800 語で書かれたリーダーシップに関する英文記事を読んで授業に臨む。授業では、冒頭に教員によるテーマに関するレクチャが行われ、その後、学生同士でそのテーマについての意見・感想の交換、グループワーク、プレゼンテーション、そしてディベートなどが行われる。

「GBT Ⅰ・Ⅱ」は、グローバルビジネスに必要な知識と技能、グローバル企業の事例とそこで働く人的資源の特徴、理解したり伝えたりできる実践的な英語の技能を、すべて英語で修得することを目的とした科目である。学生は、アサインメントを理解して授業に臨み、授業では、講義を実施した上で、ディスカッションやプレゼンテーションに取り組む。

4. 正課の海外・国内プログラム

同大学では、さまざまなメニューを用意して学生の海外体験の機会を豊富にしたいと考え、留学を含む海外プログラムを約 30 プログラム設けており、これらに参加する学生は年間約 160 人（2015 年度）にのぼる。また、4 年間の学生生活の間では、50 〜 60% の学生が参加している。

英語コースでは、海外の ESL を利用した「英語圏留学・研修」が必修科目となっている。留学・研修先とその期間にはいくつかの選択肢があり、6 週間の短期研修（カナダ、ニュージーランド、アメリカ）、4 か月の中期留学（ニュー

区分	科目	内容
GLI科目	海外研修 （英、加、豪、韓、仏、中）	語学力を高めるため、海外大学の ESL にて語学を学ぶ。なお、中国については中国語の研修となる。英語コース以外が対象。
	海外ティーチング研修	教員を志望する学生向けのプログラム。実際のオーストラリアの小学校にて指導法を学ぶ。
GPW科目	Global Project Work Ⅰ （アジア異文化研修）	海外初心者向けの異文化を理解するためのプログラム。提携大学の学生との協働ワーク等を行う。参加費用も低めにするため、アジアで設定。
	Global Project Work Ⅲ （ミッションコンプリート研修）	提携する群馬県本社企業の現地法人から与えられるビジネスミッションに取り組む研修。英語圏でない地域であり、言語が通じないところで取り組むことが特徴。
	Global Project Work Ⅳ （サポートインターンシップ研修）	伊勢崎市内の中学校の海外語学研修に中学校教員と共に参加。教員の仕事、生徒を引率する旅行会社の仕事を海外で体験する。
	Global Project Work Ⅴ （アジア異文化研修）	海外初心者向けの異文化を理解するためのプログラム。提携大学の学生との協働ワーク等を行う。参加費用も低めにするため、アジアで設定。

注）ESL：English as a Second Language, 大学が開設する語学学校

図表 2-4　共愛学園前橋国際大学の海外プログラム

ジーランド・2016 年度からアメリカ）、7 か月の長期留学（ニュージーランド・2016 年度からアメリカ）がある。短期研修を選択する学生が最も多い。また、これらの科目の事前・事後学習を提供する科目として「英語圏留学・研修事前指導」があり、英語コースで「英語圏留学・研修」を履修する学生の全員が履修する。授業では、研修が安全かつ有意義なものになるよう、現地研修の事前と事後に、個人およびグループで準備したり、振り返りをしたりする。

GCT 副専攻の GLI 科目と Global Project Work 科目（以下 GPW 科目）には以下のような海外プログラムが科目として配置されている。

「海外ティーチング研修」では、南オーストラリア州教育庁との連携のもと、教員を志望する学生が教育実習生として現地の小学校に赴き、現地の小学生への日本語教育に取り組む。群馬県内の小学校には、他の都道府県と比較して外国籍の児童が多く、ここで学んだことや経験したことが、将来、教職に就いた時に活かされることを期待している。2015 年度の参加者は 2 人であった（2016 年度は 7 人）。

「GPW Ⅲ（ミッションコンプリート研修）」は、異文化を体験することで、海外への親和性を高めるとともに、研修を通して慣れない環境やグローバルな舞台で活躍できる主体性、積極性、問題解決能力およびチームワークなどを養うことを目的としている。研修は、事前研修→本研修→事後研修という流れで進められ、本研修は春季休暇中にタイで 2 週間のスケジュールで行われる。事前研修は、本研修の 2 か月前から 2 週間に 1 回の頻度で開講され、ミッションコンプリートに関する研修、現地に関する研修、目標設定の研修等現地での生活についての指導、事後研修で行う報告会を見据えて行うプレゼンテーション指導などの内容で実施される。本研修では、前半にはタイのサタマサート大学で異文化交流体験研修を行い、後半にはミッションコンプリート研修を行う。研修では、同大学が提携する企業、サンデンホールディングス株式会社（群馬県伊勢崎市、以下サンデン）の現地法人から、毎日複数のミッションが個人、グループに与えられる。与えられるミッションは 1 日や 2 日で終わるもの、本研修の最終日までに完了させるものなどさまざまである。ミッションは、現地の人々にインタビューをするなど、現地の人たちを巻き込まなければ完了できない内容になっている。事後研修では、振り返りとと

第 2 部　20 大学訪問調査　詳細レポート　　249

もに本研修で学んだことをレポートにまとめ、サンデンの本社にて最終報告
会を行う。なお、本研修の参加者は 14 人 (2015 年度) である。

　「GPW Ⅳ (サポートインターンシップ研修)」では、学生は中学生のアメリカ
語学研修のサポート役として参加し、リーダーシップを育成しながら、実践
的な英語力を磨くことを目的とする。本科目では TOEIC スコアが 600 点以
上であることという履修条件を課している。科目の流れは、事前研修 (複数回)
→本研修 (約 2 週間・ミズーリ州立大学) →事後研修報告会となっている。いず
れのプロセスにおいても、中学校教員の活動の補助として中学生の学びや活
動を支援するのが、本科目での学生の基本的な役割である。また本研修に参
加する学生は、事前研修において中学生と一緒にふるさと学修を行うことも
特徴であり、加えて伊勢崎市から特派員に任命され、現地での活動を市政だ
よりを通じて報告するという地域密着のプログラムとなっている。例年の参
加者は中学生約 70 人に対して、学生 3 人 (2015 年度) である。

　同大学では地域の小学生を対象にしたグローバル化にかかわる活動が活発
である。たとえば、日本語教育サポーターという制度を設け、伊勢崎市の
教育委員会と連携して、学生が小学校に赴いて日本語を母語としない児童
に日本語教育を行っている。これは「日本語教師養成プログラム」の一環で
「日本語教育実習」という授業として展開されている。「児童英語教師養成プ
ログラム」の一環で「児童英語教育実習」という授業として、近隣の前橋市立
筑
うつぼい
井小学校で “放課後寺子屋英語活動” に学生が参加している。また、GCT
副専攻の GPW 科目として「児童のためのグローバルワークショップ」があ
り、学生が伊勢崎市の小学 6 年生のためのグローバルをテーマとするワーク
ショップを企画運営しており、例年夏休みに 60 人前後の小学生が参加して
いる。

5.　正課外の海外・国内プログラム

　正課外の国内プログラムとして、“放課後イングリッシュ” という企画を
NPO と共催し、地域の小学 1 〜 3 年生を対象に学内で英語教室を開いている。
2014 年度ではのべ 700 人の児童が参加した。

Ⅲ. グローバル化に対応するための支援制度、組織体制

1. グローバル化に対応するための教育支援

1）奨学金などの充実度

　学生の留学を奨励するために海外留学奨学金という奨学金の給付制度を設け、利用者を募っている。この制度は学納金を減免して留学参加を援助することを目的としたものである。たとえば、学生が1セメスター留学する場合には施設設備費を半額減免、2セメスター留学する場合には施設設備費の半額減免に加えて授業料の4分の1も減免するという制度である。

2）海外プログラムを履修しやすくするための制度

　特にない。

3）海外プログラムに関するリスク対策およびセキュリティ対策

　留学・海外研修に参加する学生には、企業と提携して留学サポートサービスに加入することを義務付けている。これは日本出発後、事故・トラブル・困ったときに24時間対応するサポートデスクである。また同社の安否確認支援アプリに登録することも義務付けている。

　長期留学者に対しては、同大学のグローバル事務局専門員がスカイプなどを通して、定期的にメンタル面を含めた全面的なサポートを提供している。

2. キャンパスのグローバル化を活用した教育支援

　2016年に交換留学生受け入れ用の国際寮を新設し、2016年度12月現在、交換留学生6人が居住している（2017年度は10人）。ここでは、学生がレジデント・アシスタント（以下RA）として留学生の日本での生活を補助している。RAを務める学生は6人おり、うち3人が住み込み、3人が通いである（2016年度）。常に日本人学生が宿泊し、また不定期に寮内でパーティー等を実施することで交流が深まり、日本人学生と留学生間のコミュニケーションが開設前よりも密になった。RAを務める学生には、共愛ワークスタディ奨学金という制度が適用され、授業料の半額相当の奨学金を支給し授業料と相殺さ

れる。また、この国際寮の開設にあたっては、開設前年の 2015 年より、交換留学生の受け入れのための準備や企画を、英語コースと国際コースの学生が中心になり、留学生と協力して進めた。

留学生チューター制度という制度を設け、留学生 (2016 年度：22 人) の新入生 1 人に対して 1 人のサポーターがつき、大学内外を含む生活全般をフォローしている。

台湾から大学に視察団や学生が来る場合には、同大学の中国語に堪能な学生が通訳を務めている。学校法人共愛学園では、戦前・戦中・戦後の時期に台湾人が校長を務めていた時期があった経緯から、台湾との交流活動が活発であるためこうした機会は年に何度かある。

留学生が入学する毎年 5 月にはウェルカム・パーティー、卒業する 3 月にはフェアウェルパーティーを開催し、例年 100 ～ 200 人の日本人学生が参加している。毎年 12 月に開催する全学生を対象としたクリスマスパーティーには多くの留学生が参加したり、あるいは学園祭では留学生のブースを設けたりするなど、学内イベントに留学生と日本人学生の交流の場を多く盛り込んでいる。また日本人学生が不定期に立案するイベント、たとえば 2016 年度では"たこ焼きパーティー"や"流しそうめん大会"などでも日本人学生と留学生の交流を促進している。

3. グローバル化への対応を推進するための組織体制

グローバル化への大学教育の対応にかかわる組織は、グローバルセンターとグローバル人材育成推進本部事務局である。グローバルセンターでは、在学生派遣や留学生受け入れに関する業務全般の方針を決定し、グローバル人材育成推進本部事務局では、その方針に基づき、留学相談、プログラム立案、提携先開拓、文部科学省のグローバル人材育成事業 (GGJ) などの各事案を実行する。

グローバルセンターは、それまで独立していた国際交流センターと留学生支援センターを取り込んで、2013 年度に設置された。これは、留学や海外研修での日本人学生の送り出しに関する企画や方針の検討も、留学生を受け入れる企画や方針の検討も同じセンターの中で行った方が効率がよいと考え

たからである。なおグローバルセンターには、各コースの教員の代表者各1人、学生センター教務グループ、学生センター学生グループ、入試広報センターといった各センターの代表者、副学長なども、所属組織と兼任して所属している。これは、グローバル化に対応した大学教育を考えるにあたっては、ただ留学や海外研修のプログラムを企画・立案すればよいというわけではなく、それに付随してカリキュラム、ナンバリング、入試なども多かれ少なかれ関連があるからである。

IV. アセスメント

1. グローバル化への対応に関する学修到達度のアセスメント

　第一に、理念・ディプロマポリシー・地域産業人材要件を加味した学修成果指標である"共愛12の力"の観点から、学生に自己評価をさせている。同大学では、この自己評価のためのエビデンスとして、KYOAI Career Gate というeポートフォリオシステムを活用している。学生は、大学でのさまざまな活動と授業の振り返りをポートフォリオに記し、それぞれの記事に12の力のうちの該当する力をタグ付しながらそれを蓄積していく。授業科目についてはどの科目が12の力のうちのどの力に該当するのかということはシラバスに明示している。年次の終わりに、12の力がタグ付けされたエビデンスを横断検索しながら、各力について自身の成長のプロセスをルーブリックに基づいて5段階(0〜4点)で自己評価する。学生はそれに基づいて振り返りを行い、この上で教員と面談し、自己評価と教員からの評価の差異を確認しながら、自己評価の精緻化を図って完成させる。学生はこの自己評価を基に新年次での目標を立てる。

　第二に、卒業時に本学独自に設定したグローカルポイントの観点から、卒業時の学生に能力伸長を自己評価させている。グローカルポイントは、「アクション」「シンキング」「チームワーク」「海外への親和性」「異文化理解」「地域人としてのアイデンティティ」の6つの観点項目で構成されている。自己評価では、各観点を6段階(0〜5点)で学生に評価させており、全観点項目について4点以上と評価する卒業生が、全卒業生の70%以上になることを

同大学では目標としている。

第三に、語学力の伸長を測る指標として TOEIC を使用している。英語コースは毎年 2 回受験、その他のコースは 2 年次まで毎年受験することになっている。また、海外留学・研修参加者は、帰国後すみやかに受験することも義務付けられている。

第四に、語学力伸長以外を目的とする海外研修プログラムでは、研修修了後に社会人基礎力 12 の力の研修前からの変化を 5 段階で自己評価させている。

2. グローバル化への対応に関するカリキュラムデザインのアセスメント

同大学では、共愛コモンルーブリックによる自己評価、グローカルポイントによる卒業時評価、TOEIC スコアなどから集まるデータを IR システムに統合して、これに基づいてカリキュラムの効果を検証し、カリキュラム改善や学生指導につなげている。

改善の事例として、かつて検証している中で、情報経営コースでは、留学や海外研修などの海外経験をする学生が他のコースに比べて非常に少ないことが明らかになった。そこで「Global Project Work Ⅰ〜Ⅴ」を設置する際に、同コースの学生も参加しやすいように、科目の内容を積極的に説明したり、導いたりするようにした。その結果、たとえば「Global Project Work Ⅲ（ミッションコンプリート研修）」では参加者の半分が同コースの学生が占めるなどの履修状況の改善がみられた。

Ⅴ. 英語以外の外国語教育

同大学では、中国語を第一外国語として選択できる「中国語インテンシブプログラム」を設けている。このプログラムを選択する学生は、必修の英語科目が免除される代わりに、第二外国語としての中国語科目とは異なる本プログラムのために用意された中国語科目を履修する。特に基礎のクラスは週に 3 コマ開講するなどの工夫を施している。このプログラムでは、英語の選択者と同じく外国語センターにある "Self Study" を毎週 1 回利用するよう学生に義務付けているほか、中国への留学によりその効果をさらに高めるよう

にも指導している。

第二外国語については、その言語を仕事で活用するレベルというよりも、日常のコミュニケーションに活かせる程度の学修を目標としている。特に、生活圏のグローバル化が進行する群馬県に生活する学生が多いことから、スペイン語やポルトガル語を第二外国語に置き、日常会話の修得によるグローバルな地域社会の生活者としての基礎能力の向上を意識している。

今後の課題として、留学生ではない外国籍学生が多いことから、それらの学生にとっての第二外国語を、たとえば日本語で代替できるということなどを検討しなければいけないという問題意識を持っている。

5. 首都大学東京　国際副専攻コース（定員：16人）

【事例要旨】

実地調査対象：国際副専攻コース（定員：16人）

➤ グローバル人材育成入試という特別枠で学生を募る国際副専攻では、「海外留学」が必修化されている。留学先の大学では、専門分野の学修を含めて6単位以上を修得することを必須としており、国際副専攻のカリキュラムは留学を見据えた構造となっている。

➤ 半期〜1年間の海外留学を含む副専攻としてのカリキュラムに加えて、主専攻での専門の学修にも取り組む必要がある。そのため、所属する主専攻や留学の時期により、4年間で卒業できない場合がある。

➤ また、同副専攻の学生も「海外留学」前の語学学習として活用できる正課外の海外プログラムとして語学研修プログラムが豊富に取り揃えられ、その参加者は近年増加傾向にある。

I. グローバル社会への対応に関する教育目標

2015年度より開設された国際副専攻では、世界のあらゆる側面でグローバル化が急速に進行する中、確かなコミュニケーション力や、多様な文化に適応可能な実行力を身につけるための教育を行い、国際的な視野を持ち国際社会の第一線でリーダーシップを発揮して活躍できる人材を育成することを目的としている。

同副専攻では、主専攻での学修に加えて高度な英語教育と海外留学も伴うため、同副専攻を履修する学生はAO入試（グローバル人材育成入試）でのみ募集し、出願要件の一部として高い英語力を条件としている（TOEFL iBT スコア64点以上、英検準1級以上、IELTS スコア5.5以上など）。また、面接、小論文のほか、募集する学部・系によっては大学入試センター試験や基礎的な学力検査なども課し、一定の基礎学力が担保されていることも条件としている。

II. 教育活動（正課の科目、正課外のプログラム）

【グローバル社会に対応するためのカリキュラム設計】

学期 教育活動	1 年次 前期	1 年次 後期	2 年次 前期	2 年次 後期	3 年次 前期	3 年次 後期	4 年次 前期	4 年次 後期
異文化理解・異文化対応力育成	Foundation Seminar		Globalization and Japan					
英語での専門教育						Advanced Seminar（留学後に半期分を履修）		
			海外留学認定科目（下記海外留学期間中に修得した科目）					
英語コミュニケーション力育成	理系学部生対象 Academic English in Natural Science I / Academic Writing Seminar in Natural Science	Academic English in Natural Science II / Academic Writing in Natural Science I	Special Discussion Seminar in Natural Science / Academic Writing in Natural Science II			Advanced Academic Writing（留学後に半期分を履修）		
	文系学部生対象 Academic English in Humanities and Social Science I / Academic Writing Seminar in Humanities and Social Science	Academic English in Humanities and Social Science II / Academic Writing in Humanities and Social Science I	Special Discussion Seminar in Humanities and Social Science / Academic Writing in Humanities and Social Science II					
留学			海外留学（この間に半期から1年間）					
海外プログラム			Internship（留学中または留学後に60時間以上）					
	※海外短期研修（夏季：イギリス, オーストラリア, タイ　春季：アメリカ, カナダ, マレーシア）							

□ 必修科目、実質的に必ず履修しなければいけない科目　┆┄┆ 選択科目　※ 正課外科目　▨ 科目群を示す

　同副専攻に所属する学生は、主専攻とする学部・学科・系・コースでの学修と並行して半期から1年間の海外留学を必修とする副専攻カリキュラムを学修する。これにより、主専攻の専門知識に加えて、英語によるコミュニケーション能力や、多様な文化に適応可能な実行力を身につける。修了認定要件は、「海外留学」で6単位以上取得することを含む、合計26単位以上を修得することである。

1. 英語コミュニケーション科目の概要、科目間のつながり、および英語による専門科目とのつながり

　同副専攻の学生は、主専攻で学ぶ必修の英語科目に加えて、副専攻での英語科目も履修する必要がある。副専攻の英語科目が提供するのは、留学先の大学が必要とする語学要件をクリアし、現地で英語により専門分野の科目を学修し単位も獲得できるレベルまで英語力を引き上げるための教育である。

　「海外留学」までの英語科目は、主専攻が理系の学生向けの科目と文系の学生向けの科目とで分かれている。両者は扱う素材は異なるが、授業の基本構造は同じで、基本的には英語で行われる。1クラスの人数が10人以下と少人数であることも特徴である。

　1年次前期必修科目「Academic English Ⅰ」では、まずIELTS対策に向けて4技能を鍛え、1年次後期必修科目「Academic English Ⅱ」では、論理的思考と科学的アプローチを学ぶとともに学術的語彙力も涵養し、そのプロセスの中で議論、ディベート、プレゼンテーションのスキルを学ぶ。これを踏まえ、「Special Discussion Seminar」では、批判的分析、ディスカッション、プレゼンテーションといったアカデミック・スキルを学ぶ。

　1年次後期必修科目「Academic Writing Ⅰ」では、ライティングスキルと語彙の知識の向上を通して、TOEFLスコアおよびIELTSスコアの向上を目指すと共に、海外留学への準備とする。続く2年次前期必修科目「Academic Writing Ⅱ」では、学術レポートや論文の書き方を学び、「海外留学」に赴ける英語力と学術的知識を兼ね備えた状態になることを目指す。1年次前期の選択科目「Academic Writing Seminar」は、学術的なライティングスキルを指導する導入的位置づけの夏期集中講座である。

2. 異文化対応力育成科目の概要、科目間のつながり、および英語科目や英語による専門科目とのつながり

　同副専攻では、「海外留学」に向け、異文化理解を促すため必修科目1科目と選択科目1科目とを設置している。いずれも授業はすべて英語で行われる。

　1年次前期必修科目「Foundation Seminar」では、日本、アジア、アメリカ、ヨー

ロッパの文化を知り、同副専攻や「海外留学」での到達目標を、ディスカッション、グループ活動、レポート作成、プレゼンテーションを通して、明確にしていくことを目的とする。2年次前期選択科目「Globalization and Japan」では、日本の教育問題、世界の環境問題、グローバル化と難民の問題について学ぶとともに、そうした問題への多様なフィールドからのアプローチを知り、解決策を議論することを目的とする。

3. 英語での専門教育の概要、科目間のつながり、および英語科目や異文化対応力育成科目とのつながり

　同副専攻は、英語をツールとして主専攻での専門の学術分野を学ぶためのスキルと異文化コミュニケーションのスキルを学修することを目的としている。

　「海外留学」から帰国後に履修する必修科目「Advanced Seminar」は、「海外留学」で学修したことや経験したことを踏まえて、英語によるアカデミック・スキルのさらなる定着と今後の専門での学び方について指導する科目である。

4. 正課の海外・国内プログラム

　「海外留学」の留学先大学は、主に交換留学の協定校約40大学の中から、学生が自身の主専攻の専門分野を鑑み、それと関連あるプログラムを受講できる大学を選ぶ。交換留学にあたっては学内での審査、留学先大学が語学要件として掲げる IELTS や TOEFL iBT のスコアなどもクリアしなければならない。また、修了認定の要件として「海外留学」では、派遣先で6単位以上を修得しなければならない。語学研修プログラムではなく専門にかかわる内容を英語で学修するので、この要件の難易度は高い。同副専攻のカリキュラム全体が、交換留学にあたって必要な要件をクリアし、さらに留学先での専門の学修で単位を修得するための事前学習となっている。そして「海外留学」をその後のさらなる学修に結びつけるための事後学習として、「Advanced Seminar」が用意されている。

5. 正課外の海外・国内プログラム

同大学では海外英語研修の海外プログラムを複数実施しており、同プログラムへの参加者は、近年大きく増加している。2016年度での実施状況は下記のとおりである。

プログラム名	派遣先	参加者数（人）
イギリス夏季英語研修	ロンドン大学アジア・アフリカ学院	10
オーストラリア夏季英語研修	マッコーリー大学	15
タイ夏季英語研修	チェンマイ大学	20
アメリカ春季英語研修	カリフォルニア大学サンディエゴ校	15
カナダ春季英語研修	ヨーク大学	15
マレーシア春季英語研修	マラヤ大学	10

図表 2-5　首都大学東京の 2016 年度海外英語研修の実施状況

留学生と日本人学生を対象に、共同作業や共通体験を通じて、留学生相互および留学生と日本人学生との交流を図り、日本の歴史、自然、文化などについて理解を深めることを目的にした「留学生セミナー」を、毎年前期と後期各 1 回実施している。各回平均 40 人参加する（うち日本人は 5 〜 10 人）。

年 4 回程度の頻度で「異文化理解講座」を開催している。その取り組みの一部として、留学生と日本人学生を対象に日本の文化などに触れ、日本への理解を深めるとともに、学生同士の交流を通して異文化理解を深めたりすることを目的に実施している。2016 年度では、4 月に“箱根バスツアー”（参加者：留学生 31 人、日本人 7 人）、12 月に“鎌倉一日観光”（参加者：留学生 17 人、日本人 6 人）が実施された。

Ⅲ. グローバル化に対応するための支援制度、組織体制

1. グローバル化に対応するための教育支援

1）奨学金などの充実度

1 年間の海外留学を含む副専攻としてのカリキュラムに加えて、主専攻での専門の学修にも取り組む必要があるため、4 年間で卒業できる保証はなく 5 年かかることも想定される。そのため、5 年目の授業料を支援する仕組みを準備しており、留学や海外プログラムへの参加に関する奨学金制度につい

ても取り揃えている。

2) 海外プログラムを履修しやすくするための制度

2016 年度では、都市環境学部分子応用化学コースでクォーター制を導入し、海外留学にも挑戦しやすい環境を整えている。2017 年度以降より、それ以外の学部・学科・系・コースでもクォーター制を導入しやすい環境を整えたが、あくまでもその判断は各学部・学科・系・コースでの判断に委ねる方針である。

3) 海外プログラムに関するリスク対策およびセキュリティ対策

全学として、企業と契約し、渡航期間中における定期／緊急時安否確認、24 時間対応コールセンター、災害発生時の帰国渡航支援などのサービスを学生に提供している。

海外留学や海外語学研修に出発する学生向けに、留学前に知っておくべき情報を提供する講座を開催し、注意を喚起している。2016 年度では、11 月に異文化滞在理解講座、1 月に危機管理講座と特別講演会 海外渡航・滞在における危機管理を実施した。

2. キャンパスのグローバル化を活用した教育支援

同大学に入学する留学生の日本での大学生活を日本人学生が支援するチューター制度がある。2016 年度では約 160 人の学生が同制度に登録し留学生を支援している（2015 年度では外国人正規入学者数 52 人、交換留学生数 61 人）。

海外からの短期の来客があった時のキャンパス案内や外国人研究者の学内でのサポート、留学生の日本での生活に必要な各種手続きの手伝いなどを英語で行う学生サポーター制度がある。同制度への登録者は 13 人（2016 年度）おり、こうした業務を英語で行うためにあらかじめ研修を受けて実務に就く。

留学生と日本人学生の混在型学生宿舎があり、ここでは日本人学生はレジデント・アシスタント（以下 RA）として同宿舎で生活をしながら留学生の日本での生活を補助する。RA は面接によって採用される。特に給与が支給されるわけではないが、特に留学希望者や留学から帰ってきた学生が率先して

RA を希望する。2016 年度 12 月では同宿舎に留学生が 62 人、RA が 13 人居住している。

　学生の国際交流ボランティア団体 HANDs がインターナショナルパーティーを学内で開催し、異文化交流を促進している。最近では 2016 年 12 月に開催し、約 200 人（うち日本人学生と教職員が 100 人）が参加し、各国料理を持ち寄って行われた。

3. グローバル化への対応を推進するための組織体制

　同大学では、グローバル化に対応した教育を提供する体制を整えるべく、全学組織を置いている。

　国際化推進本部は、同大学の教育研究の国際通用性・国際競争力強化を図るための全学横断組織である。教育研究に関する国際戦略の策定とその展開のための企画や、海外の大学及び研究機関等との連携の強化に関することなどを担当している。同本部の本部長には学長が就き、本部員は副学長、学部長、系長、国際センター長、大学教育センター長、管理部長などのマネジメント層で構成されている。

　国際センター（教員 13 人）は教員組織であり、国際交流部門と留学生・留学支援部門で構成されている。また、同センターが協力して国際副専攻委員会にかかわり、同副専攻のカリキュラムの企画と運営実施を担うほか、留学生の教育や海外プログラムの企画および実施も担当している。留学に関する学生の個別相談にも応じている。

　管理部国際課（職員 30 人）は同大学の国際化にかかわる業務の事務管理組織であり、国際化及び国際交流推進に係る企画・調整、国際化関連組織の管理運営、留学生の受け入れや派遣に関する事務管理業務を担当する。

IV. アセスメント

1. グローバル化への対応に関する学修到達度のアセスメント

　学修到達度のアセスメントは、主専攻の学部・学科・系・コースに委ねられている。同副専攻が提供するグローバル化に対応するための教育におけ

る学修到達は、指定の履修単位（合計 26 単位）の獲得をもって確認することになっている。

2. グローバル化への対応に関するカリキュラムデザインのアセスメント

　国際副専攻の入学者が卒業する年度に至っていないため、アセスメントの具体的な仕組みは状況を見ながら検討している。同副専攻のカリキュラムを運営する国際副専攻委員会では、毎月会議を実施し、所属学生の学修の進捗を確認したり、問題点とその解決策について話し合ったりしている。

V. 英語以外の外国語教育

　同大学で科目を開設している英語以外の言語は、ドイツ語、フランス語、中国語、朝鮮語、ロシア語、スペイン語、イタリア語、アラビア語、ギリシャ語、ラテン語に、外国人特別学生、帰国子女学生および中国引揚者等子女学生を対象にした日本語を含めて 11 言語である。いずれの言語の科目も、4 技能の基本を習得することを目的としている。ギリシャ語、ラテン語については、初歩的な原典講読において必要となる文法事項の習得も目的としている。

　都市教養学部の人文・社会系では、第二外国語としてドイツ語、フランス語、中国語、朝鮮語、日本語（外国人特別学生、帰国子女学生、中国引揚者等子女学生に限る）のうちから 1 言語を選択し、1 年次に 12 単位を必修科目として履修しなければならない。また都市環境学部の地理環境コース、建築都市コースでは、1 年次に 8 単位の第二外国語が必修化されている。その他の学部・系でも自由に履修することができ、その履修を推奨している。

　ロシア語、スペイン語、イタリア語、アラビア語、ギリシャ語、ラテン語については、自由に履修することができる。

6. 青山学院大学　地球社会共生学部 (定員：190人)

【事例要旨】

実地調査対象：地球社会共生学部 (定員：190人)

2015年創設。"英語をコミュニケーションツールとして、東南アジアを中心に発展途上国・新興国の発展に寄与できる人材の育成"を目的として、全員必須の半期の留学を中心としたカリキュラムを設定している。

大学での学びと留学先での学び、理論的な学習と現場の学修をリンクさせ、相乗効果を上げるために、留学中、現地でのフィールドワークを必須とし、事前・事後の学習を含めて4年間のカリキュラムに組み込み、専門的な学びとつなげている。

個々の能力を高めることはもちろんだが、国境、文化を越えたワークに積極的に取り組み、「共生」マインドを涵養する目的で"チーム"と呼ばれるクラス担任制を取り入れ、細やかな学生指導を行っている。

Ⅰ. グローバル化への対応に関する教育目標

同学部では、変動する地球社会のこれからの30年を見据え、まずは東南アジアを中心とした新興国、途上国の世界で貢献できる人材を育成することを目標としている。主な研究機関は、経済のイニシアティブはいずれ欧米から中国、東南アジアへ移行し、やがてはインド、アフリカが台頭する時代が来ると予測している。同学部がこうした目標を掲げているのは、これらの地域が順調に成長していくことが、その地域にとどまらず日本、更には世界の安定、発展につながると考えたからである。この地域の成長を阻んでいる「差別」、「貧困」、「紛争」、「情報格差」などの地球規模の課題(グローバル・イシューズ)に地域の人と共に向き合い、解決し、共に生きる社会の創造を目指すため、同学部では、「ソシオロジー領域」「ビジネス領域」「コラボレーション領域」「メディア／空間情報領域」の社会科学の4分野の学びを準備している。

地球社会共生学部のディプロマポリシー

　地球社会共生学部は、以下の5つの要素を身につけ、人と痛みを共有し、人種、宗教、国家の枠を越え、地球規模の視野に基づき、世界の人々と共通の目線で協働できる知恵と力を持った学生に対し、「学士（学術）」を授与する。

1. 一定水準の語学力に裏打ちされた十分なコミュニケーション能力
2. 主体性、積極性、協調性、リーダーシップなどのコンピテンシー
3. 自己アイデンティティを持ったうえでの異文化に対する共感力
4. 社会科学の幅広い素養のうえに築かれた明確な専門能力
5. 学院モットー「地の塩、世の光」を体現し、地球上の人々に貢献したいと思う「こころ」

II．教育活動（正課の科目、正課外のプログラム）

　学部の専門領域は"共生"をキーワードとした4つのクラスターで構成されている。クラスターはグローバル・イシューズに対応しており、それぞれ①社会の差別の現状と発生メカニズムを解明する「ソシオロジー領域（社会学、文化人類学）」、②産業を興し雇用を創出することで貧困克服の道を探る「ビジネス領域（経済学、経営学）」、③世界各地の紛争解決について深く考える学びが得られる「コラボレーション領域（政治学、国際関係論、異文化理解）」、④先進地域と途上国の情報の格差を取り除き、情報の力で地域の問題を解決する「メディア／空間情報領域（ジャーナリズム、GIS（地理情報システム））」、である。4つのクラスターを幅広く揃えたのは、途上国で活躍するには1つの分野だけに秀でているのでは足りないと考えたためである。文化圏、国家の発展段階、地域の状況などにかかわらず、自分が立つその地で貢献できる人材となるために、4領域の一定水準の学びを身につけられるカリキュラムを提供している。なお、これら4領域の間の垣根は低く、各自の興味と関心、キャ

【グローバル社会に対応するためのカリキュラム設計】

学期	1年次		2年次		3年次		4年次	
教育活動	1st・2nd クォーター(前期)	3rd・4th クォーター(後期)	1st・2nd クォーター(前期)	3rd・4th クォーター(後期)	1st・2nd クォーター(前期)	3rd・4th クォーター(後期)	1st・2nd クォーター(前期)	3rd・4th クォーター(後期)
異文化理解・異文化対応力育成			アジアの言語と文化IV(アセアン文化基礎)					
	Japan Studies 科目(選択) Topics in Japanese Culture I ~ IV Topics in Japanese History I ~ IV Topics in Japanese Geography I ~ IV Topics in Japanese Economy, Business and Policy I ~ IV							
英語での専門教育			各クラスターの専門科目(選択)					
英語コミュニケーション力育成	Academic English (Speaking & Listening) I・II	Academic English (Applied Skills)						
	Academic English (Reading & Writing) I・II							
留学	いずれかの時期を選んで留学	留学準備セミナー	フィールドワーク論 / フィールドスタディ I / フィールドスタディ II 留学					
			フィールドワーク論 / フィールドスタディ I / フィールドスタディ II 留学					
海外プログラム					インターンシッププロジェクト			

☐ 必修科目、実質的に必ず履修しなければいけない科目　　┄┄ 選択科目

リアプラン、留学先の履修を考えて一人ひとりにオーダーメードのカリキュラムを提案している。

　留学は必須(基本的に2年次後期または3年前期の半年間)で、留学から戻ってから本格的に専門科目を学ぶ設計となっている。また、留学をしても4年間で卒業できるようにカリキュラムを設計している。

　更に、"チーム"と呼ばれるクラス担任制(1チーム約20人)を導入し、1年次では大学への順応、2年次では留学準備のための履修指導の役割を担い、また3年次のゼミへの橋渡しの機能も持たせている。

1. 英語コミュニケーション科目の概要、科目間のつながり、および英語による専門科目とのつながり

　留学には、さまざまな手続きや準備のため最低1年のリードタイムが必要

であるが、2年次後期の留学に備え、同学部の学生は1年次の5月と7月に IELTS を受験する必要がある。そのために、1年次はスコアアップに特化した英語教育を行っている。英語科目のカリキュラムは、学部の設定した要求水準に効率的に到達できるよう、外部英語教育機関との密接な連携のもと、その内容が設計されている。

同学部の1・2年次の英語カリキュラムの特徴は、ネイティブスピーカーの講師による English Only の授業が、少人数・能力別クラスで、週6コマ、必修で配置されていることである。1年次に「Academic English（Speaking & Listening）I・II」「Academic English（Reading & Writing）I・II」の4科目が置かれ、2年次前期には1年次で得たスキルを留学先で活かせるよう、より実践的な科目「Academic English（Applied Skills）」を置いている。それぞれ10クラスのレベル別に分けているが、クラスごとに内容の偏りが出ないよう、10人すべての講師が目標を共有している。

授業では、留学に際して提出が求められる"モチベーションレター"をライティングの素材として用いるなど、学部の留学プログラムとリンクする内容になるよう工夫している。また、英語を苦手とする学生や、より多く英語を話す機会を持ちたいと考える学生のために"イングリッシュチャット"と呼ばれる、昼休みに曜日固定で学生と英語担当講師が英語で話せる仕組みもある。

2. 異文化対応力育成科目の概要、科目間のつながり、および英語科目や英語による専門科目とのつながり

Japanese Studies 科目群として「Topics in Japanese Culture I 〜IV」、「Topics in Japanese History I 〜IV」、「Topics in Japanese Geography I 〜IV」、「Topics in Japanese Economy, Business and Policy I 〜IV」を用意している。Japan Studies 科目群とは、留学生が日本の地理、歴史、文化、政治・経済について英語で学べる科目群（全16科目）であるが、日本人学生も履修でき、日本人学生にとっては留学先において日本のことを英語で紹介できるようになるための科目となっている。「Topics in Japanese Culture I」では日本の気候と風土を、「Topics in Japanese Culture II」では日本の世界遺産を中心に日本文化を、「Topics in

Japanese Culture Ⅲ」では日本の伝統文化を、「Topics in Japanese Culture Ⅳ」では日本の現代文化を扱っている。

　また、「アジアの言語と文化Ⅳ（アセアン文化基礎）」（選択科目）は、タイを中心に東南アジア地域の文化的多様性を理解する科目である。留学先国の1つがタイであり、またタイからの交換留学生も多いことから、より理解を深めるため、また専門の学びにつなげるために設置している。

3. 英語での専門教育の概要、科目間のつながり、および英語科目や異文化対応力育成科目とのつながり

　2年次には4クラスター（ソシオロジー、ビジネス、コラボレーション、メディア／空間情報）から1つを選択し、専門性を高めていく。現在、専門科目の約20％が英語で開講されている。

4. 正課の海外・国内プログラム

　留学中の学びの柱は大きく2つあり、現地大学の正規専門科目の半期〜1年間の履修と、その留学中に行うフィールドワークである。

　同学部では留学を卒業要件とし、留学先は主にタイとマレーシアの学部間協定大学（2016年度8校、2017年度7校）としている。事前学習として、1年次配置のBasic Module Group[1]の科目や2年次配置の選択科目「留学準備セミナー」などで東南アジアの諸事情等について詳しく調べたり、留学での目標を立てたりする。留学後の振り返りや成果報告は「フィールドスタディーⅡ」で行う。

　フィールドワークについては、留学直前の2年次前期または後期に必修の「フィールドワーク論」で、社会調査の意味、調査倫理とは何か、調査のテーマをいかに選ぶか、調査実施上の制約条件やスケジュール、また留学先での安全確保などを学ぶ。2年次後期または3年次前期に留学するそれぞれ

　1　同学部のカリキュラムはクラスターを縦軸に、履修段階を横軸にマトリクス状に組み立てられている。履修段階は、StudySkill Module Group, Fundamental Module Group, Introductory Module Group, Basic Module Group, Advaced Module Group, Capstone Module Groupと6段階の階層構造を持ち、徐々に専門性が高められていく。

約 100 ～ 120 人程度の学生を、およそ 5 人ずつのグループに分け、フィールドスタディー担当の教員 5 人が、1 人あたり 4 グループ程度担当し、指導する。留学期間中は、安全確認と調査の進捗確認を兼ねて、2 週間に 1 回学生とフェイスブックでコンタクトを取る。学生は留学先で調査テーマを決めて事前調査等を行いながら、留学後 2 か月たった段階で「調査計画書」をフィールドスタディー担当教員に提出する。留学中に行う調査は「フィールドスタディー I」(必修科目) という科目で、単独調査を基本とし、定期的に教員がフェイスブックやスカイプを使って学生へ指導を行う。帰国後に「フィールドスタディー I」の単位が認められるためには、実施報告書、記録、調査にかかわる資料の提出が必要となる。また、「フィールドスタディー II」(必修科目)も、「フィールドスタディー I」の指導教員が引き続き担当し、他の学生と調査経験を共有するとともに、何が問題だったかを振り返らせている。また、学生が留学先で行った調査の報告会の実施を計画している。基本的にはポスター発表で、約 100 人の中から優秀なものを発表、表彰する予定である。

　海外で実施するものとしては、必須の留学以外に、「インターンシッププロジェクト II」という海外プログラム (選択科目) を用意している。これは、旅行会社と学部教員が協力して企画・運営するものである。

5. 正課外の海外・国内プログラム

　NPO 法人と協定を結び、6 週間～ 6 か月の正課外の海外インターンシップを提供している。留学期間終了後、夏休み等の長期休暇期間を利用して国際交流センターが提供する短期留学に行くことも奨励している。

III. グローバル化に対応するための支援制度、組織体制

1. グローバル化に対応するための教育支援

1) 奨学金などの充実度

　学生は学部必須留学においては、留学先の授業料を支払う必要はない。また、渡航費、寮費等についても学部から補助されるため、自己負担が発生するのは基本的に海外保険、ビザ申請費用、現地での生活費のみである。

2) 履修上海外プログラムに参加しやすい仕組み

半期の留学をしても、基本的に4年間で卒業できるようにカリキュラムを設計している。また、学部の授業をクォーターで展開することにより、留学先大学の学事暦とのずれを吸収できる仕組みを構築している。

3) リスク対策、セキュリティ対策について

同学部では、正課科目「留学準備セミナー」でリスク対策の指導を行っている。また、学部国際交流委員会が中心となって、『危機管理ハンドブック』を作成し、学生へ配布している。留学直前には専門家を招いての「危機管理オリエンテーション」や「マレーシア国概要講義」等を実施し、情報提供と注意喚起を行っている。

- ・教職員による現地視察、協定校との危機管理情報の共有
- ・危機管理マニュアルの作成（教職員用）、教職員対象危機管理セミナーの実施（FD, SD）
- ・緊急連絡網の完備
- ・派遣中止、延期、途中帰国の場合のガイドライン作成
- ・留学準備セミナー実施
- ・フィールドスタディー科目と連動した安全確認システム（FBの活用）の確立
- ・チーム教員によるLINEなどを利用したネットワーク整備
- ・海外派遣教員（駐在）による現地での指導（モニタリング、アドヴァイシング）
- ・海外旅行保険への加入
- ・危機管理会社との契約
- ・全員に指定携帯電話所持の義務付け
- ・在留届登録指導
- ・大使館情報の提供
- ・予防接種の推奨

危機管理は保護者も最も関心の高い部分であるので、教職員間で以下のような何層にもわたるセーフティーネットを構築し実施していることを保護者に告知している。

2. キャンパスのグローバル化を活用した教育支援

タイ、マレーシアおよびその他の海外諸国からは、通年で約30人の交換

留学生が来ており、日本人学生と一緒に授業を受ける。留学生は約2人ずつ各"チーム"に配属させている。留学生が半期〜1年間勉強して帰国し、日本人学生が現地に留学した際に、留学先で再び会い、交流を深めている。これは当初よりの目論見でもある。

GSC (Global Studies and Collaboration) 学生連合という学部公認の学生団体があり、1学年約40人が加入して活動している。神奈川県大和市の外国籍の小学生への日本語教育の補助、企業と協力しての商品開発、留学生向けの各種企画 (クリスマス会、食事会、日本文化体験旅行、歓送迎会等) などに取り組んでいる。また、Japan Studies 科目を補完する位置づけで留学生とともに富岡製糸場や日光などに行く"フィールド・トリップ"というイベントが開催されている。さらに、相模原市淵野辺地区に立地している青山学院大学、桜美林大学、麻布大学の3大学の学生と地元住民からなる"ふちのべ大学"という組織を立ち上げ、地域活性化、町おこしの活動を行っている。

3. グローバル化への対応を推進するための組織体制

学部内に各種組織を作り、それぞれの組織が連携してグローバル化への対応を推進している。

学部国際交流委員会が中心となり、『留学ガイド』『出発前ハンドブック』『危機管理ハンドブック』を独自に作成し、留学の仕組みづくりを行っている。

JS (Japan Studies) 運営委員会は、Japan Studies 科目群の企画・構築及び運営を行っている。もとは教務委員会の下部組織であったが、カリキュラムを構築していかなければいけないため、独立させた。

フィールドスタディー担当者会議は、教員7人と職員1人からなり、フィールドスタディープログラムを管轄している。

英語教育ワーキンググループは教員4人からなり、外部英語教育機関に対して達成目標を提示し、協力して内容を作り、実行を管理する委員会であり、学生一人ひとりの授業出席率、英語能力向上の程度を監視しつつ授業改善を議論すると同時に、学生の成績評価を行う。

日々のマネジメントやカリキュラム間の調整については、月2回行われる教授会に合わせて、毎週のように主任会 (教員5人) で話しあって行っている。

3 ポリシーの整合性の検証は、全学の自己点検評価委員会が学部に通達し、学部の自己点検評価委員会から主任会、教務委員会など担当に割り振って実施し、最終的に教授会で共有している。

IV. アセスメント

1. グローバル化への対応に関する学修到達度のアセスメント

社会調査を専門とする教員が留学の効果測定のための調査票を作成し、留学前後に学生に回答させて、教育効果を測定する仕組みを構築している。この調査では、語学力が伸びたか、コミュニケーション能力が伸びたかなどを分析する。留学を経験することで自己評価がどう変化するかも見たいと考えている。語学力のアセスメントとしては、留学前後に TOEIC によって伸びを確認する。

2. グローバル化への対応に関するカリキュラムデザインのアセスメント

本学では全学的に学生意識調査を毎年実施しているが、その中に学部独自の設問を挿入して、教育目標の達成度を測り、教育改善につなげている。

V. 英語以外の外国語教育

第二外国語は、本学独自の教養教育システム「青学スタンダード」の中で必修とされ、学生はフランス語、ドイツ語、スペイン語、中国語、ロシア語、韓国語の中から選択して履修する。

また、学部独自には 30 年後のアジアの時代の中核の 1 つが流通の要所としてのタイであるとの考えに基づき、「アジアの言語と文化 I・II」(タイ語初級、中級)(選択科目)を設置している。留学前にタイの知識を修得する、あるいは留学後により深くタイを学ぶことができる。

7. 上智大学　法学部（定員：学部330人）

【事例要旨】

実地調査対象：国際関係法学科（定員：100人）、特に"コースAQUILA"（登録：学年あたり約50人）

法学系の学部でグローバル化への対応をしている数少ない大学の1つである。国際関係法学科は1980年に設立され、多くの卒業生が高い語学力を活かして諸外国とかかわるような職業に就いてきた歴史がある。

全学的に英語教育を充実させており、学生は自身の英語力と興味関心・目的に合わせて、幅広く履修することができる。また、海外留学・プログラムも多数設置している。

英語で法学を学ぶ登録制の特修コースAQUILAを2014年度に開設した。高い専門性に裏打ちされた高度な語学力の習得を通じ、多文化共生社会を支える人材育成を目指している。2016年度現在、同学科の約半数の学生が同コースに登録している。

Ⅰ．グローバル化への対応に関する教育目標

学科のディプロマポリシーは、以下のように定められている。

> 本学科では、法的・政治学的思考力を基礎として、国際社会の諸問題に対処できる知識、分析力、他者理解、発進力を育成します。今日では、政治経済はもちろん、法の分野においてもグローバル化の波が押し寄せてきています。この世界的状況の分析と活用に不可欠な言語運用能力、ならびに高度な専門性に裏打ちされたグローバル・コンピテンシー（グローバル化対応能力）を身につけた者に学位を授与します。

グローバル化が進展する現代社会では、地域と交流するなかでその土地ごとのニーズを理解した上で行動でき、国際社会の発展に貢献できるような人

材を育成したいと考え、学科として上記のようなディプロマポリシーを定めている。しかし、全員が英語での高度な発信力を備える必要はないため、希望者のみを対象とした"コース AQUILA"という英語による特修コースを設置している。

II. 教育活動（正課の科目、正課外のプログラム）

【グローバル社会に対応するためのカリキュラム設計】

学期 教育活動	1年次		2年次		3年次		4年次	
	春学期	秋学期	春学期	秋学期	春学期	秋学期	春学期	秋学期
異文化理解・異文化対応力育成			比較法　等					
英語での専門教育		英語導入演習	AQUILA 科目（全21科目）					
英語コミュニケーション力育成	Academic Communication 1	Academic Communication 2	Academic English 科目群 Professional English 科目群 Practical English 科目群 上記から、法学にかかわるものを中心に8単位まで認定					
留学								
海外プログラム				海外短期研修（西オーストラリア大学）	海外短期研修（ジョージ・ワシントン大学）			

□ 必修科目、実質的に必ず履修しなければいけない科目　　┆┄┄┆ 選択科目

2014年度より、2年次から任意で登録できる"コース AQUILA"を設置した。これは、英語を用いて集中的に法学・政治学を学べるように用意されたコースである。このコースで指定している英語による専門科目24科目のうち成績のよい10単位(5科目)の科目について GPA が3.0以上の成績をおさめ、かつ、このコースで指定している演習を通年履修して単位を取得すれば修了認定される。コース開設当初は、学科の2割程度の学生を想定していたが、実際には約半数の学生が登録しており、想定よりも多かった。

1. 英語コミュニケーション科目の概要、科目間のつながり、および英語による専門科目とのつながり

全学組織である言語教育研究センターにて、21世紀型の英語運用力を"グローバル英語能力 (Global English competence)"と名づけ、次の言語能力の獲得

を目標としている。

知識を英語で習得できる学習的言語能力 (academic language competence)
物事を英語で考察できる批判的言語能力 (critical language competence)
他人と英語で協働できる協調的言語能力 (collaborative language competence)
任務を英語で遂行できる機能的言語能力 (functional language competence)

　この目標を達成するため、2014年度に全学的に語学カリキュラムを改訂し、以下のように定めた。

　入学時にプレイスメントテストとして TEAP（同大学と日本英語検定協会が共同開発したアカデミック英語能力判定試験）を実施し、そのスコアによりレベル別に学生を6つのグループに分ける。そのグループごとに、1年次春学期の必修科目「Academic Communication 1」で講義ノートの取り方、ディスカッションやプレゼンテーションの技法、小論文の書き方、効果的な情報収集の方法など、学習的言語能力を高める。1年次秋学期の必修科目「Academic Communication 2」では、さまざまな学術分野の内容を取り上げて、春学期で得たスキルをもとに本や資料の内容の要約や議論、プレゼンテーションをさせることにより、語学力の向上させるとともに批判的言語能力・協調的言語能力を磨き、国際的視野を広げる。

　1年次秋学期からは、専門的な学術分野を学ぶ Academic English 科目群、高度な専門職で必要とされる Professional English 科目群、英語で仕事をこなす上で必須の Practical English 科目群のなかから、法学にかかわるもの（「LAW IN ENGLISH A/B」「INTERNATIONAL RELATIONS IN ENGLISH A/B」など）を中心に履修させ、8単位まで卒業単位として認定する。これらの科目は、英語を使いながら専門科目に近い内容を学ぶものである。2～4年次にかけて、機能的言語能力を高めていく。

　言語教育研究センターでは、レベル・内容ともに多岐にわたる英語科目を設置しており、学生は自身の英語力と興味関心・目的に合わせて幅広く履修することができる。

2. 異文化対応力育成科目の概要、科目間のつながり、および英語科目や英語による専門科目とのつながり

2年次以降の選択科目として「比較法」などの科目を設けているが、学部として異文化対応力育成のみに特化した科目は配置しておらず、英語科目や専門科目のなかで意識的に多文化共生について触れることで、複合的に育成している。

3. 英語での専門教育の概要、科目間のつながり、および英語科目や異文化対応力育成科目とのつながり

同学科の学生は、1年次後期に必修科目「英語導入演習」を履修する。この科目では、学生は25人ずつ4クラスに分けられ、英語のみで授業が行われる。担当教員は2クラス1人の計2人おり、教員ごとに異なるテーマでディスカッションが行われる。ディスカッションの素材には、英語の条文やTED Talksなどを用いている。この経験を、2年次以降の専門分野での本格的な学びにつなげていくようにしている。コースAQUILA生にとっては、同コースを受けるためのファースト・ステップという位置づけである。

同学科では、コースAQUILA科目（英語で専門を学ぶ科目）を24科目用意している。これらの科目は、コース生でなくとも法学部生全員が履修できる。ビジネス法（英米法）や国際法、国際政治・比較政治の科目が多い（憲法や民法などの実定法は、もっぱら国内法を教授する講義が展開されているため、現段階ではコース科目を構成していない）。なお、コースAQUILAの指定を受ける科目には、①E/日科目（教材は英語、教授言語は日本語）、②E/E科目（教材・教授言語ともに英語）の2種類があり、コース科目のほとんどがE/E科目である。

4年次の「演習」（ゼミ）は必修で、コースAQUILA生は、コースで指定された英語を使用するゼミを優先的に履修することができる。

4. 正課の海外・国内プログラム

学部として、希望制で「海外短期研修（西オーストラリア大学）」「海外短期研修（ジョージ・ワシントン大学）」を設けている。コースAQUILA生はこの海外研修を優先的に受けることができる。この研修には事前・事後学習が設計さ

れている。事前学習では、事前講義を E/E で行うとともに、現地で日本の法についてグループごとに英語で 5 〜 10 分のプレゼンテーションをするため、その準備を行っている。事後学習としては、学生に英語と日本語でそれぞれ A4 用紙 4 ページ程度のレポートを書かせている。レポートのテーマは、研修中に学んだ内容についてであれば何でもよく、たとえば"連邦法と州法の関係"をテーマとしてとりあげたレポートが提出されたりしている。

「海外短期研修(西オーストラリア大学)」は、春季休業中に 3 週間かけて実施され、学生は西オーストラリア大学で法学用語を英語で学びつつ、法学の講義を受ける。また、西オーストラリア州の最高裁や旧フリーマントル刑務所などへのフィールドトリップも組み込まれており、オーストラリアの法文化に触れる内容となっている。毎年約 20 人の学部生が参加しており、そのうち 4 〜 5 人が同学科生である。

「海外短期研修(ジョージ・ワシントン大学)」は、夏季休業中に 2 週間かけて行われ、こちらも法学用語を学び、研修先の大学で法学の講義を受ける等の内容となっているが、学生にとってはインターンシップに参加する時期と重なっているため、ここ数年、参加希望者が実施可能人数に達していない。

その他、全学で交換留学や一般留学、語学留学などが用意されており、法学部全体では 3 割弱の学生が留学し、国際関係法学科の学生がそのうちの約半数を占めている。

5. 正課外の海外・国内プログラム

学部独自のものはないが、NGO や NPO 団体、日本政府、国際機関などと連携して行っている全学のプログラムが多数あり、コンスタントに学生が参加している。また、大学を休学して留学する学生も多数いる。

III. グローバル化に対応するための支援制度、組織体制

1. グローバル化に対応するための教育支援

1) 奨学金などの充実度

留学先の大学の授業料負担のない交換留学制度を充実させている。交換

留学生を対象とした奨学金制度も充実しており、2016 年度は交換留学生の 3 分の 1 程度が奨学金を受給している。また、私費留学となる一般留学を対象に 1 学期あたり 10 万円、1 年間で 20 万円を上限とした海外留学奨励費を全学で設けている。

2) 履修上海外プログラムに参加しやすい仕組み

セメスター制を取り、秋卒業ができるようにしている。また、4 年次必修の「演習」は通年科目だが、継続履修制度を設けており、前期の授業を受けた後に留学し、次年度後期に同じ教員による「演習」に戻り、通年でその科目を受講したとみなすこととしている。

3) リスク対策、セキュリティ対策について

全学の取り組みとして、数は限られているが、海外拠点とされている都市に現地事務所を置き、現地で学生に対応している。また、42 カ国 63 都市に卒業生の同窓会団体である地域ソフィア会があり、留学中の学生も現地でのイベント等に参加できるため、留学予定者の出発前に情報提供を行っている。

2. キャンパスのグローバル化を活用した教育支援

全学の取り組みとして、祖師谷国際交流会館や葛西インターナショナルハウス等の混住型の学生寮がある。また、大学主催の留学生歓迎会や、課外活動団体による各種企画がある。

3. グローバル化への対応を推進するための組織体制

全学組織であるグローバル教育センターが、海外の大学との交渉し、留学先大学の選定や留学先での教育内容を決める。「海外短期研修」のなかでも法学部にかかわるものについては、学部内に設置された AQUILA 統括委員会と連携して、研修先大学の選定や教育内容の企画等を行っている。

AQUILA 統括委員会では、その他にも、コースのあり方や「英語導入演習」の内容、E/E 科目の導入割合等、カリキュラム統括を行っている。

IV. アセスメント

1. グローバル化への対応に関する学修到達度のアセスメント

英語能力は全学的に、入学直後と一定期間後に TEAP を受検させ、その点数で到達度を測っている。

2. グローバル化への対応に関するカリキュラムデザインのアセスメント

現在は特にないが、AQUILA 統括委員会が中心となり、コースの完成年度までに何らかの仕組みを構築したいと考えている。

V. 英語以外の外国語教育

英語に加えてもう一言語、特にドイツ語あるいはフランス語を習得させたいと考えている。その理由は、法学部としては特に、日本の民法などに大きな影響を与えてきたドイツ法とフランス法にも関心を寄せ、ときには原文を読んでほしいからである。しかし、法科大学院の設置にともなって全国的にドイツ法・フランス法の研究者を育成しにくい状況がしばらく続き、危機感が抱かれている。元来、同学部は比較法・外国法が充実しているのが特長であり、今後も学生がレベルの高い授業を受けられるように心がけていく方針である。

8. 昭和女子大学　グローバルビジネス学部(定員:学部170人)

【事例要旨】

　実地調査対象：ビジネスデザイン学科(定員：120人)

➤ 同大学は1988年にアメリカのマサチューセッツ州ボストンに独自の教育施設"昭和ボストン"を開設しており、同学部では2年次前期に昭和ボストンへの留学が必須となっている。同学部のカリキュラムはこの留学とプロジェクト学習など専門的・実践的な学びをコアとしたカリキュラム体系となっている。

➤ 留学前は、英語の集中的な学習＋経済経営系の専門科目の日本語による履修、留学中は英語のレベルアップ＋英語による経済経営系の専門科目履修、留学後は留学でレベルアップした英語の力の維持＋留学中で得たことのリフレクション→卒業論文・プロジェクトという流れである。

Ⅰ．グローバル社会への対応に関する教育目標

　同学部では、学生の将来のキャリア形成として、ビジネスに関わる専門的資格にも挑戦し、グローバル企業総合職、グローバル金融総合職、国際機関、政府機関、国際 NGO での就業や海外 MBA の修得をめざしている。そのために、グローバルに関わる教育目標として以下の能力の育成が目指されている。

①グローバルなビジネス社会において企画、発信するために必要な幅広い視野と英語力を有していること

②ビジネス社会において、重要な課題を発見し、自ら解決策に取り組むことができること

③時代の変化や社会のニーズに対応できる実践的な応用力を有していること

また同大学では、ディプロマポリシー、カリキュラムポリシー、アドミッションポリシーに加えて、キャリアデザイン・ポリシーが全学および学科でそれぞれ設定している。

【全学のキャリアデザイン・ポリシー】
①本学での学修と実践を通して、継続就業や再就業に係る職業意識・職業観を磨き、長い生涯にわたる自分の生き方を設計するキャリアデザイン力を養う
②学科の「キャリアデザイン・ポリシー」に基づき、「専門教育科目」を体系的に履修することによって、その特性を活かした職業・就業分野で社会的に自立できる職業人を育成する
③国際的な視野と豊かな教養、職業上の倫理観を身につけ、自立した人間として21世紀の男女共同参画社会を担う人材を育成する

【ビジネスデザイン学科のキャリアデザイン・ポリシー】
　ビジネスや社会の場において、ビジョンと洞察力を持ち、組織の中核となって活躍できる人材を育成する
　課題を自ら設定し、解決できる能力を活かして、企画を立案し、組織を運営できる人材を育成する
　広い視野を持ち、英語力を活かして、グローバルな経済社会で情報発信できる人材を育成する。
　経営に必要な資源や能力を活かし、使いこなして、民間企業およびコミュニティビジネス、NPO（非営利団体）、公共部門などにおいても活躍できる人材を育成する。

Ⅱ．教育活動（正課の科目、正課外のプログラム）

【グローバル社会に対応するためのカリキュラム設計】

学期 教育活動	1年次 前期	1年次 後期	2年次 前期	2年次 後期	3年次 前期	3年次 後期	4年次 前期	4年次 後期
異文化理解・異文化対応力育成		グローバルビジネス基礎演習Ⅱ		Cross-cultural Workshop / グローバル発想とリーダーシップ	ビジネスのための異文化理解 / グローバルビジネス特論Ⅰ			
英語での専門教育	1年次に日本で経済経営系の専門科目を日本語で学び、ボストン留学で対応した科目を英語で学ぶ		Principle of Marketing / Principle of Management / Principle of Accounting / The World of Economic Situation and Prospects / Introduction to Economics	グローバルビジネス基礎演習Ⅲ				
英語コミュニケーション力育成	Introduction to Business English Ⅰ / Integrated English Course Ⅰ / Basic English Ⅰ / ※ Advanced English for Freshman	Introduction to Business English Ⅱ / Integrated English Course Ⅱ / Basic English Ⅱ		Business English Ⅰ	Business English Ⅱ / ※ Advanced English for Junior		※ Advanced English for Senior	
留学			昭和ボストン留学	昭和ボストン留学 / テンプル大学日本校や海外提携大学への認定留学				
海外プログラム								

□ 必修科目、実質的に必ず履修しなければいけない科目　　┈ 選択科目　　※ 正課外科目

　同学部では、2年次前期に全員が昭和ボストンに留学するため、これを軸に4年間のカリキュラム設計が行われている。英語力をこの留学に間に合わせて高め、また専門であるビジネスに関する理解も、1年次に日本語で学ん

だ内容を、昭和ボストンで英語で学び直すとともに、さらに高度な内容へと高めていく。さらに留学後は、英語力を維持し高めながら、専門についてはゼミから卒業プロジェクトで深く学んでいく。

1. 英語コミュニケーション科目の概要、科目間のつながり、および英語による専門科目とのつながり

同学部では、2年次に必修で「昭和ボストン」に最低、前期1セメスター留学する。英語教育も、この留学を軸に設計されている。

国内では6レベルの習熟度別になっており、1年次に、「Introduction to Business English Ⅰ・Ⅱ」(週2コマ)、「Integrated English Course Ⅰ・Ⅱ」(週2コマ)、「Basic English Ⅰ・Ⅱ」(週1コマ)が必修で置かれている。「Introduction to Business English Ⅰ・Ⅱ」「Integrated English Course Ⅰ・Ⅱ」は、英語の4技能の習得を目標としているが、前者ではビジネス英語に関する教材が採用され、後者では世界経済事情など学生の視野作りに資するコンテンツとする教材が採用されている。「Basic English Ⅰ・Ⅱ」は、リーディングやディスカッションに特化し、ビジネスで活用できる英語習得を目的とした内容となっている。各科目の内容は独立している。

1年次では英語のeラーニングが必須化されており、年間60時間、毎日30分程度の学習が必要とされている。

ボストン留学後の2年次後期には、留学で伸ばした英語力の継続的向上を目的として「Business English Ⅰ」が、3年次前期には「Business English Ⅱ」が必修として置かれている。内容はビジネスイシューをテーマとしたディスカッションの機会を多く取り入れ、コミュニケーション力の向上を狙ったものとなっている。

1年次の段階で英語上位と下位の学生に対しては、それぞれ正課外の「Advanced English for Freshman」、「Essential English for Freshman」というプログラムが毎週1回提供されている。習熟度別の上位2クラスに対してはボストン留学を視野に入れてさらにディスカッションやプレゼンテーションを行う内容で約40人が参加。下位クラスの20人に対してはボストン留学が可能なレベルに達するための補習的な内容が提供されている。これらの正課外の授

業もほぼ毎週行われるため、1年生120人のうち約半数は週6コマの英語の授業を受けている（残りの中位に該当する半数の学生は週5コマ）。

　留学後にも、この正課外のプログラムは上位の学生に対して用意されており、3年次は「Advanced English for Junior」、4年次は「Advanced English for Senior」である。

2. 異文化対応力育成科目の概要、科目間のつながり、および英語科目や英語による専門科目とのつながり

　1年次後期必修の「グローバルビジネス基礎演習Ⅱ」は、アメリカの政治や日米の生活比較を調べつつ、日本の文化をアメリカ人にプレゼンテーションすることを想定して取り組む。

　3年次には文化の差異に起因するビジネスの問題を事例として取り上げつつ分析・ディスカッションする「ビジネスのための異文化理解」や「グローバル発想とリーダーシップ」、地球環境とビジネスについて学ぶ「グローバル・ビジネス特論Ⅰ」などが選択で置かれ、さらに海外協定校からの留学生と協働してプロジェクト学習に取り組む「Cross-cultural Workshop」「Japan Studies A」などの短期集中科目も置かれている。

　この他、後述するボストン留学前の「グローバルビジネス基礎演習Ⅱ」においても異文化対応力育成が目標化されている。

3. 英語での専門教育の概要、科目間のつながり、および英語科目や異文化対応力育成科目とのつながり

　次の4と一括して記述する。

4. 正課の海外・国内プログラム

　3、4について一括して記述する。

　2年次前期の1セメスター全体を使って全員が昭和ボストン校に留学する。この昭和ボストンは1988年に昭和女子大学がマサチューセッツ州ボストンに創立したもので、ここへの留学は全寮制であり、英語の習熟度別にクラス編成され、基本的に昭和ボストンで昭和女子大学からの留学生向けの授業を

受講する。

　最初の4週間はジャンプスタートと呼ばれ、英語の4技能の習得に集中するとともにボストンという街の文化や生活に慣れる。その後の15週間は英語とビジネス系の専門科目を併せて学ぶ。

　成績上位の学生は、希望すればボストン留学を1セメスター延長することができる。周辺の提携校の授業を受けて提携校での単位認定にチャレンジする学生も毎年10人弱いる。

　1年次後期に必修の「グローバルビジネス基礎演習Ⅱ」は、ボストン留学の準備科目と位置づけられており、アメリカ・ボストンの文化、アメリカのビジネス等の調べ学習などのアクティブラーニング科目となっている。

　留学後の2年次後期にはオールイングリッシュの「グローバルビジネス基礎演習Ⅲ」が置かれ、ボストンで半年間学んだことを振り返り、それを説明できるように言語化する。この科目が3年次からの「プロジェクト演習(ゼミナール)」へのつなぎになっており、その流れでゼミでの卒論プロジェクトにまでつながるように設計されている。

　また、ボストンでの英語で行われるビジネス系専門科目と日本での1年次での専門科目は対応するように設計されている。1年次に必修で専門科目「マーケティング論」「組織とマネジメント」「ビジネスと法務」「ビジネスと会計」「世界の経済事情」「経済学の基礎」「日本経済論」が置かれ、ボストンでは英語で学ぶ専門科目「Principle of Marketing」「Principle of Management」「Principle of Accounting」「The World of Economic Situation and Prospects」「Introduction to Economics」等が内容的に対応している。これらの科目では、上位の学生はアメリカの大学の学生向けの教材を使用し、それ以外の学生はケーススタディ等でのディスカッションやフィールドワークとプレゼンテーションなどを中心とした内容に取り組む。

　ボストン留学後に、3年次に提携大学へ認定留学する学生もいるが、大学としてはテンプル大学日本校と提携しての交換留学を開始している。これは都内港区のテンプル大学日本校に交換留学するというもので、日本に居ながらアメリカの提携大学への留学と同じレベルで学べるため、規模を拡大していく予定である。

5. 正課外の海外・国内プログラム

　世田谷区内の外国人の中学生で、日本語が不得手で高校受験が難しい生徒のサポートを行う"学びの広場"が、世田谷区と昭和女子大学とで協働開催されており、同学部からも参加している。

Ⅲ. グローバル化に対応するための支援制度、組織体制

1. グローバル化に対応するための教育支援

1) 奨学金などの充実度

　昭和ボストン留学や認定留学については、すべて学費は昭和女子大学への学費内でまかなわれる。

　留学に対しても貸与型の給付・貸与型の奨学金が用意されているが、人数枠がある。

2) 海外プログラムを履修しやすくするための制度

　全学生の昭和ボストン留学が前提となっているため、4年間のカリキュラム全体がそれに合わせて設計されている。

3) 海外プログラムに関するリスク対策およびセキュリティ対策

　昭和女子大学の学生のために設立された昭和ボストンへの留学であり、全員がキャンパス内の寮に住むため、きわめて高いセキュリティ対策になっている。

2. キャンパスのグローバル化を活用した教育支援

　海外からの多数の短期留学生をサポートするバディ制度が全学的に設けられているが、同学部からは多数の学生が登録している。

3. グローバル化への対応を推進するための組織体制

　ボストン留学を控えている学生に対して、担当教職員がボストン留学連絡会を組織し、全学生の参加の下に必要な事務手続きなどを支援する。授業と

は切り離して、隔週で全員を対象にミーティングを行っている。

　ボストン校との連携や海外提携校の拡大などを任務としているのが国際交流センターであり、ボストン留学連絡会もここと連携して動いている。

IV．アセスメント

1．グローバル化への対応に関する学修到達度のアセスメント

　英語の達成度については TOEIC を用い、必修授業がある 3 年次まで継続して受検している。

2．グローバル化への対応に関するカリキュラムデザインのアセスメント

　　特になし。

V．英語以外の外国語教育

　同学部では世界共通言語としての英語の修得に特化しており、英語以外の外国語科目を履修することはできるが、卒業要件の対象外の単位となる。

9. 創価大学　経営学部（定員：200人）

【事例要旨】

実地調査対象：経営学部（定員：200人／グローバル・ビジネス・リーダー・コース履修者：約150人）

経営学部は、2009年から高い英語力と経営の専門能力を兼ね備えたビジネスリーダーを養成する"グローバル・ビジネス・リーダー・コース"と、会計・金融のスペシャリストを養成する"プロフェッショナル・コース"の2コース体制で運営されている。当時から、海外研修を毎年実施している。学部定員の7割超にあたる約150人が、グローバル・ビジネス・リーダー・コースを選択している。

配置されている科目を、英語力のレベルアップ中心に、「基本学部英語科目」「導入学部英語科目」「架け橋強化＋推奨科目」「応用専門科目」の4つに整理し、英語力と経営の専門知識を身につけさせている。

2〜3週間の短期で実施される海外研修"GP Mission"を春期・夏期に設置し、その前後に"GP Workshop"科目を配置する設計がされている。"GP Workshop"では、訪問先の概要調べなどの事前学習や、海外体験を素材に、その後の学ぶ意欲の形成を指導する事後学習を実施している。

I. グローバル社会への対応に関する教育目標

経営学部では、建学の精神に基づいて次の3つの教育目標を掲げている。

- 人間主義の視点から社会的な問題を発見し、課題への挑戦を不断に行う人材を育成すること。
- 問題発見・解決のために必要な専門知識と手法を身につけた人材を育成すること。
- 英語に堪能で、優れたコミュニケーション能力を有し、グローバルに展開する国際社会を舞台に活躍できる人材を育成すること。

また、2017 年度よりこの教育目標を踏まえ、ディプロマポリシーでは、知
識基盤・実践的能力・国際性・創造性の 4 分野に各 2 項目の基準を設定して
いる。国際性の分野には、次の 2 項目を掲げている。

・ビジネス英語の基礎的知識・コミュニケーション能力を有し、ビジネ
　スや社会で活躍する能力がある。
・多様性を受容する力を持ち、世界市民としてグローバルな視野で他者
　と協働する能力がある。

　これらを踏まえ、学位授与方針に準拠して、12 のラーニング・アウトカ
ムズを設定している。

・人間主義経営について理解している。	・現代経営に必要な学問分野の基礎を知っている。
・企業の経営の仕組みを理解している。	・経営の基礎的な知識を活用できる。
・ビジネス英語を活用するための基礎的な知識を持っている。	・英語で実践的なビジネスコミュニケーションをとることができる。
・社会の中から経営分野に関する問題・課題を発見できる。	・発見した問題・課題を他者に適切に伝えることができる。
・企業の社会的責任を理解できる。	・ICT などを活用してデータを収集・分析し、その結果を理解できる。
・チームで能動的に活動し、ディスカッションできる。	・多面的・論理的に思考し、それを表現できる。

Ⅱ. 教育活動（正課の科目、正課外のプログラム）

【グローバル社会に対応するためのカリキュラム設計】

教育活動 ＼ 学期	1年次 前期	1年次 後期	2年次 前期	2年次 後期	3年次 前期	3年次 後期	4年次 前期	4年次 後期
異文化理解・異文化対応力育成	Introduction to GBL							
英語での専門教育					Global Business Review Ⅰ	Global Business Review Ⅱ	3年次科目は、4年次でも受講可能	
					Environmental Management	Sustainable Business and Management		
					Business Ethics	Critical Management		
				Stakeholder Dialogue	Multicultural Management	Marketing		
		Business English for Global Leaders Ⅰ・Ⅱ	International Business	Project Management Ⅰ	Project Management Ⅱ	Consumer Behavior		
英語コミュニケーション力育成	Study Skills for Global Business (SSGB) Ⅰ・Ⅱ		Global Business Communication Ⅰ	Global Business Communication Ⅱ				
	Academic Foundations for Business Majors(AFBM) Ⅰ・Ⅱ							
留学			グローバル・ビジネススクール・プログラム（2年次から参加可能）カナダ/フランス/英国/ベトナム/4～9カ月					
海外プログラム		GP Workshop Ⅱ ＞ GP Mission Ⅰ （春期休業期間中/2～3週間） ＞ GP Workshop Ⅰ	GP Workshop Ⅰ ＞ GP Mission Ⅱ （夏期休業期間中/2～3週間） ＞ GP Workshop Ⅱ					

□ 必修科目、実質的に必ず履修しなければいけない科目　　┆┄┆ 選択科目

1. 英語コミュニケーション科目の概要、科目間のつながり、および英語による専門科目とのつながり

　語学学習を中心にした段階から、ステップを踏んで英語で専門を学ぶ段階へ移行できるように、「基本学部英語科目」→「導入学部英語科目」→「架け橋強化＋推奨科目」→「応用専門科目」との流れを組んでいる。

　この枠組みの基、コミュニケーション能力を身につけるために外国語科目を初年次で多く履修できるようにしている。語学教材は、同一名称の科目では同一教材を使用、テキストを統一して運営している。

入学時は、基本学部英語科目として、ノートのとり方や論文の書き方を中心にした「Study Skills for Global Business Ⅰ・Ⅱ」を受講するが、入学時に TOEIC を受験させ、スコアが低い場合は「Academic Foundations for Business Majors Ⅰ・Ⅱ」を受講し、レベルに合わせた指導を行っている。受講者の比率的には、3：1 程度で、1 クラスあたり 16 人で授業を実施している。2018 年度からはこの 2 つの科目名称は統一され、10 クラスにレベル分けされる予定。

この科目に加えて、同コースのほとんどの学生は、導入学部英語科目として、ビジネスの中での会話やプレゼンテーションを中心にした「Business English for Global Leaders Ⅰ・Ⅱ」も合わせて受講する。各 2 単位で、1 年次は前後期ともに、週 4 コマの基本学部英語科目と導入学部英語科目の英語授業が展開される。

2 年次では、架け橋強化＋推奨科目として、英語でのミーティングや交渉の仕方なども学ぶ「Global Business Communication Ⅰ・Ⅱ」の受講を推奨している。

また、授業で出される時間外の課題学習も、一定の共通性を保つようにしている。学部全体で設定された複数の課題プログラムから、各クラスの担当教員が 2 つ選び、学生に指示している。たとえば、ラーニングコモンズの SPACe (Student Performance Acceleration Center) という全学共通施設にある、中級者向けの英語ラウンジ English Forum に半期で 7 回以上行くことを必須としている。English Forum では、社会問題など手応えのあるテーマを取り上げ、毎回 1 時間程度の討議を通し、ディスカッション能力を磨いている。別の例としては、図書館に設置されている多読用の英語書物を、半期で 10 冊程度読むなどの課題が課せられる。

2. 異文化対応力育成科目の概要、科目間のつながり、および英語科目や英語による専門科目とのつながり

同コースでは、英語を使えるようになるだけでなく、異文化の中で働いたり、生活したりするのに必要な、グローバル・ビジネス・マインドやダイバーシティも理解できるよう科目を開設している。「Introduction to Global Business Leadership (GBL)」を 1 年次に設置し、コース名でもあるグローバル・ビジネス・

リーダーについて、早い段階で理解させる。選択必修科目ではあるが、当該コース生のほとんど全員が受講している。この授業は、英語と日本語のバイリンガルで実施される。英語に慣れることと同時に、日本語でビジネスリーダーシップの概念の理解を深めていく。英語を母語とする教員（アメリカ人）と英語を母語としない外国人教員（ベルギー人）と日本人の3人が毎回同時に授業を担当する。英語で講義し、日本語で解説し、英語でまとめるなど、一連の授業の中で重層的に進行させている。英語・日本語の順番は、5回毎に入れ替えている。重要なポイントを授業中に英語・日本語で繰り返し解説するため、ある程度回を重ねると、日本語で訳して説明することも、ほとんどいらないほどに英語力が定着する。

3. 英語での専門教育の概要、科目間のつながり、および英語科目や異文化対応力育成科目とのつながり

同コースでは、2年次に応用専門科目の選択必修として、「International Business」または「Stakeholder Dialogue」のどちらかまたは両方を履修する。2年次前期の「International Business」では、国際経営とは何かの基本を学ぶ。2年次後期の「Stakeholder Dialogue」では、組織の経営には多様なステークホルダーとの対話が必要との観点から、対話の理論と対話の実践を学ぶ科目となっている。

「Project Management」は、アメリカで始まった Project Management Professional という国際資格に準じた科目で、2年次後期から3年次前期にかけてエッセンスを学んでいく。

3・4年次には、応用専門科目に並行し、架け橋強化＋推奨科目として、身近なことをテーマとして取り上げやすい「Marketing」や「Consumer Behavior」を設置し、専門教育への取り組みの動機付けをさらに高めている。

3・4年次にも英語のみで実施される応用専門科目が、7科目以上設置される。創価大学の教員の授業のみでなく、「Global Business Review Ⅰ・Ⅱ」では、スーパーグローバル大学創成支援事業採択校として学内の制度を活用し、外国の大学から教授を招き、専門分野の授業を行っている。

4. 正課の海外・国内プログラム

2〜3週間の短期で実施される"GP Mission"と、半期(4〜5か月)を海外で過ごす"グローバル・ビジネス・スクール・プログラム"の2パターンのプログラムを提供している。

架け橋強化＋推奨科目として設置される"GP Mission"には、1年次終了後の春期休業期間にイギリスで実施する「GP Mission I」と2年次の夏期休業期間にカナダまたはアジアなどで行う「GP Mission II」がある。海外で過ごす期間は、2〜3週間であるが、英語力の向上と、これから経営学を学ぶ意味の理解をさらに深めるため、現地での大学や企業と協力したプログラムが運営されている。

また、"GP Mission"の事前・事後の学習を行う科目として"GP Workshop"を設置している。事前学習では、訪問先機関の概要調べや訪問先大学からの課題に取り組み、事後学習では、海外研修の成果を英文レポートにまとめる。これらの活動を通して、"GP Mission"を大学での学びのプロセスに埋め込み、やりっぱなしにしないしっかりとした目的を持たせ、専門科目への架け橋として機能させている。"GP Workshop"は、授業の一部を"GP Mission"に参加した学生と、次の参加者との合同で行うことにより、学生同士の対話の中から新たな気づきや意識付けが生まれる相乗効果も期待している。「GP Mission I・II」には、コース全体の3分の1程度の学生が参加する。

2〜4年次に設置される"グローバル・ビジネス・スクール・プログラム"では、ビクトリア大学(カナダ)、レンヌ大学(フランス)および ISUGA 欧州アジア経営大学院(フランス)、ベトナム国家経済大学、ホーチミン経済大学(ベトナム)のビジネススクールとの交換留学を行っている。特に、ベトナムは、物価も安く、日本学生支援機構(JASSO)の奨学金が支給されれば、学生の費用負担は生活費程度で済むため、人気が高い。長期留学は、毎年10人程度が参加する。

その他、交換留学ではないが、9か月間の留学プログラムとして、バッキンガム大学(イギリス)ビジネスプログラムもある。

4年間での卒業を可能とするため、これらの留学プログラムについては、留学先での単位も卒業単位として認めている。

5. 正課外の海外・国内プログラム

AOTS（一般財団法人海外産業人材育成協会）主催の国際化促進インターンシップ事業で、1人がインターンシップを行っているが、大学としては特に指導はない。

III. グローバル化に対応するための支援制度、組織体制

1. グローバル化に対応するための教育支援

1）奨学金などの充実度

"GP Mission"は、JASSO の奨学金に採択されているので、訪問先により6～8万円が支給される。

"グローバル・ビジネス・スクール・プログラム"は、交換留学の場合、授業料は発生しない。また、JASSO の奨学金に採択されているので、訪問先により6～8万円が支給される。

2）海外プログラムを履修しやすくするための制度

"GP Mission"は、春期および夏期の休業期間に実施されている。留学時の活動を R 認定し、CAP 制の上限から除外される。また、個人的に海外の大学に留学した場合は、本人の申請により、留学先で取得した単位を審査し、海外留学の R 認定を付与することもある。

3）海外プログラムに関するリスク対策およびセキュリティ対策

"GP Mission"では、同大学教員が過去に滞在したことのある大学や機関など、熟知した訪問先と独自のプログラムを開発し、その教員が引率し、旅程上の安全にも配慮している。

2. キャンパスのグローバル化を活用した教育支援

全学共通のラーニングコモンズの SPACe が主催して、外国人留学生と日本人学生のピアサポートを実施している。秋にスピーチコンテストを行っているが、その運営を外国人留学生と日本人学生が共同で行っている。大学

祭では、外国人留学生が出身国の紹介を目的とした留学生喫茶を出店するが、その運営を日本人学生も積極的にサポートしている。

Living & Learning のコンセプトのもと、外国人留学生と日本人学生が混住する国際学生寮（男女各100人定員）がある。2017年3月に、さらに男子400人、女子144人分が増築された。

3. グローバル化への対応を推進するための組織体制

全学組織としてのグローバル・コア・センターが中心となって、全体のプログラムや留学参加学生の情報を共有している。学内で集計される留学前後の学生が行う自己評価の情報を集約している。春・秋には、全学の海外研修の結団式も主催している。

同学部では、グローバルプログラム運営委員会を設置している。ここでは、英語教育および国際系科目を担当する教員が委員となり、海外研修者の選考や研修内容の検討、海外での活動の単位認定審査などを行い、可決した内容を教務委員会でさらに検討し、最後に学部教授会で承認するという流れが形成されている。

これ以外に、理事会の諮問機関として学長や国際部長などが加わる国際交流委員会があり、奨学金の内容などを決めている。

IV. アセスメント

1. グローバル化への対応に関する学修到達度のアセスメント

全学共通として、海外短期研修ルーブリックがあり、以下の5つの評価項目を設け、5段階で学生に自己評価させている。

・国などの地域や世界と自己とのつながりを意識する力

・問題解決力

・知識：自己の文化的規範や偏見について認識する力

・技能：言語的・非言語的コミュニケーションの際に互いの文化的相違を意識する力

・態度：異文化に対する関心や積極性

第2部　20大学訪問調査　詳細レポート　295

変容プロセス・シート　　学籍番号　　　　氏名

	変容プロセス	説明
1	ジレンマ	これまでの自分の方向性へのジレンマ・迷いは何か（何がもやっとした迷いか？） 今までの自分の物の見方と、新しい方向性への迷いの分野は何だろうか？
2	自己吟味	不快感に一定の整理をつける（もやっとしたものを自分で考えてみる） 今までの自分と新しい方向性との間にどのようなギャップがあるのか？ このギャップを＿＿A＿＿とする
3	前提の振り返り	これまで前提としてやってきたことを批判的に振り返る（もやっとしたものを特定化する）
	なぜ1	なぜ＿＿A＿＿だったのだろうか？ ＿＿B＿＿だから
	なぜ2	なぜ＿＿B＿＿だったのだろうか？ ＿＿C＿＿だから
	なぜ3	なぜ＿＿C＿＿だったのだろうか？ ＿＿D＿＿だから
	なぜ4	なぜ＿＿D＿＿だったのだろうか？ ＿＿E＿＿だから
	なぜ5	なぜ＿＿E＿＿だったのだろうか？ ＿＿F＿＿だから
4	変容への意識づけ	これまでの考え方、自分への不快感を変容プロセスと結び付ける 次のように変わる必要がある

（左側：対話セッション）

	変容プロセス	説明
5	選択肢の探求	自分のあり方、他者との関係性の結び方、行動のとり方について選択肢を考える 変わるためのアクションの洗い出し

1		7	
2		8	
3		9	
4		10	
5		11	
6		12	

	変容プロセス	説明
6	行動計画	今後、実際にどう行動するのか、計画を立てる 変化のためのアクションリストの作成

時期・期間	行動計画

	変容プロセス	説明
7	知識・技術の獲得	その行動計画を実行するための知識等を身につける

時期・期間	必要な知識

	変容プロセス	説明
8	新しい役割の試行	新しい考え方・自分のあり方を試してみる

時期・期間	新しい役割の試行

	変容プロセス	説明
9	自信構築	新しい考え方・自分のあり方について自信をつける 成果・課題の振り返り

新しい試行	振り返り

	変容プロセス	説明
10	再統合	新しい考え方・自分のあり方と過去を統合する 一歩踏み出した成長と次に向かう構え

図表 2-6　創価大学経営学部変容プロセス・シート

　これとは別に、学部独自で、出発前に目標を設定させて、帰国後「変容プロセス・シート」を使って、自己の変容を振り返らせている。海外研修の目標を、グローバル人材への変容と定めているため、ジレンマから始まるプロ

セスを考えさせながら、再統合までをシートを利用して指導している。

2. グローバル化への対応に関するカリキュラムデザインのアセスメント

グローバルプログラム運営委員会の中で、海外短期研修のルーブリックによる到達度測定結果や "GP Mission" 参加学生が作成する成果報告書、参加者数などを、毎月確認している。

また、教授会の後、毎回 15 分程度であるが FD を実施し、その中で、各担当の授業とラーニング・アウトカムズの関係を深めている。

V．英語以外の外国語教育

第二外国語の必要性は認めるものの、単位取得が目的になり、あまり習熟していない学生が多いという現状がある。そのため、4 単位の第二外国語を卒業要件にしていたが、まずは英語力からという考えのもと、2018 年度からは、第二外国語を卒業要件からはずして、英語のみで卒業できる構成とする。希望者には、第二外国語を自由に取れる環境を作り、より習熟できる環境を整備していく。

10. 東京薬科大学　薬学部（定員：420人）

【事例要旨】

実地調査対象：薬学部（定員：420人）

➤ 東京薬科大学は1880年（明治13）年に創立、創立130年を越える日本で最も長い歴史を持つ私立薬科大学である。

➤ 薬学部の教育課程は、文部科学省薬学系人材養成のあり方に関する検討会の薬学教育モデル・コアカリキュラム（平成25年度）改訂版を基本に編成されている。そのカリキュラムの枠組みの中で、薬剤師養成や研究機関としての役割を担う一方で、海外のさまざまな国の学生との交流を通じて、世界で活躍できる能力と志を持った人材を育成している。

➤ 国際交流については、医薬・医療のグローバル化を見据え、長年にわたり取り組んでいる。特にアメリカ、中国との交流は、20年以上にわたり継続しており、薬科大学としては最大規模を誇っている。

➤ また、英語教育についても、薬剤師は常に最新の医療情報を得ながら国際的な視野にたってコミュニケーションするために英語力を高めておくことが必要であるとの考えから、1年次から薬学に関連するものを取り上げ、専門性を段階的に高めながら5年次まで継続的に行われている。

I．グローバル社会への対応に関する教育目標

全学で「ヒューマニズムの精神に基づいて、視野の広い、心豊かな人材を養成し、薬学領域において人類の福祉と世界の平和に貢献する」という教育目的を定めており、薬学部としては、国際交流の研修を通して、薬学教育のグローバル化に向けた発展、さらには日米（中）薬学の相互理解・発展を目指し、University of California, San Francisco（UCSF）等との交流を積極的に展開しながら、国際的視野を持った人材を育成している。

298

ディプロマポリシーには、以下の6点を掲げている。

東京薬科大学　薬学部のディプロマポリシー（学位授与方針）

1) 豊かな人間性と生命の尊厳についての基本的な教養を身につけている。

2) 医療の担い手として、人の命と健康な生活を守る使命感、責任感及び倫理観を身につけている。

3) 薬剤師に必要な任務と法令を理解し、専門分野の基礎的な知識・技能・態度と実践的能力を修得している。

4) 地域医療、チーム医療等の現場で患者や他の医療従事者と良好なコミュニケーションをとり、チームの一員としての役割を果たすことができる。

5) 薬学・医療の進歩と改善に資するための研究的思考、問題発見・解決能力を身につけている。

6) 生涯自己研鑽を続けるために必要な情報の活用力とともに、次世代への指導能力を持っている。

II. 教育活動（正課の科目、正課外のプログラム）

1. 英語コミュニケーション科目の概要、科目間のつながり、および英語による専門科目とのつながり

　英語は、総合科目のひとつである外国語科目に位置づけられており、1〜3年次に7単位課している。英語科目は1年次から5年次まで継続して行われており、年次が上がるにつれ専門性を高めている。

　英語必修科目は、12クラス編成、各クラス35人程度で行われている。1年次前期「英語（講読）I」「英語（コミュニケーション）I」、1年次後期「英語（講読）II」「英語（コミュニケーション）II」で英語の4技能（読む・書く・聞く・話す）を総合的に学び、2年次前期「薬学英語入門I」、2年次後期「薬学英語入門II」で原著論文（専門書）の講読ができるようプログラムされている。1・2年次の

【グローバル社会に対応するためのカリキュラム設計】

学期 教育活動	1年次		2年次		3年次		4年次		5年次		6年次	
	前期	後期	前期	後期	前期	後期	前期	後期	前期	後期	前期	後期
異文化理解・異文化対応力育成												
英語での専門教育		ゼミナールⅠ・Ⅱ・Ⅲ					課題研究					
							科別英語特論Ⅰ		科別英語特論Ⅱ			
英語コミュニケーション力育成	英語(講読)Ⅰ	英語(講読)Ⅱ	薬学英語入門Ⅰ	薬学英語入門Ⅱ		実用薬学英語						
	英語(コミュニケーション)Ⅰ	英語(コミュニケーション)Ⅱ										
	英語検定Ⅰ											
	英語検定Ⅱ											
	英会話Ⅰ											
	英会話Ⅱ											
留学												
海外プログラム									薬学研修 UCSF(20人、2週間) USC(14人、2週間) 長春中医大 (10人、1週間)			

☐ 必修科目、実質的に必ず履修しなければいけない科目　　┆┄┄┆ 選択科目

使用言語は英語のみで、すべてネイティブスピーカー教員が授業を行っている。テキストは科目ごとに統一されており、健康や医療など薬学に関連するものを取り上げている。たとえば、「英語(コミュニケーション)Ⅰ・Ⅱ」では、『Healthtalk:3rd Edition, Bert McBean, Macmillan Languagehouse』を使用し、学生たちの健康に対する意識を高めながら、英語のコミュニケーションスキルを向上させている。また、「薬学英語入門Ⅰ・Ⅱ」では、独自の共通テキスト『英語で読む　レイチェル・カーソン「サイレント・スプリング」』(大野真・森本信子編著、東京薬科大学出版会)で、専門文献や科学記事を読解するための幅広い英語力を養っている。教育の評価の格差をなくすために、授業が始まる前にあらかじめ試験問題の素案をつくり、到達目標や評価の観点を共有している。時間割の関係で能力別クラスの授業は行っていない。

　3年次後期「実用薬学英語」では、薬学専門教員と英語教員が協働して専門

性を活かして講義を行っており、薬学・医療関連情報の英語読解力及び表現力の向上をはかりながら専門の学びにつなげている。4年次前期「科別英語特論Ⅰ」では、英語による討論や発表等を行いながら、科学英語の知識と国際的視野に立った幅広い見識を身につけていく。そして、5年次「科別英語特論Ⅱ」では、卒論教室指導教員のもとで、学生個々の専門領域に従い、英文学会誌や雑誌を購読し学会講演要旨やポスターを英語で作製するなど、さまざまな方法を織り交ぜながら演習を行う。また、課題研究のため、英語文献の読み方や情報整理についても指導する。このようにして、医療現場や学術会議、さらには企業においては折衝等で必要とされる実用的な英語力を身につけたうえで、国際学会や海外研修等への参加を促している。

　学生の積極的な学びを支援する選択科目として、「英語検定Ⅰ・Ⅱ」や「英会話Ⅰ・Ⅱ」がある。

2. 異文化対応力育成科目の概要、科目間のつながり、および英語科目や英語による専門科目とのつながり

　特になし。

3. 英語での専門教育の概要、科目間のつながり、および英語科目や異文化対応力育成科目とのつながり

　3年次後期「実用薬学英語」、4年次「科別英語特論Ⅰ」、5年次「科別英語特論Ⅱ」のほかに、1年次後期～2年次の「ゼミナールⅠ・Ⅱ・Ⅲ」がある。「ゼミナールⅠ・Ⅱ・Ⅲ」は、ゼミナール実施委員会が中心となり物理系、化学系、生物系、健康環境系、創薬系、病態・薬物治療系、総合系に分かれ2年間で約60講座（半期開講）のプログラムを提供しており、この中から学生は2年間で3講座（3単位）を履修する。ゼミナール担当者は当該委員以外に学内外から幅広く人材を募っている。（平成28年度まで）

　3年次のゼミナールでは、提携校である University of California, San Francisco (UCSF) と University of Southern California (USC) の教員を招聘し（各1クラス）、臨床薬学講義が行われる。ここでは、日本とアメリカの医療制度や薬剤師の役割の違いなど、最新の情報がすべて英語で学生に伝えられている。5年次

に行う米国での薬学研修（後述）への参加を希望する学生には、研修先でも同じ教員の指導を受けることになっているため、ゼミナールを必ず受講させている。こうした学生はアメリカ薬剤師、研究者などを目指す学生が多い。

課題研究では、専門分野の英語論文を読み、実験内容は英語での図表作成を心がけ、英語力強化に努めている。14単位を2年半かけて学んでいる。

4. 正課の海外・国内プログラム

設定されていない。

夏休み期間は正課の講義、プログラムは実施しないことになっており、また、薬学研修も課題研究の時期とも重なるため正課とはしていない。

5. 正課外の海外・国内プログラム

（国外）

1984年から中国の中医研究院中薬研究所（現：中国中医科学院）との交流がはじまり、海外の大学とは、規模を拡大しつつ発展・継続している。現在、海外研修プログラムは5年次を対象とした米国と3～5年次を対象とした中国での薬学研修があり、いずれも定員を設けている。半年以上の長期留学者はほとんどいない。

USCとは1989年、UCSFとは1995年に学術交流に関する協定を締結して以来交流を継続しており、日本の薬剤師の職能を向上していくにあたり、アメリカのよいところを積極的に取り入れている。UCSFの薬学研修には、毎年20人、USCには14人が参加し、各大学の薬学部およびメディカルセンターで約2週間にわたり臨床教育プログラムを行っている。

2013年5月に学術交流協定を締結した長春中医薬大学とは、中医学・中薬学の分野で活発な交流が行われている。長春中医薬大学の薬学研修には毎年数名が薬学研修に参加し、1週間にわたり中医学の講義だけでなく、中医推拿（中国式マッサージ）や鍼治療の体験実習を受けている。

上記の研修では、研修中は日報形式で日々の目標を掲げながら取り組ませ、帰国後には、オープンキャンパスでの発表やホームページで報告をさせている。

（国内）

毎年9月に沈阳（瀋陽）薬科大学の学生10人を受け入れ、2週間の臨床研修を行っている。本研修は5年生の課題研究の一環としても実施され、沈阳（瀋陽）薬科大学の学生と同大学生20人が混合でグループを組み、共に教え学び合う中で日中の薬学教育の差などについても理解を深めている。

Ⅲ. グローバル化に対応するための支援制度、組織体制

1. グローバル化に対応するための教育支援
1）奨学金などの充実度
海外研修にあたっては、生活費（食費、ホテル代）、旅費（航空費）は個人負担となっているが、保険代、授業料、バスのチャーター料などは大学が負担する。

2）海外プログラムを履修しやすくするための制度
ダブルディグリーは、中国中医科学院との間で開始され、すでに1名の大学院生が来日している。

3）海外プログラムに関するリスク対策およびセキュリティ対策
一般的な海外旅行向けの保険でカバーしている。

2. キャンパスのグローバル化を活用した教育支援
UCSFやUSCの教員の滞在中には交流会が催されている。この交流会にはゼミナールに参加した3年生や、薬学研修に参加した5年生、UCSFやUSCから同大学に研修のため来日している学生も参加し、学生・教員問わず交流が行われている。

3. グローバル化への対応を推進するための組織体制
学務部の国際交流担当が所管していたが、2016年度に全学組織である国際交流センターを設置し推進している。

Ⅳ. アセスメント

1. グローバル化への対応に関する学修到達度のアセスメント

英語力については、1年次に TOEIC を受けさせている。他の学年の受験は自由意志となっている。

2. グローバル化への対応に関するカリキュラムデザインのアセスメント

各科目において成績評価の方法・基準を設定し、かつ学生に周知しており、講義・演習・実習などの授業形態とその目的に則した学習成果を適切に評価するよう努め、その成績評価の結果を必要な関連情報とともに当事者である学生に告知している。

教育課程については、教授会、教授総会、研究科委員会において内発的に検証を行っており、その上で、自己評価委員会が総合的に検証している。

薬学部においてはさらに薬学部教務担当連絡会を毎月2回以上開催して検証を行い、薬学部本部会に報告し、教授会ならびに教授総会で審議している。

また、医療人にふさわしい態度がとれるかどうかをきちんと評価すべきであると考え、パフォーマンス評価委員会を設置し、運用について検討している。科目のルーブリック表は 2012 年ころから作成し、教員 FD 等でも取り上げた。現時点では、5年次に病院や薬局で行われる5か月間の実務実習でパフォーマンス評価を取り入れている。また、卒論発表では学生にルーブリックをもたせて総合評価をしている。ディプロマポリシーのルーブリックはこれから作成する予定である。

Ⅴ. 英語以外の外国語教育

第二外国語としてドイツ語や中国語、フランス語が選択でき、半数以上の学生が履修している。

11. 法政大学　国際文化学部（定員：249人）

【事例要旨】

実地調査対象：国際文化学部（定員：249人）

➢ 同学部の理念・目的は、異なる文化を背景とする他者を理解し、適切なコミュニケーションを取ることができ、その上で豊かな文化をもつ平和な世界の構築に貢献できる人材、「国際社会人」の育成にある。

➢ 同学部の英語コミュニケーション力育成のカリキュラムは、2年次秋学期に実施される必修の海外留学科目「Study Abroad」（以下「SA」）を一つの核とし、ディプロマポリシー実現のために必要な内容で構築されている。

➢ 「SA」では、留学先の大学や語学研修機関での学修とは別に、専門に近い内容のトピックについて、現地で調査・研究をし、英文レポートにまとめる課題も与えられる。

➢ 大学総長をトップに据える全学組織、グローバル戦略本部とグローバル教育センターが、強力なリーダーシップのもとグローバル化に対応したプログラムや仕組みを開発し、その枠組みのなかで、さまざまな学部独自の取組を行っている。

➢ 「SA」を含む4年間での学びの成果をeポートフォリオで蓄積するとともに、レーダー型評価指標"異文化理解バリュールーブリック"などに基づき、学生が自己評価する仕組みがある。

Ⅰ．グローバル社会への対応に関する教育目標

　同学部の理念・目的は、異なる文化を背景とする他者を理解し、適切なコミュニケーションを取ることができ、その上で豊かな文化をもつ平和な世界の構築に貢献できる人材、「国際社会人」の育成にあり、そのディプロマポリシーは以下のとおりである。

第2部　20大学訪問調査　詳細レポート　305

> ### 法政大学　国際文化学部のディプロマポリシー（学位授与方針）
> 　幅広い知識と理解力、そして共感をもって異文化に接することができること。
>
> 　異文化理解と同時に自国の文化を客観的に眺めることができるような、通文化的かつ複眼的な視点を身につけていること。
>
> 　英語はもちろん、その他の諸外国語（フランス語，ドイツ語，スペイン語，ロシア語，中国語，朝鮮語）の習得を通じてバランスのとれた国際感覚を養い、文化摩擦を引き起こすことなく情報の受発信ができるような、双方向的なコミュニケーション能力を身につけていること。
>
> 　さまざまな「文化情報」を、ICT を駆使して収集・整理・分析・編集し、新たな「文化情報」として発信する「国際文化情報学」の手法に通じていること。

II．教育活動（正課の科目、正課外のプログラム）

　同学部では、1 年次から 2 年次春学期までの間は、2 年次秋学期に実施される必修の海外留学科目「SA」に向けた英語コミュニケーション力を育成するための学びが大きな位置を占める。2 年次進級時に、情報文化コース、言語文化コース、表象文化コース、そして国際社会コースの 4 コースから、専門として学び進めるコースを一つ選択し、「SA」の後より本格的にコースでの学びを深めていくことになる。

1．英語コミュニケーション科目の概要、科目間のつながり、および英語による専門科目とのつながり

　同学部の英語コミュニケーション力育成のカリキュラムは、2 年次秋学期に実施される必修の海外留学「SA」を中心に構築されている。カリキュラムの特色は、市ヶ谷基礎科目と専門教育科目が補完しあって構成されている点

【グローバル社会に対応するためのカリキュラム設計】

（SA 英語圏を選択した場合の一例）

教科活動 ＼ 学期	1年次 春学期	1年次 秋学期	2年次 春学期	2年次 秋学期	3年次 春学期	3年次 秋学期	4年次 春学期	4年次 秋学期
異文化理解・異文化対応力育成	**専門教育科目** 国際文化情報学入門 比較文化	比較表象文化論	国際文化情報学の展開 異文化コミュニケーション		日英翻訳論 世界の中の日本語	実践翻訳技法	異文化と身体表現	
	総合科目（2～4年次対象選択科目 自由科目として単位認定可能） Aspects of Modern Society, Cultures of the English-Speaking World, Comparative Cultural Studies など							
	市ヶ谷基礎科目 英語選択科目（1～4年次対象選択科目） 英語ビジネス・コミュニケーション，映画で学ぶ英語 など							
英語での専門教育		**専門教育科目** Religion and Society			History of English	英語圏の文化Ⅱ（思想史）		
			英語アプリケーション科目（3～4年次対象選択科目） The Renaissance: Culture and Art The History of Tourism Art, Rebellion and Advertising Why Cultures Matter? – Truths and Fallacies The Art and Sciences of Persuasion Cultures, Why are There Differences Japanese Culture, World Culture (Focus on Japan) Canadian Life Instant Fluency					
英語コミュニケーション力育成	**市ヶ谷基礎科目の学部英語科目** （リーディング＆リスニング） 英語1　英語3 （スピーキング＆ライティング＆リスニング） 英語2　英語4 （「SA」準備授業スピーキング＆リーディング＆リスニング） 英語5　英語6		「SA」準備授業リーディング＆リスニング 英語7 「SA」準備授業スピーキング＆ライティング＆リスニング 英語8					
		専門教育科目（コミュニケーション系） 英語コミュニケーションⅠ（会話）	英語コミュニケーションⅡ（表現） 英語コミュニケーションⅢ（留学会話）					
	総合科目（2～4年次対象選択科目 自由科目として単位認定可能） English for Certifying Exams (High Intermediate, Advanced), Business English など							
	市ヶ谷基礎科目　4群選択科目（1～4年次対象選択科目） 英語オーラル・コミュニケーション，英文ライティング，英語アカデミック・ライティング，マスメディアの英語，映画で学ぶ英語 英語リーディング・ワークショップ，英語検定試験対策 など							
	英語強化プログラム（ERP）（Pre-sessional のみ自由科目として単位認定可能）／ ESOP（交換留学生受け入れプログラム）							
留学			Study Abroad					
海外プログラム	海外インターンシップ 国際ボランティア				短期語学研修			

☐ 必修科目、実質的に必ず履修しなければいけない科目　　┈ 選択科目　　☐ 正課外科目　　▨ 科目群を示す

である。市ヶ谷基礎科目としては、1年次から2年次春学期にかけて、リーディングを中心に学ぶ3科目「英語1・3・7」、スピーキングとライティングを中心に学ぶ5科目「英語2・4・5・6・8」（リスニングについては、全5科目でカバー）、ならびに豊富な選択科目が設置されている。一方、専門教育科目としては、「SA」での活動を念頭に置いたコミュニケーション系3科目「英語コミュニケーションⅠ・Ⅱ・Ⅲ」を配置し、スピーキングやリスニングに力点をおいた授業を行っている。「SA」英語圏を選択した学生の場合、これら合計11科目（選択科目を除く）を履修することにより、留学に対応できる英語コミュニケーション力が身につく設定になっている。

　同学部では英語のほかに6つの言語を学ぶことができ、第一外国語である英語に加えて第二外国語も学ぶ必要がある。「SA」では、英語を含む7言語圏の中から留学先を選択する。以下では、学部生の7割が選択する「SA」英語圏の履修に焦点を当てて説明する。

　上述のとおり市ヶ谷基礎科目としては「英語1〜8」の科目が配置されている。「英語1〜4」の4科目は、1年次に「SA」の留学先にかかわらず英語の基礎を学ぶ科目である。「英語5〜8」は「SA」英語圏の学生のみの科目、「英語5・6」がネイティブスピーカーの教員による授業で、「SA」英語圏への留学に対応できる英語運用力を身につけることを目標とする。2年次の「英語7・英語8」は、半期先に迫った「SA」を意識した科目で、「英語7」は特に留学で課される課題に対応できるリーディング力を、「英語8」は特に学生が留学先でのレポート提出にも対応できるようなライティングの力を身につけ、かつ能動的に英語で発信できる力を涵養することを目的とした科目である。

　専門教育科目のコミュニケーション系3科目は、「SA」での授業や生活における会話や表現といったコミュニケーションの仕方について学ぶことを意識した内容になっている（「SA」英語圏以外の学生が学ぶのは、選択した「SA」圏の言語に対応した同種のコミュニケーション系3科目となる）。

　同学部では入学時の4月にTOEFL ITPによる英語力のテストを実施し、そのスコアから学生の英語のレベルを4区分し、「英語1〜4」のクラスは習熟度別に編成されている。コミュニケーション系3科目のクラスは、1年次の7月に実施するTOEICの結果によるレベル別クラスに編成されている。

また、学部独自に編集・作成した冊子(ライティングとリスニングの2種類)を配布し、学生にこれらの科目での英語の学び方についてのアドバイスをし、一部授業においても活用している。

1年次から2年次春学期までの間、1年次の4月だけでなく1月にもTOEFL ITP を受験するのでその対策が必要なことや、「SA」に向けて必修科目以外の英語科目によって実力をつける必要があることなどから、多くの学生は市ヶ谷リベラルアーツセンターが市ヶ谷キャンパスの全学部に提供する市ヶ谷基礎科目に配置された英語選択科目も履修している。なお、市ヶ谷基礎科目には、4技能の強化を目指す科目、TOEFL 対策科目など幅広く、かつ多様な英語のレベルに対応した選択科目が設置されている。英語の学修が進んでいる学生向けの科目はもちろんのこと、たとえば英語が苦手な学生向けにも、「基礎から固める英語Ⅰ・Ⅱ」や「入門英語」といった、英語の基礎知識を再確認できる科目が設置されている。

グローバル教育センターでは、文部科学省のグローバル人材育成支援事業に採択されたことを受け、その取り組みの一環として、ネイティブスピーカーを中心とした講師による英語スキルの養成とその統合を目的とした、ERPという英語強化プログラムを開設している。一定の英語の能力を証明できる学生を対象としており(TOEFL ITP スコア 430 点以上、TOEIC スコア 500 点以上など)、履修者は検定のスコアによって5つのレベルにクラス分けされ、自身の英語レベルに応じたクラスで授業を受けることができる。高い英語能力を有する学生にとっては、ERP を活用することで、さらに高い英語能力を獲得する機会を得られる。なお同学部では ERP のうち Pre-sessional 科目の単位を自由科目として認定している。

2. 異文化対応力育成科目の概要、科目間のつながり、および英語科目や英語による専門科目とのつながり

同学部の学部専門教育科目には、外国の社会、文化、歴史の日本文化との比較や、日本文化の発信を学修するような異文化理解を促す科目が、1年次から4年次まで13科目ほど設置されている。

たとえば、「世界の中の日本語」は学部生の4割が履修する選択科目で、主

に近現代の日本文学作品の文章を英訳しながら“世界の中の日本語”と“日本語の中の世界”を理解することを目的とする科目である。また「日英翻訳論」は学部生の4割が履修する選択科目で、和歌や俳句の英訳を通し、英語と日本語の特徴を比較して、それらの本質の理解を目的とする科目である。

加えて2〜4年次を対象とする総合科目には、英語で現代社会や言語・文化を学ぶ科目が配置され、市ヶ谷基礎科目の英語選択科目には、英語でビジネスコミュニケーションを学び、あるいは異文化理解を促す科目が設置されている。

3. 英語での専門教育の概要、科目間のつながり、および英語科目や異文化対応力育成科目とのつながり

専門教育はコースに設置された科目で学び進めることになるが、専門知識をまずは着実に修得させるために多くの科目は日本語で授業が行われており、英語のみで授業が行われる科目は少ない。英語で専門教育を行う科目としては、言語文化コースの「History of English」「英語圏の文化II（思想史）」「英語圏の文化VII（英語の構造）」の3科目や、国際社会コースの「Religion and Society」などがある。ただし、3・4年次を対象に文化やアートといった専門にかかわるテーマを英語のみで学ぶ英語アプリケーション科目には9科目設置されている。たとえば、「The Renaissance: Culture and Art」「The History of Tourism」「Art, Rebellion and Advertising」などがあり、これらの科目ではすべてネイティブスピーカーの教員が講師を務め、「SA」で培った言語運用力や知的関心の維持・向上に役立っている。

4. 正課の海外・国内プログラム

「SA」は原則として必修の海外留学プログラムであり、外国語運用能力を磨き、異文化理解を深めることを目的とする。入学から2年次春学期までの間でそのための準備を整え、2年次秋学期に世界10カ国7言語圏にある16機関・大学のいずれかに留学する。英語圏の留学先の選択肢には、イギリス（2大学）、アメリカ（3大学）、カナダ（3大学）、オーストラリア（1大学）がある。「SA」には、2年次8月中旬〜翌年3月の間に3〜5か月留学する長期「SA」と、2

年次夏季休暇の8月の約1か月、ボストン大学に留学する夏期「SA」とがある。学生は希望に応じていずれかを選択できるが、9割以上の学生は長期「SA」を選択する。

長期「SA」では、寮生活やホームステイを経験しながら、大学や諸機関が開講する言語教育プログラムと人文系の科目を履修する。授業は、英語とその国の文化に対する理解を深めるような内容で構成されている。留学先で提供される多くの科目は、英語の習熟度によってクラス分けされ、学生各々のレベルに合ったクラスで学ぶことができる。長期「SA」の単位認定は、留学先での授業終了後、留学先から送付される成績証明書等と帰国後に提出される課題レポートを総合的に評価した上で、通常16単位を卒業単位として認定している。

夏期「SA」は、フィールドワークやこれに基づく学習の実践過程や成果を、ICTを活用した情報発信と結びつけるところに特徴がある。英語で行われる授業で、学生はブログを一から作り上げて開設し、学びの内容やプロセスをアップロードして発信していく。現地での授業の最後には、夏期「SA」中に何を学び、どんな成果があったのか、英語で5分間プレゼンテーションする発表会がある。夏期「SA」については、短期間とはいえ、学ぶ内容の密度が濃いことから4単位が認定される。

英語圏の「SA」では、留学先での学びとは別に、英文によるレポートを学生に課している。レポートで取り上げるトピックはあらかじめ提示され、学生はその中から自らの関心に応じたものを選ぶ(地理、歴史、民族、文学など)。その後、留学先では自身の選んだトピックに関する情報を収集し、それを比較したり、そこから問題を提起したり、あるいは因果関係を考察しながらレポートを書きあげる。また、レポートは、「英語8」で学んだ英文ライティングの書式に則して書かれなければならない。レポートの語数は1,000〜1,200語である。

「SA」前には、留学先で必要なディスカッションやプレゼンテーションなどのスキルを養うため、1年次より、「英語5・6」や「英語コミュニケーションⅠ・Ⅱ・Ⅲ」で段階的に学んでその準備学習としている。また、正課の授業以外でも、「SA」の留学先ごとに決められている担当教員による事前学習

の機会が設けられ、語学面のみならず留学先の文化、社会、歴史などについての自主学習が行われる。

　学生は、「SA」から戻った後、「SA」先ごとに開かれる帰国報告会で成果や反省点を共有する。また、「SA」での体験やそこで持った関心、レポートで芽生えた問題意識を踏まえて、3年次以降の学びにどうつなげていくかについて、担当教員と相談する。

　単位認定には申請を要するが、全学で提供される海外プログラムには、短期語学研修（夏季休暇期間および春季休暇期間の2〜4週間の語学研修、2016年度では同学部から10人参加（全学部合計は144人））、派遣留学（協定校への1年間の留学、2016年では同学部から22人参加（全学部合計は82人））、国際ボランティアや海外インターンシップなどがある。

5. 正課外の海外・国内プログラム

　グローバル教育センターでは、2014年度より全学向けの教育プログラムの一環として、学生が中心になって制作した法政大学英字新聞『THE HOSEI HERALD』を年1回発行している。この制作にあたっては、民間企業や財団法人などの協力を受け、参加学生は秋学期全12回で英字新聞の製作方法やジャーナリズムの基本について指導を受ける。このプログラムでは同学部の学生を含む全学から学生を募る。記事では、同大学にかかわるグローバル化に関することや注目すべき活動などを取り上げている。新聞は入学式で新入生や保護者に渡すために2万部を刷る。またここでの経験や制作した新聞を就職活動で活用している学生もいる。

III. グローバル化に対応するための支援制度、組織体制

1. グローバル化に対応するための教育支援

1) 奨学金などの充実度

　長期「SA」への参加には、同学部の学費に加えて「SA」費用（現地授業料、宿泊費、往復の渡航費、ビザの取得費用、海外旅行総合保険料などが含まれる）が87〜200万円（2016年度実績）かかるため、奨学金制度を整えていることが重要

となる。「SA」では、参加者全員に一律 25 万円を支給している。また、成績が優秀であり、かつ「SA」参加に際し経済的に困難な場合には、赴く地域の物価に応じて上限 60 万円を支給している。

派遣留学制度では、"法政大学派遣留学生奨学金"として、派遣地域によって 70 万円または 100 万円（使途制限なし）が支給される。

認定海外留学制度では、"開かれた法政 21・認定海外留学奨学金"として授業料を半額に減免し（約 40 万円）、また"法政大学後援会認定海外留学奨学金"として 10 万円（使途制限なし）を支給している。さらに THE（Times Higher Education）で 200 位以内の大学に留学する場合は、"法政大学グローバルキャリア支援基金による海外留学支援奨励金"として最大 50 万円（使途制限なし）を支給している。

2) 海外プログラムを履修しやすくするための制度
該当なし。

3) 海外プログラムに関するリスク対策およびセキュリティ対策
配慮が必要だと考えられる「SA」のいくつかの留学先には、現地まで担当教員がアドバイザーとして同行し、経験の浅い学生が異文化環境に慣れるのを支援している。

学部「SA」はもとより、派遣留学制度、認定海外留学制度、そして短期語学研修などのすべての海外留学制度で、留学ポータルサイトを利用し、学生の現地での滞在先と連絡先の登録や月例報告として毎月 1 回学習状況や生活状況等について報告をさせることで、緊急時の危機管理や学生の学習生活状況の把握に努めている。また、海外傷害保険への加入を義務付け、事故、病気、盗難などが起こった際には、本学学生用に設置する専用サポートラインを通じて相談できるようにしている。なお、本サポートラインへの問合せ内容について、適宜報告を受けることで情報共有を図るとともに、必要に応じて直接学生対応を行っている。

2. キャンパスのグローバル化を活用した教育支援

同大学では多くの交換留学生を受け入れている環境を活かして（2015年度実績132人）、同大学、グローバル教育センター、学生サークルおよび学部などが主体となり、日本人学生が留学生と交流を深める機会をさまざまな形で設けている。

同大学では日本人学生と留学生の会話パートナー制度 "Language Buddy" を各学期でも募集し、毎学期80組以上のペアが活動している。また留学生の来日オリエンテーションでサポートを行うボランティアや、留学生向け日本語科目で会話練習など授業の補助を行うボランティアなどを全学から学生を募って行っていたりする。その他に留学生向け科目「Discover Japan」、留学生が自国の文化について日本語で発表する "多文化交流ウィーク"、あるいは "留学生日本語スピーチコンテスト" などでも、日本人学生が参加したり、留学生への日本語指導を手伝ったりしている。

留学生は授業の空き時間をGラウンジと呼ばれるグローバル・ラーニングスペースで過ごすことが多く、留学生との交流を希望する多くの学生がGラウンジを利用し、積極的に交流を図っている。

3. グローバル化への対応を推進するための組織体制

同大学では全学でのグローバル化を推進するための組織としてグローバル戦略本部を設置している。同本部では、グローバル戦略に関する大学としての将来構想の策定と具体的企画立案を担当しており、大学総長が本部長を兼任している。

同大学が文部科学省のスーパーグローバル大学創生支援事業に採択された時、かつての国際交流センターとグローバル人材開発センターを統合し、グローバル教育センターをグローバル戦略本部の下に設置した。同センターでは、グローバル化に対応した教育プログラムの策定（ERPプログラム、グローバル・オープン科目、交換留学生受入れプログラムなど）、グローバル人材の育成、国際交流の推進を担っている。各学部では、同センターが開設する語学教育や留学・海外研修プログラムの枠組みを活用して、グローバル化に対応した教育プログラム構築の一助としている。同センターでは、各学部から選出さ

れる委員等によって構成されるグローバル教育センター会議を通じて全学でグローバル化にかかる事業に取り組めるように運営体制が組織されている。

Ⅳ．アセスメント

1．グローバル化への対応に関する学修到達度のアセスメント

アセスメントの一例として、同学部で行われる「SA」においては、eポートフォリオを学びの蓄積に活用している。eポートフォリオは「SA」期間中も使える大学独自のSNSで、「SA」先が同じ学生同士のコミュニケーションツールとして活用でき、さらにはSA自己評価シートやSA体験記を提出し、自らの学びの成果を蓄積することができる。

またAAC&U（Association of American Colleges and Universities）が作成し、芦沢真五教授が翻訳した"異文化理解バリュールーブリック"をアレンジしたレーダー型ルーブリックを、同学部では2013年度からすべての学生に提供している。学生たちは6つの評価観点から0～4の5段階で自己評価を行う。「SA」前後はもとより、セメスターごとの自己評価が推奨され、学びのプロセスや変化を学生自身が把握することで、より明確な課題設定や動機付けを目指すことができる。

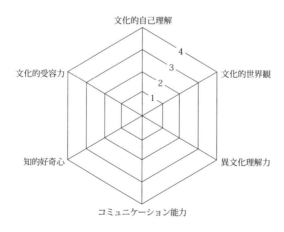

図表2-7　法政大学国際文化学部　異文化理解バリュールーブリック

第2部　20大学訪問調査　詳細レポート　315

　また「SA」前と後で TOEIC IP を受験させ、「SA」の語学力育成の成果測定をしている。例外はあるものの、通常は総合スコアの平均が 50 〜 100 点増加する。

　同大学では、グローバル社会に対応するためのさまざまなプログラム（派遣留学、短期語学研修、各学部で実施している「SA」、国際ボランティア、国際インターンシップ、英語等による授業、海外ゼミ活動リーダーとしての活躍など）の参加状況に応じてポイントを付与する、グローバル・ポイント制度を導入している。この制度により、学生がそれぞれの活動状況を把握するとともに、各種プログラムに積極的に参加するようになることを目的としている。なお、一定のポイント数を獲得した学生は、法政グローバルデイ（シンポジウム）で、同大学スーパーグローバル大学創成支援事業のロール・モデルとして表彰される。

2.　グローバル化への対応に関するカリキュラムデザインのアセスメント

　"国際社会人の育成"を掲げる同学部の教育目標は、自己点検・評価項目のうち、教育内容や教育方法、成果、学生支援の各項目と密接に関係している。同学部では、執行部の主導により、学部質保証委員会を含む各種委員会を通じてこれらの項目の達成アセスメント作業が行われ、その結果は教授会で報告され、次年度の達成目標や各委員会の課題に反映される。

V.　英語以外の外国語教育

　同学部では、英語の他に、諸外国語（ドイツ語、フランス語、ロシア語、中国語、スペイン語、朝鮮語）の教育も行っている。「SA」では、原則として学部生全員が英語圏（イギリス、アメリカ、カナダ、オーストラリア）、もしくは自分が選択する外国語により、スイス、フランス、ロシア、中国、スペイン、韓国のいずれかの国に留学できる。市ヶ谷基礎科目では、英語圏以外の「SA」先を選択した学生は、英語を 4 単位、留学先で使用されている外国語を 10 単位履修し、「SA」英語圏を選択した学生は英語を 10 単位、英語以外の外国語を 4 単位履修しなければならない。英語だけではなく複数言語の教育を行い、多様性のある学びの環境を整えることを重視している。

12. 明治大学　経営学部（定員：650人）

【事例要旨】

実地調査対象：経営学部GREAT（定員：60人）

➢ 明治大学経営学部は1953年に商学部から分かれて設立された学部であり、改革や新しい取り組みに積極的という学部の特性がある。

➢ 明治大学は2013年度にスーパーグローバル大学創生支援事業（SGU）に採択されており、経営学部ではスーパーグローバル大学創成支援事業（SGU）の一環としてGREAT（Global Resources English Applied Track）が創設された。

➢ GREATは、入学時のTOEICスコア上位60人の学生を選抜して、特別なカリキュラムでグローバル人材を育成する取り組みである（2017年度からは100人に拡大）。

➢ GREATに選抜されても、英語の強化はこれ以上特別に必要ないと考える学生は辞退できるし、また選抜されなかった学生でもかなり高度なハードルをクリアすればGREATに途中参加できる。

Ⅰ. グローバル社会への対応に関する教育目標

同学部のディプロマポリシーには、"グローバルな視点から営利組織における道徳的・法的に正当な富の創造について理解するとともに、非営利組織の重要性を認識し、さらにはそれらを財務面から考察できる人材の育成を目指します"とある。

さらに各学科の到達目標としては以下のとおりである。

経営学科は、経営の全体像を把握してマネジメントを実行できるリーダーシップ、グローバルからローカルまでの幅広い国際的な視点、未来の企業経営の構想力と新事業への挑戦、社会的責任を自覚した企業経営等の要請に応じることができる能力の涵養を目標とします。

会計学科は、企業活動のグローバル化・情報化がもたらす多様な環境変化の下、高い倫理観と豊かな教養に加え、国内のみならず世界に通用する高度な会計技能を備えることを目標とします。

公共経営学科は、健康・福祉の増進や環境保護などの社会的活動にかかわる NPO、スポーツ施設や文化施設、学校、病院、協同組合などのマネジメントを専門的に担い、それら組織の協働を極的に推進できることを目標とします。

GREAT（Global Resources English Applied Track）では、これらを踏まえつつ、グローバル経営人材の育成を目標としている。

II. 教育活動（正課の科目、正課外のプログラム）

1. 英語コミュニケーション科目の概要、科目間のつながり、および英語による専門科目とのつながり

学部必修で英語科目として 1 年次前期「英語初級① A」「英語初級② A」、後期「英語初級① B」「英語初級② B」、2 年次前期「英語中級③ A」「英語中級④ A」、後期「英語中級③ B」「英語中級④ B」が配当され、これらの科目ではリスニングやライティングなどの総合技能の育成が目指されている。これに加えて選択のコミュニケーション科目として習熟度に応じて「英語コミュニケーション初級」「英語コミュニケーション中級」「英語コミュニケーション上級」が学部内で設置されている。これらの英語コミュニケーション科目は各クラス 10 人以下の少人数で実施されているが、開設クラスは上級が 2 クラス、初級と中級は 1 クラスのみとなっている。

【グローバル社会に対応するためのカリキュラム設計】

学期 / 教育活動	1年次 前期	1年次 後期	2年次 前期	2年次 後期	3年次 前期	3年次 後期	4年次 前期	4年次 後期
異文化理解・異文化対応力育成	Global Issues	Global Issues			Transcultural Management	Transcultural Management	Transcultural Management	Transcultural Management
英語での専門教育			Introduction to Management Basic Accounting	Japanese Economy	専門外国語 ビジネス英語 ビジネス・プレゼンテーション			
英語での専門教育（選択）			全学のグローバル教育科目と上記3科目のうちから8単位選択必修		学部専門38科目から12単位選択必修（3～4年次）			
英語コミュニケーション力育成	英語初級① A Study Skills	英語初級① B Study Skills	英語中級③ A Academic Writing	英語中級③ B Advanced Presentation				
	英語初級② A English for Business Studies	英語初級② B English for Business Studies	英語中級④ A Strategic Communication	英語中級④ B Strategic Communication				
	TOEFL Reading	TOEFL Speaking						
	TOEFL Listening	TOEFL Writing						
	英語コミュニケーション初級 A	英語コミュニケーション初級 B	英語コミュニケーション初級 A	英語コミュニケーション初級 B				
	英語コミュニケーション中級 A	英語コミュニケーション中級 B	英語コミュニケーション中級 A	英語コミュニケーション中級 B				
	英語コミュニケーション上級 A	英語コミュニケーション上級 B	英語コミュニケーション上級 A	英語コミュニケーション上級 B				
留学					交換留学	交換留学		
海外プログラム	IBP A	IBP B	Field Study C	Field Study D				
	Global Service Learning A	Global Service Learning B	ISIBM					

```
[   ] 必修科目、実質的に必ず履修しなければいけない科目    [┈┈] 選択科目
```

　GREAT では、これらの科目のうち「英語初級① A・B」"Study Skills" や「英語初級② A・B」"English for Business Studies"、「英語中級③ A」が "Academic Writing"、「英語中級③ B」が "Advanced Presentation"、「英語中級④ A・B」が "Strategic Communication" という、より高度で実践的な内容のオールイングリッシュの授業となっている。加えて TOEFL の英語4技能に対応した科目として、1年次の半期で「TOEFL Reading」「TOEFL Listening」「TOEFL Writing」「TOEFL Speaking」がコース必修となっており、英語教育が経営学部の一般の

学生と比べてかなり手厚くなっている。

2. 異文化対応力育成科目の概要、科目間のつながり、および英語科目や英語による専門科目とのつながり

GREAT では、異文化対応力の育成を目的として、1 年次必修で「Global Issue」が置かれている。この科目は学部全体にも開放されており、1 ～ 4 年次で選択履修できる。授業はネイティブスピーカー教員により英語で行われ、現代的な問題を教員が講義すると同時に学生同士が小グループに分かれ英語でディスカッションする。ネイティブスピーカー教員による「Intercultural Communication」の教養演習も設置されている。

また 3・4 年次には 5 つの国・地域の「文化論」が基礎専門科目にある他、選択で「Transcultural Management」が置かれ、グローバル環境下で生活し、ビジネスを行う上での異文化理解について英語で学ぶ。

3. 英語での専門教育の概要、科目間のつながり、および英語科目や異文化対応力育成科目とのつながり

学部独自で英語による専門科目の提供は、38 科目 58 コマに上る。このうち、GREAT は 3 ～ 4 年次で「Innovation Strategy in Japan」「Strategic Marketing」「Strategic Analysis of Japan」「Comparative Business」などの科目から 12 単位が選択必修となっている。

また GREAT では、1・2 年次に「Introduction to Management」「Basic Accounting」「Japanese Economy」が必修となっているが、これらの科目は日本語で授業する必修科目である「経営学 A・B」等の科目と内容的に対応しており、日本語と英語で並行して学んだり、日本語で学んだ内容を英語で学びなおしたりできる配置になっている。

4. 正課の海外・国内プログラム

経営学部の海外プログラムは、4 種類で構成されている。

　①「Field Study」の海外プログラムは参加人数が毎年 170 人前後と最多。事前学習で海外の企業・自治体・NPO 法人・特定地域の民族など調

査し、1週間程度海外でフィールドワークをした後に、事後学習とし
てレポート作成や対象への提言を含んだプレゼンテーション作成に取
り組む。履修にあたっての TOEIC スコアでの制限はない。

② 「Global Service Learning」と「International Business Program」(IBP) のうち、
前者はフィリピンのセブ島で2〜3週間にわたって貧困層を支援する
NPO 法人で社会奉仕活動に取り組み、それを通じながら課題解決の
ための知識を習得する。5〜10 人程度が参加する。後者は、アメリカ
のオレゴン州ポートランド州立大学またはカリフォルニア州サンノゼ
州立大学に1か月短期留学し、語学研修に加えて現地企業の訪問や留
学先大学の経営系科目の授業の聴講などを行う。毎年 30 人程度が参
加する。TOEIC スコア 400 点以上の制限がある。

③ 「International Summer Institute for Business Management」(ISIBM) は、協定
校であるビクトリア大学 (カナダ) で夏期に行われる3週間のビジネス
マネジメントプログラムに世界各国の学生とともに参加する。TOEIC
スコア 600 点以上の制限があり、2016 年度は 10 人程度の学生が希望
したが、ビクトリア大学のプログラム定員に達していたため3人の参
加にとどまった。

④ 「交換留学」は協定大学に半年間または1年間留学する。60 単位まで
認められる。TOEIC スコア 750 点以上の制限があり、年間 10〜15 人
が留学している。GREAT は 2015 年度からのプログラムであるため、
最高で2年生となり、交換留学の最適年次である3年生に達していな
い。GREAT からの交換留学が今後は増えるものと、学部では期待し
ている。

⑤ 5年間で明治大学経営学部とビクトリア大学 (カナダ) の2つの学位を
取得できるデュアルディグリーも用意されている。前半の2年半を明
治大学で、後半の2年半をビクトリア大学で学ぶ仕組みだが、2017 年
からスタートし、現在2年生の1人の学生が候補者として準備を進め
ている。

上記の5分類のうち、①が約 170 人、②〜④で約 30 人と計 200 人が例年

参加している。重複して参加する学生もあるが、単純計算すると全学部生の3分の1弱が、卒業までに海外プログラムを体験していることになる。その背景には、英語の4技能を向上させるだけではグローバル化に対応した人材育成にはならず、体験・経験を通じて多様な価値観を形成することに意味があるという同学部の考えがある。

5. 正課外の海外・国内プログラム

　海外プログラムはすべて正課となっているため、正課外の海外プログラムは設定されていない（全学では用意されている）。

　国内プログラムとして"i-meeting"は毎年3〜4回開催される。留学生とともに異文化に関するプレゼンテーション、ゲーム、各国料理、クリスマスパーティーなどを行う。合計で85人程度の日本人学生が参加する。

　"工場見学"は留学生と日本人学生が合計40人程度で富士重工の工場を見学する。うち、外国人留学生は10人強である。英語で説明のコースと日本語で説明のコースがあり、日本人学生も積極的に英語で説明のコースに参加している。往復の貸切バスでは、自己紹介や交流プログラムが行われる。

III. グローバル化に対応するための支援制度、組織体制

1. グローバル化に対応するための教育支援

1）奨学金などの充実度

　全学では給付型の明治大学外国留学奨励助成金があり、選考の上で給付される。経営学部独自には、すべての海外プログラムにおいて、参加学生に費用の一部を給付する制度が設けられている。各海外プログラムの総額予算を参加人数で割って全員に支給している。

2）海外プログラムを履修しやすくするための制度

　卒業までにTOEICを4回学内で受けることができ、各プログラムの基準点を目標に勉強できる。GREATでは、TOEFL ITPの受験をトラックに組み込んでいる。

3）海外プログラムに関するリスク対策およびセキュリティ対策

全学的に外部機関と提携した 24 時間 365 日体制の危機管理サービスが提供されている。大学休業期間中も危機に対応できるように、保護者にも同サービスの連絡先が共有されており、緊急度に応じて大学関係者とも連絡が取れる体制となっている。

2. キャンパスのグローバル化を活用した教育支援

全学的には 4 キャンパスすべてに国際交流ラウンジが開設され、交流活動の拠点として活用されている。

和泉キャンパスではこれに加えて "English café" が開設されて、英語による異文化交流の場となっている。

混住型学生寮としては狛江インターナショナルハウスが開設されている。また、2019 年には和泉キャンパスに 200 室規模の国際混住寮が完成する。

外国人留学生に対しては、全学的に "学生サポーター" "学生ボアランティア" を採用している。経営学部では上記に加えて、交換留学生 1 人に対して、1 人以上の日本人学生がチューターとして日常生活や講義におけるサポートを提供し交流している。

3. グローバル化への対応を推進するための組織体制

全学的には 48 人の教職員で構成される国際連携機構が設置され、教育研究全般の国際化を推進している。

経営学部では国際交流員会が設置され、学部間協定校の開発や連携の強化などに携わっている。

経営学部の GREAT の運営については、教員 9 人＋職員 4 人からなる執行部、教員 16 人＋職員 4 人からなる教育課程委員会、教員 7〜8 人からなるワーキンググループが設置されている。ワーキンググループは英語の教員＋英語で専門を教える教員＋ネイティブスピーカーの特任教員からなり、カリキュラムの開発・検証や改善などに取り組んでいる。

IV. アセスメント

1. グローバル化への対応に関する学修到達度のアセスメント

英語について TOEIC で測定している。他の能力については全学の学習支援システムである "Oh-o! Meiji システム" において、e ポートフォリオで活動記録や自己評価を活用している。今後は、学部や GREAT のも教育目標に沿った独自のポートフォリオ等の開発が必要と感じている。

2. グローバル化への対応に関するカリキュラムデザインのアセスメント

GEART はスタートして 2 年目ということもあり、学習到達度に関するポートフォリオ等の整備以降、それを活用してカリキュラムマネジメントすることが課題となっている。留学の経験、就職先の調査、卒業生満足度調査を検討材料に加えて、仕組みを構築していく予定である。

V. 英語以外の外国語教育

2016 年度までは第二外国語（ドイツ語、フランス語、中国語、ロシア語、韓国語）から 1 つを選択して必修となっている。このうちドイツ語、フランス語、中国語は初級・中級・上級のコミュニケーション科目が設定されている。

2017 年度から、GREAT 以外の学部生については 2 年次の英語の必修を外し、第二外国語のみの選択や学部で設置されていない言語を全学共通外国語で第三外国語として選択することを可能にする。その理由は、卒業後に必ず英語が必要なわけではないことを踏まえ、将来働くと想定されるアジア等の地域の言語を先行的に学んでおけるようにするためである。GREAT はますます英語力を強化しつつ、それ以外は多様な進路に対応するという特徴的な 2 方向を明確にする予定である。

13. 豊橋技術科学大学　工学部 （1年次入学定員：80人、3年次編入定員：360人）

【事例要旨】

実地調査対象：工学部（1年次入学定員：80人、3年次編入定員：360人）

➢ 同大学は、工業高等専門学校（以下高専）から大学3年次に編入することを主として想定して1976年に設立された。1年次入学定員80人に対して3年次編入定員は360人と多いのが特徴。つまり1年次からは少数の入学者を受け入れて、3年次で両者が合流する。3年次編入学生の内、高専出身者の比率は8割であり、修士課程までの一貫教育が特徴である。

➢ 3年次からの専門科目の約半数を、英語のテキストを使用するバイリンガル授業科目として位置づけ、実施している。

➢ マレーシアのペナン州に海外教育拠点を有し、その周辺の企業や欧米、アジア諸国の企業等において「実務訓練」や「課題解決型長期インターンシップ」を行っている。

➢ スーパーグローバル大学創成支援事業（以下SGU）の一環として、修士課程までの一貫教育として実施される"グローバル技術科学アーキテクト養成コース（以下GAC）"を設置し、2017年度には3年次編入生を、2018年度には1年次新入生の受け入れを開始する。コース総定員は290人で、日本人学生140人、外国人留学生150人。

Ⅰ．グローバル社会への対応に関する教育目標

　同大学では開学した1976年当初から"世界に開かれた大学"が謳われていた。

　豊かな人間性、グローバルな感性及び自然と共生する心を併せ持つ先導的な実践的・創造的技術者・研究者を育成することが教育目標とされ、JABEEの認定も受けていることから同大学修了生はグローバルエンジニアとしての活躍も期待される。学長から"大西プラン2016"が打ち出され、多文化共生・グローバルキャンパスの実現による、世界に開かれたトップクラスの工学系

大学を目指している。また、大西プランに基づく国際戦略では以下の 3 つの
教育目標が打ち出されている。

世界で活躍する技術科学人材の養成
・グローバルコミュニケーション能力
・多様な価値観の下での課題解決能力
・世界に通用する人間力

II. 教育活動（正課の科目、正課外のプログラム）

1. 英語コミュニケーション科目の概要、科目間のつながり、および英語に
よる専門科目とのつながり

　高専出身の入学者は総じて、工学系の知識・技能は高いが英語力が不足し
ていると言われており、これを修士課程修了までに高めていくための英語教
育は重要な位置づけにある。

　また、同大学のユニークな取り組みとして、学生に英語能力の向上を求
める以上、教職員にも英語能力の向上が必要であるとの立場から、中期目
標として"教員の 50％以上が TOEIC スコア 730 点以上、職員の 28％以上が
TOEIC スコア 600 点以上"が掲げられている。

　同大学では、英語教育科目は共通教育を提供する総合教育院が担当してい
る。言語技能と教養を高めることが総合教育院のミッションであり、英語教
育も教養との関係性を意識したものとなっている。

　まず、学生は入学前に e ラーニングによる英語学習を行うとともに、入学
直後のプレイスメントテストにより習熟度別にクラス編成され、2016 年度
現在 1 年次前期に「英語Ⅰ A・Ⅰ B」、1 年次後期に「英語Ⅱ A・Ⅱ B」、2 年
次前期に「英語Ⅲ A・Ⅲ B」、2 年次後期に「英語Ⅳ A・Ⅳ B」を履修する。現
状 (2016 年度) では教員裁量でテキストや教材が採用されている。

　高専からの編入生が入学する 3 年次前期の「英語Ⅴ A・Ⅴ B」以降では、一

【グローバル社会に対応するためのカリキュラム設計】

学期 / 教育活動	1年次 前期	1年次 後期	2年次 前期	2年次 後期	3年次 前期	3年次 後期	4年次 前期	4年次 後期
異文化理解・異文化対応力育成					比較文化論等69科目（一部バイリンガル授業）			
英語での専門教育					専門科目261科目中142科目がバイリンガル授業			
英語コミュニケーション力育成	英語ⅠA / 英語ⅠB	英語ⅡA / 英語ⅡB	英語ⅢA / 英語ⅢB	英語ⅣA / 英語ⅣB	英語ⅤA / 英語ⅤB	英語ⅥA / 英語ⅥB	英語ⅦA / 英語ⅦB	
留学							実務訓練	課題解決型長期インターンシップ（海外）
海外研修（特別推薦入学者等）						※マレーシアでの海外研修		

□ 必修科目、実質的に必ず履修しなければいけない科目　┊ 選択科目　※ 正課外科目

転して共通シラバス、共通テキストが採用され、内容の統一性を確保するものとなっている。これは、後述する3年次に専門科目のバイリンガル授業が始まるために、これに対応したものである。続けて、3年次後期には「ⅥA・ⅥB」が、4年次前期には「英語ⅦA・ⅦB」が置かれている。

また、TOEIC、TOEFL、IELTS、英検及び工業英検のいずれかで一定の基準を満たすと、本人の申請により「検定英語Ⅰ」または「Ⅱ」として単位認定される。

同大学では、この現行カリキュラムを学生の受け入れに合わせて2017年度より順次改定する。主な変更点は、英語科目の内容的な統一性の確保である。現行カリキュラムでは、各クラスは英語教員が自由裁量で科目の目標やコンテンツを決定していたが、これを新カリキュラムでは科目の目標を言語技能ごとに明確化し、「Reading & Writing」、「Listening & Speaking」を必修とし、「English Grammar」「English Online Learning」「英語特別演習」「English Presentation」「一般技術科学英語」「GAC英語」から学年や習熟度レベルに応じて選択履修できるように変更する。ただし、育成する言語技能に関してはあらかじめ決められているものの、扱う素材や学術的教養については各教員の判断に委ねられており、あまり高度になりすぎない範囲内で英文学や応用言

語学、社会言語学といった各教員の専門分野を活かした授業を行うことが期待されている。これは、総合教育院の教育目標が単に英語技能の育成だけではなく、人間性を高める教養教育も視野に入れたものであることに由来している。

　これらの科目のうちの「English Online Learning」は、1人の英語教員が500人を担当することで、他の科目で少人数授業が可能となる工夫となっている。また「英語特別演習」は、TOEIC スコアが一定の基準に満たない学生が履修する科目で、文法の基礎や語彙力の向上を図る。「GAC 英語」は、2017 年度に新設される GAC の学生が履修するもので、ニューヨーク市立大学クイーンズ校 (QC) からの英語の遠隔授業を行う計画であり、QC の教員を1週間程度招聘しての英語授業などを創設する予定である。ちなみに GAC 日本人学生のコース修了要件は、TOEIC スコア 730 点としている。

　新カリキュラムの他の特徴として、バイリンガル授業により対応できるように、1年次前期および3年次前期の英語授業開講数を週2クラスから週3クラスに増やすとともに、雑誌 *Nature* や *Science* をはじめとする工学系英語学術雑誌に頻出する工学英語語彙を抽出し、例文などとともにデータベース化して「Reading & Writing」授業における学習教材の一部とすることにより、英語語彙力の向上を図る計画である。

2. 異文化対応力育成科目の概要、科目間のつながり、および英語科目や英語による専門科目とのつながり

　同学部では、マレーシア・ペナン州でのインターンシップなどでの海外体験そのものを、異文化対応力を高めるものと位置づけている。国内キャンパスで履修する科目としては「比較文化論」が自文化と他文化との関係を考察する科目として設定され、これは日本語で開講されている。このほかに、英語も交えて行われるバイリンガル授業 (後述) 科目としては「国文学特論 I」がある。これは日本文学を支えるシステムとしての“文学賞”について考察するものである。

　2017 年度では、教養系の科目では 69 科目中 27 科目でバイリンガル授業を実施する予定。

3. 英語での専門教育の概要、科目間のつながり、および英語科目や異文化対応力育成科目とのつながり

日英バイリンガル授業が3年次から専門科目で行われている。これは日本語による授業に英語を取り入れるもので、工学的な専門知識と同時にツールとしての英語力を、実践を通じて身につけることを目的としている。エンジニアにとって、必須の英語能力はまず英語のマニュアル等を読解できる能力であり、これを育成することを目的に、科目の特質や進度と学生の理解度に応じて、日本語と英語の使用割合を調整しつつ授業を行う。授業では、①教科書や板書などは英語を使用、②教室での説明は日本語を主体に英語も織り交ぜながら実施、③質疑応答や試験の解答は日本語と英語いずれかを選択可能、④日本語の資料も適宜配布し、平易な英語で行うことを基本としている。レポート等の使用言語は教員裁量による。

バイリンガル形式の授業は、2016年度は全体の30%程度、2017年度には3年次の専門科目261科目中142科目で実施する予定。

4. 正課の海外・国内プログラム

同大学では開学以来、4年次に2か月間の「実務訓練」、2014年度から2か月間の「実務訓練」（必修）＋4か月間の「課題解決型実務訓練」（選択）の「課題解決型長期インターンシップ」が置かれている。近年では、海外企業等への実務訓練者数も増加し、2016年度は58人の学生が海外企業等での「実務訓練」に参加している。

派遣先としては、主にマレーシアのペナン州の企業となっている。大学独自の教育拠点を同州に開設し2人の教員が常駐。近隣にある同大学が提携しているマレーシア科学大学で1週間の英語授業を受け、その後、周囲の20社ほどの企業で実務訓練を受けている。より高度なテーマに取り組むため、近年では実務訓練に続く「課題解決型長期インターンシップ」も海外企業等で修士課程1年次の前期にまで延長して4か月間、実務訓練と合わせると計6か月間参加できるようになっている。

「実務訓練」及び「課題解決型長期インターンシップ」のいずれも参加者は

途中で定期的に報告書を大学に送るとともに、事後に報告会での報告が必須となっている。また、受け入れ先企業の評価も大学に送られてくる仕組みとなっている。

これ以外にも、修士課程では2～8週間にわたる「海外インターンシップ」も設けられている。また海外連携教育制度としてドイツのシュトゥットガルト大学とのダブルディグリープログラムや中国の東北大学、ベトナムのホーチミン市工科大学、インドネシアのバンドン工科大学及びハサヌディン大学との間に、ツイニングプログラムを実施しており、毎年数人が参加し、学位を取得している。これらの制度は今後も新規設置及び拡大の予定である。

5. 正課外の海外・国内プログラム

海外協定校からの募集によるサマープログラムへの参加のほか、海外協定校への1年未満の派遣を随時受け付けている。

また、高専から特別推薦入試により選抜された15人（定員）に対し、入学料・授業料免除や特別の教育プログラムが提供されるが、その一つとして3年次の終わりにマレーシア・ペナン州での海外研修が行われている。このプログラムには1年次から入学した学生の成績優秀者も参加できる。早い段階で海外体験することにより視野を広げることが狙いであり、協定校のマレーシア科学大学学生との交流を中心とし、ホームステイなどの異文化体験や語学学習、現地企業の見学や日本人若手エンジニアとの交流などの活動を行っている。

Ⅲ. グローバル化に対応するための支援制度、組織体制

1. グローバル化に対応するための教育支援

1) 奨学金などの充実度

「実務訓練」「課題解決型長期インターンシップ」に係る費用は学生個人負担となっており、海外で実務訓練を行う学生に対しては、大学独自の奨学金や大学から申請した外部の奨学金で、渡航費等の一部を支援している。ただし、準備できる奨学金には限りがあるため、受け入れ先の企業に学生の生活費等の負担を依頼する方向で打開策を検討している。

2）海外プログラムを履修しやすくするための制度

クォーター制が導入されている。

3）海外プログラムに関するリスク対策およびセキュリティ対策

「実務訓練」及び「課題解決型長期インターンシップ」で海外に行く場合には、リスクマネジメント等について事前のガイダンスを行い、学生の危機管理への啓発を行っている。特にペナン州においては現地に教員が常駐しているため、手厚いリスク対策が施されている。加えて、民間のリスクマネジメント会社とも契約し、海外の危機管理対策を行っている。

2. キャンパスのグローバル化を活用した教育支援

同大学の海外協定校であるニューヨーク市立大学クイーンズ校をはじめとして、インドネシア、ベトナム、マレーシア、中国の重点交流大学の学生を毎年30人前後招聘し実施する受入れプログラムへの参加は、学内に居ながらにして海外学生との交流を図ることができる良い機会となっている。

2017年3月にはグローバル宿舎が2棟（60人定員）竣工する。宿舎はシェアハウス方式で、5つの個室と5人で共有するキッチン・ダイニング・リビング・バスルームで構成される。この宿舎では、日本人と留学生が生活を共にすることにしているが、これは、英語でのコミュニケーションを含め、お互いの異なる文化を深く理解することを目的とし、その結果、真のグローバル力を日本人、留学生共に培う事を第1の目標としている。GACの学生は原則として、学部の間はそこに住むことになっている。なお、この宿舎は2018年、2019年に各2棟が竣工して合計6棟180人定員となる計画である。

また、同大学は海外からの留学生が全学の7〜9％を占めており、今後さらに学生の24％程度となることを目指している。

国際交流センターが主催する「国際交流デー」では、留学生や日本人学生、教職員を含め600人ほどが集まる“世界のお茶会”や“世界の運動会”が開催され、日本人学生にとっては異文化体験の場となっている。

3. グローバル化への対応を推進するための組織体制

グローバル工学教育推進機構が全体を束ね、国際交流センター（留学生・留学支援や地域との連携）、国際協力センター（JICA等との協力）、国際教育センター（ペナン校を活用した事業の企画・実施）が傘下に置かれてそれぞれの分野をつかさどっている。

Ⅳ．アセスメント

1. グローバル化への対応に関する学修到達度のアセスメント

英語についてはTOEICスコアを用いている。

学生の目標達成度のアセスメントについては、JABEEに基づく目標達成度点検シートがあり自己評価しているが、項目等を再検討し構築し直している。この自己評価は年2回実施され、たとえば電気・電子情報工学課程では1年次と3年次に対してこの点検シートをもとにグループ面談が行われているなど、学生の学修成果の可視化を図り、教員及び学生が教育の成果を把握できる学習・教育到達目標の達成度評価に関するWeb支援システムを2016年度に導入している。

2. グローバル化への対応に関するカリキュラムデザインのアセスメント

カリキュラムマネジメントについては、教育制度委員会と教務委員会が組織され、科目の整合性等をチェックしている。

大学全体としては目標点検委員会が設置され、数値目標の達成度をチェックし管理している。

外部委員が加わる経営協議会が設置されていて、たとえば当初TOEICスコア650点がコース修了要件とされていたが、外部委員からのアドバイスを受け、より効果的なカリキュラムとするため、このスコアを730点に引き上げたといった経緯もある。

これ以外に同大学では学生の授業評価アンケートを教育改善に厳格に活かす仕組みが構築されている。授業評価アンケートをもとに評価が高い教員については優秀教員表彰制度が実施されている。

V. 英語以外の外国語教育

第二外国語は、必須ではなく選択科目である。

第二外国語はフランス語、ドイツ語、中国語が置かれているが、SGU に採択されて以降、英語中心の度合いが増す中でフランス語と中国語の2言語とした。

また同大学が、マレーシアに教育拠点を有している関係から、夏期に国際交流センターの集中講座として、「マレー語 ～言語と文化～」を開講し、学部4年次の「実務訓練」等をマレーシアで実施する学生の事前学習となるように配慮されている。

第2部　20大学訪問調査　詳細レポート　**333**

14. 京都工芸繊維大学　工芸科学部(定員:583人)

【事例要旨】

実地調査対象：工芸科学部(定員：583人)

➤ 同大学は、全学一学部の理工系大学であり、6年一貫教育(3年＋3年)のカリキュラムが編成されている。

➤ 2014年度にスーパーグローバル大学創生支援事業(SGU)に採択され、基本コンセプトに"国際的に活躍できる理工系高度専門技術者(TECH LEADER)"の育成を図るディプロマポリシー＝"工繊コンピテンシー"が定められている。

➤ ディプロマポリシー達成のために英語科目とリーダーシップを学ぶ科目を必修や選択必修とし、学部の卒業必要単位を130→134単位に増やしている。

➤ 英語運用能力の育成のために、"英語鍛え上げプログラム"が設定されている。

➤ 多様な海外プログラムが用意され、修士課程修了までに合計で全学生の約半数が参加している。

➤ 海外大学の教員や学生と協働して国内で行う"ワークショップ"も毎年70を超えて開催されている。

➤ このような専門教育・研究における外国大学との提携により、研究室配属以降に特にデザイン・建築学や電子工学、繊維学域では、海外との協働を経験せずに卒業する学生はほとんどいない状況である。

➤ 教育目標の達成度をアセスメントするために、学士力自己評価システム、工繊コンピテンシー検証システムが開発・導入されている。

I. グローバル社会への対応に関する教育目標

同学部では2014年度のSGU採択を機に、ディプロマポリシーを整理し、"国際的に活躍できる理工系高度専門技術者(TECH LEADER)"の育成を図るとし

て、以下の"工繊コンピテンシー"を定めている。

また同大学のシラバスはすべて英日併記となっている。

■ 専門性

・自らの学習領域においての高度な専門知識・技術を有している。

・新しい技術を国内外から学び、改善・発展する能力を有している。

■ リーダーシップ

・多様性の中でビジョンを掲げ他者を巻き込みながら目的を達成する
　能力を有している。

・強い自己肯定感を持ち、新たな環境下で忍耐力をもって、チャレン
　ジし、チームを課題解決に導く能力を有している。

・言語・文化・習慣など価値観の異なる多様な人々と、建設的な議論
　と他者支援を行い、成果へと導く能力を有している。

・課題の本質を見極め、その解決に向けた計画を立案し、論理性を持っ
　た説明により、他者の理解を得て、実行する能力を有している。

・社会の情勢や時代の潮流を見極め、経営マインドをもって物事にチャ
　レンジする能力を有している。

■ 外国語運用能力

・母国語以外の外国語で社会生活での話題について会話を行い、表現
　をする能力を有している。

・海外から多様な情報や先端技術を自ら収集するとともに、習得した
　専門知識・技術について外国語で論述できる能力を有している。

■ 文化的アイデンティティ

・生まれ育った国や地域の伝統文化・習慣や歴史、宗教等についての
　知識を有している。

・言語や文化習慣、宗教など価値観の違いを柔軟に受け入れて円滑に
　コミュニケーションができる。

II. 教育活動（正課の科目、正課外のプログラム）

【グローバル社会に対応するためのカリキュラム設計】

学期／教育活動	1年次 前期	1年次 後期	2年次 前期	2年次 後期	3年次 前期	3年次 後期	4年次 前期	4年次 後期
異文化理解・異文化対応力育成			京の伝統文化 技と美（留学生と英語で交流）			京都で英語	京の伝統文化 知と美と技（留学生と英語で交流する大学院の科目）	
			京の伝統文化 知と美（留学生と英語で交流）					
英語での専門教育			学術国際情報				大学院では英語による専門科目が多数設置され、4年次から先取り履修可能	
			生物基礎英語演習					
英語コミュニケーション力育成	Interactive English A	Interactive English B	Career English Intermediate	Career English Advanced			大学院の英語科目12科目を先取り履修可能	
	Career English Basic	Academic English	Active English Listening & Speaking Active English Reading Active English Writing Active English CLIL（選択科目）					
留学							協定校への留学	
海外プログラム		短期語学研修（初級者）オーストラリア		短期語学研修（上級者）イギリス			ものづくりインターンシップII	
							修士課程 グローバルインターンシップ アカデミックインターンシップ 国際設計プロジェクトI・II	
							※学部生も院生も参加する「ワークショップ」	

□ 必修科目、実質的に必ず履修しなければいけない科目　┈┈ 選択科目　※ 正課外科目　▨ 科目群を示す

1. 英語コミュニケーション科目の概要、科目間のつながり、および英語による専門科目とのつながり

同学部の英語教育プログラムは6年一貫教育を前提に、あくまでも専門を中心にしつつ、その専門性をグローバルに展開できるようにというスタンスで編成されている。そのため、実験実習が集中する3年次は英語科目が設定されておらず、4年次以降は大学院修士課程の英語科目を前倒しで多数履修できるように設計されている。

2016年度のカリキュラムから“多読多聴”を特徴とする“英語鍛え上げプログラム”が実施されている。これは英語習得を促す主要因をインプット（読

んで、聴いて、内容を理解すること）ととらえ、そこに焦点を当てたものである。必修で1年次前期に「Interactive English A」「Career English Basic」（TOEIC 対応科目）が1年次後期に「Interactive English B」「Academic English」が、2年次前期には「Career English Intermediate」（TOEIC 対応科目）が、2年次後期には「Career English Advanced」（TOEIC 対応科目）が置かれている。ただし、「Career English Intermediate」と「Career English Advanced」は TOEIC スコアが目標に達したら単位認定され、受講をやめることができる。

2年次前期と後期に選択で「Active English Listening & Speaking」「Active English Reading」「Active English Writing」「Active English CLIL」が置かれ、学科によってそれぞれ前期か後期にセメスター履修することになっている。

1〜2年次の英語は TOEIC スコアによるプレイスメントテストが行われ、1クラス30人程度。

1年次後期の「Interactive English B」の中で同大学が独自に開発したコンピュータ・ベースド・テスト（CBT）のスピーキングテストが実施されている。

同一科目複数クラス開講の場合は内容やレベルの統一が確保されているが、異なる英語科目間の連携は特には図られていない。

3年次には専門の実験・実習科目が集中しており、英語科目は置かれていない。

4年次からは、英語の論文を読んだり、海外での学会発表に対応したりするために大学院の英語12科目が履修できる。

英語力上位で留学などに意欲的な学生に対しては、それぞれのレベルでオプションが設けられている。ネイティブスピーカー講師による英会話を中心とした任意参加のレッスンが受けられる（英語以外の中国語等にも対応）。また、低位の学生をフォローするオプションも用意され、この他に TOEIC やプレゼンテーション対策などの自主学習応援セミナー、大学生協が主催するカレッジ TOEIC の模擬試験なども行われている。

2. 異文化対応力育成科目の概要、科目間のつながり、および英語科目や英語による専門科目とのつながり

同大学は京都という立地を最大限活用しており、「京都の伝統文化と先端」

という科目群の中に海外からの留学生とともに学ぶ「京の伝統文化　技と美」「京の伝統文化　知と美」や、「京都で英語」などの科目が置かれ、京都の文化を英語で学び発信する取り組みが行われている。

3. 英語での専門教育の概要、科目間のつながり、および英語科目や異文化対応力育成科目とのつながり

　2～3年次にかけて選択科目「学術国際情報」が学問系統別に置かれている。これは、英語の論文の情報収集や和訳、その分析等を行う学術英語的な位置づけの科目である。

　特に応用生物学系では、読む論文も執筆する論文もほぼすべて英語が前提となっているため、2年次の段階で選択科目「生物基礎英語演習」が置かれている。この科目は、1年次の日本語で学ぶ「生物学Ⅰ・Ⅱ」を英語で学びなおすものとなっている。

　また、同学部は6年一貫教育を基本としているが、大学院では英語による授業だけで学位取得が可能な国際科学技術コースが設けられている。

4. 正課の海外・国内プログラム

　短期語学研修としてイギリス・リーズ大学、オーストラリア・クイーンズランド大学への5週間の研修が設けられており、40人前後が毎年参加する。

　同学部で特徴的なのは専門での海外プログラムや海外とのコラボレーションプログラムが多いことである。

　同大学は、"地（知）の拠点整備事業"（COC）とCOCプラスに採択され、京都北部地域の企業と連携した地域創生テックプログラムに取り組んでいる。3年次には京都北部地域の企業と連携して行われる「ものづくりインターンシップⅠ」があり、これに続く4年次の「ものづくりインターンシップⅡ」で、提携企業の海外拠点で2週間インターンシップを行っており、地域創生テックプログラムの学生（毎年30人）を中心に参加する。

　修士課程を対象にした「グローバルインターンシップ」と「アカデミックインターンシップ」（繊維系の学生対象）があり、つながりのある海外大学の研究室に2～4週間行き、授業や研究に参加する。50人以上の学生が毎年参加

している。

建築系では「国際設計プロジェクトⅠ・Ⅱ」があり、チェンマイ大学(タイ)およびベルサイユ建築大学(フランス)に行って、先方大学の学生と共同プロジェクトで設計を行う。建築系の約8割(約80人)の院生が参加する。

これ以外にも研究室単位で海外大学の研究室と連携してサマースクール等に取り組むことも多い。

インターンシップや国際設計プロジェクトは、いずれも地域創生テックプログラムや専門の研究室での取り組みとなるため、特段に事前事後学習を設けていないが、専門を学ぶトータルなプログラムの中に海外プログラムが位置づけられている。

5. 正課外の海外・国内プログラム

正課外では専門性を活かした「ワークショップ」という仕組みがある。このために設立された京都デザインラボを拠点にした活動であり、海外から教員や学生グループが1週間程度来日し、対応する造形デザイン系の研究室の学部生・院生のグループと協働してワークショップに取り組み、英語で成果を発表する。2016年は62チームが海外から来日している。一方、来日チーム数よりは少ないが日本からもタイやフランスなどに出かけてワークショップを行っている。研究室単位でこのワークショップに正課内で取り組んだりするケースもある。造形デザイン系の学生は卒業までにほぼ全員がこのワークショップに参加している。SGUの一環として取り組まれている。

Ⅲ. グローバル化に対応するための支援制度、組織体制

1. グローバル化に対応するための教育支援

1) 奨学金などの充実度

短期語学研修は選抜による参加であり、全員に奨学金が支給される。

協定大学への留学は学内基金から奨学金が支給される。

海外でのワークショップやインターンシップ参加者70〜80人には日本学生支援機構(JASSO)や学内基金を利用して、ほぼ全員に奨学金が支給されて

いる。

2) 海外プログラムを履修しやすくするための制度

大学院はクォーター制をとっており、学部4年次から大学院授業を先取り履修できるので、学部4年次および修士課程において海外留学や夏休み前後を使った海外プログラムへの参加がしやすくなっている。

3) 海外プログラムに関するリスク対策およびセキュリティ対策

危機管理会社と大学として契約を締結し、緊急事態発生時には現地情報が迅速に通報されるサービスを利用している。その情報を大学が留学中の学生に提供する仕組みが設けられている。

2. キャンパスのグローバル化を活用した教育支援

同大学はSGUの一環として海外研究者を積極的に招聘している。京都に立地していることもあり、招聘されたいと希望する研究者も多いが、これらの海外研究者が来訪するたびに学内でオープンな講座が常時開催されている。

キャンパス内の図書館1階にはグローバルコモンズが開設され、曜日ごとに異なるテーマで、海外文化を知る・体験する取り組みが行われている。

大学としてインターナショナルウィークが設定され、各国の食文化などを体験するイベントや学生主催および学長主催の留学生とのパーティーなどが開催されている。

また、留学生との混住型の学生寮が設けられており、寮内での交流イベント等が企画されている。

3. グローバル化への対応を推進するための組織体制

学科のカリキュラム編成は学科ごとに委ねられるのではなく、総合教育センターのプログラム部会が全学的なカリキュラムの編成を担い、PDCAを回している。国際センターを中心にグローバル教育推進の組織が設けられているが、小規模大学であるため理事や副学長が多くの場合兼任しており、最終的に総合教育センターのプログラム部会に落とし込む形になっている。

Ⅳ. アセスメント

1. グローバル化への対応に関する学修到達度のアセスメント

多文化・異文化に関する理解やコミュニケーションスキルなど、グローバル社会への対応に関するスキルを含む学士力の能力要素を自己評価する、学

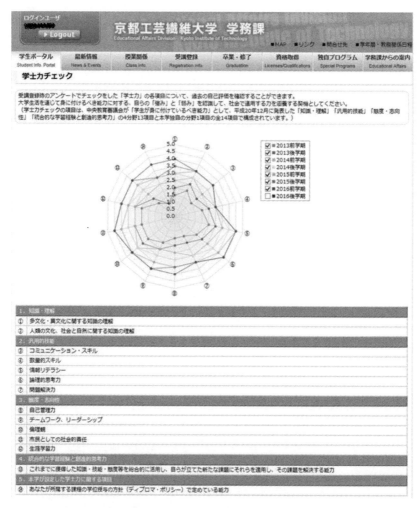

図表 2-8　京都工芸繊維大学の学士力の経年変化を示すレーダーチャート

士力アンケートによる工繊コンピテンシー検証システムが独自に構築されている。学生はこの自己評価を毎年行わないと履修登録ができない仕組みであるため、全員が記入する。能力要素が向上したと自己評価する場合は、"何によって向上したか"まで回答することになっている。これをレーダーチャート等で学生に示し、自らの達成度を検証できるようになっている。

また現在は、この仕組みを TECH LEADER の教育目標に合わせて改訂中である。

ジェネリックスキル育成のアセスメントについては PROG テストも併用している。

英語力については TOEIC および独自のスピーキングテストでアセスメントを行っている。

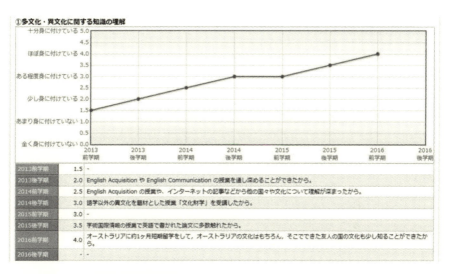

図表2-9　京都工芸繊維大学の"①多文化・異文化に関する知識の理解"に関する能力の伸長例

2. グローバル化への対応に関するカリキュラムデザインのアセスメント

　学生の授業アンケート同様に、教員が自分の授業を振り返って記入する仕組みが構築されている。教員はこれに記入しなければ学生の成績を記入できないため、必ず全員が授業の振り返りを行うことになる。さらにこれを発展させたティーチングポートフォリオのシステム化を計画中である。

　工繊コンピテンシー検証システム等のデータは総合教育センターで活用することになっているが、IR データに統合して PDCA を回していくことについては、今後の課題となっている。

V．英語以外の外国語教育

　英語以外にドイツ語、フランス語、中国語を選択することができる。

15. 京都ノートルダム女子大学　人間文化学部(定員:170人)

【事例要旨】

実地調査対象：人間文化学部　英語英文学科　グローバル英語コース(定員：30人)

➤ 本事例の対象とするグローバル英語コースは、人間文化学部英語英文学科(定員：110人)を構成する2コースのうちの1つである(もう1つは定員80人の英語教養コース)。人間文化学部は英語英文学科と人間文化学科(定員：60人)の2学科から構成されている。

➤ 英語教育は2年次後期必修「海外留学」に向け、4技能それぞれに対応した必修科目が設置され、授業はすべてネイティブスピーカーの教員による英語のみで進められる。

➤ 「海外留学」前後の学期には、異文化理解を深めるための科目が設置されていることに加えて、学内の日本語使用禁止スペースでの学内留学という仕組みも取り入れられている。

➤ 留学前に目標を立て、留学先の活動を"留学中のレポート"として蓄積し、留学後にはそれを自己評価し、その後の専門分野の学びに結びつける仕組みが運用されている。

Ⅰ. グローバル社会への対応に関する教育目標

　同コースで育成する人材のイメージは、外資系企業に勤務したり、海外に積極的に出て行って活躍したりする人材というよりも、国内企業あるいは地元の中小企業に勤めていても英語を抵抗なく使えるような人材である。実際、同大学卒業生の就職先には地元の中小企業が多いので、このことも踏まえれば、グローバルな感覚を持ちながら地域の活性化に貢献できる人材であるとも換言できる。同コースでは、こうした人材が将来、英語でコミュニケーションをする場面を想定し、学士課程4年間で育てたい力を"ND 6"として6つ設定し、これらにそれぞれ対応させて、ディプロマポリシーを提示している。

344

4年間で育てたい力（ND 6）		ディプロマポリシー（学位授与の方針）
キリスト教精神・女性教育	DP1 自分を育てる力	キリスト教精神に基づく共感能力と幅広い教養に支えられた女性としての自立心を備え、国際社会における自身の役割を獲得する力を身につけている。
知識・理解	DP2 知識・理解力	英語圏の文化、社会、言語、コミュニケーションについての幅広い知識と深い理解を身につけ、これらを基に、国際社会でのインタラクション（相互作用）能力を涵養する素地を身につけている。
汎用的技能	DP3 言語力	さまざまな国籍と文化背景の人々と、英語を介してインタラクション（相互作用）できる言語能力を身につけている。グローバル化社会で共生するための、異文化理解に基づいた社会的言語能力を身につけている。
	DP4 思考・解決力	現代社会、特に国際社会において直面する多種多様な情報問題、課題に対して、適切な情報選択、批判的分析、論理的かつ効果的な意思決定を行う力を身につけている。
態度・志向性	DP5 共生・協働する力	異文化間で価値観が交錯する国際社会で他文化の人々と協働するにあたり、ステレオタイプや偏見、自己文化中心主義といった自己傾向を理解し、これを克服して、多文化コミュニティ（共同体）形成に貢献できる力を身につけている。
統合的な学習経験と総合的思考力	DP6 創造・発信力	英語圏を中心とする国際社会における文化、社会、言語、コミュニケーションについて、その背景にある仕組みや問題を洞察することができ、これを分析・解決するための専門知識と方法論を身につけている。また、分析・解決策を社会やコミュニティに対して貢献できる形で発信する力を身につけている。

図表2-10　京都ノートルダム女子大学人間文化学部英語英文学科の4年間で
育てたい力"ND 6"とディプロマポリシー

　ND 6で示す教育目標は、シラバスの各科目の説明の中でどの目標の達成に必要な科目であるのかが示されているほか、科目のナンバリングの百の位にも、たとえばDP1に該当するのであれば1という具合で示されている。

Ⅱ．教育活動（正課の科目、正課外のプログラム）

1. 英語コミュニケーション科目の概要、科目間のつながり、および英語による専門科目とのつながり

　同コースでは、日常生活と研究のための英語コミュニケーションの涵養を目指した語学カリキュラムを構築している。特に2年次後期「海外留学」では、留学先でさらに語学力を研鑽する。そのため、留学に耐えられる英語力を培うよう1年次前期から2年次前期までには必修の英語科目が多数設置されている。4技能については、1年次前期は「Ⅰ」、1年次後期は「Ⅱ」、2年次前期は「Advanced」と、学期の進行にしたがって学ぶ内容のレベルを上げながら、

【グローバル社会に対応するためのカリキュラム設計】

教育活動	1年次 前期	1年次 後期	2年次 前期	2年次 後期	3年次 前期	3年次 後期	4年次 前期	4年次 後期
異文化理解・異文化対応力育成		異文化間コミュニケーション	海外留学事前指導		海外留学事後指導			
英語での専門教育	専門講読 I	専門講読 II	コミュニケーション学概論A / 英米文学概論A / 言語学概論A	GE（Global English）科目（選択必修：Lecture6科目, Workshop1科目） Japanese Culture & Global Awareness　GE Lecture I a～III a, GE Workshop I a～II a Literature & Global Culture　GE Lecture I b～III b, GE Workshop I b～II b Language & Global Communication　GE Lecture I c～III c, GE Workshop I c～II c			
英語コミュニケーション力育成	Reading I / Reading Lab I / Writing I / Writing Lab I / Listening I / Speaking I / TOEIC I	Reading II / Reading Lab II / Writing II / Writing Lab II / Listening II / Speaking II / TOEIC II	Advanced Reading / Reading Lab III / Advanced Writing I / Writing Lab III / Advanced Listening / Advanced Speaking I		Academic Writing I	Academic Writing II		
留学			海外留学		米国姉妹大学留学			
海外プログラム	英語海外研修 III	英語海外研修 I			海外インターンシップ研修 II	海外インターンシップ研修 III		

□ 必修科目、実質的に必ず履修しなければいけない科目　　┄ 選択科目

各技能1科目で各学期に基本科目が設置されている（たとえば「Reading I・II」「Advanced Reading」など）。リーディングとライティングについては、「Reading Lab I～III」と「Writing Lab I～III」を同期間に設け、基本科目での学びをさらに補完している。また、これらの科目におけるリーディング科目とライティング科目、リスニング科目とスピーキング科目は、原則として同じ教員（すべてネイティブスピーカーが講師を務める）が担当することで、学生の状態を把握し、進度や難易度を調整している。

「海外留学」への参加条件であるTOEICスコア500点以上を全コース生にクリアさせるため、1年次には「TOEIC I・II」を設置し実質的には必修化

している。

　同コースでは、「海外留学」実施前後の2年次前期と3年次前期を On-campus Immersion Program（学内留学）の期間とし、学生を海外留学中と同じような英語漬けの環境に置き、「海外留学」の効果を最大限に引き出そうとしている。

　「海外留学」後の3年次前期より、専門科目を英語で学び進めることになるが、ここではレポートも英文で作成する必要があるため、その対応として3年次に「Academic Reading Ⅰ・Ⅱ」を設置している。これらの科目を通し、学生は、英語で学術レポートを書くために必要なスキルを学ぶ。

2. 異文化対応力育成科目の概要、科目間のつながり、および英語科目や英語による専門科目とのつながり

　異文化理解を促す科目には、1年次後期「異文化間コミュニケーション」、2年次前期「海外留学事前指導」、3年次前期「海外留学事後指導」、専門科目にも該当する GE 科目群がある。

　1年次後期の選択科目「異文化間コミュニケーション」は、異文化同士の接触や、文化や個人の違いについて理解すること、不慣れな状況に順応すること、そして自信、共感、誠意をもってコミュニケーションすることについて学ぶことを目的とした授業である。講師はネイティブスピーカーの教員が務め、授業はすべて英語で進められる。

　「海外留学事前指導」および「海外留学事後指導」については、5. 正課の海外・国内プログラムで説明する。また、GE 科目群は、異文化理解を促す科目群である一方で、同コースの専門科目群でもあり、詳細は、3. 英語での専門教育の概要、科目間のつながり、および英語科目や異文化対応力育成科目とのつながりで説明する。

3. 英語での専門教育の概要、科目間のつながり、および英語科目や異文化対応力育成科目とのつながり

　同コースでは、2年次まで海外留学も含む徹底した英語教育を受けた上で、3年次より英語で専門分野（文学・文化、言語学・英語教育、コミュニケーション学）を学び、4年次には必修の「卒業研究」に取り組むというカリキュラム設計と

なっている。こうしたカリキュラムを通じて、学生は、日常レベルから学問・研究レベルのコミュニケーションに至るまでの英語力が身につけられる。同コースの専門科目は、英語圏の文化や日本文化などを教養的に学ぶ人文系のリベラルアーツ型の内容であり、この内容は異文化理解を促すことにつながる科目でもある。こうしたカリキュラムの場合、専門の内容を最初から英語で学ぶと専門知識が深まらないのではないかという懸念が指摘されることもある。しかし、同コースでは、学生に深い専門知識を獲得させることよりもむしろ、異文化圏の人々と深いコミュニケーションがとれる力を獲得させることに重きを置いている。

同コースの専門教育の中心になるのがGlobal English科目群(以下GE科目群)であり、同科目群は以下のように構成されており、学生は、これらの中から少なくともLecture科目6科目とWorkshop科目1科目とを、履修しなければならない。授業はすべて英語で展開される。

a 領域：Japanese Culture & Global Awareness	
科目名	テーマ
Global English Lecture Ⅰa	Issues in Global Society
Global English Lecture Ⅱa	Comparative Cultural Studies
Global English Lecture Ⅲa	Japanese Cultural Studies
Global English Workshop Ⅰa	Cultural Guide and Japanology
Global English Workshop Ⅱa	Collaborative Projects and Fieldwork
b 領域：Literature & Global Culture	
科目名	テーマ
Global English Lecture Ⅰb	Cultural Studies
Global English Lecture Ⅱb	Feminism and Gender Studies
Global English Lecture Ⅲb	Ideas in Arts And Literature
Global English Workshop Ⅰb	Literature Workshop
Global English Workshop Ⅱb	Drama Workshop
c 領域：Language & Global Communication	
科目名	テーマ
Global English Lecture Ⅰc	Intercultural Communication
Global English Lecture Ⅱc	Language Acquisition
Global English Lecture Ⅲc	English Language Education for Young Learners
Global English Workshop Ⅰc	Media Production
Global English Workshop Ⅱc	Persuasive Communication

図表 2-11　京都ノートルダム女子大学人間文化学部　Global English 科目群を構成する領域と科目

a 領域：Japanese Culture & Global Awareness を構成する科目の授業概要を以下に例示する。

科目名	テーマ	授業概要
Global English Lecture Ⅰa	Issues in Global Society	国際社会だけでなく日本にもかかわる最近のトピックスに関する記事を読んだ上で、ディスカッションやプレゼンテーションを通じて、理解を深める。
Global English Lecture Ⅱa	Comparative Cultural Studies	日本とアメリカの文化、社会、そして経済などを比較しながら理解を深める。
Global English Lecture Ⅲa	Japanese Cultural Studies	仏教や神道といった現代日本の宗教について、事前課題としての記事のリーディングと授業でのディスカッションとを通して理解を深める。
Global English Workshop Ⅰa	Cultural Guide and Japanology	身近な京都の題材を取り上げながら日本文化を学びつつ、それを英語で伝えるのに必要な考え方や技法を、フィールドワークとして観光ガイドを体験したり、プレゼンテーションを取り入れたりしながら学んでいく。
Global English Workshop Ⅱa	Collaborative Projects and Fieldwork	世界のさまざまな文化を多面的に比較し、文化の違いをなす背景にあるものを理解することを目的とし、記事を読んだりビデオクリップを視聴したりして知識を獲得した上で、ディスカッション、ロールプレイ、あるいはシミュレーションを通じて、それらを学ぶ。

図表 2-12　京都ノートルダム女子大学人間文化学部 a 領域：Japanese Culture & Global Awareness を構成する科目の授業概要

　同コースの学生は、英語による専門科目での学びを通じて異文化理解を深め、4 年次には必修の「卒業研究」に取り組む。成果物となる卒業論文については、英語で A4 用紙 20 ～ 25 枚、約 4,000 語にまとめることになっている。また、卒業論文の発表も英語でプレゼンテーションしなければならない。

4. 正課の海外・国内プログラム

　2 年次後期必修科目「海外留学」は、半年間、英語圏の協定大学の中から希望する大学を選択して留学し、留学先大学の語学教育機関の英語集中課程または大学入学準備課程で英語力を鍛える。なお、「海外留学」に参加するには、TOEIC であればスコア 500 点以上であることを原則としており、これに及ばない場合には英語教養コースに転籍することとしている。留学先ではプレイスメントテストによりレベル別クラスに振り分けられ、学生の語学力に応

じた授業を受講できる。留学先で履修した科目は、同大学での単位として認定される。協定大学はアメリカ4大学、オーストラリア3大学、イギリス2大学、ニュージーランド2大学、カナダ1大学の全12大学である。

「海外留学」前の2年次前期には、全7回の必修科目「海外留学事前指導」を履修する。同科目では、留学先の語学教育機関で行う日本文化紹介プレゼンテーションの準備、留学先の文化事情のリサーチ、渡航前の事務的な準備、異文化適応のための準備などを行う。いずれの授業も、英語によるプレゼンテーション、ディスカッション、あるいはロールプレイを取り入れながら進められる。留学を異文化コミュニケーションの実地訓練、および日本人としてのアイデンティティならびに日本文化への理解を深める場としてとらえ、留学が表面的な学修に留まらないよう本質的な準備を行うことが目的である。

また、「海外留学」実施前後の2年次前期と3年次前期を On-campus Immersion Program（学内留学）の期間とし、学生を海外留学中と同じような英語漬けの環境に置き、「海外留学」の効果を最大限に引き出そうとしている。同期間中は、学生はできる限りイマージョンスペースで過ごし、原則として、授業以外でも英語のみで話さなければいけない。イマージョンスペースとは、日本語の使用を禁止した外国語学習のための専用スペースである。ここでは、CNN や BBC などの放送を無料で視聴できたり、語学学習に関するさまざまな教材を利用できたり、また友人や留学生と気軽に英語での会話を楽しむこともできる場所でもある。学内留学期間中の同スペースを利用した言語学習は、学生の自律的な学修態度に委ねられているが、学生はこの間の毎日のタイムスケジュール（学修、生活など）について、担任教員に毎月報告しなければならない。

「海外留学」後の3年次後期には、全7回の必修科目「海外留学事後指導」を履修する必要がある。同科目では、留学先の授業で学んだ内容や留学先の文化事情について英語で議論したり、留学の成果を留学前の2年次学生に対して英語でプレゼンテーションしたりする。特に後半の3回は、2年次学生の「海外留学事前指導」と合同で実施し、最終回のプレゼンテーションのほか、留学先での異文化適応のために必要なことを後輩学生にアドバイスしたりもする。

350

　全学を対象にした海外留学には、同大学が姉妹提携したアメリカの3大学に1年間留学する米国姉妹大学留学や同大学の協定大学にセメスター（半期）単位で留学するセメスター認定留学などがある。また海外プログラムとしては、「英語海外研修Ⅰ～Ⅳ」「海外インターンシップ研修Ⅰ～Ⅲ」など、いくつものプログラムが用意されている。

5. 正課外の海外・国内プログラム

　イマージョンスペースを活用した学内留学が該当する。詳細は前述のとおり。

Ⅲ. グローバル化に対応するための支援制度、組織体制

1. グローバル化に対応するための教育支援

1）奨学金などの充実度

　同コース「海外留学」では、留学先の申請時（1年次後期）までに、学生が、留学に必要な英語力の指定の基準（TOEFL iBT スコア 52 点、TOEFL-ITP スコア 470 点、TOEIC スコア 500 点）を満たしていれば、グローバル英語コース留学奨学金制度を通じ、奨学金として 100 万円の給付を受けられる。学生は、留学期間中も同大学への学費を納付しなければならず、また留学時の留学先大学の授業料、滞在費（ホームステイ費あるいは寮費）なども支払う必要がある。そのため、「海外留学」での費用を抑えるためには、同制度は重要な経済的支援となる。また、上述の英語力の基準を超えられなかった学生については、原則として同コースから英語教養コースに転籍させることにしている。

　米国姉妹大学に留学する全学生に対し、米国姉妹大学留学奨学金として、同大学年間授業料の半額相当分の奨学金を給付している。また、留学先の姉妹大学の年間授業料の3割程度に相当する金額の奨学金が、現地大学からも支給される。同留学に関する奨学金については、この他にも、同留学を希望する1年次の成績が特に優秀な学生3人に対して給付する英語英文学科留学特待生奨学金もある。

第2部　20大学訪問調査　詳細レポート　351

2) 海外プログラムを履修しやすくするための制度

特にない。

3) 海外プログラムに関するリスク対策およびセキュリティ対策

留学先に、留学生のための相談窓口（又は担当者）や日本人留学生アドバイザーを配置しているほか、保険会社による緊急時およびメンタルヘルスの電話相談サービスも利用している。また留学先の大学によっては、現地の学生が同大学の留学生を助けるバディ制度がある。

2. キャンパスのグローバル化を活用した教育支援

例年 40 ～ 50 人の東アジアの国々からの外国人留学生を受け入れている同大学では、留学生サポーター制度を設け、日本人学生が外国人留学生につき、大学を案内したり、日常生活が円滑に運ぶように手助けをしたりしている。また、新入外国人留学生オリエンテーションでは、日本人学生が留学生と一緒にゲームや食事をすることにより、両者が会話のパートナーとして、友人として日本語で交流ができるように促している。

大学間協定を結ぶ近隣の京都工芸繊維大学で、外国人研究者の家族や一般の外国人を対象に、同大学の日本人学生（約 10 人）が人間文化学部として開設している日本語教員養成課程の一環として "KIND 日本語講座" という日本語講座を開設している。この講座にはさまざまな国や年齢の外国人が参加しており、同大学の日本人学生は、こうした環境を利用して、単に日本語を教えるだけでなく異文化交流のイベントも行っている。

また、前述の日本語使用禁止のイマージョンスペースは、英語学修の場であるだけでなく、常時開放されているので、日本人学生と留学生との異文化コミュニケーションの場としても機能している。

3. グローバル化への対応を推進するための組織体制

教務部国際教育課では、海外留学・研修・インターンシップ、学生の海外派遣に関する業務全般、危機管理、外国人留学生の受け入れ、海外の大学との協定締結などの全学にかかわるグローバル化への対応に関する業務を担っ

ている。

　学部・学科・コースのグローバル化にかかわるカリキュラムや科目など学部内の事案の企画・決定は学部教授会で行う。また、共通英語教育に関する企画、運営については"徳と知教育センター"（2016年9月開設）が担当する。

Ⅳ．アセスメント

1．グローバル化への対応に関する学修到達度のアセスメント

　同大学では、海外留学に派遣している学生全員に対して、毎月20日に"留学中のレポート"をメールで提出させている。この毎月のレポートでは、授業で学んだ内容や、語学レベルの成長を確認するために、留学した大学でその時に所属しているレベル別クラスでの様子についても報告させている。同大学では、このレポートなどをエビデンスに、留学先での毎月の学修の成果や達成度を学生に自己点検させている。

　留学生は、留学から帰国後すぐに「留学報告書」を提出することを義務付けられている。この「留学報告書」には、「留学前の目標」と「留学後の達成度」を記入する仕組みとなっているため、学生自らが留学の成果を分析し、その後の専門分野での学びに結びつけて考えられるようになっている。

　成果の定量的測定としては、留学から帰国後1か月以内に、TOEIC等の外部の語学検定試験を受検させ、語学力が留学前と留学後で着実に向上したかどうかを測定している。

　また同大学では、キャリア自己評価システム"キャリ庵"を運用している。ここでは、このキャリア形成カリキュラムに該当する科目を履修することによって、どの程度社会で必要とされる力を身につけることができたかを、キャリアアップポイントとしてレーダーチャートで確認できる。また同システムには、My Goal Sheet というシートがあり、ここに各学期の達成目標、達成計画を入力し、学期末に達成度を振り返り評価することができる。「海外留学」での目標や成果、その振り返りは、ここにも反映される。

2．グローバル化への対応に関するカリキュラムデザインのアセスメント

同大学の教育目標には語学力の向上に関する目標があり、この達成状況を確認しようとグローバル英語コースの学生を含む海外留学へ派遣する学生に対して、入学時、留学前、留学後、卒業時に TOEIC を受検させ、学生の英語力の推移を分析している。まだ検証途中であるため、これをアセスメントの一部とするには至っていないが、今後は学習時間数や留学期間等を組み合わせて分析し、そこから得られる情報を教育改善に結びつけていく方針である。

V．英語以外の外国語教育

同大学では、英語力をつけさせることは重要であるが、英語以外の言語やその地域の文化について学ぶことも重要であると考えている。そのため、学生には英語以外にさらにもう1言語を必修ではないが履修するよう指導している。共通教育科目の一部である外国語科目（選択必修科目）で扱う言語には、英語に加えて、ドイツ語2科目、フランス語2科目、スペイン語2科目、朝鮮語6科目、中国語6科目、アラビア語4科目がある。

16. 甲南大学　マネジメント創造学部(定員:180人)

【事例要旨】

実地調査対象：マネジメント創造学部(定員：180人)

➤ 同学部は2009年に甲南大学創立90周年記念事業として誕生した新しい学部であり、マネジメントコース(定員:145人)と特別留学コース(定員:35人)から成る。

➤ "英語を学ぶのではなく、英語で学ぶ"の方針のもとに1年次から2年次前期にかけて英語教育を重視する体系的なプログラムが設置されている。

➤ マネジメントコースでは大学の制度を利用した短期留学、奨励留学、交換留学などの多彩な留学プログラムが用意されており、学部独自の枠を利用し提携大学へのアカデミック留学(現地の学生とともに専門科目を学ぶ留学)も可能である。特別留学コースでは2年次後期からの1年間の独自の提携大学へのアカデミック留学が前提となっている。

➤ これからの経済・経営の領域においては、グローバル化は特別なことではなく、あたり前のこととして学ぶという考えに基づき、言語の壁を過剰に意識することなく、どの学生も前向きに学べる環境づくりを目指している。

Ⅰ．グローバル化への対応に関する教育目標

同学部の教育基本方針の中で、"総合的マネジメント能力"の育成を目標に掲げている。"総合的マネジメント能力"とは以下のとおり。

個々人が、自らの所属する組織、地域社会あるいは日常生活の中で、さまざまな問題に直面しつつ社会を生き抜くために必要となる、問題

の本質を見抜き、個人あるいはチームとしてその問題解決に向けた適切なアクションを実行し、やり抜く力であり、複雑化するに諸問題に怯まずに立ち向かうことのできる汎用性の高い力、さらには自分自身を管理、成長させることをも含む総合的な能力

ディプロマポリシーでは、教育基本方針に従い、以下3つの力が学生に求められている。

(1) 幅広い教養と社会人としてのモラルを兼ね備え、先例や古い固定観念にとらわれず、異なる文化、異なる宗教、異なる考え方に対しても柔軟に対応することのできる学生
(2)「自ら学ぶ力」「共に学ぶ力」「自ら考え行動する力」を涵養するとともに、経済、経営の幅広い分野で活躍できる総合的マネジメント能力を有する学生
(3) 社会的責任を果たせるビジネスリーダーはもとより、地域社会と国際社会に積極的に係わることのできる学生

II. 教育活動（正課の科目、正課外のプログラム）

正課の科目の構造は以下のとおり。

学生は、導入基礎科目で英語や専門科目の基礎を学んだ後、同学部カリキュラムの3分の1を占める研究プロジェクト科目を中心に、その支えとなる実践・創造科目、ワークショップ科目、リベラル教育科目における学習を経て、卒業研究プロジェクトとして、1年間の研究を行う。卒業までに5つの研究プロジェクトに取り組んで、学びのサイクルを何度も繰り返すことを通して、効率的に知識を蓄積し、自分の成長を感じるとともに、自分に不足する点を

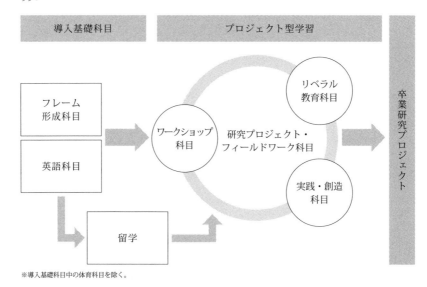

※導入基礎科目中の体育科目を除く。

図表2-13 甲南大学マネジメント創造学部　正課科目を通した学生の学び

理解し、自ら学ぶ姿勢を身につける。研究プロジェクト科目は4年次でも履修可能であり、卒業研究プロジェクトと並行して選択する学生もいる。

1. 英語コミュニケーション科目の概要、科目間のつながり、および英語による専門科目とのつながり

　1年次から2年次前期までの必修科目で英語を集中的に学び、2年次後期からは選択科目として英語を学ぶ。学生は入学後すぐに受検するGTECテストのスコアで習熟度別に4レベルに分かれ、語学力に合ったクラスで学ぶ。1年次にはネイティブスピーカー教員による少人数クラスで実施される英語の授業が毎日開講され、すべての英語の授業で日本語を使用することが禁じられている。なお、英語学習に関しては、コース毎にアプローチが全く異なるカリキュラムが設計されている。

　＜マネジメントコース＞

　コンテンツベースで学ぶことが特徴であり、このコースの教員が設計した独自のカリキュラムである。コンテンツベースにすることによって、学生のニー

【グローバル社会に対応するためのカリキュラム設計】

教育活動＼学期		1年次 前期	1年次 後期	2年次 前期	2年次 後期	3年次 前期	3年次 後期	4年次 前期	4年次 後期
異文化理解・異文化対応力育成		Global Challenge	American Studies	Japan Studies	Media Studies　Regional Studies など				
				European Studies					
英語での専門教育				ワークショップ科目					
				研究プロジェクト科目（フィールドワーク含む）					
英語コミュニケーション力育成	マネジメント	Speech & Discussion	Discussion & Debate	Introduction to TOEIC					
		CUBE English I	CUBE English II	Business Communication					
	特別留学	Academic Preparation	TOEFL Preparation I・II	Academic Experience					
		Writing & Grammar	Academic Writing I	Academic Writing II					
		Reading & Vocabulary	Academic Reading I	Academic Reading II					
		Speaking & Listening	Academic Speaking	Media Studies		Speech Communication Academic Listening			
			Academic Listening	Regional Studies					
留学				アカデミック留学 短期留学、奨励留学、交換留学		短期留学、奨励留学、交換留学			
海外プログラム			学部のフィールドワーク科目、大学の実施するインターンシップ、ボランティア						

☐ 必修科目、実質的に必ず履修しなければいけない科目　　┊┊ 選択科目

　ズ及び関心に合わせた内容に興味を持たせ、授業に入り込みやすくしている。

　1年次前期の「Global Challenge」では、Environment and Nature、Population、Peace and Conflict などの地球規模の課題に対して、映像を含む講義やディスカッションを経てその課題解決に取り組み、発表を行うことにより、英語で学びながら、読み、書き、発表する力を育成する。割り当てられた1つの国の立場で調べた内容をもとにクラスで議論することで、実践的に知識を活用するなど、学生の興味関心を引き出す工夫がされている。

　「Speech and Discussion」では、日本語でも人前での発表が不得手な学生が大勢いることを勘案し平易なレベルのペアワーク、グループワーク、自分の故郷または趣味の簡単な紹介などから始め、最終的には英語で議論や発表が

できるまで、英語でのコミュニケーション力を強化する。この授業の中で
「Global　Challenge」のテーマから選んでポスター発表する機会があり、2科
目の科目の連携が取られている。

　1年次の前後期に設置されている「CUBE English Ⅰ・Ⅱ」(CUBE：学部の建
物の形状に由来したこの学部の愛称)は、上記2つの科目で学ぶ語彙をまとめて
整理するなど、2つの科目をつないで下支えする役割を持つ。また、広く楽
しく英語に親しむために多読を重視しており、大学構内のメディアセンター
にあるテーマ毎にレベル分けされた書籍を読む。1年間でのべ6万語にあた
る40冊の書籍を自ら選んで、内容について発表することを通して興味関心
の幅を広げるともに、英語の語彙力を強化する。さらに、「CUBE English Ⅰ」
での学びをどのように「Global Challenge」と「Speech and Discussion」につなげ
るか、何のために英語の学習をするかを、自ら Learning Journal を英語で作成
することで、英語の学びを自律的なものとする。「CUBE English」及びその他
の科目では Moodle を用いて、教材が配信されるため、もし欠席した場合に
自ら学ぶサポートにもなっており、習った語彙の練習もその仕組みで可能に
なっている。また、このクラスで英語学習について1対1の面談を行うこと
で、学生の学習・生活状況とモチベーションについて把握する。

　1年次後期の「American Studies」と2年次前期の「European Studies」「Japan
Studies」は「Global Challenge」から引き継がれる科目である。1つの国を深く
学ぶことで、社会・歴史・文化の理解が求められ、これらの科目は英語科目
でもあり、異文化対応育成科目でもあると言える。

　1年次後期の「Discussion and Debate」は「Speech and Discussion」から引き継
がれる科目であり、さらに2年次前期で「Introduction to TOEIC」「Business
Communication」というより実践的な科目を学ぶように設計されている。
「Business Communication」ではロールプレイも取り入れて、ビジネスプレゼン
テーションについて学び、そこで学ぶ語彙をストーリーの中で活きた英語と
して理解することで、スキルベースである「Introduction to TOEIC」と結び付
けられる。

　＜特別留学コース＞

　2年次後期から留学することを前提としたカリキュラムであり、すべての

クラスをネイティブスピーカー教員が担当するスキルベースでの学びが特徴。提携しているニューヨーク州立大学（アメリカ）に留学して専門科目を受講することができるように、その付属語学学校 ELI（English Learning Institute）が提供する英語学習法に基づき、「Academic Preparation」「Writing and Grammar」「Reading and Vocabulary」「Speaking and Listening」の科目が設置されており、2年前期まで1日2コマの集中的な英語学習に取り組む。なお、「Academic Preparation」は＜マネジメントコース＞に設置されている「Global Challenge」と同一科目である。

2. 異文化対応力育成科目の概要、科目間のつながり、および英語科目や英語による専門科目とのつながり

前述したように、英語科目と異文化対応力養成科目は境目のないつながりがある。下記の科目でも授業中に日本語を使うことは禁じられている。

1年次後期の「American Studies」と2年次前期の「European Studies」では、英語を使ってそれぞれの文化、歴史、経済を学び、それぞれの国の立場に立脚して課題に取り組んで、エッセイを書きあげる。たとえば「European Studies」では、学生が1つは EU 加盟国、もう1つは EU 非加盟国という2つの国を選んで、国の基本状況、経済・社会状況などを調査する。その調査した情報を基に e- ポートフォリオにまとめて、ビデオ発表、ポスター発表を行い、最後にエッセイを書きあげる。2年次前期の「Japan Studies」では日本に関する英語文献を扱い、日本の社会・文化やビジネス、環境問題、政府・政治の4つの領域に分けて知識の向上と同時に英語で表現できる力を磨く。

2年次後期以降は、選択科目となり、「Regional Studies」では複数の国や、ある地域に焦点を絞って学び、「Media Studies」では、メディア文化の歴史や領域、メディア分析方法などを英語で学ぶことで、異文化対応力が養成されている。

3. 英語での専門教育の概要、科目間のつながり、および英語科目や異文化対応力育成科目とのつながり

同学部の学びの中心に位置づけられる研究プロジェクト科目では、2年

次から4年次にわたって、半期ごとに約20クラスの科目が設置されている。そのうち、4〜5科目の中で、必要に応じてネイティブスピーカーを含む教員が英語を使うという意識で教えている。

4. 正課の海外・国内プログラム

近年はブータン、フィリピン、インドネシアにて1〜4週間のフィールドワークプログラムを実施している。現地の大学の協力を得て現地大学生との交流や地域調査、企業訪問、中学校で英語による発表などが組み込まれている。事前に20時間の準備、事後に20時間をかけてのレポート作成や発表などが義務付けられており、海外プログラムを通して、学生が学びを深める仕組みが設計されている。

＜マネジメントコース＞では大学のプログラムを用いて、半年の語学留学をする学生が毎年30人前後いる。学部独自の枠を利用してビクトリア大学（カナダ）の経営学部にアカデミック留学する道も開かれているが、数人の応募にとどまる。

＜特別留学コース＞では、2年次後期から1年間のアカデミック留学が前提であり、提携しているニューヨーク州立大学バッファロー校、ビクトリア大学において経済学・経営学の専門科目を現地の学生とともに学ぶ。バッファロー校に留学した場合、オプションとしてシンガポール商科大学と共同で行うシンガポールでのスタディプログラムに参加し、アジアビジネスや基礎中国語を学ぶとともに、現地企業を訪問することもできる。なお、TOEFLスコアが基準に達しない場合は、半年語学・半年アカデミック留学又は半年の語学留学の選択肢もある。

5. 正課外の海外・国内プログラム

キャンパス6FにあるEnglish Only Zoneは掲示物や会話などすべて英語だけを用いる場所で、そこでは英語による講演会やイベントなどが実施され、日常的にネイティブスピーカー教員と話をする機会が持てる。「CUBE English」の授業を受ける学生は、月に2回English Only Zoneに行って学ぶことが義務付けられるなど、授業外のサポート体制が充実している。

また、学生が個人的に参加する海外インターンシップについては、海外で60時間以上活動し、期限内に10,000字のレポートを提出して報告すれば事後で単位が認定される。単位認定の申請をするかどうかは任意である。

Ⅲ. グローバル化に対応するための支援制度、組織体制

グローバル化に対応するための教育支援

1) 奨学金などの充実度

フィールドワーク科目参加者には、4万円までの補助が支払われる。

TOEFLスコアによって留学の際の奨学金を段階的に支給する制度がある。TOEFL iBTスコア69点以上は15万円で、79点以上はさらに35万円の計50万円が支給される。

2) 履修上海外プログラムに参加しやすい仕組み

海外で取得した単位を本学部の単位に読み替えるための専用の科目が用意されている。

3) リスク対策、セキュリティ対策について

＜特別留学コース＞の学生が留学するニューヨーク州立大学バッファロー校には、甲南大学のオフィスが設置されており、専属スタッフが学生をサポートし、不測の事態にも対応する体制がある。また、すべての留学・海外活動は、全学のリスクマネジメント制度によりカバーされている。

2. キャンパスのグローバル化を活用した教育支援

毎年6～7月にピッツバーグ大学からのサマースクール留学生を15人程度受け入れている。そこに関連して、日本人学生が"Tomodachi Program"に申し込むと、事前にメールでキャンパス・環境を留学生に紹介することや受け入れ時のオリエンテーションを手伝うという仕組みがある。サマースクール期間中には、Pitts in Japan（留学生のサマースクール授業）を聴講する学生や、週末のショートホームステイで留学生を家に受け入れる学生もいる。ま

た、インドネシア教育大学から1週間程度訪問する学生と、同じ英語の授業を受ける取り組みも実施している。

3. グローバル化への対応を推進するための組織体制

大学本部のある岡本キャンパスには国際交流センターがあるが、同学部ではカリキュラム構築、教員のFDなどはすべて学部で独立して推進しているため、専門教育と英語教育の一体的設計が可能であった。英語教育については、英語プログラムディレクター、その他の専任教員のほかに各コースのコーディネーターのリーダーシップのもとで、カリキュラムの統合性、教材・教員の質を保証する役割を果たす。

IV. アセスメント

1. グローバル化への対応に関する学修到達度のアセスメント

＜マネジメントコース＞の英語に関しては、ヨーロッパ言語共通参照枠（CEFR）を用いて、学生がCan-Do-Statementsをベースにした自己評価をポートフォリオに書き込んで、自らの目標との距離を意識し、自らの興味対象と英語学習の関係性を確認する。また、「CUBE English」においてもCEFRを用いて、英語の学力を客観的に評価する。さらに全員が入学時と1年次終了時にGTECを、1年次前期終了時と2年次前期終了時にTOEICを受検して英語能力を測定する。＜特別留学コース＞では、TOEFL iBTスコアやIELTSで英語学力を測定する。

2. グローバル化への対応に関するカリキュラムデザインのアセスメント

英語学習のカリキュラムについては、FDを通して、また講師間の日常の意見交換により、カリキュラムを検討し、教材や授業のためのハンドブックは毎年見直して改善を図る。

V．英語以外の外国語教育

　英語に特化する方針のため、第二外国語枠を設置していないが、日常会話程度の能力を身につける目的とするフランス語、スペイン語を学ぶワークショップ科目を開講している。

17. 山口大学　国際総合科学部 (定員：100人)

【事例要旨】

実地調査対象：国際総合科学部 (定員：100人)

➤ 同学部は 2015 年度に新設され、文理融合的な科学技術分野に比重を置いたリベラルアーツの学部という性格を持つ。

➤ 特に学部の基軸となっているのは、唯一解のない問題に"デザイン科学"により最善解を導き出す能力の育成である。カリキュラムも大きく見ると、「基礎科目群」「科学技術リテラシー科目群」「コア科目群」「展開科目群」「コミュニケーション科目群」「課題解決科目群」に分かれており、各科目群の履修で身につけた知識・技能とデザイン科学を用いつつ「課題解決科目群」で課題解決に取り組むという設計になっている。

➤ 固有のディシプリンを持つ多くの学部と異なり、同学部はディシプリンを持たないため、アウトカムズベースドの学部として構想され、それに基づいてゼロベースからディプロマポリシー→カリキュラムポリシー→アドミッションポリシーが、いわゆる「逆向き設計」によりデザインされている。既存のディシプリンにディプロマポリシーを後付けしたものではないため、整合性が極めて高いのが特徴である。

➤ 同学部は留学を前提としているため、同大学の中では唯一 4 年間一貫してクォーター制を導入している。

➤ 1 年次夏休み中の 4 週間のフィリピン・セブ島での語学研修が正課外で設けられ、任意だがほぼ全員が参加する。2 年次後期からの 1 年間の海外交換留学は基本的に全員参加とされているが、英語力での足切りが設けられており、約 85％が参加する (卒業要件ではない)。

➤ 留学するためには 1 年次 12 月の時点で TOEIC (LR) においてスコア 600 点をクリアすることが必須とされ、また卒業要件として同 730 点をクリアすることが必須とされている。

➤ ディプロマポリシーに基づくアセスメントの仕組み (YU CoBCuS) が厳格に用意され、そのクリアが卒業要件とされている。

Ⅰ．グローバル社会への対応に関する教育目標

　ディプロマポリシーは次のように大項目4点であり、この下に小項目として具体的な能力にブレークダウンされている。この大項目そのものも、①知識→②コミュニケーション能力→③デザイン思考→④課題解決能力という形で、並列ではなく積み上げ的に構想されている点が特徴的である。

　本学部では，科学技術に関する基礎的な知識を持ち，英語運用能力を含む高いコミュニケーション能力と課題解決能力を有し，課題解決のためのチームにおいて様々な分野や国籍の人々の多様なアイデアや意見，考えを調整し，一つにまとめ上げることのできる人材を養成することを目的としており，所定の期間学び，所定の単位を修得し，本学部の人材養成目的に適う，以下の知識・能力を身につけた上で，学位論文又は特定の課題についての研究の成果の審査及び最終試験に合格した者に「学士」の学位を授与します

1.科学技術や思想・文化，政治・経済に関して幅広い学識を有し，様々な状況において，その学識を活用することができる能力

　1-1 科学技術に関する知識・理解
　科学技術に関する基礎的な知識を修得して，科学技術が関わる現象や社会的問題について考察することができる。
　1-2 思想・文化に関する知識・理解
　思想・文化に関する基礎的な知識を修得して，多文化・異文化を理解し，それらへ積極的に関わることができる。
　1-3 政治・経済に関する知識・理解
　政治・経済に関する基礎的な知識を修得して，社会的問題について考察し，良識ある市民として行動することができる。
　1-4 知識の活用能力
　様々な状況において自らの知識を活用することができる。

2.優れたコミュニケーション能力を有するとともに，多様な文化的背景を有する人々の相互理解を促進し，国際舞台で彼ら/彼女らと共働することができる能力

　2-1 情報収集・処理能力
　ICT，多様なメディア，フィールドワーク等を活用し，問題に関する適確な情報収集と処理ができる。
　2-2 多文化理解能力
　複数の文化の中での経験を有し，その経験を通じ多様な文化に対して先入観や偏見を持たずにそのあり方を尊重することができる。
　2-3 コミュニケーション能力
　バーバル(言語)及びノンバーバル(非言語)コミュニケーションスキルを駆使し，多様な文化的背景を持つ他者の心的，頭脳的環境に対し，深く渡り合うことができる。
　2-4 自己省察能力
　他者との関わりのなかで，自分自身のあり方を客観的に振り返り，自らの立ち位置を正確に見定めることができる。
　2-5 共働力
　国際舞台を活動の拠点として，そこでチームを組み共働して問題解決に当たり，新しいライフスタイルや価値を生み出すことができる。

3.山口大学の教育理念である「発見し・はぐくみ・かたちにする」というデザイン思考のプロセスを実践することができる能力

　3-1 深層ニーズ把握能力
　観察・共感・洞察のプロセスを通じ，人々の潜在的ニーズを明らかにしていくことができる。
　3-2 課題設定能力
　問題点を整理して課題を明確化し，目指すべき理想の状態を定めることができる。
　3-3 着想練り上げ能力
　理想の状態にたどり着くことを支援するアイデアを生み出し，練り上げることができる。
　3-4 着想具現化能力
　アイデアを実際に形にすることで，上手くいきそうな部分を確認したり，さらにアイデアを発展させるきっかけにしたりすることができる。

3-5 着想検証能力
本当に目標を達成できるのかどうか，多様な人々の声を聞いてアイデアを検証することができる。

4. 科学技術が関与する唯一解が存在しない現代的諸課題に対して最善解を見出すため，様々な分野の人々の意見や考えを調整し，ひとつにまとめ上げることができる能力
4-1 科学的思考・推論力
現代科学の自然認識法や方法論を修得するとともに，ロジカルシンキングや統計学的分析法等の科学的推論のためのスキルを使いこなすことができる。
4-2 科学技術・社会洞察力
1 で修得した能力をもとに，グローバル化した現代社会で生じる科学技術が関与した諸課題に関し，統合的見地から考察して具体的問題点を明確化することができる。
4-3 触媒力
2 で修得した能力をもとに，専門分野や文化的背景が多岐にわたる異質な者たちを結びつけ，4-2 で明確化した問題に対処するためのチームを形成することができる。

II．教育活動（正課の科目、正課外のプログラム）

1．英語コミュニケーション科目の概要、科目間のつながり、および英語による専門科目とのつながり

　同学部の英語カリキュラムは、2 年次後期からの留学を前提として、1 年半で集中的に学ぶように設計されている。ただし 1 年次前期は TOEIC スコアアップに特化しており、これとフィリピン・セブ島での語学研修でスコアアップを実現したのちに、1 年次後期と 2 年次前期で TOEIC 対策を継続しつつ 4 技能のレベルアップや留学中の英語でのプレゼンテーション、レポート作成のための科目が配置されている。

　1 年次第 1 クォーター（以下 1Q）に必修で「TOEIC 準備」、選択で「IELTS Study1」が置かれ、第 2 クォーター（以下 2Q）に必修で「TOEIC Basic Study」、選択で「IELTS Study2」が置かれている。選択科目についてはほとんどの学生が履修している。

　その他にも 1Q/2Q には「TOEFL Study1」「TOEFL Study2」が置かれているが、英語力評価の基準が TOEFL よりも IELTS を採用している留学先の大学の方が多いため、ほとんどの学生が IELTS を選択履修しているのが現状である。

　1 年次夏休みにほぼ全員がフィリピン・セブ島の 4 週間の語学研修に参加する。この研修によって、平均で TOEIC スコアが 70 ～ 80 点アップしている。

　1 年次 3Q には「Basic Speaking」「Basic Listening」が必修で、「IELTS Study3」が選択で置かれているが、前期と同様にほとんどの学生が履修している。

第2部　20大学訪問調査　詳細レポート　367

【グローバル社会に対応するためのカリキュラム設計】

学期 / 教育活動	1年次 1st・2nd クォーター	1年次 3rd・4th クォーター	2年次 1st・2nd クォーター	2年次 3rd・4th クォーター	3年次 1st・2nd クォーター	3年次 3rd・4th クォーター	4年次 1st・2nd クォーター	4年次 3rd・4th クォーター
異文化理解・異文化対応力育成		山口と世界	多文化コミュニケーションセミナー / コミュニケーション概論					
英語での専門教育						コア科目群、展開科目群のほぼ半数が英語で授業が行われ、コア科目群5科目は必修、展開科目群から7〜11科目を選択必修		
英語コミュニケーション力育成	TOEIC 準備 BS ※3 / IERTS Sutdy 1 2 / 国際展開科目 TOEIC400、TOEIC400〜600, All English	Basic Speaking / Basic Writing / Basic Listening / Basic Reading / IERTS Sutdy 3	Speaking 1 2 / Writing 1 2 / Listening 1 2 / Reading 1 2 / AW ※1 / Pr ※2 / TOEIC Study 1 2			TOEIC Study 3 4	TOEIC Study 5 6	TOEIC Study 7 8
留学			事前留学地域理解・連携演習1	交換留学		事前留学地域理解・連携演習1		
海外プログラム	※フィリピン語学研修			グローバル・インターンシップ演習	グローバル・インターンシップ演習			

☐ 必修科目、実質的に必ず履修しなければいけない科目　┈ 選択科目　※ 正課外科目

注) ※1　AW　Academic Writing は2年次1st クォーターの科目
　　※2　Pr　Presentation は2年次2nd クォーターの科目
　　※3　BS　Basic Study は1年次2nd クォーターの科目

　1年次4Qには「Basic Writing」「Basic Reading」」が必修で置かれ、その結果、1年次後期には週5コマの英語の授業を受ける。

　1年次と2年次の間の春休みに集中授業として「Writing1」が必修で置かれている。これは2年次1Qから「Academic Writing」が始まることに備えるためである。

2年次1Qには「Speaking1」「Writing2」「Listening1」「Reading1」と「Academic Writing」が必修で置かれ、2Qには「Speaking2」「Listening2」「Reading2」「Academic Writing」「Presentation」が必修で置かれて英語4技能の向上とともに、留学でのレポート作成やプレゼンテーションに必要な技能の形成にも取り組む。

また、選択で「TOEIC Study1・2」(1Q・2Q) が置かれ、ほとんどの学生が履修する。留学後の3年次3Q〜4年次4Qまで連続して、選択で「TOEIC Study3・4・5・6・7・8」が置かれ、英語上級者には卒業までにTOEICスコア900点が目指せる設計となっている。

さらに、共通教育科目の「国際展開科目」が主として同学部を対象に、常に(TOEICスコア400点)(TOEICスコア400〜600点)(All English)の3レベルで開講されており、英語能力の上位・中位・下位の学生とも自分のレベルに対応したクラスを履修できるため、ほとんどの学部生が履修している。

2年次12月に留学の足切りであるTOEICスコア600点のクリアが厳しい学生に対しては、1年次4Qの授業が終了後に、2週間6回の特訓などが正課外で行われている。

2. 異文化対応力育成科目の概要、科目間のつながり、および英語科目や英語による専門科目とのつながり

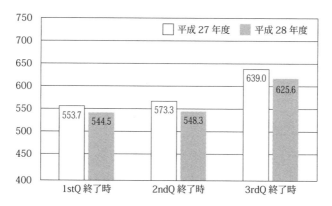

図表2-14　山口大学国際総合科学部2015年度及び2016年度入学者の1年次TOEIC平均スコアの推移（同学部の資料により作成）

同学部では、異文化対応力の育成に関連して「コミュニケーション概論」「多文化コミュニケーションセミナー」「山口と世界」などの科目が置かれている。前二者は授業での使用言語が英語と日本語であり、「山口と世界」は地域社会をフィールドワークしつつ、山口のことをグローバルとの関連で考えるアクティブラーニング科目である。「山口と世界」は担当教員によって、英語中心のクラスもあり、具体的には英語で山口を紹介するパンフレット制作などに取り組んでいる。

3. 英語での専門教育の概要、科目間のつながり、および英語科目や異文化対応力育成科目とのつながり

同学部は、科学技術分野を重視したリベラルアーツの学部という性格から、特定のディシプリンに基づく専門に特化した科目よりも、幅広い科目を学びそれを課題解決へと結びつけていく能力の育成を目指している。このような観点から、同学部では専門に相当する5科目必修のコア科目群と、44科目から7～11科目を選択必修する展開科目群、さらに課題解決に取り組む高次のアクティブラーニング科目である課題解決科目群が置かれている。

これらの科目群の約半数が英語で学ぶ科目である。コア科目群では「科学技術コミュニケーション」、展開科目群では「科学技術とリスクコミュニケーション」「地球環境と持続可能性」「インクルーシブデザイン」「ビジュアル・コミュニケーション・デザイン」「科学技術論演習」「現代日本思想」「現代日本学」「国際哲学」「国際芸術文化」「国際メディア論」「広告宣伝論」「経営組織論」など26科目が該当する。

これらの英語で行われる科目のうちいくつかは、基礎科目群や科学技術リテラシー科目群の日本語で学ぶ科目の内容と対応している。たとえば、日本語で学ぶ科学技術リテラシー科目群の「デザイン科学入門」が英語で学ぶ展開科目群の「インクルーシブデザイン」に、「デザイン科学演習Ⅰ・Ⅱ・Ⅲ・Ⅳ」が「ビジュアルコミュニケーションデザイン」「コミュニティデザイン」に対応している。

4. 正課の海外・国内プログラム

　原則として全員が2年次後期〜3年次前期にかけて1年間留学する。協定大学との交換留学であり、最大20単位までが卒業必要単位として認定される。留学できる要件としては1年次の12月にTOEIC600点以上をクリアすることだが、第1回目の2016年度はこれをクリアした8割以上の学生が留学している。2017年度はさらに多くの学生がクリアしている。

　留学先は欧米32人、オセアニア4人、アジア44人。中国・韓国をはじめとするアジアの大学でも、英語での受講となっている。

　この留学の事前学習としては、山口県の抱える問題を理解する必修の「地域理解・連携演習1」があり、そこで得た問題意識を持って留学する。そして留学後は、留学先の地域の抱える問題との類似性や異質性をやはり必修の「地域理解・連携演習2」において考察する。そして、最終的には卒論に代わる4年次必修の「プロジェクト型課題解決研究」で、解決策を探究するという、大きなつながりが設計されている。これはディプロマポリシーの3と4に対応したカリキュラムデザインとなっている。

　TOEIC600点の要件を満たしていない学生に対しては、2つの救済策が用意されている。1つは2年次7月にTOEIC600点をクリアできれば、3年次前期の半年間の留学が可能になる。またそこでもクリアできなかったり、経済的な理由によって留学できない学生に対しては「グローバル・インターンシップ演習Ⅰ〜Ⅳ」が用意されている。これはフィリピン・セブ島の語学学校に、半年間インターンシップで赴き、午前中は語学を学び午後は同語学学校の仕事を行うというものである。インターンシップ参加学生については、負担は渡航費のみで、語学学校の費用や滞在費、食費などはかからない仕組みとなっており、2016年度は8人が参加している。

5. 正課外の海外・国内プログラム

　1年次夏休みの4週間のフィリピン・セブ島での語学研修は、ほぼ全員が参加するが、正課外のプログラムである。このフィリピン・セブ島での語学研修は、基本はTOEIC対応のプログラムだが、すでに留学要件であるTOEIC 600点を超えている学生については、Speakingのボリュームを厚くし

た IELTS 対応のプログラムが選択できる。

またこの語学研修では英語力向上とともに異文化体験も重視しており、土曜日には NPO 法人と協力して現地の貧しい地区の小学校を訪問してボランティア活動に参加することも重視している。

このプログラムは事前にオリエンテーション、事後に TOEIC テスト受検が行われる。2 年次後期からの交換留学のための英語力向上に特化したプログラムであり留学への段階的な準備と位置づけられているため、他大学でよく見られるような事前事後学習は設定されていない。

Ⅲ．グローバル化に対応するための支援制度、組織体制

1．グローバル化に対応するための教育支援

1）奨学金などの充実度

同学部の留学は、協定校との交換留学であるため、山口大学に通常の学費を納入すれば、留学先大学への学費納入は不要である。

奨学金としては、選抜による一部の学生への給付型奨学金が全学で設けられている。

2）海外プログラムを履修しやすくするための制度

2013 年度に共通教育でクォーター制が導入され、それを踏まえて国際総合科学部では学部として初めて、全員留学に対応するために完全なクォーター制が導入されている。

3）海外プログラムに関するリスク対策およびセキュリティ対策

学部で危機管理対策のマニュアルが設けられている。

2．キャンパスのグローバル化を活用した教育支援

同学部では、協定校に対して 80 人以上が留学すると同時に、ほぼ同数（2016年度は 76 人）の留学生を受け入れている。この留学生一人ひとりに対して、学部としてのバディ制度が設けられ、1 年生が担当している。2 年次に留学

に行く学生数とほぼ同数の学生が 1 年次にバディを経験することにより異文化体験を重ねている。

3. グローバル化への対応を推進するための組織体制

　全学組織として、企画戦略部国際連携課が提携先の開拓や協定締結を担い、学生の留学窓口としては大学教育機構の留学生センターが担当している。同学部には国際交流委員会が設置され主にフィリピン・セブ島の語学研修を担っているが、留学は基本的にこの全学組織の仕組みを活用して行われているため、学部独自で行うよりも負担は軽くなっている。

IV. アセスメント

1. グローバル化への対応に関する学修到達度のアセスメント

　英語力については TOEIC で到達度を測定している。

　特筆すべきは、"YU CoBCuS"（Yamaguchi University Competency-Based Curricular System：山口大学能力基盤型カリキュラムシステム）を学部独自で構築し、運用している点である。このシステムは、ディプロマポリシーに対応して 12 の能力の達成度を、学生一人ひとりの履修科目数の進展と各科目での成績によって測定する仕組みであり、これが基準スコアを超えていることが卒業要件とされている。つまり、アウトカムベースで学位プログラムを構築する以上、その出発点であるディプロマポリシーで示された能力を学生が最低限クリアしていなければ、学位授与はできないという考えに基づいている。その点で、GPA はすべての科目を分類せずに単純平均しているだけであり、ディプロマポリシーとの対応関係がないので、この YU CoBCuS が開発された。

　具体的な仕組みについては、18 項目で示された能力の形成に、各科目がどれくらいの割合で寄与するかが明示され、シラバスにも記載されている。「科学技術史」という科目を例にとると、「科学技術に関する知識・理解」25ポイント、「思想・文化に関する知識・理解」15 ポイント、「政治・経済に関する知識・理解」10 ポイント、「知識の活用能力」15 ポイント、「情報収集・処理能力」5 ポイント、「多文化理解能力 0 ポイント、「コミュニケーション

第2部　20大学訪問調査　詳細レポート　373

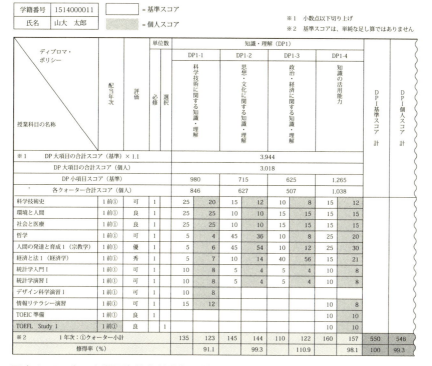

図表2-15　山口大学国際総合科学部の科目ごとのディプロマポリシーへの寄与率の表

能力」0ポイント、「自己省察能力」0ポイント、「協働力」0ポイント、「深層ニーズ把握力」0ポイント、「課題設定能力」0ポイント、「着想練り上げ能力」0ポイント、「直送具現化能力」0ポイント、「着想検証能力」0ポイント、「科学的思考・推論力」20ポイント、「科学技術・社会洞察力」10ポイント、「触媒能力」0ポイント、「調整・統合能力」0ポイントとなる。各科目とも合計100ポイントとなるように調整されており、これに成績が加味され、秀1.4倍、優1.2倍、良1.0倍、可0.8倍が乗せられる。これを積み上げて一覧表とレーダーチャートが示されるが、基準スコアも示され、レーダーチャートで自分のスコアが基準ポイントを下回っている能力について、その能力の育成度合いが高い科目を卒業までに履修してクリアを目指すことになる。

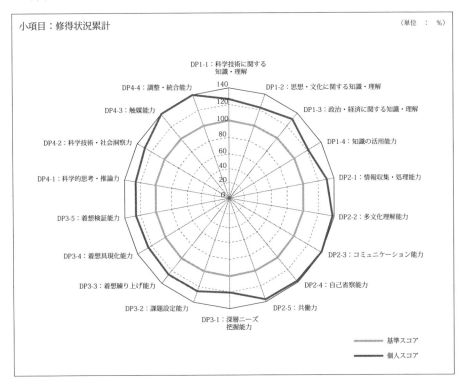

図表 2-16　山口大学国際総合科学部の YU CoB CuS におけるディプロマポリシー修得状況を示すレーダーチャート

2. グローバル化への対応に関するカリキュラムデザインのアセスメント

　この YU CoBCuS は、本来はカリキュラムマネジメントにおけるカリキュラム改善にも資するものであるが、現状では学部開設 2 年が経過した段階であり、検証は完成年度以降と考えられている。このため、PDCA サイクルが実質的に稼働している段階ではない。

Ⅴ．英語以外の外国語教育

　第二外国語は設定されていないが、中国語と韓国語は、中国・台湾・韓国に留学する学生のために、学部の選択科目として開講している。

18. 梅光学院大学　文学部（定員：190人）

【事例要旨】

実地調査対象：英語コミュニケーション専攻・国際ビジネスコミュニケーション専攻（定員：各40人）

➤ 同学部では英語コミュニケーション専攻と国際ビジネスコミュニケーション専攻がグローバル化対応教育に特に注力しており、両専攻について紹介する。

➤ 同大学は全学の入学定員が290人（2016年度より）程度であり、在学生が1,000人程度の小規模私立大学で、教員と学生との距離が近いことに特徴がある。

➤ 英語コミュニケーション専攻については、カリキュラムとして全員留学等の制度化は行われていないが、できる限り多くの学生に海外体験を推奨しているので、4年間でほぼ100％の学生が留学を経験する。

➤ 両専攻とも1年次～2年次まで週6コマの英語コミュニケーション力育成のカリキュラムが組まれている。

➤ 1・2年次の集中的な英語科目の履修や、留学後の英語力の維持・向上を目的に、英語コミュニケーション専攻では4年次まで英語科目が配置されている（国際ビジネスコミュニケーション専攻は3年次まで）。

Ⅰ. グローバル社会への対応に関する教育目標

同大学は、基本的にすべての学生に在学中に海外体験をすることを推奨している。特に、アジアの現状（将来的にはアフリカも視野に）を知り、体験することに積極的で、語学習得だけではないボランティア活動等の異文化体験を通じて、グローバル社会に対応した人材に育っていくという考えに立っている。

その上で、同専攻の将来目指してほしい人材のイメージは、日本国外で活動できるビジネスパーソンや、地域のグローバル化の中で、日本国内で外国人・海外法人に対応できる人材が中心となっている。

376

具体的な教育目標としては、以下が掲げられている。

なお、同大学では英語教育と並んで伝統的に中国語・韓国語教育にも力を入れている。

・外国語運用能力を高め、異文化に対する柔軟な態度と世界につながることのできる力を身につける
・英語（日本語）によるビジネスコミュニケーション能力を高め、社会で活躍できるホスピタリティマインドを身につける
・中国語あるいは韓国語の運用能力を高め、異文化に対する柔軟な態度とアジアにつながることができる力を身につける

II．教育活動（正課の科目、正課外のプログラム）

1. 英語コミュニケーション科目の概要、科目間のつながり、および英語による専門科目とのつながり

多くの大学では英語能力をライティングとリーディング、リスニングとスピーキングに分けてカリキュラム設計をしているが、同大学では英語能力をReceptive skills としてリスニングとリーディングを、Productive skills としてスピーキングとライティングをセットにして、カリキュラム設計を行っている。

以下、国際ビジネス専攻（3 割強が海外からの留学生。英語ネイティブもいれば、初修者もいる）および英語コミュニケーション専攻でのカリキュラムについて紹介する。

習熟度別にクラス編成されるが、レベル分けは TOEIC を用い、200 点台から 500 点以上まで幅広い。

両専攻については、プレイスメントテストでのレベルに応じて混合でクラス編成される。前期に「Listening & Reading Ⅰ・Ⅲ・Ⅴ・Ⅶ・Ⅸ」「Speaking & Writing Ⅰ・Ⅲ・Ⅴ・Ⅶ・Ⅸ」が、後期に「Listening & Reading Ⅱ・Ⅳ・Ⅵ・Ⅷ・Ⅹ」

【グローバル社会に対応するためのカリキュラム設計】英語コミュニケーション専攻の例

教育活動＼学期	1年次 前期	1年次 後期	2年次 前期	2年次 後期	3年次 前期	3年次 後期	4年次 前期	4年次 後期
異文化理解・異文化対応力育成		イングリッシュキャンプI		イングリッシュキャンプII			比較文化論	
英語での専門教育	Drama Production I・II		Drama Production III・IV	English through Music	English through Movie	English Presentation		
						Fluency Practice		
					CLIL I		CLIL II	
英語コミュニケーション力育成	Listening & Reading I or III	Listening & Reading II or IV	Listening & Reading III or V	Listening & Reading IV or VI	Listening & Reading V or VII	Listening & Reading VI or VIII	Listening & Reading VII or IX	Listening & Reading VII or X
	Speaking & Writing I or III	Speaking & Writing II or IV	Speaking & Writing III or V	Speaking & Writing IV or VI	Speaking & Writing V or VII	Speaking & Writing VI or VIII	Speaking & Writing VII or IX	Speaking & Writing VIII or X
	外国語コミュニケーションI	外国語コミュニケーションII	外国語コミュニケーションIII	外国語コミュニケーションIV	外国語コミュニケーションIV	外国語コミュニケーションV		
留学					Third step 交換留学			
海外プログラム	事前学習インディペンデンススタディI		事前学習インディペンデンススタディI		Third step ディズニーワールドインターンシップ			
	First step フィリピン語学研修		Second step オーストラリア語学研修					

▢ 必修科目、実質的に必ず履修しなければいけない科目　　▢ 選択科目

「Speaking & Writing II・IV・VI・VIII・X」が配当されており、学生はここから各学期に週4コマを必修で学ぶ。Iは中学英語レベルでありIIIから始める学生の比率が高い。

　基本的には「Listening & Reading」は日本人教員が、「Speaking & Writing」はネイティブスピーカー教員が教えることになっているが、逆もある。また、この2系列の科目群は同一の教科書を使用することで、「Listening & Reading」と「Speaking & Writing」の内容的な関連性を持たせると同時に、ステップアップについても標準化された段階性が確保されている。

　これ以外に、1～2年次には専攻ごとに「外国語コミュニケーションI・II・III・IV」が前後期に配当され、学生は毎週2コマの授業を受ける。この科目については、「Listening & Reading」「Speaking & Writing」との内容的なつながりは設計されていないが、科目内では同一のテキストを用いることで内容の統

一が確保されている。

したがって、両専攻の学生は、1〜2年次では毎週6コマの英語コミュニケーションスキルの授業を受講している。

さらに、英語コミュニケーション専攻では、3年次前期・後期および4年次前期・後期にも「Listening & Reading」「Speaking & Writing」を週4コマ継続的に履修する。海外プログラムから戻っても、卒業まで英語コミュニケーションスキルを学び続けるのが、同専攻の特徴である。

国際ビジネスコミュニケーション専攻では、3年次以降は「Listening & Reading」「Speaking & Writing」は置かれていないが、「Business English Ⅰ・Ⅱ」「国際ビジネス実習Ⅰ・Ⅱ・Ⅲ」、さらに4年次前期・後期には「時事英語Ⅰ・Ⅱ」を卒業まで継続的に履修するという設計である。

2. 異文化対応力育成科目の概要、科目間のつながり、および英語科目や英語による専門科目とのつながり

正課の科目として、4年次前期に英語での「比較文化論」が選択で置かれている。

「イングリッシュキャンプⅠ・Ⅱ」はネイティブスピーカー教員及び、ノン・ネイティブ教員と学生が学外の施設で2泊3日のキャンプを行い、そこで料理の準備や後片付けなどの際に使われる英語表現を学び、英語を使ったアクティビティなどにも取り組むプログラムである。日本語を使わず英語のみで実施されるプログラムであり、事前事後学習も時間をかけて行われる。同じプログラムを「Ⅰ」は1年次後期に、「Ⅱ」は2年次後期に配当され、「Ⅱ」を履修する学生は同じキャンプにコーディネーターとして参加する。

セブ島でのフィリピン語学研修は、単なる語学研修に留まらず、週末はスラム街でのボランティア活動を必修とするなどフィリピンでの異文化体験も重視している。

3. 英語での専門教育の概要、科目間のつながり、および英語科目や異文化対応力育成科目とのつながり

1年次前期に選択で置かれた「Drama Production」は、7月に地域にも公開さ

れるインターナショナルデーにおいて上演される語学劇を制作する科目である。中国語劇、韓国語劇などの科目に分かれているが、英語コミュニケーション専攻の学生は毎年シェークスピア作品に取り組むことになっている。

英語で専門を学ぶ科目としては、「English through Music」が 2 年次後期に、「English through Movies」が 3 年次前期に、「English Presentation」「Fluency Practice」が 3 年次後期に選択で置かれている。

これ以外に、英語で他分野を学ぶという位置づけで「CLIL (Content and Language Integrated Learning) Ⅰ」が 3 年次前期に、「CLIL Ⅱ」が 4 年次前期に選択で置かれている。

4. 正課の海外・国内プログラム

同大学の正課の海外プログラムは 3 つのステップに分かれている。第一ステップは、海外に行って異文化を体験することに主眼が置かれ、1 年次の夏休みにセブ島でフィリピン 4 週間の語学研修を行う。全学で 3 分の 1、英語コミュニケーション専攻および国際ビジネスコミュニケーション専攻では約半数の学生が参加する。

語学研修に向けては、前期に「インディペンデントスタディ」という準備講座が開講され、リスク対策などの事前学習を行うとともに、授業時間中にスカイプを通じてマンツーマンでフィリピン人の講師 (マニラ大学の学生等が多い) から英語のレッスンを受ける。

第二ステップとしては、2 年次の夏休みに 4 週間のオーストラリア語学研修が用意されている。ここでは、ホームステイやグループでのディスカッションを中心としている。この研修に向けても「インディペンデントスタディ Ⅱ」という準備講座が用意されており、ホームステイ等に備えて文化・生活面での準備を行う内容となっている。参加者は英語コミュニケーション専攻と国際ビジネスコミュニケーション専攻とで合わせて 26 人 (2016 年) だった。また第二ステップにはオーストラリア以外にも、マレーシアでの 8 週間の語学研修も用意されている。第二ステップの海外研修については、帰国後に礼拝や学内の学会等で報告会が開催され、参加者はプレゼンテーションを行っている。

加えて、アメリカ・バレンシアカレッジと連携したディズニーワールドでの 5 か月間にわたるインターンシップが用意されている。形態としてはバレンシアカレッジに留学し、語学の学びもしながらインターンシップを行うというもので、TOEIC スコア 650 点以上で自己表現能力等を基準に受け入れ側が選抜し、毎年 1 〜 2 人の学生が参加している。

第三ステップとしてアイルランドとアメリカへの 10 か月の交換留学プログラムも用意されているが、近年は参加者はあまりいない。

同大学の 1 学年の学生数は約 290 人であるが、第一ステップと第二ステップの英語の語学研修、中国、台湾、韓国等への語学研修を合計すると 2016 年度には 80 人が参加しており、さらに第三ステップの交換留学には 10 人、インターンシップには 1 人が参加している。特に中国語専攻・韓国語専攻では第二ステップの参加者はほぼ 100%で、第三ステップも中国語専攻は 80%、韓国語専攻でも 40%程度となっている。

同大学では 1 年間留学しても 4 年間で卒業できるプログラムとなっている。

これ以外に、国際ビジネスコミュニケーション専攻では、海外での実習を含む科目として 3 年次前期に「国際ビジネス実習 I」((エアライン)、「国際ビジネス実習 II」(ホテル)、「国際ビジネス実習 III」(旅行業) が選択必修で置かれ、最低 1 つを履修する。

5. 正課外の海外・国内プログラム

すべての海外プログラムは単位認定されるため、特になし。

キリスト教の大学であるため、キリスト教教育センターが実施する韓国リトリートがある。これは、韓国の教会やキリスト教の姉妹校を訪ね交流するもので、日韓の歴史も学ぶ。

III. グローバル化に対応するための支援制度、組織体制

1. グローバル化に対応するための教育支援

1) 奨学金などの充実度

大学の独自奨学金により、海外研修旅行は費用の 4 分の 1 を限度に給付。

長期留学は地域および語学成績により、月額2〜8万円を給付 (2016年度現在)。中国への第二ステップ留学は1人あたり24万円、韓国留学は22万円が給付される (2016年度現在)。ディズニーワールドインターンシップは、バレンシア大学の授業料相当分の30万円が支給される。

2) 海外プログラムを履修しやすくするための制度
特にない。

3) 海外プログラムに関するリスク対策およびセキュリティ対策
全員海外旅行保険に加入、学生全員に危機管理オリエンテーションを実施。海外プログラムには、プログラムが軌道に乗るまで教員が同行する。
加えて、1ヶ月以上のプログラムには保護者説明会を開き、危機管理についての説明も行っている。

2. キャンパスのグローバル化を活用した教育支援
海外からの留学生支援を目的とした留学サポーター組織が、毎週コーヒーアワーを開催し、留学生との交流を行っている。
交換留学生1人ずつを日本人学生が支援するバディ制度もあり、授業や生活に対して相談にのっている。また、留学生を対象とした年2回のバス旅行も学生のサポーターが対応している。

3. グローバル化への対応を推進するための組織体制
学生支援センター内に国際交流室が設置され、学部の責任者や担当教員と協働して海外プログラム等を実施している。
小規模大学である利点を活かし、大学執行部がグローバル教育に関わる部局の責任者等を務め、海外プログラムの新規立ち上げやプログラム内容の改善を行っている。

IV. アセスメント

1. グローバル化への対応に関する学修到達度のアセスメント

"達成度自己評価システム"によって、学生はシラバスにある各科目の教育目標をどの程度達成できたのかを自己評価する。

英語能力については TOEIC を毎年 1 ～ 2 回受検することでアセスメントする。スピーキングとライティングを含む 4 技能すべて受検している。

2. グローバル化への対応に関するカリキュラムデザインのアセスメント

"達成度自己評価システム"は教員評価にも使用されている。プログラム評価への活用については計画中である。

TOEIC スコアの英語教育プログラム評価への活用についても検討中である。

V. 英語以外の外国語教育

同学部では、第一外国語として中国語と韓国語が選択でき、中国語専攻の場合は全員が 2 年間中国の青島大学に留学し、韓国語専攻の場合は全員が提携大学に半年間、選抜者は 1 年～ 1 年半留学する。英語教育よりも学生の外国語能力の伸び率は大きく、長期留学を終えた学生のほとんどは HSK6 級 (中国語)、TOPIC6 級 (韓国語) を取得しており、大きな成果を上げている。

どの専攻においても第二外国語、第三外国語が選択できる。

19. 九州工業大学　工学部（定員：531人）

【事例要旨】

実地調査対象：工学部（定員：531人）

➢ 同大学は、建学の理念である「技術に堪能なる士君子」の養成に基づき、これまで産業界に多数の人材を輩出してきた。グローバル化が加速する社会で、必要とされるエンジニア（グローバルエンジニア）を育成するために、それらが具備すべき資質・知識・能力を「Global Competency for Engineer（GCE）」として定義づけを行い、国内外の壁を越え、「世界」で活躍する人材を育成するためにGCE教育改革に取り組んでいる。

➢ GCE教育改革の特徴的な取り組みのひとつとして、2014年度入学生から学部と大学院博士前期課程の6年間一貫教育プログラムを開設した。グローバルエンジニア養成コース（GE養成コース）と呼ばれるこのコースは、学部3年次にコース登録を希望し、所属学科の推薦を経て、学内審査機関において受講学生を決定する。GE養成コースに登録した学生は、卒業・修了要件単位の修得のほかに、グローバル教養科目、語学科目、GCE専門科目、GCE実践科目（海外研修を含む）、プロジェクト研究、TOEICスコア600点以上、などがコース修了要件となっている。また後述する、GCEの4段階のレベルも、すべて最上位の"MASTERY"を目指すものとされている。学部卒業生の7割近くが大学院に進学しているが、2021年度までに、そのうちの6割以上の学生がGE養成コースを登録するという数値目標（KPI）が掲げられている。

I．グローバル社会への対応に関する教育目標

卒業・修了後は、エンジニアとして世界を舞台に活躍することが求められているため、教育目標として、ディプロマポリシー、カリキュラムポリシー、アドミッションポリシーを定めるほか、Global Competency for Engineerに必要な要素について定義づけを行い、それらを涵養するための教育方策を5つ

の柱に整理した。これらの取組が評価され、2013 年度より、「社会と協働する教育研究のインタラクティブ化加速パッケージ」として、国立大学改革強化推進補助金に採択され、教育改革を推進している。

【Global Competency for Engineer】
①多様な文化の受容
②コミュニケーション力
③自律的学習力
④課題発見・解決力 (探究する力)
⑤デザイン力 (エンジニアリング・デザイン)

これらの 5 つの要素は、それぞれ "Basic" "Semi-Advanced" "Advanced" "Mastery" の 4 段階の達成度が設定され、ルーブリックによる達成度評価やポートフォリオによる自己評価などのアセスメントを実施している。

【5 つの柱】
①グローバル教養教育
②語学教育
③ Study Abroad
④ Work Abroad
⑤留学生との協働学習

第2部　20大学訪問調査　詳細レポート　385

Ⅱ．教育活動（正課の科目、正課外のプログラム）

【グローバル社会に対応するためのカリキュラム設計】

教育活動＼学期	1年次		2年次		3年次		4年次	
	前期	後期	前期	後期	前期	後期	前期	後期
異文化理解・異文化対応力育成	グローバル教養科目 国際関係論、異文化間コミュニケーション論、西洋近現代史、日本近現代史、日本文学、日本社会論、東アジア論、東南アジア文化論 心理適応論、国際経営論、サスティナビリティ論、コンピテンシー論。この中から4科目を選択履修する。（講義はすべて日本語）							
英語での専門教育					専門英語科目 学科ごとに2科目設置 （一部のみ選択科目）			
英語コミュニケーション力育成	英語は1年次に8科目、2年次以降に4科目以上を選択必修し、3年次以降も継続的に学ぶ。詳しくは次図を参照。							
	選択英語1〜4（TOEIC対策）							
留学						交換留学等		
海外プログラム	異文化理解短期派遣					研究室派遣、協定校中・長期派遣		
						海外企業インターンシップ		

□ 選択必修科目、実質的に必ず履修しなければいけない科目　　┊┊┊ 選択科目

1. 英語コミュニケーション科目の概要、科目間のつながり、および英語による専門科目とのつながり

　同学部の英語教育は2016年度に設立された全学組織である教養教育院が提供している。教養教育院が提供するのは言語系科目と人文社会系科目である。

　同学部の英語科目は1年次に選択必修で4単位（週2コマずつ）、2年次以降に選択必修で2単位以上となっており、3年次以降大学院まで履修することが推奨され学部では6単位が卒業要件単位であり、さらにもう2単位を卒業要件単位に加えることができる。

　科目は難易度別にⅠ〜Ⅹ（Ⅹは大学院生のみが履修可）の10ステップに分かれている。数が大きいほど高度な内容となっており、Ⅰ〜Ⅶが4技能全体を育成する「総合英語（C）」となっており、Ⅶ〜Ⅹは技能別の「英語（A）・（B）・（D）」の科目が置かれている。これらの技能別の科目は、従来は大学院用の上級英語科目であったものを、学部段階の英語上級者と大学院の英語初級者レベル

が学期ごとに2科目まで選択履修できるようにしたものである。

そして学生はプレイスメントテストにより初級者・中級者・上級者の3段階に分けられ、これらの科目の中から自分のレベルに適したステップの授業を履修する。

次の図は英語科目の履修モデルであるが、たとえば「英語Ⅶ C-1・2」の科目を、上級者は2年前期に履修し、中級者は2年後期に履修するが、初級者は3年前期に履修できる。

このような履修システムを整えたのは、年次毎、レベル別に科目設定されていたものを、より学生のニーズに合った形に改めたものである。履修順序をレベルに合わせて整えることで、より高学年次まで英語学習を継続させたいという大学の狙いがある。

ただし、後述するように3年次からは学科ごとに専門英語が用意されてお

B1				B2				B3 〜 M2			
前期		後期		前期		後期		前期		後期	
1Q	2Q	3Q	4Q	1Q	2Q	3Q	4Q	1Q	2Q	3Q	4Q
I C-1						導入					
II C-1	I C-2					初級者					
	II C-2					中級者					
		III C-1				上級者					
		IV C-1	III C-2								
		IV C-1	IV C-2								
		V C-1	IV C-2	V C-1							
		V C-1	V C-2		V C-2						
		VI C-1	V C-2	VI C-1		VI C-1					
			VI C-2		VI C-2		VI C-2				
				VII C-1		VII C-1		VII C-1			
					VII C-2		VII C-2		VII C-2		
					VIII A-1		VIII A-1		VIII A-1		
						VIII A-1		VIII A-2		VIII A-2	
								IX B-1		IX B-1	
									IX B-2		IX B-2
										X D-1	
											X D-2
	2単位		4単位		5単位		6単位		7単位		8単位

低 ↑ TOEICレベル ↓ 高

図表2-17　九州工業大学工学部の英語科目の履修モデル

り、まず"英語を"学び、その後、"英語で"学ぶに移行していくという流れである。

意識の高い学生に対しては、選択科目として TOEIC 対策などの「選択英語 1 〜 4」が適宜各学年で用意されている。

また、GE 養成コースでは、学科ごとに専門に紐づけた「専門英語」等の科目が 2 科目設置されており、そこから 1 科目を選択必修する。

2. 異文化対応力育成科目の概要、科目間のつながり

GE 養成コースを対象としたグローバル教養科目が 17 科目開講され、2017年度、工学部では「異文化間コミュニケーション論」「国際関係論」「東アジア論」「西洋近現代史」「国際経営論」「サスティナビリティ論」などから 4 科目が選択必修となっている。これらの科目はエンジニアとして海外に出ていく際に必要とされる教養という視点から設置されており、日本語による授業となっている。

3. 英語での専門教育の概要、科目間のつながり、および英語科目や異文化対応力育成科目とのつながり

大学院博士前期課程では、英語のみで修了できるコースが設置されている。

学部段階では前述したように、学科ごとに「専門英語」などの科目が設置されている。これらの科目は、専門を"英語で"学ぶ科目そのものではないが、大学院において英語で学ぶ科目への橋渡しとなる科目である。

4. 正課の海外・国内プログラム

同大学で正課科目の単位取得・単位付与が可能な海外派遣プログラムとして、語学研修、派遣プログラム、海外企業インターンシップ、交換留学、ダブルディグリープログラム、研究室派遣等、教育目的や学生のニーズに応じて、多様なプログラムが用意されている。

これらの海外派遣プログラムでは、留学の効果を高めるため、事前学習（①自己認識、②安全指導、③事前講義）→④海外派遣→⑤事後学習→⑥成果報告がパッケージ化されており、すべて必須化されている。大学としては、この

海外派遣プログラムを入学後の早い時期（たとえば1年次夏期）に一度経験し、そこでの異文化体験で刺激を受けることで学習意欲が高まり、学内での専門科目や語学学習に、より積極的に取り組むことを期待している。さらに、学部上級年次や大学院入学後に、海外インターンシップや研究室派遣などの中・長期の実践的あるいは専門分野に関連した海外派遣プログラムへの参加を推奨し、学びの深化を促している。

GE養成コースでは、海外派遣プログラム、あるいは、国際協働演習への参加による単位取得がコース修了要件とされているが、コース受講の有無に関わらず、できる限り多くの学生が海外を経験することを推奨している。

同大学では、2015年度には、430人の学生が海外派遣プログラムに参加し、2016年度に517人の学生が海外派遣プログラムに参加した。その中で学生の参加が最も多いのがマレーシアで実施される教育プログラムやインターンシップである。同大学では国際交流協定校であるマレーシア・プトラ大学（UPM）のキャンパス内に海外教育研究拠点である"MSSC"を開設した。ここを拠点にした教育プログラムには、学部低学年次の学生を対象とした「多文化協働学習プログラム」や学部高学年次の学生や大学院生による「研究プロジェクト派遣」、日系企業でのインターンシップ等がある。前者は、日本学生支援機構（JASSO）の留学支援制度による奨学金が支給される約10日間のプログラムで、UPMの学生とのグループワークや、UPMの授業聴講、熱帯雨林の生態系を学ぶ教育プログラムへの参加等を通じて異文化理解を深め、コミュニケーション力を高めることを目的としている。

海外インターンシップは、マレーシアやタイ、シンガポールなどの東南アジアを中心に現地の日系企業等で2〜4週間の実務を経験する。2015年度は、マレーシアで32人の学生が参加しており、2016年度は、36人の学生が参加した。

なお、交換留学やダブルディグリープログラムの制度は整備しているが、受入学生に比べて、派遣学生数は少ないのが現状であり、課題である。

5. 正課外の海外・国内プログラム

正課外のプログラムでは、比較的短期のプログラムが実施されている。2

泊3日で韓国や中国、台湾の大学や研究機関を訪問し、研究発表やデモ実験、現地の学生とのディスカッションを行うなど研究交流を体験するプログラムや、研究室単位でラボワークや実験などのプロジェクトを行うなど、多数のプログラムが存在する。大学や学部主導のものから、学科や研究室単位で行うものなど、さまざまである。

III. グローバル化に対応するための支援制度、組織体制

1. グローバル化に対応するための教育支援

1) 奨学金などの充実度

　海外派遣プログラムに参加する学生で、成績基準を満たす学生については、日本学生支援機構 (JASSO) 留学支援制度による奨学金 (2016年度実績158人) の支給や、大学による渡航費の一部補助、大学の同窓会 (一般社団法人明専会) による奨学金の支給など、経済的支援を実施している。

2) 海外プログラムを履修しやすくするための制度

　2015年度からクォーター制が導入されている。大学院および一部の学科では学部段階でも第3クォーターに必修科目を開講しないことで、海外インターンシップや中・長期の海外留学を実施しやすい配慮がなされている。

3) 海外プログラムに関するリスク対策およびセキュリティ対策

　海外派遣学生に対しては、安全指導が実施され、リスクマネジメント等について事前の受講を必須化している。全学生が海外旅行保険に加入するとともに、民間のリスクマネジメント会社とも契約し、24時間体制でサポートできる体制を整えている。また、海外教育研究拠点であるマレーシア・プトラ大学内に設置されているMSSCを活用したプログラムやインターンシップでは、現地のスタッフによる宿舎 (学生寮等) や送迎バスの手配、生活指導などのさまざまな支援が行われている。

2. キャンパスのグローバル化を活用した教育支援

正規課程の留学生だけでなく、短期滞在の外国人学生と同大学の学生が一緒に活動し、プロジェクトに取り組むなどの国際協働学習の動きも広がってきている。

また、2015 年度には、日本人学生と外国人留学生が共同生活を通じて国際感覚を養うことを目的とした混住型の国際研修館を開設した。同館では、イベントなどを協力して企画するなどの取り組みも行われている。

さらに、1・2 年生が入居可能な明専寮では、寮生必修の「グローバルリーダー育成プログラム」や「英語教育プログラム」が行われている。

加えて、異文化交流のスペースとして、2012 年度に、ランゲッジ・ラウンジが設けられ、英会話や英語によるプレゼンテーション指導の他に、留学生による自国文化紹介などが行われている。

3. グローバル化への対応を推進するための組織体制

同大学では、各組織の教育活動および学習環境の改善に関する取組を支援し、これらの活動の相互の連携を図ることで、教育機能の改善と質の向上に資することを目的とした学習教育センターが設置されており、海外派遣プログラムの事前事後教育や留学生短期受け入れプログラムの実施などを担っている。

事務組織では。海外協定校の開拓や海外拠点の整備を国際課国際交流推進係が担い、海外教育プログラムの開発や学習成果に関する事務は学務課教育企画係が担っている。

IV. アセスメント

1. グローバル化への対応に関する学修到達度のアセスメント

海外派遣プログラムに参加する学生は、グローバル・コンピテンシーの 5 つの能力を 4 レベルで評価するルーブリックを用いて、事前と事後に自己評価する。これはレーダーチャートで可視化され、学生は自分の達成度を認識しつつ、以後の学習に取り組む。

これ以外に、学修自己評価システムが稼働しており、ポートフォリオに履修状況や意欲などの変化を記入して自己把握していく。

2. グローバル化への対応に関するカリキュラムデザインのアセスメント

同学部は JABEE 認定プログラムとなっているため、それに基づいてカリキュラム改善の PDCA を回していく仕組みがある。

V. 英語以外の外国語教育

1 年次の選択必修科目として、ドイツ語、フランス語、中国語、韓国語の4 カ国語から 1 科目を選択必修し、2 年次以降はこれら 4 言語に英語を加えた 5 カ国語から 1 つを選択して 2 単位取得することになっている。

20. 長崎県立大学　経営学部（定員：200人）

【事例要旨】

実地調査対象：国際経営学科（定員：60人）

➢ 2016年に従来の経済学部から、経営学部（経営学科／国際経営学科）と地域創造学部（公共政策学科／実践経済学科）に改編された。国際経営学科では、グローバルに活躍できる人材の育成をめざし、TOEICを活用した短期集中での徹底した英語教育、2回の海外研修の必修化などが織り込まれている。

➢ 1年次前期にTOEIC対策→夏休みに「海外語学研修」→1年次後期にコミュニケーション中心の英語科目→2年次からは英語を使って異文化理解を目的とする科目や専門科目を履修→3年次の「海外ビジネス研修」で実践を経験し、4年次の「卒業論文」につなげるという設計になっている。

➢ 1年次夏休みにはフィリピン・セブの「海外語学研修」、3年次には「海外ビジネス研修」としてシンガポール・ベトナム・タイでの海外インターンシップが必修で実施される。「海外語学研修」の参加要件がTOEICスコア600点以上、「海外ビジネス研修」の参加要件がTOEICスコア730点以上となっており、これが実質的な卒業要件となっている。

Ⅰ．グローバル化への対応に関する教育目標

2016年に、18歳人口の減少傾向とグローバル化の進展に対応すべく、従来の経済学部・国際情報学部・看護栄養学部の3学部7学科体制から、5学部9学科に改組。改組の中心は経済学部で、経営学部（経営学科／国際経営学科）と地域創造学部（公共政策学科／実践経済学科）に改編された。近隣の国立大学の経済学部との違いを明確するため、実学（現場）を重視した実践的な教育に重点が置かれている。

教育目標

経営学部では、現代の国内外の企業経営に必要な知識・知見と実践力を身につけ、幅広い視野で経営上の課題を解決できる人材を育成する。具体的には次のような分野で活躍できる人材である。

○経営に関する専門的・総合的な視野を備え、企業の経営における様々な課題を理解し、分析・解決できる人材

○外国語を用いたコミュニケーション能力と国際的な視野を備え、グローバルに活躍できる人材

ディプロマポリシー

経営学部では以下の能力等を有し、所定の単位を修得した者に学位を授与する。

1. 経営に関する基礎理論と企業が活動する社会の仕組みについての基本的な知識
2. 経営、マーケティング、会計等に関する専門的な知識をもとに、経営上の諸問題を発見・分析・解決できる実践的能力
3. 外国語を用いたコミュニケーション能力及びプレゼンテーション能力
4. 他者の意見や人格を尊重しながら提案・行動をすることができる能力

394

Ⅱ．教育活動（正課の科目、正課外のプログラム）

【グローバル社会に対応するためのカリキュラム設計】

学期 / 教育活動	1年次 前期	1年次 後期	2年次 前期	2年次 後期	3年次 前期	3年次 後期	4年次 前期	4年次 後期
異文化理解・異文化対応力育成			ディスカッション / 異文化理解	ディベート / 海外ビジネス理解	ビジネスコミュニケーション実践 / 海外事情講座			
英語での専門教育				国際マーケティング論Ⅱ / 国際コミュニケーション論 / 企業文化論	海外ビジネス文献講読			
英語コミュニケーション力育成	英語実践演習Ⅰ~Ⅵ / オーラルコミュニケーションⅠ・Ⅱ	英語実践演習Ⅶ / オーラルコミュニケーションⅢ・Ⅳ / リーディングⅠ・Ⅱ / ライティングⅠ	英語実践演習Ⅷ / リーディングⅢ / ライティングⅡ	英語実践演習Ⅸ				
留学	海外語学研修							
海外プログラム					海外ビジネス研修			

▢ 必修科目、実質的に必ず履修しなければいけない科目　　⬚ 選択科目

1．英語コミュニケーション科目の概要、科目間のつながり、および英語による専門科目とのつながり

　TOEIC のスコアを伸ばすことを第一の目標として、英語科目を外部の語学教育企業に委託している。学科教員が委託先と数十回の協議を重ねて、1コマの授業内容から同学科のためにオーダーメードで開発されたプログラムとなっている。

　1年次夏休み必修の「海外語学研修」の参加要件を TOEIC スコア 600 点以上としているため、1年次前期に集中的に英語科目を必修で配置している。TOEIC 対策科目である「英語実践演習Ⅰ～Ⅵ」の 6 科目とネイティブス

ピーカー教員による「オーラル・コミュニケーションⅠ・Ⅱ」の２科目があり、合計すると週に８コマの英語科目となる。「英語実践演習Ⅰ〜Ⅵ」は、それぞれ独立した科目ではあるが、同じ教員が担当しており、並行して履修するのではなく、たとえば１週目・２週目がすべて「英語実践演習Ⅰ」の授業内容、３週目・４週目がすべて「英語実践演習Ⅱ」の授業内容といった形で一体的に運営されて、段階的に語学力の向上を図っている。最終的に「英語実践演習Ⅵ」の単位修得の条件を TOEIC スコア 600 点としており、これをクリアして夏休みの「海外語学研修」に参加することになる。

「海外語学研修」後の１年次後期には、TOEIC 対策科目の「英語実践演習Ⅶ」と、ネイティブスピーカー教員による「オーラル・コミュニケーションⅢ・Ⅳ」「リーディングⅠ・Ⅱ」「ライティングⅠ」と、オーラル・コミュニケーションを中心とした実践的なスキルの向上を図った科目構成となる。２年次には、「英語実践演習Ⅷ・Ⅸ」で TOEIC 対策を継続しながら、「リーディングⅢ」「ライティングⅡ」と、学修のための英語力の育成に重点が置かれる。

１年次前期の短期間に集中的に学習するため、思うように学習が進まない学生のためには、DVD 教材を用意したり、オフィスアワーを週２回設けて英語担当講師による個別相談・指導ができるようにしたり、月に１回は英語担当教師と学科教員による面談を行うなど、細かくフォローをしている。前期中に TOEIC スコア 600 点に達しない学生は単位が保留となり、「海外語学研修」には参加できず、夏休みに特別補講を受けることになる。１年次後期以降は、TOEIC 対策科目が「英語実践演習Ⅶ」のみであるため、スコアが足りない学生のためには引き続き TOEIC 対策の補講を週に３コマ開いている。最終的に TOEIC スコア 600 点に達した時点で「英語実践演習Ⅵ」の単位が認定される。

2. 異文化対応力育成科目の概要、科目間のつながり、および英語科目や英語による専門科目とのつながり

２年次以降の専門科目で実践科目として分類されているなかに、異文化理解を目的とした科目がある。なかでも、「ディスカッション」「異文化理解」「ディベート」「海外ビジネス理解」「ビジネスコミュニケーション実践」「海外

事情講座」は、英語科目を担当している語学教育企業に委託され、英語で開講されている。たとえば、「海外ビジネス理解」では海外企業との貿易取引や国際金融などの時事問題を取り上げたり、「海外事情講座」では特に東アジア、東南アジア、オセアニアなど日本を取り巻く地域を取り上げたりするなど、3年次の「海外ビジネス研修」での海外インターンシップの準備科目として位置づけられている。

3. 英語での専門教育の概要、科目間のつながり、および英語科目や異文化対応力育成科目とのつながり

2年次後期の選択科目「国際マーケティング論Ⅱ」は、1年次の学部共通専門科目「マーケティング論」（必修）で学んだマーケティングの基礎理論をさらに発展させ、国際マーケティングに応用することを学修する科目で、英語で開講される。2年次には、ほかに「国際コミュニケーション論」「企業文化論」が専任教員によって英語で開講される。「企業文化論」は経営学科の開講科目でもあるが、同じ教員が経営学科では日本語で、国際経営学科では英語で開講する。

3年次の選択科目「海外ビジネス文献講読」は、演習や他の専門科目につなげる科目として配置されている。海外ビジネス情報や経営に関する外国語文献を講読する科目で、日本語と英語を交えて開講されている。

4. 正課の海外・国内プログラム

TOEICスコアの向上、英語コミュニケーション能力の向上を目的として、1年次の夏休みにフィリピン・セブに3週間滞在する「海外語学研修」が必修となっている。派遣先の語学学校は、10数校の候補の中から選別された学校で、授業内容はもちろん担当教員の服装まで、同大学からのリクエストによって作られたプログラムが提供されている。月曜日〜金曜日まで毎日朝9時〜夜8時まで授業があり、土曜日を自習日としている。

3年次必修の「海外ビジネス研修」では、シンガポール・ベトナム・タイの政府機関、日系企業・現地企業を中心に、3週間のインターンシップを行う。学生は、インターンシップのメニューから、第1〜3希望のプログラムを選

択し、TOEIC スコアや面接によって教員が人選を行う。安全上の配慮から、原則として 1 企業 2 人以上派遣する。研修最終日には、研修先にて英語による報告・質疑応答を行う。帰国後には、集大成として報告書を作成し、報告会において英語で発表する。本プログラムは専門業者には委託せず、同大学の担当教職員が現地企業を廻り、国内の親会社にコンタクトをとり、再度現地企業に出向いて 1 社 1 社手作りで作り上げている。本プログラムへの参加要件が TOEIC スコア 730 点となっているため、このスコアが実質的な卒業要件となっている。

5. 正課外の海外・国内プログラム

HIDA（一般財団法人海外産業人材育成協会）主催の国際化促進インターンシップ事業で、バングラデシュにおいて 2 人がインターンシップを行っているが、大学としては特に指導はない。HIDA とは情報を共有し、学生の研修先での安全やその後の活動についても情報を交換している。

III. グローバル化に対応するための支援制度、組織体制

1. グローバル化に対応するための教育支援

1) 奨学金などの充実度

基本的に海外研修の必要経費は全額自己負担だが、全学の制度として TOEIC スコア 600 点をクリアすれば費用の一部（6 万円）を大学が助成する制度がある。国際経営学科の場合は、海外研修の参加要件ですでに TOEIC スコア 600 点のラインをクリアしているため、全員が助成を受けることができる。「海外語学研修」の場合、学生の自己負担は 18 万円程度（渡航費・生活費なども込み）となる（2016 年度実績）。

2) 履修上海外プログラムに参加しやすい仕組み

現在は特にない。ただし、地域創造学部では 3 年前期のみクォーター制で、第 2 クォーターと夏休みをすべてインターンシップにあてており、経営学部についても同様の仕組みを取り入れ、インターンシップの期間に幅をもたせ

398

ることで、派遣先を拡大させることを検討している。

3) リスク対策、セキュリティ対策について

「海外語学研修」「海外ビジネス研修」ともに、教職員が帯同する。日本エマージェンシーアシスタンスの留学生危機管理サービスの活用など、より綿密なリスク対策を取るべく検討中である。

2. キャンパスのグローバル化を活用した教育支援

大学全体で約60人、佐世保キャンパスでは20人弱の留学生が在籍している。各学科とも、すべての年次で継続的にゼミ科目を設置しており、履修ルール上は留学生にゼミは必要ないのだが、全留学生を1人ずつゼミに所属させ、少人数クラスの中で日本人学生との交流を促進させている。また、英語、中国語については、ランチルームで留学生及びネイティブスピーカー教員を囲んで、その言語のみでコミュニケーションをとりながらのランチタイムを実施している。

学生サークルが米軍の佐世保基地内の小中学校で、日本語を教えたり、英語を使って折り紙を教えたりするなど日本文化を体験する機会を提供している。教員が企画しているもので10人程度の学生が参加している。また、同大学が窓口となって米軍基地内の大学の授業を科目等履修生として受講することができ、これを"バス留学"と呼んでいる。さらに、英語力を身につけることを目的に、米軍基地内でアルバイトをしている学生もいる。

3. グローバル化への対応を推進するための組織体制

学科の運営に関しては、全学的に学科会議が月1回開かれるが、国際経営学科は月に複数回開くことが多い。さらに、海外プログラムの開発・運営には、教員だけなく、大学職員も学科会議のメンバーとなって、情報共有や企画検討を行っている。また、新しい学科であるため、FDに関する会議、研修も多く、研鑽に努めている（2016年度は、1年に11回程度開催）。

海外とのネットワークを広げることを目的として、国際交流センターを設置している。人と人とのつながりだけでは、その関係を持続させることが難

しいため、現地の大学と協定を結び、そこを拠点として現地でのインターンシップ先の拡大を図るという戦略をとっている。

Ⅳ．アセスメント——グローバル化への対応に関する学修到達度のアセスメント

語学力については、TOEIC を指標としている。1 年次の「英語実践演習Ⅰ～Ⅵ」では、習熟度別でクラスを 2 つに分けており、毎月 TOEIC を受験して語学力の伸長をモニターしながら、その結果に応じて毎月クラス編成をしている。ただし、「上位クラスに上げると慢心してしまう学生は、下位クラスで頑張らせる」「下位クラスに落とすとモチベーションが保てない学生は、上位のクラスに据え置く」など、単純にスコアで切るのではなく、学生の特性も踏まえてクラスを編成している。

全学的にはジェネリックスキルを測定する PROG テストを 1 年入学時と 3 年進級時に受験している。離島が多い地域性を活用して講義と離島でのフィールドワークとを組み合わせた PBL 授業「しまなびプログラム」(2 年次に全学生が参加) の効果を測定することが主な目的だが、今後はインターンシップの効果を測定するために、3 年次後期での受験も検討している。

2．グローバル化への対応に関するカリキュラムデザインのアセスメント

まだ開設初年度であるため、検証の段階にはないが、国際経営学科の語学教育やカリキュラムのデザインについては、同学科の教員と担当職員、委託先語学教育企業の担当者と担当講師が、月 1 回のランチミーティングを開いている、その中で、TOEIC スコアの伸長などを資料に教授法や指導法について議論し、プログラムの改善を検討、実践している。

Ⅴ．英語以外の外国語教育

国際経営学科は英語が必修で、中国語・韓国語・ドイツ語・フランス語・スペイン語が選択になっているが、国際経営学科以外は、必修外国語を中国語で履修することができ、英語なしで卒業することもできる。

第3部

資料編

1. 質問紙調査の概要

■調査対象

全学対象の質問紙と学部対象の質問紙の2種類の質問紙を用意し、大学院大学を除く全ての国公立私立大学（746大学）の、夜間学部を除く全ての学部（2,252学部）を対象に、質問紙を送付した。全学対象の質問紙は学長に、学部対象の質問紙は学部長に、それぞれ回答を依頼した。学長には全学的な組織や取り組みについて、学部長には学部生に提供されているカリキュラムやプログラムについて、主として質問している。

調査対象は2016年度のカリキュラムとした。大学・学部が完成年次を迎えていない場合は、予定・計画も含めて回答いただいた。

■調査時期

質問紙発送：2016年9月末　　質問紙回収：2016年10月末

■回答方法

回答は、送付した質問紙に直接記入して返送するか、指定URLからエクセルファイルをダウンロードして回答を入力したものを電子メールに添付して送信するか、回答者が選択できるようにした。

■回答状況

合計209大学、759学部から回答をいただいた。

	回答大学数	回答学部数
国公立大	64	180
私立大	145	579
合計	209	759

学部系統別に回答学部数を見ると以下の通りである（一部、全学機関として学部対象の質問紙に回答された大学があるため、全体の回答学部数と学部系統別の学部数に差異がある）。

学部系統	回答学部数
文・人文	119
社会・国際	71
法・政治	47
経済・経営・商	114
教育（教員養成課程）	49
教育（総合科学課程）	5
理	33

学部系統	回答学部数
工	89
農	29
医・歯・薬・保健	114
生活科学	20
芸術・スポーツ科学	26
総合・環境・情報・人間	42
全体	758

■質問の構成

　質問の構成は、カリキュラムデザインの3つの要素〈教育目標－カリキュラム設計・実践－アセスメント・フィードバック〉に即したものとなっている。Ⅰが教育目標、ⅡとⅢがカリキュラム設計・実践、Ⅳがアセスメント・フィードバックについての質問となっている。

　以下は、学部対象の質問紙の目次である。全学対象の質問紙も同じ構成だが、Ⅱの1および3の質問については、学部対象のみの項目である。なお、1学部のみの単科大学において、全学対象と学部対象で回答が重複する場合は、学部対象の質問紙のみへの回答を依頼している。

Ⅰグローバル社会への対応に関する教育目標
1. 将来目指してほしい人材のイメージ
2. グローバル社会への対応に関する教育目標と、涵養を目指す能力
3. グローバル社会への対応に関する教育目標を達成するための、カリキュラム設計上の工夫

Ⅱグローバル社会への対応に関する教育活動
1. 社会や個人生活において適切にコミュニケーションできる英語能力を育成する正課の語学教育科目について（学部のみ）
2. 外国の社会・文化・歴史の自文化との対比・比較を学修する、または日本文化の発信を学修する等の、文化比較や異文化対応力を培う正課の専門外科目
3. 英語で専門知識を学修する正課の専門科目（学部のみ）
4. 単位認定される正課の海外留学および海外プログラム
5. 単位認定されない正課外のプログラム

Ⅲグローバル社会への対応に関する教育支援

> 1. グローバル社会への対応に関する教育を行うための支援制度
> 2. グローバル社会への対応に関する教育を推進する組織体制
> 3. グローバル社会への対応に関する留学生の受け入れ等の状況
>
> Ⅳグローバル社会への対応に関する教育のアセスメント
> 1. グローバル社会への対応に関する教育目標のアセスメントの仕組み
>
> Ⅴその他
> 1. 英語以外の語学教育
> 2. 第二外国語の位置づけ
> 3. その他の取り組み

2. 質問紙調査集計

Ⅰ　グローバル社会への対応に関する教育目標

　将来目指してほしい人材のイメージを「日本国外で活動できる高度専門職・研究者」「日本国外で活動できるビジネスパーソン（エンジニアなども含む）」「日本国内で外国人・海外法人に対応できる人材」の3層に分類し、それぞれについて「◎：主たる想定人材」「○：想定している人材」として該当するかどうかを質問している。

　以下は、全学対象調査および学部対象調査それぞれについて、想定している人材に該当すると回答した大学・学部数および有効な回答全体に対する比率を算出したものである。

全学対象調査での人材イメージ回答校数と有効回答に対する比率

| 人材イメージに該当すると回答のあった大学数（学部数）→ | | | | | | 00 |
| 有効回答に対する比率→ | | | | | | 0.0% |

	全体		国公立大		私立大	
	◎	○	◎	○	◎	○
日本国外で活動できる高度専門職・研究者	39	101	23	31	16	70
	19.1%	49.5%	37.7%	50.8%	11.2%	49.0%
日本国外で活動できるビジネスパーソン（エンジニアなども含む）	51	104	19	32	32	72
	25.0%	51.0%	31.1%	52.5%	22.4%	50.3%
日本国内で外国人・海外法人に対応できる人材	121	64	37	18	84	46
	59.3%	31.4%	60.7%	29.5%	58.7%	32.2%
グローバル社会に対応する人材は特に意識していない	7	18	1	4	6	14
	3.4%	8.8%	1.6%	6.6%	4.2%	9.8%

406

学部対象調査での人材イメージ回答学部数と有効回答に対する比率

	全体		国公立大		私立大	
	◎	○	◎	○	◎	○
日本国外で活動できる高度専門職・研究者	105	377	45	83	60	294
	14.2%	51.2%	25.4%	46.9%	10.7%	52.5%
日本国外で活動できるビジネスパーソン（エンジニアなども含む）	158	362	43	89	115	273
	21.4%	49.1%	24.3%	50.3%	20.5%	48.8%
日本国内で外国人・海外法人に対応できる人材	346	308	83	77	263	231
	46.9%	41.8%	46.9%	43.5%	47.0%	41.3%
グローバル社会に対応する人材は特に意識していない	49	68	12	6	37	62
	6.6%	9.2%	6.8%	3.4%	6.6%	11.1%

　学部対象調査では、どの項目についても全学対象調査での回答よりも「◎」の比率が低い。大学全体としては全方位的にあらゆる層の人材育成を目標とすることになるが、それが学部に降りてくるとよりミッションが明確になり、育成する人材像が限定されるということを表しているものだろう。

　以下は、学部対象調査について、想定している人材に該当すると回答した学部数および有効な回答全体に対する比率を学部系統別に算出したものである。なお、当該学部がどの学部系統に属するかについては、回答者が選択しているが、選択がなかったものについては、当方で判断して分類している。

学部系統別　学部対象調査での回答学部数（上段）と有効回答に対する比率（下段：%）　全体

全体		文・人文	社会・国際	法・政治	経済・経営・商	教育(教員養成課程)	教育(総合科学課程)	理	工	農	医・歯・薬・保健	生活科学	芸術・スポーツ科学	総合・環境・情報・人間	全体
日本国外で活動できる高度専門職・研究者	◎	6	3	4	5	2	0	14	24	9	31	3	4	0	105
		5.2	4.3	8.7	4.4	4.3	0.0	43.8	27.6	32.1	27.9	16.7	16.0	0.0	14.2
	○	64	40	24	52	12	3	14	48	15	64	6	12	23	377
		55.7	57.1	52.2	45.6	26.1	60.0	43.8	55.2	53.6	57.7	33.3	48.0	57.5	51.2
日本国外で活動できるビジネスパーソン	◎	26	25	7	34	1	0	8	39	7	3	3	0	5	158
		22.6	35.7	15.2	29.8	2.2	0.0	25.0	44.8	25.0	2.7	16.7	0.0	12.5	21.4
	○	59	36	26	65	12	3	19	45	18	36	5	12	26	362
		51.3	51.4	56.5	57.0	26.1	60.0	59.4	51.7	64.3	32.4	27.8	48.0	65.0	49.1

		文・人文	社会・国際	法・政治	経済・経営・商	教育（教員養成課程）	教育（総合科学課程）	理	工	農	医・歯・薬・保健	生活科学	芸術・スポーツ科学	総合・環境・情報・人間	全体
日本国内で外国人・海外法人に対応できる人材	◎	68	45	17	70	12	1	7	35	16	45	4	5	21	346
		59.1	64.3	37.0	61.4	26.1	20.0	21.9	40.2	57.1	40.5	22.2	20.0	52.5	46.9
	○	41	24	27	40	24	4	22	48	10	35	6	12	15	308
		35.7	34.3	58.7	35.1	52.2	80.0	68.8	55.2	35.7	31.5	33.3	48.0	37.5	41.8
グローバル社会に対応する人材は特に意識していない	◎	7	3	3	3	7	1	0	5	0	11	2	3	4	49
		6.1	4.3	6.5	2.6	15.2	20.0	0.0	5.7	0.0	9.9	11.1	12.0	10.0	6.6
	○	11	4	7	9	6	0	5	6	2	7	3	2	6	68
		9.6	5.7	15.2	7.9	13.0	0.0	15.6	6.9	7.1	6.3	16.7	8.0	15.0	9.2

「日本国外で活動できる高度専門職・研究者」の育成については理系学部の方が高い。また、教育学系統や医・歯・薬・保健学系統など、国内資格の取得が目標となる系統を中心に「グローバル社会に対応する人材は特に意識していない」という回答も見られる。

ただし、学部系統別に見ると、系統によってはサンプル数が少なくなり、極端な数値になるため注意が必要である（以降も同様）。

学部系統別　学部対象調査での回答学部数（上段）と有効回答に対する比率（下段：%）　国公立大

国公立大		文・人文	社会・国際	法・政治	経済・経営・商	教育（教員養成課程）	教育（総合科学課程）	理	工	農	医・歯・薬・保健	生活科学	芸術・スポーツ科学	総合・環境・情報・人間	全体
日本国外で活動できる高度専門職・研究者	◎	1	1	0	0	0	0	9	12	7	13	1	1	0	45
		7.1	11.1	0.0	0.0	0.0	0.0	75.0	37.5	46.7	39.4	50.0	20.0	0.0	25.4
	○	9	5	4	6	4	1	3	17	6	19	1	2	6	83
		64.3	55.6	57.1	33.3	20.0	100	25.0	53.1	40.0	57.6	50.0	40.0	66.7	46.9
日本国外で活動できるビジネスパーソン	◎	3	4	0	6	0	0	2	20	5	2	0	0	1	43
		21.4	44.4	0.0	33.3	0.0	0.0	16.7	62.5	33.3	6.1	0.0	0.0	11.1	24.3
	○	9	5	5	11	5	1	7	11	10	14	2	3	6	89
		64.3	55.6	71.4	61.1	25.0	100	58.3	34.4	66.7	42.4	100	60.0	66.7	50.3
日本国内で外国人・海外法人に対応できる人材	◎	9	7	2	13	5	0	1	20	8	12	0	1	5	83
		64.3	77.8	28.6	72.2	25.0	0.0	8.3	62.5	53.3	36.4	0.0	20.0	55.6	46.9
	○	5	2	5	4	13	1	10	12	6	12	2	3	2	77
		35.7	22.2	71.4	22.2	65.0	100	83.3	37.5	40.0	36.4	100	60.0	22.2	43.5
グローバル社会に対応する人材は特に意識していない	◎	3	0	0	0	4	0	0	1	0	2	0	0	2	12
		21.4	0.0	0.0	0.0	20.0	0.0	0.0	3.1	0.0	6.1	0.0	0.0	22.2	6.8
	○	1	1	1	0	0	0	0	2	0	0	0	0	1	6
		7.1	11.1	14.3	0.0	0.0	0.0	0.0	6.3	0.0	0.0	0.0	0.0	11.1	3.4

408

　国公立大の文系学部では、「日本国外で活動できるビジネスパーソン」「日本国内で外国人・海外法人に対応できる人材」が高く、海外・国内のビジネスの場面で能力を発揮する人材の育成に重点が置かれている。一方で、理系学部では「日本国外で活動できる高度専門職・研究者」の比重が高い。

学部系統別　学部対象調査での回答学部数（上段）と有効回答に対する比率（下段：％）　私立大

私立大		文・人文	社会・国際	法・政治	経済・経営・商	教育(教員養成課程)	教育(総合科学課程)	理	工	農	医・歯・薬・保健	生活科学	芸術・スポーツ科学	総合・環境・情報・人間	全体
日本国外で活動できる高度専門職・研究者	◎	5	2	4	5	2	0	5	12	2	18	2	3	0	60
		5.0	3.3	10.3	5.2	7.7	0.0	25.0	21.8	15.4	23.1	12.5	15.0	0.0	10.7
	○	55	35	20	46	8	2	11	31	9	45	5	10	17	294
		54.5	57.4	51.3	47.9	30.8	50.0	55.0	56.4	69.2	57.7	31.3	50.0	54.8	52.5
日本国外で活動できるビジネスパーソン	◎	23	21	7	28	1	0	6	19	2	1	3	0	4	115
		22.8	34.4	17.9	29.2	3.8	0.0	30.0	34.5	15.4	1.3	18.8	0.0	12.9	20.5
	○	50	31	21	54	7	2	12	34	8	22	3	9	20	273
		49.5	50.8	53.8	56.3	26.9	50.0	60.0	61.8	61.5	28.2	18.8	45.0	64.5	48.8
日本国内で外国人・海外法人に対応できる人材	◎	59	38	15	57	7	1	6	15	8	33	4	4	16	263
		58.4	62.3	38.5	59.4	26.9	25.0	30.0	27.3	61.5	42.3	25.0	20.0	51.6	47.0
	○	36	22	22	36	11	3	12	36	4	23	4	9	13	231
		35.6	36.1	56.4	37.5	42.3	75.0	60.0	65.5	30.8	29.5	25.0	45.0	41.9	41.3
グローバル社会に対応する人材は特に意識していない	◎	4	3	3	3	3	1	0	4	0	9	2	3	2	37
		4.0	4.9	7.7	3.1	11.5	25.0	0.0	7.3	0.0	11.5	12.5	15.0	6.5	6.6
	○	10	3	6	9	6	0	5	4	2	7	3	2	5	62
		9.9	4.9	15.4	9.4	23.1	0.0	25.0	7.3	15.4	9.0	18.8	10.0	16.1	11.1

　私立大では、文系学部で「日本国内で外国人・海外法人に対応できる人材」が高く、理系学部では「日本国外で活動できるビジネスパーソン」が高い。国公立大と比較すると、理系学部において「日本国外で活動できる高度専門職・研究者」で「○」と回答される率は高いが、「◎」は低い。

第3部　資料編　409

II　グローバル社会への対応に関する教育活動

1.　社会や個人生活において適切にコミュニケーションできる英語能力を育成する正課の語学教育科目

学部対象調査では、社会や個人生活において適切にコミュニケーションできる英語能力を育成する正課の語学教育科目について、その概要を質問している。ここでは、英語科目の卒業必要単位数および、英語科目の卒業までの標準的な取得単位数についてまとめている。

英語科目の卒業必要単位数と標準的取得単位数（単位数帯ごとに該当する学部数）

	卒業必要単位　学部数			標準的取得単位　学部数		
	全体	国公立大	私立大	全体	国公立大	私立大
4単位未満	72	9	63	35	3	32
4単位以上6単位未満	178	41	137	164	37	127
6単位以上8単位未満	115	42	73	110	47	63
8単位以上10単位未満	189	39	150	195	40	155
10単位以上12単位未満	40	11	29	48	12	36
12単位以上14単位未満	37	9	28	44	10	34
14単位以上16単位未満	16	2	14	13	1	12
16単位以上	82	14	68	101	17	84

学部系統別　英語科目の卒業必要単位数の平均と標準的取得単位数の平均

	卒業必要単位数平均			標準的取得単位数平均		
	全体	国公立大	私立大	全体	国公立大	私立大
文・人文	19.7	13.6	20.5	23.9	16.7	24.8
社会・国際	14.3	9.4	15.0	16.2	11.6	16.8
法・政治	6.5	7.7	6.3	7.4	7.7	7.3
経済・経営・商	8.4	9.4	8.3	9.5	8.7	9.6
教育（教員養成課程）	6.5	8.7	5.2	9.0	13.5	5.9
教育（総合科学課程）	5.6	6.0	5.5	6.8	6.0	7.0
理	7.0	6.2	7.4	7.5	6.2	8.3
工	7.4	7.8	7.2	7.9	8.1	7.9
農	6.6	5.5	7.7	7.3	6.6	8.1
医・歯・薬・保健	5.8	6.3	5.6	6.1	6.6	5.9
生活科学	5.2	10.0	4.6	6.4	10.0	5.9
芸術・スポーツ科学	4.8	5.4	4.6	5.1	5.4	5.0
総合・環境・情報・人間	7.4	7.0	7.5	8.4	9.3	8.2
全体	9.6	7.9	10.2	11.0	9.0	11.7

「6〜8単位」「6単位あるいは8単位」と、回答に幅がある場合は最大値を集計している。また、語学系の学部でないにもかかわらず卒業に必要な単位数が100を超えているなど、明らかに誤りだと判断できるものは除外している。

英語科目の卒業必要単位数および標準的取得単位数ともに、国公立大においては「4単位以上6単位未満」「6単位以上8単位未満」「8単位以上10単位未満」とする学部が同程度であるが、私立大では「4単位以上6単位未満」と「8単位以上10単位未満」で2つのピークがある。前者が1年次に半期2単位ずつ合計4単位、後者が1〜2年次に半期2単位ずつ合計8単位という履修の流れがイメージできる。16単位以上という学部が一定数あるのは、英語や英米文化を専門とする学部などにおいて専門科目も含めて英語科目の必修単位数が多いためである（学部系統別で文・人文系統の平均が多いのも同じ理由）。

理系学部では、卒業必要単位数は文系学部と同程度だが、標準的な取得単位数との差が文系学部と比較すると小さく、卒業必要単位以上に英語科目を履修する選択肢の少なさ、あるいは履修する余裕のなさがうかがえる。

2. 外国の社会・文化・歴史の自文化との対比・比較を学修する、または日本文化の発信を学修する等の、文化比較や異文化対応力を培う正課の専門外科目

学部提供の正課科目として、国内キャンパスにおいて外国の社会・文化・歴史の自文化との対比・比較を学修する、日本文化の英語での発信等の文化比較や異文化対応力を培う科目について質問している。

各学部において設置されている異文化理解・異文化対応力育成科目の科目数について、科目数帯ごとに該当する学部数を集計した。なお、学科ごとに細かく科目数が記されていた学部については、最大数を算入している。

異文化理解・異文化対応力育成科目の設置状況　（科目数帯ごとに該当する学部数）

	全体	国公立大	私立大
0 科目	137	40	97
1 科目〜 3 科目	151	30	121
4 科目〜 6 科目	90	12	78
7 科目〜 9 科目	26	10	16
10 科目〜 12 科目	34	7	27
13 科目〜 15 科目	19	2	17
16 科目以上	49	7	42

学部系統別　異文化理解・異文化対応力育成科目数の平均

	全体	国公立大	私立大
文・人文	10.0	10.5	9.9
社会・国際	10.7	7.7	11.0
法・政治	7.3	11.4	6.4
経済・経営・商	6.3	2.9	6.9
教育（教員養成課程）	3.8	5.1	2.4
教育（総合科学課程）	2.7	−	2.7
理	2.3	0.4	2.9
工	4.6	7.2	3.2
農	1.7	1.4	2.3
医・歯・薬・保健	1.3	1.2	1.3
生活科学	5.5	−	5.5
芸術・スポーツ科学	2.6	3.0	2.5
総合・環境・情報・人間	3.5	2.0	3.7
全体	5.9	4.6	6.2

　学部系統別に見ると、文系学部、特に国公立大の文系学部の平均科目数が多い。国公立大の共通教育科目が充実していることに加えて、専門科目においても該当する科目が設置されていることによるものである。

　さらに、異文化理解・異文化対応力育成科目で使用されている言語を「英語のみ」「日本語のみ」「英語と日本語」「その他」の選択肢で聞いている。

異文化理解・異文化対応力育成科目における使用言語　（選択肢ごとの科目数）

	全体	国公立大	私立大
英語のみ	419	135	284
日本語のみ	1855	399	1456
英語と日本語両方	320	61	259
その他	104	16	88

英語のみを使って学ぶ科目が全体の約15％を占めている。異文化コミュニケーンや時事トピックなどを扱った科目などが見られる。

学部系統別　異文化理解・異文化対応力育成科目における英語使用率

	全体	国公立大	私立大
文・人文	35.4%	37.5%	35.3%
社会・国際	22.9%	41.0%	20.2%
法・政治	23.2%	37.0%	19.0%
経済・経営・商	23.7%	31.8%	22.8%
教育（教員養成課程）	28.8%	25.5%	38.9%
教育（総合科学課程）	80.0%	0.0%	100.0%
理	15.4%	50.0%	13.5%
工	24.8%	29.1%	18.8%
農	30.2%	26.2%	45.5%
医・歯・薬・保健	30.0%	31.0%	29.6%
生活科学	30.5%	—	30.5%
芸術・スポーツ科学	25.4%	75.0%	12.8%
総合・環境・情報・人間	30.3%	33.3%	29.2%
全体	27.4%	32.1%	26.0%

3. 英語で専門知識を学修する正課の専門科目

国内キャンパスにおいて、英語で専門知識を学修する正課の専門科目の設置状況について質問している。

ここでは、全専門科目のうち、英語を使って専門知識を学習する科目の率を算出している。なお、全専門科目数についての回答が不明であったり、全専門科目数が「20 科目未満」であったりするなど、明らかに誤りであると考えるものは当方で判断して除外した。また、「約 120 科目」などの概数での回答は、そのまま「120 科目」として集計している。

専門科目において、英語で専門知識を学修する科目の比率　（学部数）

	全体	国公立大	私立大
0%	107	24	83
0% より大きく、2% 未満	112	38	74
2% 以上、4% 未満	63	21	42
4% 以上、6% 未満	39	11	28
6% 以上、8% 未満	20	6	14
8% 以上、10% 未満	11	5	6
10% 以上、12% 未満	8	0	8
12% 以上	42	11	31

国公立大で2割、私立大で3割の大学が、英語で専門知識を学修する正課科目はゼロであると回答している。12%以上という学部が一定数あるのは、語学系や国際系の学部を除けば、極めて少ない。

次表では、学部系統別に、英語で専門知識を学修する科目の比率の平均を出した。英語・英米文化などを含む文・人文学系統や社会・国際学系統で比率が高くなるのは当然だが、経済・経営・商学系統ではビジネスコミュニケーションなどの科目、工学系統や医・歯・薬・保健学系統では英語によるテキストや論文を扱うといった形で、英語を使った専門科目が見られる。

学部系統別　英語で専門知識を学修する科目の比率の平均

	全体	国公立大	私立大
文・人文	10.4%	5.8%	11.2%
社会・国際	9.4%	1.6%	10.6%
法・政治	3.3%	1.6%	3.6%
経済・経営・商	4.8%	9.9%	3.6%
教育（教員養成課程）	5.4%	7.8%	1.7%
教育（総合科学課程）	10.5%	-	10.5%
理	3.2%	2.0%	4.0%
工	4.2%	7.9%	1.3%
農	3.8%	5.1%	0.6%
医・歯・薬・保健	5.2%	9.1%	2.9%
生活科学	4.1%	9.7%	2.7%
芸術・スポーツ科学	1.5%	4.1%	0.2%
総合・環境・情報・人間	2.1%	1.4%	2.2%
全体	5.8%	6.7%	5.4%

4. 単位認定される正課の海外留学および海外プログラム

単位認定される正課の海外留学、海外プログラム、海外インターンシップ、海外ボランティア活動などについて質問している。これらのプログラムが、他の科目と関連づけられ、学部のカリキュラム設計の中に組み込まれているかを見るため、当該プログラムと関連する科目の記入があるかどうかを集計した。ただし、関連する科目として「英語科目全般」や「すべての専門科目」といった科目が特定されていないものは除外している。

正課の海外留学および海外プログラムの関連科目記入状況

	全体		
	対象プログラム数	関連科目記入プログラム数	記入率
文・人文	403	126	31.3%
社会・国際	236	90	38.1%
法・政治	109	46	42.2%
経済・経営・商	321	119	37.1%
教育（教員養成課程）	71	27	38.0%
教育（総合科学課程）	4	1	25.0%
理	53	12	22.6%
工	168	40	23.8%
農	52	36	69.2%
医・歯・薬・保健	128	53	41.4%
生活科学	33	10	30.3%
芸術・スポーツ科学	36	4	11.1%
総合・環境・情報・人間	94	24	25.5%
全体	1,708	588	34.4%

	国公立大			私立大		
	対象プログラム数	関連科目記入プログラム数	記入率	対象プログラム数	関連科目記入プログラム数	記入率
文・人文	42	12	28.6%	361	114	31.6%
社会・国際	18	8	44.4%	218	82	37.6%
法・政治	14	0	0.0%	95	46	48.4%
経済・経営・商	30	7	23.3%	291	112	38.5%
教育（教員養成課程）	27	9	33.3%	44	18	40.9%
教育（総合科学課程）	1	1	100.0%	3	0	0.0%
理	23	5	21.7%	30	7	23.3%
工	68	14	20.6%	100	26	26.0%
農	32	21	65.6%	20	15	75.0%
医・歯・薬・保健	43	28	65.1%	85	25	29.4%
生活科学	0	0		33	10	30.3%
芸術・スポーツ科学	4	1	25.0%	32	3	9.4%
総合・環境・情報・人間	12	7	58.3%	82	17	20.7%
全体	314	113	36.0%	1,394	475	34.1%

　総じて、文系学部の方が、海外プログラムが他の科目に関連づけられている率が高い。一方で理系学部では、国内でのカリキュラムからは独立した、語学研修などのプログラムが多いため、他の科目との関連づけが低いのであろう。

第3部　資料編　415

　次表では、留学プログラムにおいて履修する科目が、留学生向けの科目であるか、現地の大学の本科科目であるかを学部系統ごとに、その構成比の平均値を出した。

学部系統別　留学プログラムの科目区分比率

	全体		
	対象プログラム数	留学生向け科目	現地本科科目
文・人文	185	71	29
社会・国際	92	74	26
法・政治	53	73	27
経済・経営・商	150	70	30
教育（教員養成課程）	23	73	27
教育（総合科学課程）	1	100	0
理	22	75	25
工	70	90	10
農	24	75	25
医・歯・薬・保健	44	68	32
生活科学	16	56	44
芸術・スポーツ科学	11	64	36
総合・環境・情報・人間	33	80	20
全体	724	73	27

	国公立大			私立大		
	対象プログラム数	留学生向け科目	現地本科科目	対象プログラム数	留学生向け科目	現地本科科目
文・人文	15	64	36	170	72	28
社会・国際	7	61	39	85	75	25
法・政治	1	100	0	52	72	28
経済・経営・商	9	78	22	141	70	30
教育（教員養成課程）	11	73	27	12	74	26
教育（総合科学課程）	1	100	0	0		
理	8	88	13	14	68	32
工	21	87	13	49	92	8
農	10	80	20	14	71	29
医・歯・薬・保健	8	38	63	36	75	25
生活科学	0			16	56	44
芸術・スポーツ科学	0			11	64	36
総合・環境・情報・人間	4	75	25	29	80	20
全体	95	74	26	629	73	27

　総じて留学生科目を履修することが多いようだが、国公立大の文・人文学

系統や社会・国際学系統では現地本科科目を受講する率がやや高い。

5. 単位認定されない正課外のプログラム

　学部単独であるいは他の機関と連携して提供している、グローバル社会への対応に関する単位認定されない正課外の代表的なプログラムについて質問している。

学部系統別　正課外のプログラムの実施地集計

	全体			国公立大			私立大		
	国内	海外	国内・海外	国内	海外	国内・海外	国内	海外	国内・海外
文・人文	57	44	1	2	10	0	55	34	1
社会・国際	36	30	4	13	3	0	23	27	4
法・政治	5	11	2	0	1	1	5	10	1
経済・経営・商	24	39	10	0	4	0	24	35	10
教育（教員養成課程）	3	38	1	0	24	1	3	14	0
教育（総合科学課程）	1	0	1	0	0	0	1	0	1
理	3	5	0	1	1	0	2	4	0
工	15	47	4	8	27	2	7	20	2
農	2	17	2	0	10	0	2	7	2
医・歯・薬・保健	7	55	4	2	15	0	5	40	4
生活科学	2	5	0	0	0	0	2	5	0
芸術・スポーツ科学	2	16	0	0	2	0	2	14	0
総合・環境・情報・人間	5	8	0	2	2	0	3	6	0
全体	162	315	29	28	99	4	134	216	25

学部系統別　正課外のプログラムの実施地集計（比率）

	全体			国公立大			私立大		
	国内	海外	国内・海外	国内	海外	国内・海外	国内	海外	国内・海外
文・人文	55.9%	43.1%	1.0%	16.7%	83.3%	0.0%	61.1%	37.8%	1.1%
社会・国際	51.4%	42.9%	5.7%	81.3%	18.8%	0.0%	42.6%	50.0%	7.4%
法・政治	27.8%	61.1%	11.1%	0.0%	50.0%	50.0%	31.3%	62.5%	6.3%
経済・経営・商	32.9%	53.4%	13.7%	0.0%	100.0%	0.0%	34.8%	50.7%	14.5%

第3部　資料編　417

教育（教員養成課程）	7.1%	90.5%	2.4%	0.0%	96.0%	4.0%	17.6%	82.4%	0.0%
教育（総合科学課程）	50.0%	0.0%	50.0%	—	—	—	50.0%	0.0%	50.0%
理	37.5%	62.5%	0.0%	50.0%	50.0%	0.0%	33.3%	66.7%	0.0%
工	22.7%	71.2%	6.1%	21.6%	73.0%	5.4%	24.1%	69.0%	6.9%
農	9.5%	81.0%	9.5%	0.0%	100.0%	0.0%	18.2%	63.6%	18.2%
医・歯・薬・保健	10.6%	83.3%	6.1%	11.8%	88.2%	0.0%	10.2%	81.6%	8.2%
生活科学	28.6%	71.4%	0.0%	—	—	—	28.6%	71.4%	0.0%
芸術・スポーツ科学	11.1%	88.9%	0.0%	0.0%	100.0%	0.0%	12.5%	87.5%	0.0%
総合・環境・情報・人間	38.5%	61.5%	0.0%	50.0%	50.0%	0.0%	33.3%	66.7%	0.0%
全体	32.0%	62.3%	5.7%	21.4%	75.6%	3.1%	35.7%	57.6%	6.7%

　私立大の文系学部において、国内で実施するプログラムが多い。英語力向上のための課外講座などのほか、日本人学生が留学生の生活や学習をサポートしたり、イベントの実施などを通して日本人学生と留学生との交流を図ったりするようなものが見られる。

学部系統別　正課外のプログラムの連携先

	大学	語学学校	国際機関	行政機関	NGO/NPO	海外企業	日本企業
文・人文	53	8	1	5	6	2	7
社会・国際	29	8	3	7	5	11	10
法・政治	11	2	1	2	0	1	1
経済・経営・商	30	10	4	7	0	10	11
教育（教員養成課程）	11	2	0	1	0	1	4
教育（総合科学課程）	2	0	0	0	0	0	0
理	6	0	4	4	0	3	0
工	16	3	1	2	0	6	6
農	8	0	1	1	2	1	2
医・歯・薬・保健	29	6	1	5	2	2	9
生活科学	3	1	0	1	0	1	3
芸術・スポーツ科学	9	1	0	4	0	0	1
総合・環境・情報・人間	2	0	0	1	2	1	0
全体	209	41	16	40	17	39	54

　海外の大学と連携したプログラムとしては、現地の学生とともに実習やフィールドワーク、イベント実施など協働的な活動を含むものが多く見られ

る。

語学学校との連携は、語学研修が中心ではあるが、これに加えて地域での活動や、現地の学生との交流などさまざまな要素が組み合わされている。

また、社会・国際学系統や経済・経営・商学系統、工学系統など、産業社会との接点が比較的多い系統では、会社訪問やインターンシップ、PBLといった活動で企業との連携がいくつか見られる。

III　グローバル社会への対応に関する教育支援

1. グローバル社会への対応に関する教育を行うための支援制度

グローバル社会への対応に関する教育を行うための制度や支援の仕組みなどについて質問している。ここでは、クォーター制の導入、海外留学希望者に対する履修単位数上限（CAP制）の免除、海外留学に関する奨学金制度について集計している。なお、「一部導入している」といった回答は、「導入している」として集計している。

①クォーター制の導入

全学対象調査・学部対象調査でのクォーター制の導入状況

	全学対象調査			学部対象調査		
	全体	国公立大	私立大	全体	国公立大	私立大
導入している	20	20	6	81	58	23
導入していない	185	185	137	640	119	521
導入率	9.8%	22.6%	4.2%	11.2%	32.8%	4.2%

学部系統別　学部調査におけるクォーター制導入率

	学部対象調査		
	全体	国公立大	私立大
文・人文	6.1%	28.6%	3.0%
社会・国際	11.6%	55.6%	5.0%
法・政治	11.1%	42.9%	5.3%
経済・経営・商	6.5%	16.7%	4.4%
教育（教員養成課程）	10.9%	20.0%	3.8%
教育（総合科学課程）	25.0%	100.0%	0.0%
理	21.2%	58.3%	0.0%
工	20.7%	41.9%	8.9%
農	29.2%	40.0%	11.1%
医・歯・薬・保健	8.3%	18.2%	3.9%

生活科学	5.6%	50.0%	0.0%
芸術・スポーツ科学	8.7%	40.0%	0.0%
総合・環境・情報・人間	10.0%	30.0%	3.3%
全体	11.2%	32.8%	4.2%

　海外の大学のアカデミックカレンダーに柔軟に対応できるクォーター制は、国公立大で導入が進んでいる。全学統一ではなくても、留学する学生が多い学部・学科で独自に導入していることも多い。

②海外留学希望者への履修単位数上限（CAP 制）の免除

全学対象調査・学部対象調査での CAP 制免除の実施状況

	全学対象調査			学部対象調査		
	全体	国公立大	私立大	全体	国公立大	私立大
ある	14	5	9	61	18	43
ない	189	57	132	657	158	499
実施率	6.9%	8.1%	6.4%	8.5%	10.2%	7.9%

学部系統別　学部調査における CAP 制免除の実施率

	学部対象調査		
	全体	国公立大	私立大
文・人文	8.6%	7.1%	8.8%
社会・国際	14.7%	11.1%	15.3%
法・政治	11.1%	28.6%	7.9%
経済・経営・商	10.1%	16.7%	8.8%
教育（教員養成課程）	4.3%	5.0%	3.8%
教育（総合科学課程）	0.0%	0.0%	0.0%
理	15.2%	16.7%	14.3%
工	11.8%	16.1%	9.3%
農	8.3%	6.7%	11.1%
医・歯・薬・保健	3.7%	6.1%	2.7%
生活科学	0.0%	0.0%	0.0%
芸術・スポーツ科学	4.3%	0.0%	5.6%
総合・環境・情報・人間	2.6%	0.0%	3.3%
全体	8.5%	10.2%	7.9%

　この施策は、留学することによって 4 年間での卒業が難しくなることを避けるため、留学の前後に履修単位の上限の設定（CAP 制）を免除し、通常よりも多くの単位を取得できるようにすることで、4 年間で卒業しやすくするためのものだが、実施している大学は少ない。

③海外留学に関する奨学金制度の有無

全学対象調査・学部対象調査での海外留学に関する奨学金の設置状況

	全学対象調査			学部対象調査		
	全体	国公立大	私立大	全体	国公立大	私立大
給付型	139	48	91	307	91	216
貸与型・給付型両方	11	6	5	20	5	15
貸与型	2	0	2	10	1	9
ない	40	6	34	302	66	236
給付型奨学金設置率	75.8%	89.4%	69.9%	50.7%	58.6%	48.0%

学部系統別　学部調査における海外留学に関する奨学金の設置率

	学部対象調査		
	全体	国公立大	私立大
文・人文	53.5%	57.1%	52.9%
社会・国際	68.3%	42.9%	71.7%
法・政治	48.7%	60.0%	47.1%
経済・経営・商	57.6%	81.3%	53.0%
教育（教員養成課程）	56.8%	66.7%	47.4%
教育（総合科学課程）	75.0%	100.0%	66.7%
理	29.0%	16.7%	36.8%
工	45.1%	66.7%	32.7%
農	47.8%	66.7%	12.5%
医・歯・薬・保健	42.7%	62.5%	32.8%
生活科学	42.9%	0.0%	50.0%
芸術・スポーツ科学	57.1%	25.0%	64.7%
総合・環境・情報・人間	50.0%	42.9%	52.0%
全体	51.2%	58.9%	48.5%

　海外留学に関する奨学金は給付型が中心で、おおむね国公立大学の方が設置率は高い。また、理系学部よりも文系学部の方が設置率は高い。全学対象の制度が中心だが、学部の留学プログラムの場合は、学部独自に奨学金を整えていることもある。

　ただし、長期の交換留学の場合は、奨学金ではなく「留学先の学費が不要」という形で学生の負担を抑えている場合が多い。また、長期留学により4年での卒業ができなくなった場合には5年目の学費は不要とする大学もある。奨学金と学費免除の両方で見ていく必要がある。

第3部　資料編　421

2. 留学生の受け入れ等の状況

　全学対象調査、学部対象調査それぞれで、外国人正規入学者数や交換留学生数、出身国などを質問している。ここでは、留学生受け入れの規模感を見るために、全学対象調査での外国人正規入学者数の、定員に対する比率を算出した。今回の調査では収容定員については質問していないため、フェイスシートで回答いただいた入学定員の4倍の数を便宜的に定員として使っており、編入学定員などは考慮していない。

定員に対する外国人正規入学者数の比率　（比率帯ごとの大学数）

	全体	国公立大	私立大
0%	36	7	29
0% より大きく、2% 未満	98	22	76
2% 以上、4% 未満	32	14	18
4% 以上、6% 未満	18	11	7
6% 以上、8% 未満	3	1	2
8% 以上、10% 未満	3	2	1
10% 以上	6	3	3

　外国人正規入学者数が「0%」という大学が全体の 18%、「0% より大きく、2% 未満」という大学が全体のほぼ半数であった。

3. 質問紙

　次ページより、学部対象の質問紙、全学対象の質問紙をそれぞれ掲載する。

学部調査用

調査説明1：本調査で対象とする領域

本調査でご回答いただく項目とそれらの関係は以下の図のとおりです。なお、破線の枠囲みの右上にあるローマ数字は、それらを問う設問番号です。

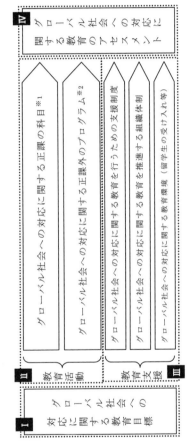

※1 正課の科目：単位化されている科目・プログラム。単位化されていない場合は、海外留学・海外交換留学プログラム、海外プログラム、海外インターンシップ、海外ボランティアも含まれる。

※2 正課外のプログラム：大学によって提供されているが単位化されていないプログラム。取り組み。例えば、海外留学、海外プログラム、海外インターンシップ、海外ボランティアなどが該当する。

ご記入いただく科目・プログラムのいずれも、扱う言語は英語のみとします。このように設定した理由は次のとおりです。
① 3つ以上の母語を持つ人たちがコミュニケーションを取る場合、世界共通語としての英語使用が一般化している。
② 文部科学省も世界共通の言語としての英語教育に注力している。
③ スーパーグローバル大学事業でも英語に絞られている。

なお、科目やプログラムで扱う言語が英語以外の場合には、最終頁のV-1にその内容をご記入ください。

調査説明2：教育活動における科目・プログラムの分類

教育活動における科目・プログラムについては以下のような分類で調査します。破線内にあるローマ数字と算用数字は、その分類を問う設問番号です。

学修内容別 ＼ 学修シチュエーション・目的別	国内での学修 —— 知識・技能の修得・定着のための科目	国内での学修 —— 知識・技能の活用・実践のための科目	海外での学修 —— 海外留学・海外プログラム	海外での学修 —— 海外インターンシップ・海外ボランティア等
グローバル社会への対応に関する単位認定される正課の科目：社会や個人生活において適切にコミュニケーションできる英語能力を育成する 正課の語学教育科目	Ⅱ—1		Ⅱ—4	
外国の社会・文化・歴史の自文化との比較を学修する、または日本文化の発信を学修する等の、文化比較や異文化対応力を培う正課の専門外科目		Ⅱ—2		
英語で専門知識を学修する 正課の専門科目		Ⅱ—3		
グローバル社会への対応に関する単位認定されない正課外のプログラム：【国内でのプログラム】留学生と日本人学生による、あるいは地域コミュニティでの異文化理解に関する取り組み、NGOや公的／民間の組織と連携した取り組み　【海外でのプログラム】海外留学、海外プログラム、海外インターンシップ、海外ボランティア	Ⅱ—5			

Ⅰ グローバル社会への対応に関する教育目標

1. 将来目指してほしい人材のイメージ

1) 貴学部の卒業生に将来目指してほしい人材のイメージをお教えください。多くの学生にこれを目指してほしいという主たる想定人材には◎、その他に一部の学生について想定している人材には○を記してください。

	人材のイメージ	人材イメージの説明	将来目指してほしい人材（◎：主たる想定人材、○：想定している人材）
A	日本国外で活動できる高度専門職・研究者	国際医療従事者、外国資格の公認会計士、外国資格の弁護士、国外で活動する企業所属の研究者、国外での学会発表や国外の研究機関との共同研究・開発を行う研究者など	
B	日本国外で活動できるビジネスパーソン（エンジニアなども含む）	現地の人々との折衝、現地職員のマネジメントを伴う海外勤務者、プラントやインフラなどの構築および建設および、システム開発などの技術者業務を海外で行うエンジニアなど	
C	日本国内で外国人・海外法人に対応できる人材	国内で活動し（都市部に限らず地域社会でも）、外国人・海外法人とのコミュニケーションを行う人材、地域のグローバル化を担う人材など	
D	グローバル社会に対応する人材像は特に意識していない		

2) グローバル社会への対応という観点から、貴学部が考える、卒業生に将来目指してほしい人材のイメージがあれば、以下に自由にご記入ください。

2. グローバル社会への対応に関する教育目標と、涵養を目指す能力（学部の教育目標）

以下にグローバル社会への対応にかかわる貴学部の教育目標を記入し、その教育目標は、①社会や個人生活において適切にコミュニケーションできる英語能力、②社会・文化・歴史などを踏まえた異文化対応能力、③専門知識・技能に関する英語による理解・発信力のうち、いずれの能力の涵養に該当するのか、最も近い能力に〇を記入してください（複数能力への回答可）。

グローバル社会への対応に関する、明文化されている教育目標（ディプロマポリシー、身に付けさせたいコンピテンシー等）	① 社会や個人生活において適切にコミュニケーションできる英語能力	② 社会・文化・歴史などを踏まえた異文化対応能力	③ 専門知識・技能に関する英語による理解・発信力

3. グローバル社会への対応に関する教育目標を達成するための、カリキュラム設計上の工夫

貴学部では上記教育目標を達成するために、カリキュラム全体としてどのような設計上の工夫をしていますか。

学部での副専攻プログラムなども含め、大きな仕組みについてご記入ください。英語科目に限定したカリキュラムの工夫は設問Ⅱの項目で別途質問します。

Ⅱ グローバル社会への対応に関する教育活動

1．社会や個人生活において適切にコミュニケーションできる英語能力を育成する正課の語学教育科目について

1）英語科目の卒業必要単位数、標準的取得単位数、4技能についての科目分布

学科・コース ＿＿＿＿＿＿＿＿＿＿＿＿＿＿＿＿＿＿＿＿＿＿＿＿＿＿＿＿＿＿

①貴学部の学生の上記英語科目の卒業必要単位数は何単位ですか。
（学科・コースにより異なる場合は1つを選び、学科・コース名を明記した上でお答えください）

＿＿＿＿＿＿単位　（学科またはコースを選択された場合）＿＿＿＿＿＿＿＿＿＿＿

②貴学部の学生の上記英語科目の卒業までの標準的取得単位数は何単位ですか。
（学科・コースを選んで回答される場合は、①と同一の学科・コースでご回答ください）

＿＿＿＿＿＿単位

③上記英語科目全体のうち、以下に該当する科目数をご記入ください。
（英語科目提供組織が全学組織か学部組織かを問わず、学部生が履修する科目についてお答えください）

ⅰ．リーディング・ライティングを重視する科目の数　＿＿＿＿＿科目設置

ⅱ．リスニング・スピーキングを重視する科目の数　＿＿＿＿＿科目設置

ⅲ．4技能を総合的に学ぶ科目の数　＿＿＿＿＿科目設置

2）英語能力育成の目標設定等について

①学部で英語能力の目標設定が行われている場合には以下にご記入の上、☑を付けてください。
（学科・コースを選んで回答される場合は、①と同一の学科・コースでご回答ください）

ⅰ．TOIEC スコア　年次＿＿＿＿点　□進級要件にしている　□進級要件にしていない
　　　　　　　　　卒業時＿＿＿＿点　□卒業要件にしている　□卒業要件にしていない

ⅱ．TOEFL iBT スコア　年次＿＿＿＿点　□進級要件にしている　□進級要件にしていない
　　　　　　　　　　　卒業時＿＿＿＿点　□卒業要件にしている　□卒業要件にしていない

ⅲ．その他の学外テスト　テスト名＿＿＿＿＿＿＿＿
　　　　　　　　　　　年次＿＿＿＿点　□進級要件にしている　□進級要件にしていない
　　　　　　　　　　　卒業時＿＿＿＿点　□卒業要件にしている　□卒業要件にしていない

3）社会や個人生活において適切にコミュニケーションできる英語能力を育成する正課の語学教育科目の相互の関連など、カリキュラム設計上の特徴・工夫がありましたら具体的にご記入ください。
例）リーディング・ライティング科目とリスニング・スピーキング科目で同じ題材を扱い相互に関連させている

4）社会や個人生活において適切にコミュニケーションできる英語能力を育成する正課の語学教育科目と、英語で専門知識を学修する正課の専門科目とのつながりについて、カリキュラム設計上の工夫がある場合は、具体的にご記入ください。（英語で専門知識を学修する専門科目の具体内容に関しては、Ⅱ－3でご記入いただきますので、本項では科目間のつながりについてのみご記入ください）

5）国内・キャンパスで社会や個人生活において適切にコミュニケーションできる英語能力を育成する語学教育科目のうち、リスニング・スピーキングを重視する科目（コミュニケーション英語等）についてご回答ください。（英語科目提供組織が学部か全学部組織かを問わず、学部生が履修する科目についてお答えください）

履修時期※1			科目名	単位数	クラス数※2	1クラス当たりの学生数	履修状況		内容	当該科目と関連する科目	授業での使用言語（いずれかに○）		担当教員の立場（人）			担当教員の母語（人）		
年次	学期						必修／選択	選択の場合の履修率（x＝割合　％）			英語のみ	英語と日本語	常勤	非常勤	業者からの派遣講師	日本語	英語	その他
	前期	後期																
								x<20 / 20≦x<40 / 40≦x<60 / 60≦x<80 / x≧80										
								x<20 / 20≦x<40 / 40≦x<60 / 60≦x<80 / x≧80										
								x<20 / 20≦x<40 / 40≦x<60 / 60≦x<80 / x≧80										
								x<20 / 20≦x<40 / 40≦x<60 / 60≦x<80 / x≧80										
								x<20 / 20≦x<40 / 40≦x<60 / 60≦x<80 / x≧80										

※1　履修時期では、年次欄には履修を指定あるいは推奨している年次を記入してください。学期欄には、配当している学期に○、通年開講の場合には、前期・後期の両方に○、3学期制の場合の1学期は前期、2・3学期は後期として実施している場合には実施している学期に○を記入してください。

※2　クラス数欄には、複数のクラスに分かれて実施している場合にはそのクラス数を、単一クラスには"1"を記入してください。

2. 外国の社会・文化・歴史の自文化との対比・比較を学修する、または日本文化の発信を学修する等の、文化比較や異文化対応力を培う正課の専門外科目

国内・キャンパスで外国の社会・文化・歴史の自文化との対比・比較を学修する、または日本文化の英語での発信等の、文化比較や異文化対応力を培う貴学部提供の正課の専門外科目（必修か選択かに関わらず）についてご記入ください。

該当する科目は何科目ありますか。

科目　該当する科目のすべて、あるいは代表的な科目の例について以下に記入してください。

履修時期※1			科目名	単位数	提供組織（いずれかに○）		1クラスあたりの学生数※3	履修状況		目的※4（いずれかに○）		文化比較や自文化の相対化を促す取り組みについての内容	当該科目と関連する科目	授業での使用言語（いずれかに○）			
年次	学期				貴学部	貴学部以外の組織※2		必修／選択	選択の場合（x＝%）の履修率	外国の社会・文化・技能の知識・活用・歴史・実践に関する	自国の社会・文化・技能の修得・歴史に関する			日本語のみ	英語のみ	英語と日本語※5	その他※5
	前期	後期															
									x<20 20≦x<40 40≦x<60 60≦x<80 x≦80								
									x<20 20≦x<40 40≦x<60 60≦x<80 x≦80								
									x<20 20≦x<40 40≦x<60 60≦x<80 x≦80								
									x<20 20≦x<40 40≦x<60 60≦x<80 x≦80								
									x<20 20≦x<40 40≦x<60 60≦x<80 x≦80								

※1 履修時期では、年次欄には履修を推奨あるいは指定あるいは指定を推奨している年次を記入してください。学期欄には、配当している学期に○、通期開講の場合には前期・後期の両方に○。3学期制の場合の1学期は前期、2・3学期は後期として記入してください。

※2 提供組織で「貴学部以外の組織」を選択した場合には、文化比較や自文化の相対化を促す取り組みについての内容欄にその組織の具体を記入してください。

※3 クラス数欄には、複数のクラスにわかれて実施している場合にはそのクラス数を、単一クラスには"1"を記入してください。

※4 目的での「活用・実践」とは、プレゼンテーションやPBL（Problem/Project Based Learning）などを示し、ここでは、その科目・プログラムの目的が近い方に○を記入してください。

※5 授業での使用言語で「その他」を選択した場合、「文化比較や自文化の相対化を促す取り組みについての内容」欄に使用言語を記入してください。

3. 英語で専門知識を学修する正課の専門科目

国内・キャンパスでの英語で専門知識を学修する正課の専門科目についてご記入ください。
（理工系等で6年一貫教育を掲げている学部は、6年間のプログラムについてご記入ください）
該当する科目名は、全専門科目何科目のうちの何科目ですか。＿＿＿科目中＿＿＿科目
該当する科目のすべて、また代表的な科目の例について以下に記入してください。

履修時期※1			科目名	単位数	クラス数※2	履修状況		目的※3（いずれかに○）		内容	当該科目と関連する科目	授業での使用言語（いずれかに○）		担当教員の立場（人）			担当教員の母語（人）		
年次	学期					必修／選択	選択の場合の履修率（X＝％の履修率）	英語の語学力を習得する専門知識・技	英語の語学力を活用する実践専門知識・技			英語のみ	英語と日本語	常勤	非常勤	業者からの派遣講師	日本語	英語	その他
	前期	後期																	
							x<20 20≦x<40 40≦x<60 60≦x<80 x≧80												
							x<20 20≦x<40 40≦x<60 60≦x<80 x≧80												
							x<20 20≦x<40 40≦x<60 60≦x<80 x≧80												
							x<20 20≦x<40 40≦x<60 60≦x<80 x≧80												

※1 履修時期では、年次欄には履修を指定あるいは推奨している年次を記入してください。学期欄には、配当している学期に○、通期開講の場合には前期・後期両方に○、3学期制の場合の1学期は前期、2・3学期は後期として記入してください。

※2 クラス数欄には、複数のクラスに分かれて実施している場合はそのクラス数を、単一クラスには"1"を記入してください。

※3 目的での「活用」とは、プレゼンテーションやPBL (Problem/Project Based Learning) などを行うことを示し、ここでは、その科目・プログラムの目的が近い方に○を記入してください。

4. 単位認定される正課の海外留学および海外プログラム

単位認定される正課の海外留学、海外プログラム、海外インターンシップ、海外ボランティア活動（貴学部生が参加しているプログラム）をご記入ください。（理工系等で6年一貫教育を掲げている学部は6年間のプログラムについてご記入ください）

推奨履修年次	プログラム名・科目名	履修（単位数）	履修（必修／選択）	履修（選択の場合の履修率(%)）	目的（いずれかに〇）①	②	③	現地滞在期間	内容	当該の海外プログラムと関連する科目	海外で履修する科目の構成比（留学生向けの科目(%)）	現地大学の本科目(%)	大学	語学学校	国際機関	行政機関	NGO／NPO	海外企業	日本企業	主な派遣先の国名（できるだけ複数あげてください）
								週間・カ月												
								週間・カ月												
								週間・カ月												
								週間・カ月												
								週間・カ月												
								週間・カ月												

※ 目的欄の区分
① 生きる力や社会に適切に対応する能力の涵養
② 外国籍の方々とコミュニケーションできる語学力の習得
③ 専門上の知識・技能に関する理解・発信力の涵養 英語など

※ 留学以外の場合の連携先組織（該当するものに〇。複数回答可）

5. 単位認定されない正課外のプログラム

貴学部が単独で、また他の機関と連携して提供している、グローバル社会への対応に関する単位認定されない正課外の代表的なプログラムをご記入ください。（理工系等で6年一貫教育を掲げている学部は6年間のプログラムについてご記入ください）

例）日本への外国人留学生と日本人学生による、あるいは地域コミュニティでの異文化理解に関する取り組み、NGOや公的／民間の組織と連携した取り組み、海外プログラム、海外インターンシップ等。単位化されていない取り組み

プログラム名	参加者数（例年の平均的参加人数）	期間（いずれかに○）				場所（いずれかに○）		内容	連携先組織（該当するものに○。複数回答可）						
		1カ月未満	3カ月未満以上	6カ月以上未満	1年以上	国内	海外		大学	語学学校	国際機関	行政機関	NPO・NGO・	海外企業	日本企業

Ⅲ グローバル社会への対応に関する教育支援（学部の取り組みについてご記入ください）

1. グローバル社会への対応に関する教育を行うための支援制度

例）ポイントなどを取り入れた表彰制度、海外留学に関する奨学金制度、海外留学をしやすいカリキュラム設計やクォーター制の導入、海外留学希望者のCAP制免除、海外留学での海外生活を支援するサービス・仕組みなど

1）クォーター制を導入していますか。　導入している・導入していない

2）海外留学希望者のCAP制免除の制度はありますか。　ある・ない

3）カリキュラムのナンバリング・GPA・成績評価等、国際化に向けた対応の取り組みがあれば具体的にご記入ください。

4）学士課程において、ダブルディグリー・ジョイントディグリーの仕組みがありますか。あれば以下に具体的にご記入ください。

5）海外留学に関する奨学金制度にはどのようなものがありますか。
貸与型・給付型・ない（いずれかに○を記入し、以下に具体をご記入ください）

6）海外留学での海外生活を支援する、留学先（現地）でのサービス・仕組みがあれば教えてください。

7）国内での日本人学生と留学生との交流の仕組み（例：ピアサポート、バディ制度、留学生との混住型学生寮等）があれば教えてください。

8）日本人学生と大学外の外国人との交流の仕組みがあれば教えてください。

9) 上記以外にグローバル社会への対応に関する教育を推進するための支援制度・仕組みがあれば教えて下さい。

2. グローバル社会への対応に関する教育を推進する組織体制（学部内に設置されている場合のみご記入ください）

海外留学の相談、留学生のサポート、海外留学・プログラム・プログラムにおける提携先の開拓等を担うような学部内組織についてご記入ください。

組織名	人員（人）				ミッション・機能
	教員		職員		
	全人員	うち専任	全人員	うち専任	

3. グローバル社会への対応に関する留学生の受け入れ等の状況

1) 学部で受け入れている留学生の人数をご記入ください。

① 2015年度中に受け入れた留学生の人数

外国人正規入学者数 _____ 人（2015年度の在籍者数） _____ 人（2015年度全体で）　交換留学生数 _____ 人（2015年度全体で）

上記以外で、単位取得を伴う留学生 _____ 人（具体的に）

② 出身国上位5カ国 _____

Ⅳ グローバル社会への対応に関する教育のアセスメント
1．グローバル社会への対応に関する教育目標のアセスメントの仕組み
1）貴学部にグローバル社会への対応に関する教育目標の学生における達成度、成果を測定する仕組みがあれば、具体的にご記入ください。

2）貴学部にグローバル社会への対応に関する教育目標の達成度をアセスメントし教育改善に資する仕組みがあれば、具体的にご記入ください。

Ⅴ その他（学部での取り組みをご記入ください）
1．英語以外の語学教育
グローバル社会への対応に対応した教育で、科目やプログラムで扱う言語が英語以外の場合、その言語名と、カリキュラム設計上工夫されていることを教えてください。

2. 第二外国語の位置づけ

学部として、学士課程の中で第二外国語をどのように位置づけていますか。また、今後どのようにしていくご予定か、貴学部のお考えを教えてください。

3. その他の取り組み

その他、貴学部でグローバル社会に対応した大学教育に関する取り組みがございましたら、以下にご記入ください。

全学調査用

調査説明1：本調査で対象とする領域

本調査でご回答いただく項目とそれらの関係は以下の図のとおりです。なお、破線の枠組みの右上にあるローマ数字は、それらを問う設問番号です。

※1 正課の科目：単位化されている科目・プログラム、単位化されていない場合には、海外留学・海外交換留学プログラム、海外留学プログラム、海外インターンシップ、海外ボランティアも含まれる。

※2 正課外のプログラム：大学によって提供されているが単位化されていないプログラム・取り組み。例えば、海外留学、海外プログラム、海外インターンシップ、海外ボランティアなどが該当する。

ご記入いただく科目・プログラムのいずれも、扱う言語は英語のみとします。このように設定した理由は次のとおりです。
① 3つ以上の母語を持つコミュニケーションを取る場合、世界共通語としての英語使用が一般化している。
② 文部科学省も世界共通の言語としての英語教育に注力している。
③ スーパーグローバル大学等事業でも英語に絞られている。

なお、科目やプログラムで扱う言語が英語以外の場合には、最終頁のV-1にその内容をご記入ください。

調査説明２：教育活動における科目・プログラムの分類

教育活動における科目・プログラムについては以下のような分類で調査します。破線内にあるローマ数字と算用数字は、その分類を問う設問番号です。

学修内容別	学修シチュエーション・目的別	国内での学修 知識・技能の修得・定着のための科目	国内での学修 知識・技能の活用・実践のための科目	海外での学修 海外留学・海外プログラム	海外での学修 海外インターンシップ・海外ボランティア等
グローバル社会への対応の正課に関する単位認定される科目	社会や個人生活において適切にコミュニケーションできる英語能力を育成する正課の語学教育科目	Ⅱ－1			
	外国の社会・文化・歴史の自文化との対比・比較を学修する、または日本文化の発信をする等の、文化比較や異文化対応力を培う正課の専門外科目	Ⅱ－2		Ⅱ－4	
	英語で専門知識を学修する正課の専門科目	Ⅱ－3			
グローバル社会への対応のプログラムに関する単位認定されないプログラム	【国内でのプログラム】留学生と日本人学生による、あるいは地域コミュニティでの異文化理解に関する取り組み、NGOや公的／民間の組織と連携した取り組み　【海外でのプログラム】海外留学、海外プログラム、海外インターンシップ、海外ボランティア	Ⅱ－5			

※本調査では、学部長に対する質問紙調査も並行して行っています。学部長にお願いするこの質問紙には、この表のⅡ-2、Ⅱ-4、Ⅱ-5の質問項目が含まれています（学部長にのみお聞きするⅡ-1、Ⅱ-3に関する質問事項は含まれていません）。

Ⅰ グローバル社会への対応に関する教育目標

1. 将来目指してほしい人材のイメージ

1) 貴学の卒業生に将来目指してほしい人材のイメージをお教えください。多くの学生にこれを目指してほしいという主たる想定人材には◎、その他に一部の学生について想定している人材には○をご記入ください。

	人材のイメージ	人材イメージの説明	将来目指してほしい人材 (◎:主たる想定人材、 ○:想定している人材)
A	日本国外で活動できる高度専門職・研究者	国際医療従事者、外国資格の公認会計士、外国資格の弁護士、国外で活動する企業所属の研究者、国外での学会発表や国外の研究機関との共同研究・開発を行う研究者など	
B	日本国外で活動できるビジネスパーソン（エンジニアなども含む）	現地の人々との折衝、現地職員のマネジメントを伴う海外勤務者、プラントやインフラなどの構築物の建設およびメンテナンス、生産技術、システム開発を海外で行うエンジニアなど	
C	日本国内で外国人・海外法人に対応できる人材	国内で活動し（都市部に限らず地域社会でも）、外国人・海外法人とのコミュニケーションを行う人材、地域のグローバル化を担う人材など	
D	グローバル社会に対応する人材像は特に意識していない		

2) グローバル社会への対応という観点から、貴学が考える卒業生に将来目指してほしい人材のイメージが設問1) 以外にあれば、以下自由にご記入ください。

2. グローバル社会への対応に関する教育目標と、涵養を目指す能力（全学的な教育目標）

以下にグローバル社会への対応にかかわる貴学の教育目標を記入し、その教育目標は①社会や個人生活において適切にコミュニケーションできる英語能力、②社会・文化・歴史などを踏まえた異文化対応能力、③専門知識・技能に関する英語による理解・発信力のうち、いずれの能力の涵養に該当しますか。最も近い能力に○を記入してください（複数回答可）。

グローバル社会への対応に関する、明文化されている教育目標（ディプロマポリシー、身に付けさせたいコンピテンシー等）	① 社会や個人生活において適切にコミュニケーションできる英語能力	② 社会・文化・歴史など を踏まえた異文化対応能力	③ 専門知識・技能に関する英語による理解・発信力

3. グローバル社会への対応に関する教育目標を達成するための、カリキュラム設計上の工夫

上記教育目標を達成するために、全学のカリキュラム全体としてどのような設計上の工夫をしていますか。また、全学のカリキュラムなども含めて、大きな仕組みについてご記入ください。英語科目に限定したカリキュラムの工夫は設問IIの工夫または設問IIの項目で別途質問します。
（例：副専攻プログラムなども含めて、大きな仕組みについてご記入ください。）

Ⅱ グローバル社会への対応に関する教育活動

1. （学部長への質問のため、省略します）

2. 外国の社会・文化・歴史の自文化との対比・比較を学修する、また自文化の発信を学修する等の、文化比較や異文化対応力を培う正課の専門外科目
国内・キャンパスで、グローバル化に対応した人材を育成するために全学組織が提供する正課の科目（必修か選択かに関わらず）について、ご記入ください。（外国の社会・文化・歴史の自文化との対比・比較を学修する、また自文化の発信を学修する、また日本文化の英語での発信等の、文化比較や異文化対応力を培う科目を含みます）

該当する科目は何科目ありますか。＿＿＿＿科目　該当する科目のすべてについて、また代表的な科目の例について以下にご記入ください。

履修時期※1		科目名・プログラム名	科目区分（いずれかに○）		単位数	クラス数※2	1クラス当たりの学生数	履修状況		目的（いずれかに○）			文化比較や自文化の相対化を促す取り組みについての内容	当該科目・プログラムと関連する科目・プログラム	授業での使用言語（いずれかに○）			
年次	学期（前期／後期）		全学共通科目	履修する科目を限定して				必修／選択	選択の場合の履修率（x%）	外国語活用に関するスキル・実践知識・技能※3の着信	社会・文化・技能の歴史	自国・外国に関する社会知識・文化・技能の歴史			日本語のみ	英語と日本語	英語のみ	その他※4
									x<20 20≦x<40 40≦x<60 60≦x<80 x≧80									
									x<20 20≦x<40 40≦x<60 60≦x<80 x≧80									
									x<20 20≦x<40 40≦x<60 60≦x<80 x≧80									
									x<20 20≦x<40 40≦x<60 60≦x<80 x≧80									
									x<20 20≦x<40 40≦x<60 60≦x<80 x≧80									

※1 履修時期欄では、年次欄には履修を指定あるいは推奨している年次を記入してください。学期欄には、配当している学期に○、通期開講の場合には前期・後期の両方に○、3学期制の場合は履修として記入してください。1学期は前期、2・3学期は後期として記入してください。

※2 クラス数欄には、複数のクラスに分かれて実施しているクラス数を、単一クラスには"1"を記入してください。

※3 目的での活用・実践とは、プレゼンテーションやPBL（Problem/Project Based Learning）などを行うことを示し、ここでは、その科目・プログラムの目的が近い方に○を記入してください。

※4 授業での使用言語で「その他」を選択した場合、「文化比較や自文化の相対化を促す取り組みについての内容」の欄に使用言語を記入してください。

3.（学部長への質問のため、省略します）

4. 単位認定される正課の海外留学および海外プログラム

正課の海外留学、海外プログラム、海外インターンシップ、海外ボランティア活動（全学組織が提供しているプログラム）についてご記入ください。理工系等で6年一貫教育を掲げている大学は6年間のプログラムについてご記入ください。

推奨履修年次	科目名・プログラム名	単位数	履修 必修／選択	選択の場合の履修率（％）	目的（いずれかに○）①	②	③	現地滞在期間	内容	当該の海外プログラムと関連する科目	留学の場合 海外で履修する科目の構成比 現地大学の本科目（％）	留学生向けの科目（％）	留学以外の場合の連携先組織（該当するものに○。複数回答可）大学・語学学校	国際機関	行政機関	NGO／NPO	海外企業	日本企業	主な派遣先の国名（できるだけ複数あげてください）
								週間 カ月											
								週間 カ月											
								週間 カ月											
								週間 カ月											

目的① 外国語の習得・語学力向上 ② 異文化理解・異文化に対応できるコミュニケーション能力の養成 ③ 社会人としての生きる力・専門知識の習得や応用力・関連分野に関する歴史・文化・社会についての知識を深める

5. 単位認定されない正課外のプログラム

全学組織が提供している、グローバル社会への対応に関する単位認定されない正課外の代表的なプログラムをご記入ください。理工系等で6年一貫教育を掲げている大学は、6年間のプログラムについてご記入ください。

例）日本への外国人留学生と日本人学生による、あるいは地域コミュニティでの異文化理解に関する取り組み、NGOや公的／民間の組織と連携した取り組み、海外プログラム、海外インターンシップ、海外ボランティア等、単位化されていない取り組み組み

プログラム名	参加者数（例年の平均的参加人数）	期間（いずれかに○）1ヶ月未満	3ヶ月以上6ヶ月未満	6ヶ月以上1年未満	1年以上	場所（いずれかに○）国内	海外	内容	連携先組織（該当するものに○。複数回答可）大学・語学学校	国際機関	行政機関	NGO・NPO	海外企業	日本企業

III グローバル社会への対応に関する教育支援

1. グローバル社会への対応に関する教育を行うための支援制度（全学的な取り組みについてご記入ください）

例）ポイント制などを取り入れた表彰制度、海外留学に関する奨学金制度、海外留学をしやすいカリキュラム設計やクォーター制の導入、海外留学者のCAP制免除、海外留学での海外生活を支援するサービス・仕組みなど

1）クォーター制を導入していますか。 導入している・導入していない

2）海外留学希望者のCAP制免除の制度はありますか。 ある・ない

3）カリキュラムのナンバリング・GPA・成績評価等、国際化に向けた対応の取り組みがあれば具体的にご記入ください。

4) 学士課程において、ダブルディグリー・ジョイントディグリーの仕組みがありますか。あれば以下に具体的にご記入ください。

5) 海外留学に関する奨学金制度にはどのようなものがありますか。
貸与型・給付型・ない（いずれかに○を記入し、以下に具体をご記入ください）

6) 海外留学での海外生活を支援する、留学先（現地）でのサービス・仕組みがあれば教えてください。

7) 国内での日本人学生と留学生との交流の仕組み（例：ピアサポート、バディ制度、留学生との混住型学生寮等）があれば教えてください。

8) 日本人学生と大学外の外国人との交流の仕組みがあれば教えてください。

9）上記以外にグローバル社会への対応に関する教育を推進するための支援制度・仕組みがあれば教えて下さい。

2．グローバル社会への対応に関する教育を推進する組織体制

海外留学の相談、留学生のサポート、海外留学・プログラムにおける提携先機関の開拓等を担うような全学組織についてご記入ください。

組織名	人員（人）				ミッション・機能
	教員		職員		
	全人員	うち専任	全人員	うち専任	

3．グローバル社会への対応に関する留学生の受け入れ等の状況

1）受け入れている留学生の状況について、全学的な人数をご記入ください。

①2015年度中に受け入れた留学生の人数

外国人正規入学者数 ＿＿＿＿ 人（2015年度の在籍者数）　交換留学生数 ＿＿＿＿ 人（2015年度全体で）

上記以外で、単位取得を伴う留学生 ＿＿＿＿（具体的に） ＿＿＿＿ 人（2015年度全体で）

② 出身国上位5カ国 ＿＿＿＿

2）留学生の受け入れ体制について教えてください。具体的には、関連組織（組織名、機能）、大学として受け入れている留学生のサポート・サービスなどについてご記入ください。

Ⅳ グローバル社会への対応に関する教育のアセスメント
1. グローバル社会への対応に関する教育目標のアセスメントの仕組み

1）貴学に、グローバル社会への対応に関する教育目標の学生における達成度、成果を測定する仕組みがあれば、具体的にご記入ください。

2）貴学に、グローバル社会への対応に関する教育目標の達成度をアセスメントし教育改善に資する仕組みがあれば、具体的にご記入ください。

Ⅴ その他

1. 英語以外の語学教育

グローバル社会への対応に対応した教育で、科目やプログラムで扱う言語が英語以外の場合、その言語名と、カリキュラム設計上工夫されていることを教えてください。

2. 第二外国語の位置づけ

全学的に、学士課程の中で第二外国語をどのように位置づけていますか。また、今後どのようにしていくご予定か、貴学のお考えを教えてください。

3. その他の取り組み

その他の全学的なグローバル社会に対応した大学教育に関する取り組みがございましたら、以下にご記入ください。

謝　辞

　河合塾が送り出した高校生、受験生は大学でどのように学んでいるのか。その疑問を解き、入試情報だけではなく、大学での学びの情報を高校や高校生に、そして大学自身に対しても発信するために、河合塾大学教育力調査プロジェクトは 2006 年に発足しました。以来、教養教育、初年次教育、そしてアクティブラーニングの調査に取り組み、2016 年度は「グローバル」を取り上げました。グローバル教育の名のもとで大学生は何を学んでいるかを明らかにするという問題意識から、このプロジェクトは新たなスタートを切ったのです。

　端的に申し上げれば、私たちが大学にお尋ねしたいことは以下の 3 つでした。

　　①「貴学における、グローバル社会に対応した教育の目標は何ですか」

　　②「その教育の目標を達成するために、どのようなカリキュラム設計をしていますか」

　　③「そのカリキュラムの成果はどのように測定していますか」

　調査前に想定したことは、これらの問いに対する答えは多種多様であろうということです。全国の数多くの大学・学部はそれぞれのおかれている状況が異なるため、留学生数や留学期間、英語をはじめとした外国語を母国語とする教員数などの数字だけをもって、大学教育のグローバル社会への対応を示す指標とすることはできないのではないか。このような考えのもと、一から調査の設計を行いました。

　過去に例を見ない調査です。設計に段階から、多くの先生方の助言を仰ぎました。我々の拙い考えに耳を傾け、適切なご意見をくださった以下の先生方に、深く御礼を申し上げます。(順不同)

　大森　昭生　先生 (共愛学園前橋国際大学)

　柏木　厚子　先生 (昭和女子大学)

　杉本　義行　先生 (成城大学)

　田中　義郎　先生 (桜美林大学)

　塙　雅典　先生 (山梨大学)

茅　暁陽　先生 (山梨大学)

深堀　聰子　先生 (国立教育政策研究所)

松尾　尚　先生 (産業能率大学)

　また、アドバイスを下さった後に急逝された米田　隆志　先生 (芝浦工業大学) には、この場をお借りして、謝意と同時に謹んで哀悼の意を表します。

　本書のベースとなった 2016 年度の質問紙調査では、219 大学、759 学部から回答をいただくことができました。お忙しいところ、真摯にご回答くださった各大学・学部の先生方、学内を取りまとめいただいた担当部門の職員の皆様、そして、その後の、質問紙調査後の実地調査において、インタビューにご対応くださった 20 学部の先生方や職員の皆様にも、心より御礼申し上げます。

　質問紙調査と実地調査で得た結果を基に、2017 年 3 月には調査報告会「グローバル社会に対応した大学教育」を実施いたしました。報告会にご参加いただいた皆様に、そしてその会におきまして、ご所属の大学・学部の貴重な事例をご報告いただいた以下の先生方に、改めて感謝いたします。(登壇順)

　Brent A. Jones　先生 (甲南大学　マネジメント創造学部)

　栩木　玲子　先生 (法政大学　国際文化学部)

　平澤　典男　先生 (青山学院大学　地球社会共生学部)

　森迫　清貴　先生 (京都工芸繊維大学　法人本部)

　村山　賢哉　先生 (共愛学園前橋国際大学　国際社会学部)

　川﨑　勝　先生 (山口大学　国際総合科学部)

　最後に本書の出版を快諾してくださった東信堂の下田勝司社長に、そして編集作業をご担当いただいた同社の向井智央氏とあわせて感謝の意を表します。

　本書が、大学・高校での学びの実践者および支援者への一助となれば幸いです。

2017 年 11 月吉日

河合塾　大学教育調査プロジェクト

講演者紹介（掲載順）

Brent A. Jones（ブレント・ジョーンズ）

甲南大学　マネジメント創造学部　教授

ブレント・A・ジョーンズは、初任地のハワイをはじめとして、その後は日本や他のアジア地域において、約30年第二言語または外国語として英語を教えてきました。現在は甲南大学マネジメント創造学部の言語プログラムの責任者を務めながら、イギリスのレディング大学の教育学博士課程にも所属し、大学のEFL（English as a Foreign Language＝外国語としての英語）コンテクストにおける学習者のエンゲージメントを研究しています。その他の研究には、コンテンツベースの言語教育、インストラクショナル・デザイン、教育工学、アプリシエイティブ・インクワイアリーなど、多数の分野が含まれます。

栩木　玲子（とちぎ・れいこ）

法政大学　国際文化学部　学部長（2015～2016年度）　教授

専門は英語文学・アメリカ文化。ノーベル賞作家アリス・マンローをはじめ、多くの現代英語小説の翻訳を手がける。NHKで放送されたテレビアニメ/ラジオドラマ『リトル・チャロ』の英語脚本を執筆し、ラジオ番組『チャロの英語実力講座』講師を務める。主な著書に『The American Universe of English ～アメリカの心と交わるリーディング』（2010年　東京大学出版会）、訳書にジョイス・キャロル・オーツ著『邪眼』（2016年　河出書房新社）などがある。

平澤　典男（ひらさわ・のりお）

青山学院大学　地球社会共生学部　学部長　教授

1973年一橋大学経済学部卒業。同大学大学院経済学研究科修士課程、博士課程修了。1980年青山学院大学専任講師。米国ブラウン大学客員准教授、青山学院大学助教授、教授を経て、2006年経済学部長。2008年に経済学部現代経済デザイン学科を設置。2012年広報および将来構想・第二部担当副学長。学部新設計画の任にあたる。2015年地球社会共生学部の開設と同時に学部長に就任、現在に至る。

専門は公共経済学。主著『マクロ経済学基礎理論講義』など。日本経済学会、公共選択学会、数理社会学会などに所属。

森迫　清貴（もりさこ・きよたか）

京都工芸繊維大学　理事・副学長　教授

京都工芸繊維大学建築工芸学科卒・大学院修士課程修了。京都大学博士（工学）、一級建築士。1979年京都工芸繊維大学助手、2000年教授、2010年学部長・研究科長、2012年から理事・副学長。専門は建築骨組解析法の研究開発、鋼構造、土壁の研究ほか、歴史的建造物の補強や建築構造設計。1995年日本建築学会奨励賞、1999年鋼構造協会論文賞、アメリカ土木学会 Moisseiff Award。

村山　賢哉（むらやま・けんや）

共愛学園前橋国際大学　国際社会学部長　准教授

明治大学大学院商学研究科修了。博士（商学）。日本経営システム学会常任理事。2012年4月に共愛学園前橋国際大学に着任。2016年4月より現職。専門は人的資源管理論、情報管理論、組織論。共愛学園前橋国際大学の「文科省大学教育再生加速プログラム」ワーキンググループメンバーとして、大学独自のeポートフォリオ＋ショーケース構築を担当。また、海外でのPBL研修など、グローバル社会に対応した問題発見・解決力の育成に取り組む。

川﨑　勝（かわさき・まさる）

山口大学 国際総合科学部　副学部長 教授

東京大学理科一類入学、同教養学部教養学科（科学史・科学哲学分科）を経て、大学院では科学史・科学基礎論専攻。1993年に山口大学教養部講師、教養部解体（1996年）後は医学部に移籍して、1999年からは医学教育改革を進める。2006年頃から関わっていた山口大学の新学部構想では、新学部構想検討ワーキンググループ 担当学長特命補佐として文科省と折衝を担う。国際総合科学部創設（2015年）後は教務委員長を務め、2017年度からは副学部長。

◆河合塾大学教育調査プロジェクトメンバー（五十音順）

赤塚　和繁（あかつか・かずしげ）
　河合塾　教育イノベーション本部　教育研究部所属

伊藤　寛之（いとう・ひろゆき）
　河合塾　教育イノベーション本部　教育研究部　チーフ

片山　まゆみ（かたやま・まゆみ）
　河合塾　教育イノベーション本部　教育研究部所属

櫻井　優里奈（さくらい・ゆりな）
　河合塾　教育イノベーション本部　教育研究部所属

高井　靖雄（たかい・やすお）
　河合塾　教育イノベーション本部　教育研究部　部長

友野　伸一郎（ともの・しんいちろう）
　教育ジャーナリスト

中條　恵理奈（なかじょう・えりな）
　河合塾　教育イノベーション本部　教育研究部所属

野吾　教行（やご・のりゆき）
　河合塾　教育イノベーション本部　教育研究部所属

山本　康二（やまもと・こうじ）
　河合塾　教育イノベーション本部　BID　部長

グローバル社会における日本の大学教育―全国大学調査からみえてきた現状と課題―

2018 年 3 月 20 日　初　版第 1 刷発行　　　　　　　　　〔検印省略〕

＊定価はカバーに表示してあります

編著者 © 河合塾　発行者 下田勝司　　印刷・製本　中央精版印刷

東京都文京区向丘 1-20-6　郵便振替 00110-6-37828

〒 113-0023　TEL 03-3818-5521 (代)　FAX 03-3818-5514

発　行　所

株式
会社 東信堂

E-Mail tk203444@fsinet.or.jp　URL http://www.toshindo-pub.com/

Published by TOSHINDO PUBLISHING CO.,LTD.

1-20-6, Mukougaoka, Bunkyo-ku, Tokyo, 113-0023, Japan

ISBN978-4-7989-1463-3 C3037 Copyright©Kawaijuku

東信堂

溝上慎一 監修　アクティブラーニング・シリーズ（全7巻）

- ①アクティブラーニングの技法・授業デザイン　水野正朗・安永 悟・関田一彦編　一六〇〇円
- ②アクティブラーニングとしてのPBLと探究的な学習　安永 悟・成田秀夫編　一八〇〇円
- ③アクティブラーニングの評価　石井英真・松下佳代・成田秀夫編　一六〇〇円
- ④高等学校におけるアクティブラーニング：理論編（改訂版）　溝上慎一編　一六〇〇円
- ⑤高等学校におけるアクティブラーニング：事例編　溝上慎一編　二〇〇〇円
- ⑥アクティブラーニングをどう始めるか　成田秀夫　一六〇〇円
- ⑦失敗事例から学ぶ大学でのアクティブラーニング　亀倉正彦　一六〇〇円

学びと成長の講話シリーズ1

- アクティブラーニング型授業の基本形と生徒の身体性　溝上慎一　一〇〇〇円

- 大学のアクティブラーニング　河合塾編著　三二〇〇円
- グローバル社会における日本の大学教育―全国大学調査からみえてきた現状と課題　溝上慎一編著　三八〇〇円
- アクティブラーニングと教授学習パラダイムの転換　溝上慎一編著　二四〇〇円
- 「学び」の質を保証するアクティブラーニング―3年間の全国大学調査から　河合塾編著　二〇〇〇円
- 「深い学び」につながるアクティブラーニング―全国大学の学科調査報告とカリキュラム設計の課題　河合塾編著　二八〇〇円
- アクティブラーニングでなぜ学生が成長するのか―経済系・工学系の全国大学調査からみえてきたこと　河合塾編著　二八〇〇円
- 附属新潟中式「3つの重点」を生かした確かな学びを促す授業―教科独自の眼鏡を育むことが「主体的・対話的で深い学び」の鍵となる！　新潟大学教育学部附属新潟中学校 編著　二〇〇〇円
- ICEモデルで拓く主体的な学び―成長を促すフレームワークの実践　土持ゲーリー法一　二〇〇〇円
- ICEモデルが日本の大学を変える―社会に通用する持続可能なアクティブラーニング　土持ゲーリー法一　二〇〇〇円
- ポートフォリオが日本の大学を変える―ティーチング/アカデミック・ポートフォリオの活用　土持ゲーリー法一　二五〇〇円
- ティーチング・ポートフォリオ―授業改善の秘訣　土持ゲーリー法一　二〇〇〇円
- ラーニング・ポートフォリオ―学習改善の秘訣　土持ゲーリー法一　二五〇〇円

〒113-0023　東京都文京区向丘1-20-6　　TEL 03-3818-5521　FAX03-3818-5514　振替 00110-6-37828
Email tk203444@fsinet.or.jp　URL:http://www.toshindo-pub.com/

※定価：表示価格（本体）＋税